수필문학추천작가회

연간사화집 2024 / 32호

그때는 알았을까

발간사

수필문학이란 보금자리

글이란 마음속에 깃들어 있는 감정이나 심리를 문자라는 매체로 길어 올린 마음의 표현이다. 마음이 표정으로 변할 땐 이내 허공으로 사라지지만, 동공에 비치면 기억 속에 머물게 된다. 마음이 문자로 표기되면 그 마음은 오랫동안 사람들에게 기억될 것이다.

수필문학추천작가회는 1991년에 창립되어 『수필문학』이란 이름의 둥지에 근원을 두고 모인 문학단체다. 우리는 같은 둥지에서 태어나 문학 활동을 같이하는 단체이다. 처음엔 서로 생각이 달랐지만 수필문학이란 동질성으로 모여 친근하게 활동하고, 교류하고 있다. 수필문학추천작가회도 이제 33년의 세월이 지나 사람으로 치면 중년이 되었다. 그동안 많은 일이 있었다. 한국 문단에서 중견 작가로 활동하고 있는 분들도 있고 등단 후, 열심히 활동했지만, 지금은 글을 쓰지 않는 사람도 있다. 또한, 안타까운 일은 회원 중 나이가 든 분들의 부음을 듣는 일이다. 부음을 들을 때마다 가슴이 아프다. 추천작가회에 열심히 참가했고, 좋은 글도 써오셨던 분들의 얼굴을 이제 볼 수 없다는 것이 안타까운 일이다. 한때는 어려운 일도 있었다. 한 손에서 나온 손가락도 길이가 각각 다르듯, 회원들 간의 마음도 서로 달라 어려움을 겪은 적도 있었다.

'호마(胡馬)는 언제나 북쪽 바람을 향해 서고, 남쪽 월(越) 나라에서 온 새는 나무에 앉아도 남쪽 가지에만 골라 앉는다(胡馬依北風 越鳥巢南枝).'라는 말이 있다. 많은 회원이 수필문학이란 둥지를 잊지 않고 보금자리를 찾은 것이다.

이번에 간행하는 수필문학추천작가회 사화집 『그때는 알았을까』는 회원 여러분의 정성이 깃든 사화집이다. 우리의 마음속 깊은 곳에서 빚어낸 글들이 많은 독자의 심금을 울렸으면 좋겠다.

끝으로 본 사화집을 발간하는 데 도움을 주신 강병욱 대표와 류진 편집국장께 고마운 마음을 전한다.

회원 여러분의 건강과 건필을 빈다.

2024년 10월

수필문학추천작가회 회장 최중호

차례

차례

차례

수필문학추천작가회

연간사화집 2024 / 32호

5월의 마지막 날

허학수
1989. 7. 천료

오늘은 5월의 마지막 날이다. 해와 달이 이렇게도 빨리 달아난단 말인가. 날이 새면 퍼뜩 저녁이 닥치고 나면 어느새 하루가 보름이 되고, 보름이 이내 그믐이 되니 달력 떼기가 바쁘다.

지금 나는 또 한 번 그날을 상기한다. 해마다 오월이면 그 순간 그 모습이 머릿속을 떠나지 않는다. 벌써 27년, 그해의 오늘도 생풀 냄새가 산야를 뒤덮었고, 아침 햇살이 창틈으로 새어 들었다. 그날 나는 뛰는 가슴을 조이며 한 여인의 맥박을 짚고 있었다.

5월 31일 묘시(卯時), 초록의 향기조차 말라버린 마지막 한 잎이 떨어지고 말았다. 두 손을 꼭 잡은 채 부동의 시선은 나를 향한 마지막 원망이었다. 이 생의 정리도 없이 혼자서 저항하는 독백도 잊고, 못다한 삶을 한으로 남기는 듯 한마디 말도 없이 조용히 눈을 감았다.

그 사람은 종가의 종부이며 대농가의 촌부로서 애초에 거창한 배역을 맡았었다. 방년의 꽃다운 나이에 주연으로 발탁되어 이순의 연기도 채우지 못하였다. 다반사의 피로와 애절한 역경도 운명으로 극기하였지만, 병상의 마귀를 끝끝내 물리치지 못하고 멀고 먼 그 길을 먼저 가고 말았다.

살아 있는 주체의 특권이라고 할까. 문득 어느 주말 밤의 그 영상이 인형처럼 떠오른다. 시한 생명의 죽음을 앞둔 말기 암 환자의 유언 같은 대사가 흘러나왔었다. 귀청을 뚫는 주인공의 신음을 듣고 그만 눈물을 흘리고 말았다.

주말극의 표제는 「부탁해요. 엄마」이고, 원숙한 연기에 대중의 인기를 얻고 있는 여주인공 고두심은 폐암 판정을 받은 시한부 인생이었다. 그는 사라지는 목소리로 한 가정의 실질적 기둥이고 책임자이면서 내 전부를 불태웠다고 강변하였다. 바람피우는 남편이라도 사랑하며 극진히 모셨고, 개성마저 뚜렷한 삼 남매에게 이승의 삶을 송두리째 바쳤다고 역설하였다.

자막의 순환이 급박해지는 동안 생사의 기로를 달리는 환자는 자신을 탓하는 후회와 여유도 실컷 내뱉고 있었다. 사라져가는 목청으로 가족에 대한 미련과 애환을 담아 남편에게 털어놓는 불만과 원한도 숨기지 않았다.

아마도 내 삶에 대한 애착이 연약해진 탓이겠지. 방송드라마의 극중 스토리에 취한 나머지 그해 5월의 마지막 날이 필름처럼 재생되었다. 상대 연기에 몰입한 다른 배우들의 대화도 귀담아들었지만, 유독 화면을 채운 당사자의 마지막 하소연이 내 심장을 두드리며 귀청을 마구 건드렸다.

내 눈시울을 촉촉이 적신 그 사람! 여자의 길에 눈물과 한숨을 깔고 헌신과 봉사만이 가족에 대한 책임이요 운명이라고 믿었었다. 삼베적삼 무명치마 명주바지의 한 올 한 올에 겨울잠을 설치던 그 바디 소리가 아직도 내 귀에 쟁쟁인다. 의식주의 호화를 넉넉히 알면서도 절절이 참았으며, 가고 싶고, 놀고 싶어도 일만 하고 쉬지 않았다.

남에게 내 말을 하지 않고 듣기만 하였고, 순간의 불평과 방백도 모르는 그 인내와 희생을 잊을 수가 없다. 언제 어디서나 자신을 향한 안일은 포기하면서 근검과 절약을 평생의 신조로 삼던 그 자태는 가문의 표본이었다.

생각할수록 나의 고개는 깊이 수그러졌고 순간 눈물샘은 염치없는 구멍이 되었다. 시간이 흐를수록 지난 삶의 절규와 회한의 토로는 그만 내 가슴 파고드는 전율로 변하였다. 어쩌면 이승의 끝자락에서 우둔한 남자의 가당찮은 주책이라고 비아냥을 해도 무엇 하나 변명할 대답이 부족하였다.

오늘따라 인생은 연극이라는 말이 더욱 새삼스럽다. 틀 안의 온갖 잡설은 모두가 가식과 허세이고, 세상이란 가설무대의 어설픈 연기는 너와 나와 우리를 장식하는 엑스트라일 뿐이다. 왕복 없고 연습 아닌 인생길이라지만 5월의 끝은 내 숨결에서 영영 지워지지 않을 영혼으로 남는다.

나는 지금 당신의 표상 앞에서 부질없이 시간을 재고 있다. 이제는 회상도 느리고 흔적마저 희미해진다. 어언 27년, 올해도 곳곳마다 훑어보니 당신의 향기와 순종이 고비마다 간절하여 바쁜 듯 주문을 바치고 있다.

'여보! 당신은 우리 집의 기둥이고 보배였소. 생전에 당신의 손길이 구석구석 닿았던 문전옥답 중앙에 영면하고 있소. 내가 오래도록 건강하게 사는 것이 당신에 대한 보답이라고 믿소. 그날 두고 간 3남매와 나도 절반의 행복이나마 아름답게 가꾸고 있소. 당신도 남아 있는 우리를 위해 빌고 또 빌어 주오. 여보! 이제 일월을 세면서 당신의 명복을 빕니다.'

해마다 5월은 나에게 눈물을 안겨 준다. 나를 낳아서 길러주신 부모님께서 돌아가셨고, 인생길을 동행하자던 그 사람마저 신록을 밟으면서 그 길을 가고 말았다. 사람이 살면서 그리움과 외로움도 사람 곁에 사람이 없는 탓이다.

만나고 싶은 허수아비 나의 피에로

오경자
1990. 3. 천료

황금 물결 일렁이는 가을 들판에 허허로이 서 있던 그들은 다 어디로 갔는가? 쌀 한 톨을 위해 7만 근의 땀을 흘린다는 농부의 애환을 겪을 것 없이 주인의 배려로 하루아침에 그 넓은 곳간지기가 된 사내. 왜 우리는 그런 이름에 아비를 붙였는지 모르겠다. 우리를 목숨처럼 지키는 이가 어미일진대 어째서 지킴이의 자리에 아비를 불러냈을까? 아마도 봉건적 사고에서 볼 때 부족을 지키는 이는 남성이었을 것 같아 그랬으리라 짐작은 간다. 우리 어린 시절 그들은 어린 것들에게는 괜찮은 구경거리이기도 했다. 서울에서 살다가 피난 내려가 처음 보아서 그랬는지는 모르지만 약간 구부정하기도 한 자세로 황금들판 한가운데 서 있는 그가 재미있어 보였다. 불어오는 바람에 소매 깃이 휘적휘적 날리기도 하고 삐뚜름하게 쓴 밀짚모자가 흔들거리기도 하는 모양새가 왠지 재미있어 보였던 기억이 난다.

전주에서 20리 길에 있는 외가에 가면 바로 집 앞이 논밭이어서 그런 광경은 마당 같이 느껴지는 곳에서도 마주할 수 있었다. 머슴 아저씨가 허수아비 만드는 것을 구경하기도 하고 옷매무새를 연출하는 것을 보면서 그 아저씨가 신기하게 달라 보이기도 했다. 그 허수아비들이 과연 참새를 얼마나 쫓아주었는지, 곡식을 얼마나 지켜주었는지 계량적으로 통계를 낸 적은 없지만 1년 농사를 애써서 지어놓고 멀쩡한 새떼에게 몽땅 털리는 것보다는 그런 것이라도 세워놓고 위안을 삼았던 심정을 생각해 보면 우리 민족의 기막힌 해학의 현장을 보는 기분이다.

얼마나 멋진 민족인가? 그들이 그 실효성을 어찌 믿기만 했겠는가? 그 상징성과 주술에 가까운 심리적 요법? 아니 실제로 참새를 조금은 쫓을 수도 있었으리라. 비라도 내리는 날이면 옷이 젖어 어쩌나? 춥진 않을까? 쓸데없는 걱정을 하면서 작은 가슴을 졸이기도 했다. 그러다가 어느 날 엉뚱한 곳에서 허수아비라는 이름이 불리는 것을 듣고 화들짝 놀랐다. 그때는 이미 어른이 된 후였다.

내가 허수아빈 줄 아나? 상사가 옆의 직원에게 소리친 한마디에 돌아보니 서류를 들고 그 직원의 턱밑에 들이밀면서 이렇게 허술하게 일을 했느냐고 호통을 치는 것이 아닌가? 그 요점이 내가 허수아비로 보였냐는 것이었다. 아아, 그날 나의 피에로는 산산이 깨져 나갔다. 이미 야릇하게 멋지던 허수아비는 더이상 존재하지 않았다. 꿈의 허상이 이런 것인가?

그 이후론 심심찮게 여러 곳에서 허수아비란 말을 듣게 되었다. 그것은 어디에도 그 전의 낭만과는 거리가 먼 나쁘고 못된 것들과 연관된 상황에서만 쓰이는 낱말이었다. 요즘에 아예 누구를 졸로 보나? 하는 말에 대신해서 단골로 불려나가는 관용어가 되어버린 지 오래다. 아무개 회장은 허수아비다. 그 집 남편은 허수아비다. 여러 말들이 회자되지만 국민을 허수아비로 안다는 말은 더 듣고 싶지 않다.

황금벌의 낭만이 아니어도 좋으니 그 텁수룩한 허수아비를 한 번만 만나보았으면 좋겠다. 진짜 허수아비를, 멋진 춤사위로 펄럭이는 소매깃의 나부낌이 눈에 선하다. 아아, 나의 피에로여 더는 우리를 노엽게 하지 말아다오. 그리고 돌아와다오. 우리의 가슴 한복판에.

아득하다

박순혜
1990. 7. 천료

식구가 많으나 적으나 살림 사는 일이 힘들기는 마찬가지다. 식구가 적다고 먼지가 창문 뚫고 적게 들어와 주는 것도 아니고 부엌에 들어가는 횟수 또한 적지도 않다. 식구가 많으면 거드는 사람도 있을 거지만 오로지 혼자서 하는 집일은 힘들다. 종일 해도 표 안 나고 조금만 게으름 피우면 표 나는 참으로 알 수 없는 집의 일이다. 오늘은 아침 일찍부터 몸이 천근같이 무겁고 피곤하여 단 보름 동안이라도 일상탈출을 하여 푹 쉬고 싶단 생각이 굴뚝 같다.

결혼하여 시집살이할 때 끙끙대며 다림질을 하는데 옆에서 보고 있던 남편이 그렇게 힘들이지 말고 대충 다리라고 했다. 그 말이 고맙게 들렸고 참 다정하고 성격 좋은 남편이라 생각하며 큰오빠를 떠올렸다.

큰오빠는 바지의 줄은 언제나 칼날같이 서야 했다. 깔끔은 또 얼마나 떠는지. 어질더분한 걸 절대 못 본다. 서울서 공부하다가 방학 때 집에 오면 꼬투리 잡으려는 별난 시어머니처럼 부엌에 들어가 이리저리 살피었다. 설거지해 놓은 걸 마음 안 들어

하며 찬장 안, 선반 등 부엌 뒷설거지를 혼자 대대적으로 했다. 대청마루, 앞 마루도 구석구석 쓸고 물걸레질했다. 그런 별난 큰오빠의 비위 맞춰가며 고달프게 살림 살 올케언니를 생각하며 연민을 느꼈다.

그런데 살다 보니 무어가 이상하게 돌아갔다. 올케는 너무나 편한 생활을 하고 나는 날이면 날마다 동동거리며 바쁘게 사는 게 아닌가. 큰오빠는 직장생활 하면서도 집일을 살뜰히 도우며 다림질은 당연히 큰오빠가 한다. 밀가루에 날콩가루 섞어 반죽하여 치대기, 홍두깨로 밀기, 칼로 썰기 등 그 번거로운 칼국수 만들기는 으레 오빠가 다 한다. 콩 삶아 띄워 청국장도 잘 끓인다. 반면 나는 일복 터지게 살고 있다. 신혼 때 어머님이 "큰아(나의 남편) 밥엔 찬밥 섞지 말고 퍼라" 할 때 알았다. 아들을 얼마나 오냐, 오냐 하며 키웠는지를.

불 때서 가마솥에 밥할 때 찬밥을 얹어 지을 때가 있다. 그 맛없는 찬밥을 남편에게 섞지 말라는 거였다. 시누님은 시집갔고 시동생은 군에 있어 시부모님과 우리 부부 네 식구가 사는데.

나는 그가 마당 쓰는 걸 한 번도 못 봤다. 여름이나 가을철엔 자다가 빗소리가 들리면 얼른 나가 마당 설거지해야 할 때가 있다. 내가 먼저 빗방울 소리 듣고 그이를 깨우면 나와 같이 비설거지하고 들어와도 될 일을 마루로 나가 안방에 대고 "엄마! 아버지! 비 와요" 소리친다.

지금은 마당 없는 집에 살지만 손봐야 할 일이 왜 없겠는가. 베란다 창문에 붙인 바람막이 뽁뽁이가 떨어져 덜렁거려도 본체만체한다. 건전지 수명이 다해서 거실의 벽시계가 멈춰 있어도 내 소관이 아니라는 듯 무심하다. 겨울이 오면 하는 뒤 베란다 수도꼭지 보온 관리도 해마다 내가 한다. 다리미질은 아예 안 한다. 퇴직 후엔 등산 가고 계모임 나가고 친구들 만나느라 오히려 더 바쁘다. 그런 그에게 부엌일을 시키기로 했다.

"요즘 내 몸이 안 좋아서 한 보름 정도 안정을 취해야겠어. 밥도 못하겠어.”

오지랖에 잔병 싸고 사는 내가 웬만해서는 병원에 안 가는 걸 그는 잘 안다. 그런 데다 보아하니 심각하게 아픈 것 같지 않으니 병원 가라는 말은 안 한다. 언젠가 나에게 “1년에 366일 아픈 여자”라고 했으니 또야? 싶었을 것이다.

내가 몸이 안 좋다 할 때면 “나는 라면 끓여 먹을 테니 방에 누워있어”라고 하던 그 말을 이번엔 하지 않는다. 보름 동안 라면을 끓여 먹을 수야 없지 않은가. 한마디 더 했다.

“내 밥은 안 해 줘도 돼요.”

잘못 들었나 싶은 듯 어리둥절하더니 아주 기가 차는 표정이다. 내 밥도 잘해 달라는 뜻으로 해석을 한 모양이니 어찌 기가 안 차겠는가. 어디가 아프냐고 그제야 묻는다.

“머리, 허리, 옆구리, 다리, 리 자로 끝나는 데는 다 아파요.”

힘없이 말하고 끙 앓는 소리 한 번 내고는 누워 버렸다. 죽을 끓이든 밥을 하든 신경 안 쓰기로 했다.

부엌에 들어가 밥을 한다. 방에서 마루로 나가 뜨락으로 내려가서 신발을 신고 몇 발자국 걸어서 높은 문지방을 넘고 들어가는 동굴 속 같은 부엌이 아니다. 밥솥, 국솥 두 아궁이에 동시에 볏짚 불 때며 밥하는 옛날의 부엌이 아니다. 허리 구부리지 않고 제자리걸음으로 취사할 수 있는 부엌이다. 무거운 밥상 들고 산 넘고 물 건너듯 힘들게 방으로 가는 번거로움 없는 신식 부엌이지 않은가. 그런데 실패를 하더라도 알아서 하면 좋겠는데 콩나물국 하나 끓이는데도 수답게 묻는다. 소금을 넣나 간장을 넣나, 마늘, 파, 생강도 넣나 등등.

제 뚜껑이 곁에 있는데도 냄비뚜껑을 바꾸어 덮기 예사다. 싱크대 위가 지저분해도 행주로 닦지를 않는다. 아예 행주 만지기를 싫어한다. 국, 찌개 끓일 때 국물 넘게 하여 가스레인지 지저분하게 해 놓고도 안 닦는다. 죽그릇, 국그릇, 라면 먹은 그릇은 금방 씻어도 되련만 번번이 개수대에 퐁당 담가놓았다가 나중에 씻는다. 그렇게 하는 데도 무척 힘들어하는 것 같다. 힘이 모자라 힘들어하는 게 아니고 하기 싫어 힘들어한다. 설거지는 나도 싫은데 남편은 얼마나 싫겠나 싶어 조금 불쌍하다.

물 한 컵도 갖다 바쳐야 마신다는 남편을 모시고(?) 사는 친구가 있다. 그런가 하면 남편으로부터 집에서 논다는, 집에서 하는 일이 뭐냐는 소리 듣는 주부들도 많다고 한다. 그녀들은 그게 억장 무너지는 소리라고 하는데 나는 더 억장이 무너진다. 어느 날 그가 나에게 "이 세상에서 제일 편한 여자"라고 했기 때문이다.

명절날 우리 집에서 차례 지내고 아침밥 먹는 사람이 자그마치 마흔하고도 서너 명 더 되었다. 그 준비로 나는 며칠 전부터 장보기를 하고 준비에 바빴다. 그의 성씨 집성촌인 마을에서 도시로 나간 당 조카들이 처자식 데리고 부모 뵈러 와서, 또한 고향 지킴이들이 우리 집으로 차례 지내러 오기 때문이다. 음식을 아주 많이 준비한다. 1년에 366일 아픈 여자가 그 준비로 얼마나 힘들었겠는가. 반드시 있어야 할 수고한다는 말은 없어도 좋았다. 그런데 세상에서 제일 편한 여자라니 어찌 억장이 안 무너지랴.

부엌을 어설프게 해 놓긴 해도, 부실한 반찬이어도 며칠째 밥을 하여 주니 참으로 신기하다. 이렇게 하기까지 내가 그 내 밥 운운을 한 탓인가? 가끔 우리 이제 서로 홀로서기 연습을 해야 한다고 말한 효과인가? 사촌 형수가 어느 날 갑자기 돌아가셔서 사촌 형님이 혼자 힘겹게 사는 걸 가까이서 본 탓인가?

싱크대 배수구 씻는 방법도 가르쳐 주며 시켰더니 떫은 감 먹은 표정으로 대충한다. 믹서기 사용하고 씻는 법, 세탁기 돌리는 법, 화장실 청소하는 법, 유리창 닦는 법, 쓰레기 분리 배출하는 법 어떻게 다 가르치나?

아득, 아득하다.

인간의 잣대

박종숙
1990. 7. 천료

세상에는 저마다 살아가는 방식이 있다. 직업도 셀 수 없이 많아서 자기 취향에 맞는 일을 선택하여 살아가는 것이 가장 행복한 일이다. 그런데 그 과정이 잘못되거나 남에게 피해를 주게 되면 그에 상응하는 대가를 치르기 마련이다. 예부터 뿌린 대로 거둔다는 말이 있듯이 원인이 있으면 결과가 있는 것이다. 그걸 알기에 선악에 대한 기준을 정하고 법을 지키며 살아가는 것이 인간사회의 근본이 되었다.

일 없이 무위도식하거나 노력하지 않고 무엇이 이루어지길 바란다면 도둑의 심보를 가진 것이나 다름없다. 사람이 살아가는 데는 적어도 기본적인 책임과 의무가 따르는데 짐승이나 곤충들의 세계에서는 약육강식만 살아있는가 보다. 남의 눈을 속이고 남의 것을 강탈하는 놈이 제왕 노릇을 하고 있으니 말이다.

얼마 전 숲속 인근에 농토를 가진 지인이 땀 흘려 일을 하다가 오목눈이 둥지에 뻐꾸기알이 들어있는 것을 발견하였다. 신기하여 사진을 찍어두었는데 유독 커다랗고 푸른빛을 띤 것이 뻐꾸기 알이라고 보여주었다. 그는 그전까지는 별다른 생각이 없었는데 그 둥지를 발견하고부터는 인근에서 뻐꾸기가 울면 귀를 막고 싶을 정도로 듣기 싫어졌다고 했다. 사람도 뻐꾸기처럼 양심없이 행동하면 누구든지 감방 신세를 면치 못하고 벌을 받게 될 것이다. 사람이 동물과 다른 점이 있다면 옳고 그름을 판단할 줄 아는 분별력과 인지능력이 있기 때문이 아닌가….

자기 자식인지 남의 자식인를 구별 못하고 열심히 먹이를 날라다 주는 바보 새 오목눈이나 남의 둥지에 들어가 오목눈이 새끼인 척 먹이를 가로채는 뻐꾸기 새끼나 인간 세상에서는 있을 수 없는 일이 동물세계에서는 버젓이 일어나고 있다. 그런데 그것으로 끝난 게 아니라 남의 둥지에 들어와 사는 주제에 덩치가 커진 뻐꾸기 새끼는 오목눈이 새끼를 밀어내고 그 둥지를 차지하니 기가 막힐 노릇이다.

그들은 태어날 때부터 못된 천성을 타고나는 건 아닐까. 나쁜 짓인 줄 알면서도 속이고 등쳐먹으며 남의 재산을 가로채는 사람이 있다면 이들과 조금도 다름없을 것이다. 선천적으로 몹쓸 DNA를 가지고 태어난다면 선악에 대한 분별력을 갖지 못했으니 불쌍하다고도 할 수 있다. 그런데 제 새끼를 제가 기르지 않고 남의 공으로 새끼를 기르니 천벌을 받을 일이다. 조물주는 왜 그런 해괴한 종자를 만들어 냈을까?

사람들은 흔히 개미를 부지런한 일꾼으로 여긴다. 길을 가다 보면 길게 줄을 서서 먹이를 나르는 모습을 볼 수 있는데 그들은 땅속뿐 아니라 썩은 나무속, 집 부근에다 집을 짓고 살면서 잠시도 쉬지 않고 일을 한다. 큰 먹이를 혼자 나르기 힘들면 여럿이 함께 힘을 모아 운반하기도 한다. 개미들은 배에 페로몬이라는 물질을 가지고 있어서 먹이를 발견하면 바닥에다 그 액을 묻혀 신호를 보내며 의사소통을 한다고 한다.

개미는 집단생활을 하다 보니 알을 낳는 여왕개미, 짝짓기하는 수개미, 애벌레를 돌보고 먹이를 구하는 일개미, 싸움을 담당하는 병정개미가 있어서 계급 사회를 이루고 생활한다. 그들은 지능이 얼마나 되는지 모르지만, 체계 있게 열심히 일하며 사는 걸 보면 영리한 곤충임이 틀림없다. 무엇보다 각자 맡은 일을 충실히 하고 있으니 책임감 없이 제멋대로 놀고먹는 사람들보다 훨씬 착하고 올바르게 살아간다는 생각이다.

그런가 하면 또 열심히 집단생활을 하면서 먹이를 구하는 꿀벌도 있다. 그들도 근면하고 성실한 곤충으로 알려져 있는데 꿀벌은 1억 년 전에는 말벌처럼 다른 곤충을 잡아먹는 육식 곤충이었다. 그런데 꽃 속에 있는 꿀을 빨면서 채식을 하게 되었고 수분 매개 활동으로 개체수가 늘어난 꽃들이 꿀벌을 유인하기 위해 색깔과 형태를 다양하게 변화시켰으므로 더욱 활발하게 꽃을 찾게 되었다. 꿀벌에게는 5개의 눈이 있는데 색채항등성 현상이 있어서 겹눈으로는 사물의 형태와 색깔을, 단눈으로는 빛의 색 변화를 감지할 수 있다고 한다. 또 여러 가지 춤을 추면서 의사소통을 하는데 뱅글뱅글 도는 원형춤, 엉덩이춤, 8자 춤을 추며 벌 꼬리의 움직임이나 기울기, 날갯짓을 통해서 밀원이 어디 있는지 집터가 어디 있는지를 알린다고 한다.

꿀벌이 벌꿀 1kg을 모으려면 꽃 60만 송이를 찾아다녀야 하고 일만 마리가 4번을 출동해야 한다니 좀처럼 열심히 일하지 않으면 굶어 죽게 된다. 인간은 꿀벌이 어렵고 힘들게 모아 밀봉한 먹이를 강탈하고는 겨울 먹이로 설탕을 대신 넣어준다. 조물주가 보면 비열한 인간의 벌꿀 착취 방법이나 뻐꾸기 새끼가 남의 둥지를 차지하는 것이나 다름없어 보일 것이다. 그런데도 인간은 개미와 꿀벌을 비교하면서 개미는 자기들만을 위해 살지만, 꿀벌은 인간에게 먹거리를 주어서 이로운 곤충이라고 차별한다.

태어날 때부터 종마다 그들이 살아가는 생존 법칙이 있다. 자신들의 운명을 바꾸어 나갈 능력이 없어서 주어진 환경에 의해 살아갈 수밖에 없는데 인간은 자연계마저도 그들의 잣대로 옳고 그름을 재려 든다. 꽃이 웃는다거나 새가 운다고 표현하는 것은 인간의 생각일 뿐 결코 그들이 사람을 위해서 표정을 짓거나 목소리를 내는 것은 아니다.

그런데도 인간은 만물의 영장이라는 제왕적 권위를 누리면서 자신들 행위는 언제나 옳다 하고 그렇지 않은 종들에게는 매정하게 비난의 칼을 들이대곤 한다. 조물주가 보면 똥 묻은 개가 겨 묻은 개를 나무라는 격이니 가소롭게 느껴지지 않을까 싶다.

은행나무

김길자
1991. 9. 천료

우리 집 마당에는 햇수로 40여 년이 넘는 은행나무가 네 그루 서 있다. 창고 건물과 집을 지으면서 심어진 나무라서 춘풍추우 오랜 세월 함께하여 정이 든 나무다.

은행나무가 신비한 것은 굵고 곧게 뻗어 올라가는 세찬 줄기 때문만은 아니요, 이른 봄 버들가지, 개나리 등 한참 봄 잔치가 거의 끝날 무렵, 겨우 깊은 겨울잠의 눈을 비비는 은행나무의 초연함이 장하기도 하다.

은행나무의 특징은 잎새다. 그 두껍고 짙푸른 잎새는 여름내 우리의 마음에 시원함을 줄 뿐만 아니라 지저분한 벌레가 덤비지 못하므로 드리워진 그늘도 깨끗하다.

나무에는 하나의 미학이 있다. 가지와 가지에서 피어난 잎사귀들이 아름다운 균형을 이룬다. 완전한 조화의 미다. 나이테가 깊은 아름드리나무는 그 그늘도 마당을 넓게 차지한다.

휴가철을 맞아 자손들이 모이는 날이면 우리 가족

은 은행나무 시원한 그늘에 자리를 깔고 참외나 찐 옥수수를 간식으로 한더위를 식히기도 한다. 우리가 운영하던 정부양곡 사업이 한 시절 잘 만나 번창하던 시기에는 은행나무도 청년기를 맞이해서 가지와 잎새가 무성하게 어울려 울울창창하던 모습이 장관을 이루었었지.

나뭇잎이 늦게 왔으니 늦게 떠나는 것이라고 생각도 들지만, 가을이 오면 저절로 낙엽이 되는 것은 자기의 직분이 이미 끝나고 가야 할 때가 왔음을 잘 알기 때문이다. 의젓하게 노오란 수의에 싸인 몸이 소생이라도 하듯, 푸른 가을 하늘 아래 우뚝하고 성성하고 아름답기도 하다.

은행나무는 자웅이주(雌雄異株)이므로 암수 나무가 먼빛으로라도 마주보아야 열매가 열린다. 나뭇잎이 노랗게 물들기 시작하면 은행 열매가 익는다.

열매에 다량 함유된 '징코플라본' 성분은 혈전 생성을 막고 혈관을 튼튼하게 보호하여 원활한 혈액순환을 도울 수 있다고 한다. 따라서 각종 혈관질환을 예방하는 좋은 영양식으로 꼽힌다. 동의보감에 적힌 은행알 효능은 폐 속 탁한 기운을 맑게 만들어 천식과 기침이 멎도록 한다고 한다. 은행에 풍부한 비타민 A와 무기질, 글로불린 등의 성분은 기관지 증진과 염증 억제에 긍정적인 영향을 미친다고 밝혀졌다.

올겨울에 나는 감기가 심하여 기침이 자주 나고 가래가 계속되었다. 병원 처방한 약을 먹어도 가래는 멎진 않고 목소리까지 변하여 심히 고통스러웠다. 약효가 좋다는 은행 생각이 나서 하루에 정량을 지키며 먹었더니 며칠 안 가서 가슴을 답답하게 하던 가래가 서서히 가라앉고 감기도 나았다. 신비하게도 은행 효험을 보았다.

그러나 무조건 몸에 이로운 것만은 아니고 섭취 때 주의할 점은 은행 속에는 각종 영양 성분 외에도 독성물질이 포함되어 있다고 한다. 과다 섭취 시 복통 구토 어지럼증 호흡곤란 등 유발할 수 있으니 하루 권장량 성인 10알 이하, 어린이 두세 알, 잘 익혀서 먹는다면 이만한 영양 별미가 없는 듯하다.

나는 추운 겨울이 되면 밖의 출입도 어렵고 해서 매일 은행을 까면서 지난가을을 추억한다. 춘하추동 사계절의 신비로운 변화, 구름이 흘러가고 바람이 부는 수십 년 세월을 함께한 청정하던 은행나무도 이제는 윤기 흐르던 나무껍질도 추레하고 가지도 앙상하니 고목이 되었다. 늘 푸른 은행나무처럼 넓은 이 대지를 지키며 온갖 풍상도 꿋꿋이 이겨내 당당하던 그이도 세월 따라 허리가 굽은 구순을 바라보는 노인이 되었다.

넓은 앞마당 가득 쌓인 노란 은행잎을 방석 삼아, 허리에 힘이 빠진 궁둥이 털퍼덕 주저앉아서 등 굽은 노인 둘이 함께 떨어진 은행알을 줍는다. 아 무상한 세월이여…. 겨울철 과일, 이 귀할 때 은행 한 바가지씩 선물하면 지인들 모두 좋아한다.

소복이 눈 쌓인 겨울 인심이 훈훈해진다.

충렬사와 제승당

최중호
1991. 11. 천료

한산대첩의 현장을 가 보고 싶었다. 통영으로 가서 먼저 충렬사를 찾았다. 충렬사에는 이순신 장군의 영정과 위패가 모셔져 있는데, 그곳에 가려면 여섯 개의 문을 지나야 한다. 첫 번째 문인 홍살문을 지나 계단을 오르면 정문이 나온다. 이어 이 층 누각(樓閣)으로 된 강한루(江漢樓)의 영모문을 지나면 외삼문이 있다. 외삼문의 좌·우에는 장군의 공적을 기리는 충렬묘비명(忠烈廟碑銘)을 비롯한 여러 통제사의 비각(碑閣)들이 있다.

외삼문을 지나 중문으로 들어서면 좌·우에 제례를 준비하는 동재와 서재가 있다. 그곳에서 조금 더 올라가면 여섯 번째 문인 내삼문이 나온다.

그 안으로 들어서면 장군의 위패와 영정이 모셔진 정당(正堂)이 있다. 중앙에 장군의 영정이 모셔져 있고 좌·우에 명나라 신종이 장군께 보낸 여덟 가지 물품인 팔사품(八賜品)을 그린 병풍이 있다.

장군의 영정을 보며, '이순신은 우람한 장군의 용모는 아니고, 항상 말과 웃음이 적고 용모가 단정하여 근신하는 선비와 같았으나, 안으로는 담기가 있었다.'고 유성룡이 『징비록』에 썼던 글이 생각났다.

장군은 위기에서 나라를 구한 민족의 성웅이요, 만세에 길이 빛날 우국충정(憂國衷情)의 표상이 아니던가. 그래서였을까? 장군의 영정과 위패를 여섯 개의 문 깊은 곳에 모셨는가 보다.

정당에서 내려오는 길에 전시관에 들렀다. 입구 양쪽에 지자총통과 현자총통이 나란히 전시관을 지키고 있다. 안에는 충렬사 팔사품과 정조가 통제사에게 내린 어제사제문(御製賜祭文), 충무공전서, 오늘날 해군의 관함식과 같은 수조도 병풍(水操圖屛風) 등이 전시되어 있다.

충렬사에서 나와 한산도 제승당으로 가기 위해 여객선 터미널로 갔다. 여객선을 타고 10여 분 정도를 가면 좁은 해역을 벗어나 넓은 바다가 나온다. 아마 이곳이 임진왜란 당시 장군이 학익진을 펼쳐 왜군을 크게 무찔렀던 한산대첩의 현장인 것 같다.

한산대첩이 시작되기 전날이었다. 왜군 장수 와키사카가 이끄는 왜군의 선박 73척이 거제와 고성의 경계 지점인 견내량에 정박하고 있었다. 견내량은 수로가 좁고 암초가 많아 조선 수군의 판옥선이 싸우기엔 어려운 곳이었다. 이에 장군은 왜선을 수로가 넓은 한산 앞바다로 유인할 계획을 세웠다.

1592년 7월 8일. 장군은 판옥선 5, 6척을 견내량으로 보내 왜선을 기습하고 퇴각하라는 명령을 내렸다. 갑작스런 조선 수군의 공격을 받은 왜군은 판옥선을 잡기 위해 모든 왜선을 총동원하였다. 판옥선은 견내량을 빠져나와 수로가 넓은 한산 앞바다로 나왔다. 그곳엔 이미 장군의 많은 조선 수군이 학익진을 펼치고 왜선을 기다리고 있었다. 조선 수군의 함선에서 지자총통, 현자총통, 승자총통이 왜선을 향해 발사됐다. 조선 수군의 공격을 받은 왜군은 우왕좌왕하다 왜선 47척이 격침되고 12척이 포획되었으며, 14척만이 도주하고 말았다. 이렇게 거둔 큰 승리를 우리는 임진왜란 3대첩 중의 하나인 한산대첩이라 한다.

이윽고 너른 바다를 지나던 여객선이 한산도 앞 좁은 수로로 들어섰다. 들어오는 입구는 좁고 안은 넓다. 그 모양이 Ω처럼 생긴 한산만이다. 임진왜란 당시 조선 수군의 함선이 숨어 있기에 아주 적합했던 천연의 요새였다.

여객선이 한산도 제승당항에 도착했다. 그곳에서 걸어 800m 정도를 가면 제승당이 나온다. 이곳이 삼도 수군의 본영으로 조선수군의 사령부였던 수군 통제영이다. 제승당 안에는 팔사품을 그린 병풍이 있고, 벽면에 한산대첩도를 비롯한 4개의 임진왜란 승전도가 그려져 있어, 임진왜란 당시의 현황을 재현해 주고 있었다. 장군은 이곳에서 3년 8개월 동안 삼도 수군을 지휘했고, 난중일기 1,491일 중 1,029일을 썼으며, 나라를 걱정하는 시를 남겼다.

장군의 영정이 모셔져 있는 충무사로 갔다. 이곳에서 봄, 가을에 제사를 올리고, 한산대첩 기념일(양력 8월 14일)에는 해군작전사령관 및 해군사관학교 생도들이 참배한다고 한다. 충무사 안에는 장군의 영정이 모셔져 있고, 장군이 송나라 역사를 읽고 썼던 독후감을 병풍으로 만들어 놓았다.

내려오는 길에 활을 쏘던 한산정을 돌아본 후, 한산 앞바다가 보이는 수루(戍樓)로 올라갔다. 장군은 이곳에서 왜적의 동태를 살폈고, 천지신명께 '왜적을 물리쳐 달라.'고 기도를 하며 우국충정의 시를 읊었다. 수루에는 장군의 「한산도가(閑山島歌)」가 걸려있다. '한산섬 달 밝은 밤에….'로 시작되는 「한산도가」를 읊조리며 달밤에 나라를 걱정하며 읊었던 장군의 음성을 들어 본다.

약국 앞 택시

오형칠
1993. 11. 천료

우리는 가끔 택시를 이용한다. 나도 한 달에 한 번은 택시를 탄다. 요즘 이주민 여성과 외국인 근로자도 운전하는 사람도 적잖다. 김해는 중도시이지만, 택시가 많다. 인구 53만 명에 택시는 약 1,500대다.

우리 약국 앞 사거리와 전통시장은 90%가 외국인을 상대로 영업한다. 어느 도시나 지역이든 택시 잡기는 쉽지 않다. 우리 약국 앞은 그렇지 않다. 사거리에서 조금만 기다리면 택시가 온다. 약국 앞 사거리는 교통사고와 사건이 많다. 경찰이 가끔 녹화된 영상을 보여달라고 한다. 동쪽은 전통시장, 서쪽은 구제가게와 수로왕릉, 남쪽은 부산 방향, 북쪽은 진영과 창원 방향으로 가는 길이다. 네 모퉁이 중 세 곳은 택시가 항상 주차한다. 공장이 많은 외곽 지역으로 가는 외국인 손님을 태우기 위해서다.

안경원 앞은 1번 사리, 약국 앞은 2번 자리, 휴대전화 가게 앞은 3번 자리다. 4번 자리는 주차 금지 말뚝을 꽂아놓았다. 여기에 보이지 않는 규율이 있다. 1번 자리 택시가 손님을 태우면 2번 자리 택시가 1번 자리로, 3번 자리 택시가 2번 자리로 오고, 3번 자리는 또 다른 택시가 온다.

약속이나 한 듯 빙글빙글 돈다.

나는 약국 앞 주차를 묵시적으로 허락했다. 왜냐하면, 그들 고달픈 삶을 보기 때문이다. 자기 가게 앞에 일부러 차를 대라고 하는 사람은 없다. 약국 앞에 차를 대면 더운 열기와 매연이 실내로 스며들고 약을 구매하러 오는 사람은 차를 못 댄다. 약국 앞과 반대편에 차를 대면 왕릉으로 가는 차가 진입하기가 어렵다.

좋은 점도 있다. 택시 기사들이 나를 고맙게 생각한다. 기사 단골이 많아 영업에 도움이 된다. 이변이 생겼다. 며칠 전이다. 평소 약국 사거리에 CCTV를 달아야 한다고 주장하는 S가 왔다.

"왜 약국 앞에 택시를 대지 않는 줄 알아요?"

"아니, 몰라요, 왜 차 안 댑니까?"

나는 그런 줄도 모르고 물었다. 그 말을 듣고 창밖을 보니 코너에 택시가 한 대도 보이지 않았다.

"아, 정말 택시가 없네."

그는 천천히 입을 열었다. 자기가 직접 목격하지 않고, 피자 가게 주인에게 들었다고 한다. S 이야기를 듣고 웃음이 나왔다.

"택시 기사들이 서로 자기 회사에 고발했대요."

경위는 아래와 같다. 제일 좋은 자리는 1번 자리, 둘째는 2번 자리, 셋째는 3번 자리다. 대체로 1번 자리가 손님이 제일 많고, 그다음은 2번째, 3번째다.

문제가 생겼다. 어느 날이다. 3번째 자리에 있던 택시가 1번째 타야 할 손님을 태워버렸다. 1번 자리 기사와 3번 자리 기사가 싸움이 붙었다. 3번 자리에 있던 기사는 손님이 1번째 자리 택시를 타든, 3번째 자리 택시를 타든, 손님 마음대로 하는데 왜 문제로 삼느냐고 따졌다.

목소리는 점점 높아져 감정을 절제할 수 없었다.

결국, 문제를 해결하지 못해 자기 소속 회사 양 심판관이 파견되었다. 자초지종 사정을 다 들은 심판관들은 결론을 내렸다.

"모든 택시는 이곳에 절대 주차할 수 없다."

이렇게 하여 문제는 해결되었다. 오늘도 창문 밖을 내다본다. 세 코너는 텅 비었다. 매일 보던 택시들이 보이지 않는다. 허전하다. 그런데 놀라운 말을 들었다. 4월 10일 총선 투표일이다. 오후였다. 평소 약국 앞에 차를 대던 기사가 약을 사러 왔다.

"왜 여기에 차를 대지 않는지, 아시나요?"

그분 이야기는 이렇다. 하루에 200건씩 불법 주차를 촬영하는 카파라치가 있는데, 이분이 여기에 불법 주차하는 택시를 촬영하여 시청에 신고했다고 한다. 차 번호를 정확하게 찍기 위해 안경원 안에 들어가 촬영했다. 왜 전문적인 카파라치는 오랫동안 여기에 불법 주차했는데 신고하지 않았을까?

S의 이야기가 옳은지, 택시 기사가 한 말이 맞는지, 누구 말이 옳은지 모르겠다. 원인은 별로 중요하지 않다. 결국 택시는 약국 앞에 주차하지 않는다. 여기에서 십여 년 동안 삶의 터전을 잡고 주차하던 많은 택시는 어디를 방황(?)하고 있을까. 은근히 걱정스럽다.

나모 사용설명서

허남오
1994. 3. 천료

나도 가까운 곳에 주치의가 있다. 분기별로 한 번씩 가는 내과의 40대 여의사다. 딸 또래 연배라 허심탄회하게 시시콜콜 얘기한다. 밖에 기다리는 환자들이 있든 말든 상관없다. 요즘 술은 얼마나 먹었는지, 몸무게는 더 빼야 하는지 물어보면 그는 속 시원히 괜찮다고 대답한다. 혈압과 고지혈증약 처방을 받고 다시 3개월 후를 기약한다.

사실 가기 전 나는 항상 몇 가지 질문거리를 준비한다. 이번에도 어깨 통증이 오십견인지, 인지장애가 왔는지를 물어봤다. 의사와 환자 사이도 말이 통해야 해법을 알아낼 수 있을 것이다. 요즘은 안과도 3개월에 한 번 방문한다.

『내몸 사용설명서』라는 미국의 책이 있다. 수십 년 동안 내려오는 스테디셀러인데, 처음엔 목차만 봤고 다음엔 필요한 부분만 읽었었다. 저번에 개정판이 나왔는데 이번에는 정독할 필요를 느껴 자세히 읽게 되었다.

그렇다. 몸은 우리가 사는 집과 같다고나 할까?

뼈와 근육으로 골격을 만들고 입과 항문으로 상수도와 하수도를 삼고 신경과 호르몬으로 전기와 가스 라인을 이루는 것 같이.

자세히 보면 우리 몸 어느 하나라도 섣불리 다룰 수 있는 것이 없다. 먹고 싸는 일만 해도 입에서 식도, 위, 간, 췌장과 신장, 소장과 대장, 요도 등을 거쳐 피와 영양을 만들고 실어 나른다. 감각기관만 해도 눈, 귀, 코, 치아, 입을 통해 감정을 움직여 두뇌를 활동하게 한다. 젊을 때는 몰랐으나 나이 들면서 알게 되는 관절과 근육의 중요성은 또 어떠랴.

이 모든 장기들이 이제 나에게는 어떤 의미일까 하는 의문을 품게 되었다. 그래서 이 책에다가 내몸 체크를 시작하였다. 많은 건강 지식이 있다 한들 나에게 닿지 않으면 소용없다. 이러니 제법 주치의다운 기본서가 만들어졌다.

물론 이 책 하나만으로 모든 것을 다 알 수는 없다. 최근 노인의학이 생기기 시작했는데 당연히 이를 감안해야 한다. 마침 『나이듦에 관하여』라는 책도 있어 아주 유익하게 활용하고 있다.

이 책에서 감명 받은 것은, 젊디젊은 의사들이 각 분야로 처방을 하다 보니 복합적으로 약물 오용이 심각하다는 사실이었다. 일반 사람들에게는 아주 사소한 부작용이 노인들에게는 치명적인 점을 간과한다는 것이다. 이런 것 때문에 치매가 더 생긴다는 사실이 경악스러웠다.

옛 말씀에, 병은 자랑하라고 했었다. 그래야 많은 사람들에게서 좋은 처방을 얻을 수 있을 것이다. 그래서 나도 이즈음 내 이름을 넣은 '나모(namo) 사용설명서'를 만들기로 했다.

뭐 특별한 것은 아니다. 분기별로 내과와 안과 가는 게 거의 전부다. 간혹 어깨놀이에 석회가 끼기도 하고, 귀에 매미 소리가 들리곤 한다. 무릎이 당기면 천천히 걸어서 이완시킨다.

그런데 가장 관심을 두는 것은 다른 쪽이다. 무섭고 두려운 암보다 나이가 들면 치매가 일상화되는 시대가 곧 오고 있다. 매사에 인지장애가 오는지를 예의주시하면서, 뭐라도 읽고 쓰고 외우는 중이다. 또한 옷이 날개라 하듯이, 치장이나 위생에 관심을 더 기울이고 있다. 가족과 친구 등 인간관계에도 공을 들인다. 무엇보다 평상심을 가져 스트레스가 없는 것이 가장 중요하다. 그리고 습관이 평생을 좌우하듯이 매일 하루하루를 재미있게 살려고 애쓴다. 아니, 그렇게 살고 있다.

아침마다 한강 가를 달리는 기분은 좋다. 그 한 시간에 많은 일이 이뤄진다. 따끈한 물 한 잔을 마시고 워밍업을 한다. 가쁜 숨 호흡으로 가슴을 연다. 하늘과 나무를 바라보며 자연의 경이로움을 느낀다. 토끼굴 안쪽 헬스장에서 근력을 키운다. 이 정도라면 하루 필요한 에너지는 다 채워지리라.

주치의는 말했다. 건강의 80%는 유전자라고. 맞다. 부모님이 고맙다. 어느 명의는 자연치유가 80%라고 했다. 아니, 우리 인간사가 다 그럴 것이다. 80:20이라는 파레토 법칙이 있다. 우리 사회도 상위 20%가 하위 80%보다 자산이 많다고 한다. 물론 이와 반대되는, 꼬리가 세상을 뒤흔든다는 롱테일 법칙도 있지만.

나머지 20%가 다는 아니다. 나는 오히려 마지막 10%가 더 중요하다고 생각한다. 우리 평균수명도 이제 다들 80살이 넘는다. 곧 백 살 시대 아닌가? 내 몸을 원래 자연대로 가지려는 노력은 마지막 10%에서도 충분하다. 좋은 습관으로 올바른 섭생을 한다면 말이다.

오늘도 나는 이른 아침 한강가를 달리면서 머언 하늘 밖 구름을 바라본다. 구름 속의 나모를 살피며, 강물에 피어나는 나의 염화시중을 보며 따라 웃는다. 어느 날 미친바람이 일어 강물도 흩어지면 나모도 파안대소처럼 사라지리라.

책들과 함께

강정희
1994. 7. 천료

그리 오래되지는 않지만 언젠가부터 집에 있는 책들을 읽기 시작했습니다. 늦은 나이에 건강 또한 그리 활발한 편도 아닌 처지에 어쩐지 맞지 않은 것도 같지만 그리 혼자 정해버린 셈입니다. 책의 종류도 한쪽으로 기울어져 있으나 오늘날의 내겐 어울릴 수도 있을 것 같기도 합니다.

늦은 나이에 수필 전문지에서 추천받아 미미하나마 글쓰기로 졸작을 발표하며 지내다 보니 많은 작가분들의 작품집을 접하게 되면서 책들이 제법 집에 늘어나게 되었습니다. 요즘 추세는 책이 아닌 스마트폰 등의 기기로 생활 속의 모든 지식 습득도 가능하고 공부도 하며 지낼 수 있으니 젊은 사람은 물론 중장년도 책이나 신문과 멀어지고 있나 봅니다. 심지어 텔레비전도 별로 시청을 안 한다고 합니다.

어쩜 지식의 보고이기도 했던 책들이 가정에, 직장에 많이 쌓여 있으며 기증할 곳도 마땅치 않다는 보도를 본 적이 있기도 합니다. 가정의 책도 늘어만 가면 조금씩 줄여나가는 일도 어쩔 수 없는 일이 되었습니다. 이사 갈 때도 책은 큰 짐이 될 수 있으니 한 번 읽고 그대로 방치되어 있으면 처량한 마음만 듭니다.

작가님들께서 정성을 다하신 그 소중한 책을, 언젠가는 내 손에서 정리를 염려해야 하니 읽은 뒤 조금씩 줄여나가는 게 좋을 것 같았습니다. 그때 살림살이에 바빠 제대로 다 읽지도 못하고, 인사도 못 드리고 그냥 받기만 했던 일이 너무나 죄송스러운 마음이 들었습니다.

정말 훌륭한 글을 쓰셔서 감동을 주기도 하고 아름다운 글도 많았습니다. 수필집뿐 아니라 시집, 소설집까지 보내신 작가님껜 죄송스럽기 그지없었습니다. 평범한 생활 속에서 미소를 짓게 하는 일상의 작품에 이르기까지 미처 못 느꼈던 모든 사연이 책 속에 있습니다.

집에서 움직여야 하는 최소한의 시간 이외엔 거의 모든 시간을 책을 읽고 있습니다. 등단한 지 몇 년 뒤 펴낸 수필집 『피아노 소리』라고 부끄러운 책이었지만 작가분들께서 글월을 보내주셨습니다. 그 당시엔 누구신지도 모르고 받기만 하고 무심코 있었던 모자란 사람인 저였는데 다시 읽어보니 문학회 회장 하신 선생님, 작가상 받으신 분, 유명한 작가 선생님 등등… 그러셨구나, 무명인의 글도 일일이 읽어주시며 격려하시니 그런 마음을 가지셨기에 좋은 글을 쓰시는구나 깨닫지 않을 수 없었습니다.

수필작가님들께서 보내신 글은 자신을 뒤돌아보지 않을 수 없게 하였습니다. 언젠가는 이 소중한 책들도 조금씩 정리를 위한 수순을 밟아야 하는 건 아닐까 여겨져 가슴이 아프기도 합니다. 이렇게 책 속에 파묻혀 있다가 「잠자듯 떠나신 아버지」란 제목의 글이 눈에 들어왔습니다. 그 일부분을 한 번 적어 보았습니다. 쉽고도 따뜻한 내용입니다.

"결혼해서 분가하기 전에 시댁에 들어가 십여 일을 살았다. 결혼 초기이니 당연히 시아버님을 아버님이라고 불렀는데 2, 3일이 지나서 밥상을 차려 놓고 '아버님, 진지 잡수셔요' 하였더니 상에 앉으시며 '그러지 말고 아버지라고 해라' 하신다. 처음에는 어색했지만 그 후부터 자연히 아버지라고 부르게 되었다. 손아래 동서가 4명인데 다들 나를 따라서 아버지라고 부르고들 있다. 아버지께서는 아침마다 마당에 물까지 뿌려서 쓸고 일터인 약국을 물걸레로 말끔히 닦아 정리를 하셨다."

한 가지 뜻밖에 이 부족한 사람이 그 아름다운 책을 받고 그때는 인사글을 썼으나 보내지 못한 듯 책 사이에 끼어 있어 쑥스럽지만 적어 보렵니다.

"선생님, 안녕하신지요. 청명한 가을날 예쁜 단풍잎이 붙여진 선생님의 수필집은 잔잔한 감동이었습니다. 단풍잎을 편지에 붙여 보낸 적이 언제 적 일이었는지 수십 년도 넘은 날들을 생각해 보았습니다. 기억도 아득한 옛날 원주 치악산에서 이맘때쯤 단풍잎 몇 잎 주워 그때 어린 첫 손녀에게 편지 써서 고이 부친 적이 있었습니다. 그 후로는 우편으로 단풍잎을 보낸 적도 받은 적도 없었습니다. 정말 고마웠습니다. 책갈피 속에도 단풍잎을 넣어 두었던 날들이 있었지만 지금은 그날들과는 너무 먼 사람이 되었습니다. 며칠 전 작품집을 받아서 아직 몇 편 못 읽었습니다만 감사히 잘 읽겠습니다. 안녕히 계셔요."

요즘도 집에는 작가님들이 보낸 작품집이 간간이 보내어져 옵니다. 감사한 일입니다. 고맙기도 해서 더 열심히 읽습니다. 가끔이지만 월간 문학지나 동인지 또는 등단지에 한 작품이라도 발표될 때에는 등단 연도가 꼭 기재되어 있습니다. 그럴 때면 너무 많은 날이 흘렀다는 사실이 민망스럽고 부끄럽기도 하고 그것이 또한 자신이 고령 시대를 살아가는 힘이 되기도, 보람이기도 합니다.

오늘도 집에 있는 작가님들의 소중한 글들을 읽고 좋은 글들을 만나려 합니다. 언젠가는 내 곁을 떠나지 않을까 하는 마음이 드는 아쉬운 글들이기에 그렇습니다.

꿈

호병규
1994. 9. 천료

덧없는 세월이라 했던가.

유수(流水)와 같은 세월이 인생을 정리할 연경(年庚)에 날 세운다.

그저 그렁저렁 살아왔는데 여든아홉이라는 고갯마루 언덕에 세워놓고 구름을 보라고 한다. 말없이 흐르는 구름, 저놈을 잡아타고 어디론가 조용히 떠나라고 하는 것 같다. 사랑하는 자식들과 손주들을 뒤에 두고 떠나라는 것과 같다. 내 모습이 어딘가 좀 처량해 보이기까지 하다.

해가 뜨면 일어나고 해가 지면 잠자리에 들고 그렇게 살아왔다. 그리고 그것이 일상(日常)이었다. 아이들이나 어른들이나 같은 레일(rail) 위를 달려왔다. 인간이라는 공통적 모션(motion)과 리듬(rhythm)에 맞춰 그렇게 살아왔다. 그런데 그렇게 달리면서 헤어플레이(hear play)가 다르다는 점을 깨닫게 했다. 어쩜 이것은 인간에게만 주어진 절대적인 특권이라고 생각을 했다. 소위 어른 '스럽다'는 말에서 모두가 똑같지는 않다는 점이다. 다시 말해 나이에 따라 생각은 다르다는 것이다. 이것은 한 단계 올려놓는다는 정의(正意)에서 다행이지 싶기도 했다.

가끔씩 '어떻게 살아야 하나' 스스로 질문을 할 때가 있었다. 쉽게 말해 이렇게 허송세월을 해도 되는가. 하는 점이다. 세상이 끼워주지 않는 늙은이를 무엇을 어떻게 한단 말인가. 반문을 하지만 그러나 정작 뉘가 오라 한들 나설 수 없는 처지이니 자신을 시험하듯 괴리에 매여 옥죄는 것이다. 이럴 때는 모든 생각을 접어두고 그 옛날 장독대에 소복이 눈 내리는 밤 형님들과 화로가 앉아 밤을 구워 먹던 추억을 더듬는 것이 좋을 듯했다.

동물들은 하루 종일 먹거리를 찾아 헤맨다. 그러나 인간은 이상이라는 꿈이 있기에 그것을 찾아 평생을 바친다. 그래서 꿈이 없는 자에게는 덧없는 세월을 보낸다고 한다. 그 이상이 크든, 작든 뉘나 그것은 희망인 것이다. 인간에게 이것이 없다면 인간의 가치를 상실한 자가 되고 말기 때문이다. 구십 평생을 살아온 필자에게 언 듯 무슨 꿈이 남아 있을까 혹 뉘가 반문할지 모르겠다. 그러나 천만의 말씀이다. 살아온 날들의 꿈보다 지금부터 꾸는 꿈이 더 많고 더 희망적이다.

밤하늘 반짝이는 셀 수 없는 수많은 별을 즐겨 바라본다. 측량할 수 없는 광활한 우주 공간에서 놀고 있는 별들의 시간에 늦은 밤 시간을 빼앗기는 것은 나뿐만은 아닐 것이다. 내가 꾸는 꿈은 이제는 인간사에 있지 않고 별들이 반짝이는 곳을 너머에 있다. 한 번도 가보지 못한 곳에 내 꿈이 도사리고 있는 것이다. 이 늙은이의 이상향은 바로 그곳이다. 거기에 예비 되어 반기고 있을 꿈을 향하여 나는 기도해 왔다. 사람들은 거기에 무엇이 있겠느냐고 반문할지 모른다. 그러나 인간이 전기를 발명하기 전에 전기 이야기를 들려주면 진지하게 들은 자가 몇이나 되었겠는가.

한낱 사람이라는 작은 겸손이 평생을 다했지만 지금 나에게 남아 있는 증거는 하나도 없다. 소위 말하는 실증적철학(實證的哲學)이든 일체의 초월적(超越的)이든 형이상학(形而上學)을 뛰어넘고 객관화에서 인증하는 것이 무척 부담스럽지만, 그러나 꿈의 열매를 얻기 위한 실증은 적어도 형이상학의 토대 위에 세운 심증으로 매듭을 짓고 싶은 것이 솔직한 심정이 아닐 수 없다.

태양이 아직 빛나고 있다. 이글거리는 태양이 존재를 셈하고 인간의 꿈을 측량하듯 밤을 쉬게 한다. 머나먼 길을 걸어왔다. 그 길에서 우리들은 숨을 쉴 수 있어 좋았다.

내일도 그럴 것이다.

즐겁고 힘찬 삶

김상환
1994. 11. 천료

나는 매일 웃는 얼굴을 그린다.

일기장 노트의 상부 우측에 4분의 1 크기의 지면을 활용한다. 섬세하게 그리는 게 아니고 볼펜을 들고 "하나, 둘, 셋, – 열하나" 하면은 완성되게 간단히 환하게 웃는 얼굴을 그린다.

활짝 웃는다. 나도 같이 미소의 꽃송이가 된다. 내가 바라보면 볼수록 웃음이 솟는다. 환하게 웃어 준다. 참 나를 일깨우는 동그란 미소. 반갑게 서로 대화를 나눈다. 참 정겹다. 웃음꽃이 활짝 핀다.

"그래, 웃고 살자. 그러면 좋은 날 올 것이다." 바람 부는 날도 비 오는 날도 있겠지만 그래도 웃으며 살자. 웃고 살면 나날이 좋은 날이 올 것이다. 기쁨의 꽃을 피우며 살자. 뻐꾸기의 노래처럼 웃음소리도 내보자. 창문을 열면 백합화가 환하게 활짝 웃는 것처럼 우리도 멋지고 신나게 방긋방긋 웃으면서 살자. 지나간 일기장을 넘겨보면 오늘보다 더 귀엽게 웃음꽃 활짝 피운다. "그래 좋다. 우리 웃고 살자." "웃음꽃 피우자. 우리 웃으면서 살자." "하하하하."

명랑한 웃음소리.

오늘 새날 새 아침이다. 모든 일이 점점 더 좋아질 것이다. 오늘이란 귀한 선물에 감사하자. 무엇보다 우리 지금 살아 있으니 기쁘고 감사하다. 청아하고 아름다운 연꽃이, 내 맘에서 피고 있구나.

새 아침이다. 존경하는 분들과 친지들에게 카톡으로 새날 인사를 한다. 나의 마음을 알았는지 뻐꾸기가 "뻐꾹 뻐꾹" 노래하면서 자기 노래도 함께 실어보내 달라고 원하고 있다. 나를 도와서 함께 좋은 님들에게 웃음꽃을 한 송이씩 보내자고 한다. 참 고맙다. 내게 힘이 솟는다.

'우리는 서로에게 희망입니다. 행복한 웃음으로 행복한 하루 되세요. 삶이 아름다운 것은 소중한 친구가 있기 때문입니다. 좋은 기운 듬뿍 받아 건강하시고 행복하세요. 새롭고 희망찬 날 되세요. 태양이 떠오르듯 기쁨 가득한 하루 되세요. 아프지 말고 천천히 곱게 익어갑시다.'

뻐꾸기의 정겨운 아침노래도 함께 담아 즐겁게 아침인사를 보낸다. 웃음 수행을 위해 운동장으로 가기 위해 집 골목길을 나서면서 소나무, 측백나무를 손으로 쓰다듬으면서 "안녕 안녕 안녕."

"오늘도 웃으면서 즐겁게 살자" 하면서 집을 나선다. 가이즈카향나무 숲향기로 가득한 교육청 화단을 지나 아라초등학교 운동장으로 들어선다. 나는 태양을 바라보며 환하게 웃으면서 웃음 수행을 시작한다. '자신의 마음에 태양이 떠오른다. 자신의 마음에 환희 중에 환희가 불타오른다.'

푸른 하늘과 흰구름도 반겨주며 미소를 날린다. "하! 하! 하! 허! 허! 허!" "하! 하! 하! 허! 허! 허!" 큰소리로 웃음 수행을 하면서 걷기를 한다.

아라공원의 숲속에서 뻐꾸기의 노래가 "뻐꾹 뻐꾹" 하며 격려해준다. 참 고맙다. 격려해주는 얼굴을 보고 싶다. 까치도, 비둘기도, 까마귀도 날아와서 함께 웃음 수행을 하고 싶단다. 운동장 파란 잔디도 새아침 기분 좋다고 손 흔들며 미소를 날린다. 트랙에 모래들도 반짝반짝 빛난다. 마음속 깊이 활짝 웃으면서 30여 분 동안 웃음 수행을 한다.

마음이 즐거우면 뇌가 즐겁고 뇌가 즐거우면 내 몸의 세포 모두가 즐거워진단다. 크게 웃는 웃음은 최고의 보약이고 최고의 웃음꽃이라고 한다. 억지 웃음도 괜찮단다. 웃고 살면 반드시 좋은 날이 온다고 확신하고 웃음 수행을 하는 것이다. 가슴을 펴고 자세를 바르게 하여 내 발을 1센티 앞으로 생각하며 걸음을 힘차게 걷는다.

폐휴지를 가득 담은 트럭을 수돗가에 세워놓고 모래 위 맨발로 걷기 운동을 한 기사는 수돗가에서 발을 씻고 있다. 부인 두 분도 맨발로 걷기운동을 끝내고 발을 씻기 위해 수돗가로 가고 있다. '오래 사는 최선의 방법은 끊임없이 그리고 목적을 갖고 걷는 것이다'(찰스 디킨즈).

나는 수행을 끝내고 흰구름 속에 푸른 느티나무 잎이 나풀대는 걸 보면서 등치기, 어깨치기, 머리치기 등을 각기 100회 정도 하면서 "느티나무야 고맙다. 느티나무야 우리 웃고 살자"라고 속삭인다. 걷기 운동하러 먼저 왔다 간 분들의 맨 발자국들을 모래판 위에서 자세히 살펴보니 미소가 날아온다.

아침에 우정과 사랑을 전한 지인에게서 보낸 카톡 회신이 날 찾는다.

'즐겁게 사는 것이 인생의 성공 비결이랍니다. 당신이 있어 늘 고맙습니다. 오늘은 즐겁고 좋은 일만 가득하시고 늘 건강하세요. 늘 고맙습니다. 얼마나 큰 힘이 되는지 모릅니다. 오늘도 행복하세요.

멋진 사람은 늙지 않는다. 노년은 생각보다 멋지고 아름다운 인생길입니다. 늘 건강하시고 행복하세요. 뭐 별것 있나요. 건강만 가지고 다니면 먹고 삽니다.' "감사합니다. 즐겁고 힘찬 삶 되소서."

보이스피싱

박순철
1994. 11. 천료

10여 년 넘게 소식이 없던 용인에 사는 친구의 이름으로 "힘겹게 살아가시던 아버님이 돌아가셨다…" 라는 문자가 날아들었다. 의아했다. 내가 아는 그 친구는 어려서부터 홀어머니 밑에서 어렵게 성장한 것으로 알고 있는데 아버지가 살아있었다는 내용이 어리벙벙했다. 한편, 착하고 성실했던 친구의 이면을 보는 듯한 씁쓸함도 느껴졌다. '고약한 친구 같으니…. 60여 년 넘는 세월 동안 아버지를 잘도 감추고 있었구나.' 하는 드라마 같다는 생각도 들었다.

지금 그 친구의 인성을 탓해서 무엇하겠는가. 초등학교 6년을 같이 공부한 그 정을 생각해 아버지를 여읜 친구의 아픈 마음을 조금이나마 위로해주어야겠다는 생각이 들었다. 집에서 놀다가 시간이라도 때우겠다는 마음으로 새 일을 시작한 지 2주일 정도밖에 되지 않았기에 시간 내어 용인까지 가는 것은 어렵고 마음의 정성을 보태고자 부고장을 이리저리 살폈으나 장례식장 명칭도, 마음을 전하는 곳도 보이지 않았다.

부고장 이곳저곳을 살펴보니 더 자세한 정보를 원하시면 이곳을 클릭하라는 문구가 보였다. 앞뒤 생각 없이 그곳을 클릭하니 또 다른 문구가 나오고 연이어 몇 번을 계속하다 보니 화면이 이상하게 돌아가는 느낌이 들었다. 아니다 싶어서 손을 떼었으나 이미 때는 늦은 듯했다.

생질 조카로부터 전화가 걸려왔다. "외삼촌 이게 무슨 내용이에요?" 내게 친구 이름으로 온 부고 내용과 똑같은 문구가 내 핸드폰에 저장된 지인들에게 모두 날아간 다음이었다. 뒤통수를 심하게 얻어맞은 듯 정신이 어리벙벙했다. 이런 게 바로 보이스피싱인가 보다 하고 얼떨떨해 있는 사이에 친구로부터 전화가 걸려왔다.

"아니 아버님이 살아계셨었다는 말이야?"

어이가 없었다. 서울에 있는 딸아이가 사태의 심각성을 파악하고 전화를 걸어왔다.

"아빠! 빨리 핸드폰 포맷하고, 통장 비밀번호 바꾸고 사용중지 신청해…." 다급함이 묻어나고 있었다.

시계를 들여다보니 오후 8시가 가까워지고 있었다. 더구나 오늘은 일요일이 아닌가. 지금 이 시간이면 평일에도 모든 업무를 마감하고도 한창 지날 시간인데 어디 가서 도움을 청한단 말인가. 그러나 마냥 핸드폰만 들여보고 있을 수만도 없었다. 핸드폰을 들고 거래하는 통신사로 달려갔다. 다행히 예쁘장한 여직원이 자리에 앉아있었다.

"진정하시고요. 단체로 발송된 문자는 어찌할 수가 없어요. 그리고 한꺼번에 500통 이상은 발송할 수가 없어요. 지금 잘못된 문자라는 내용을 보내시려면 카톡으로 하나하나 보내셔야 해요. 우선 악성 프로그램은 지웠어요. 핸드폰에서 빠져나가는 통신 요금도 정지시켰으니 안심하세요. 그리고 보이스피싱이 염려되시면 핸드폰을 바꾸시든가 전화번호를 변경하시는 방법도 있어요."

무슨 말인지 잘 이해도 되지 않을뿐더러 이 상황에서 전화번호나 멀쩡한 핸드폰을 바꾸는 일은 쉬 이해가 되지 않았다. 전화번호를 바꾸면 일어날 불편 사항이나 핸드폰을 바꾸는 비용 등 다양한 문제가 발생할 수 있음은 자명한 일이다. 처음 당하는 일이고 전혀 생각지 못한 일이기에 이것저것 질문하는 내 말을 담당 직원은 시계만 쳐다보며 건성으로 대답하는 것 같았다.

"죄송해요. 지금 퇴근 시간이고 개인 약속이 있어서 문을 닫아야 해요."

난감했다. 지푸라기라도 잡고 싶어 하는 이용자의 마음은 아랑곳없이 퇴근을 서두르는 직원에게 더는 말 붙이기가 그랬다. 내가 월급을 주는 것도 아니고 개인 약속을 미루고 나의 일을 더 봐 달라고 할 수도 없는 상황이었다.

"장례식장이 어디냐? 언제 발인이냐?" 그동안에도 핸드폰은 계속 들어오고…. 그중에도 제일 난감한 내용은 내가 속한 문단의 대표께서 보낸 내용이었다.

"경황 없으시지요. 조화를 보내려고 하는데 어디로 보내야 할지요?"

마냥 정신을 놓고 있을 수만도 없었다. 다시 부리나케 집으로 왔다. 내 이름으로 날아간 문자지만 내가 보낸 문자가 아니라는 것을 알려야 할 것 같았다. 문자는 500통밖에 사용할 수 없으니 일일이 카톡으로 보내야 할 것 같았다. 뒷집에 공무원 시험공부하는 여학생이 있어서 가끔 불러서 컴퓨터나 핸드폰에 대해서 도움을 받곤 했었는데 미안하지만, 어쩔 수 없었다. 젊은 애들 손은 번개 같았다. 내가 하려면 꾸물꾸물 시간이 오래 걸리지만, 애들은 복사한 내용을 하나하나 빠르게 보내주었다.

황당하고 죄송스럽게도 며칠 동안 보이스피싱으로 인한 문자를 받아야 했다. 본의 아니게 엉뚱한 문자를 받고 위로의 말씀을 보내주신 문단의 어르신, 그리 동료 문인들 그리고 지인들께 죄송하고 고맙다는 말씀 올리고 싶다.

집 멀미 나던 날

임정순
1996. 3. 천료

아무리 생각해봐도 아찔하다. 너무 좋아하면 동티가 나고, 자랑 끝에 불난다더니만. 간밤에 갑자기 호출한 딸 전화를 받고 덩실덩실 춤을 춘 것이 끝내 그 값을 치르고 말았다.

버스 타기 10분 전에 도착한 터미널에서, 좌석번호를 확인하려고 핸드폰을 꺼내려는데 빈 주머니다. 들고 온 가방을 뒤지고 등에 메고 온 가방을 내려 찾아보아도 없다. 순간 머리가 하얘졌다. 어쩌지? 아무리 둘러봐도 누구에게 도움을 청할지 난감하다. 출발시간은 점점 다가오는데 사람들은 많아도 누가 내 청을 들어줄까? 그래도 학생들은 들어 주겠지. 머리가 긴 여학생에게 다가가 부탁을 했다.

"미안하지만, 택시에 핸드폰을 놓고 내렸는데 딸한테 전화 좀 걸어 줄 수 있을까요?"

참 염치도 없다. 쾌히 딸한테 연락을 해주고 방금 내린 그 자리로 가 보란 말만 남기고 여학생은 떠났다. 타고 가려던 버스는 이미 떠났고 늦가을 비는 추적추적 내린다. 한 10여 분 지나 방금 타고 온 택시 문을 열자 주인을 기다리는 핸드폰이 환하게 반겼다.

“2만 원은 내셔야 됩니다.”

두 개의 가방에서 지갑을 찾느라 비를 맞으면서 우산은 내동댕이치고, 몇 발짝 옆 버스정류장에 서 있는 사람들의 무슨 사연인가 구경거리의 눈초리가 온몸을 찌른다. 현금을 요구하면서 내가 갖는 돈이 아니라는 말을 몇 번이나 한다. 결국엔 카드로 결제하고 고맙다는 인사를 머리가 땅에 닿도록 서너 번 했다.

정확히 한 시간 후 출발. 두 개의 가방을 추스르다 빠진 것을 몰랐다고 또 나이 탓을 한다. 아무리 정신 똑바로 차리자고 다짐을 해 본들 번번이 오류가 난다. 언젠가는 밥솥에 밥이 없는데도 상을 차리질 않나. 달력에 동창 모임이라고 적어 놓은 것이 엉뚱한 날짜에 떡 적어 놓고. 어쩜 좋으냐~ 7살 손자는 100살까지 살라고 주문을 하건만.

한 시간을 터미널에서 떨었더니 온몸이 눅눅하다. 웅크리고 앉아 있는 모습을 누가 볼까 봐 모자를 푹 내려썼다. 다행히 버스 안은 훈훈하다. 마음이 안정되니 스르르 잠이 온다.

여자에게 친정은 영원한 내 편이다. 하지만 온몸으로 반겨 주시던 부모님이 다 돌아가시고 나면 친정은 그저 동생 집일뿐이다. 서서히 친정 쪽 안테나는 딸 쪽으로 방향을 튼다. 아무리 집에만 있는 집순이도 갑자기 휘몰아치는 그리움으로 마음이 뒤집히는 집 멀미가 날 때가 있다. 그럴 때 딸이 좋아하는 반찬 몇 가지에 이것저것 묵직하게 싸 들고 여행하는 마음으로 딸네 집엘 간다.

오늘이 그날인데 핸드폰 소동을 일으켰으니 자식한테도 면목이 없다. 카카오택시 덕분에 핸드폰을 바로 찾은 것만 해도 다행이라며 제발 정신줄 놓지 말라는 경고를 연거푸 받으니 분명 문제가 틀림없다. 이럴 때면 여지없이 주눅이 든다.

딸은 도움을 준 그 학생에게 커피 쿠폰을 보낸다고 한다. 내 주변머리는 고맙다는 마음뿐인데 딸은 또 해결해준다. 친정어머니의 해결사로 살다가 이제는 딸이 내 해결사가 됐으니 이것마저도 받아들여야 하는 순리인가. 그래도 오늘만은 지청구도 달게 받아야지 별수 있나.

손자 방은 자동차 왕국이다. 잘 때도 자동차를 양손에 쥐고 잔다. 할머니하고 자겠다고 키키(애착 인형)를 안고 와서 폭 안긴다.

손자 머리를 쓰다듬으며 청승맞은 자장가를 불러준다.

금자동아 은자동아~

은을 주면 너를 살까~

금을 주면 너를 살까~

금자동아 은자동아~

잠든 손자의 얼굴을 물끄러미 바라보고 있는데, 씨~익 웃어주는 사랑스러움이 온몸에 퍼져 나도 모르게 멀미가 가라앉는다.

아~ 딸보다 손자가 더 보고 싶었구나!

대팽두부과강채

서경희
1996. 11. 천료

추사박물관에 도착하자 소나기가 내렸다. 소나기 오듯 좋은 일은 우연히 오는 것이 많다고, 가까운 과천에 이렇게 좋은 곳이 있을 줄이야.

4호선 선바위역 1번 출구에서 버스로 잠깐 가면 조용하고 말쑥한 추사박물관을 만난다. 과천과 추사는 얼핏 연결이 잘 안되지만, 추사(秋史) 김정희는 이곳 과천에서 생애 마지막을 보내며 무르익은 학문과 예술의 꽃을 피웠다.

추사가 태어난 곳은 한양 경주김씨 명문가였다. 증조할아버지 김한신은 영조 임금의 딸인 화순옹주와 결혼해 가문의 스타가 되었다. 추사의 할아버지 김이주는 임금의 외손자가 되고, 추사도 왕실 가문의 자손이 되었다.

추사는 8살 때, 아버지 김노경을 떠나 아들이 없는 큰아버지 김노영의 양자로 들어갔다. 그때 본가에 보낸 한문 편지를 보면 신동의 품격이 일찍 꿈틀거렸다는 것을 알 수 있다.

어린 시절 추사는 북학파의 대가 박제가에게 가르

침을 받으며 청나라 연경(북경)을 그리고 그렸다. 새로운 문물과 학문이 있는 그곳 연경은 당시 지식인들이 가지는 강렬한 로망이었다.

1809년 스물네 살 추사는 달나라에 가듯 진짜 연경을 가게 되었다. 그것도 호조참판인 동지부사 아버지 김노경을 따라. 그리고 마침내 평생의 스승인 옹방강과 완원을 만났다.

옹방강과 완원은 고증학과 금석학의 대가로 추사를 해동 제일의 학자로 칭송하고 반겼다. 고증학은 문헌에 따라 고전을 실증적으로 연구하는 학문이고, 금석학은 쇠붙이나 돌에 새겨진 그림과 글씨를 연구하는 학문이다.

서로 말이 통하지 않아 글로 생각을 전하고 마음을 열어 스승과 제자가 되었으니, 주고받은 필담서를 보면 한 떨기 추상화가 느껴진다고 할까.

조선에 돌아온 추사는 벼슬길이 아니라 삼국시대에서 고려, 조선에 이르는 옛 비석들의 글씨에 빠져들었다. 1816년 그 유명한 '북한산진흥왕순수비'를 발견해 잘못된 역사를 바로 잡았다. 그동안은 무학대사의 비석이었는데, 옛 글씨를 판독해 신라 진흥왕이 한강 이북을 차지한 기념으로 세운 비석이라는 것을 알아낸 것이다. '무장사아미타조상비'도 판독해 신라의 소성왕비가 남편의 명복을 빌고자 부처를 만들어 경주 무장사에 모셨다는 내용을 알아냈다.

34세 추사는 아버지 김노경에 이어 과거시험 대과에 합격해 암행어사가 되었다. '어사김정희영세불망비'가 충남 서산에 남아있다. 55세이던 1840년 정치적 모함을 받아 제주 섬 북동쪽 모서리 대정현에 위리안치(圍籬安置) 되는 중죄인이 되었다. 아무노 없는 바닷가 초가에서 9년간 면벽수행 하듯 꼼짝 못 하는 유배생활을 한 것이다. 금수저 추사에게는 상상할 수 없는 고독과 고통의 시간이었으리라.

절절히 고독한 추사에게 제자 이상적이 책을 보내주었다. 역관 신분인 그가 청나라를 오가며 구한 '경세문편' 등 귀한 책들이었다. 고마움에 사무친 추사는 「세한도」 그림을 그려 보답했다. '추운 겨울이 지난 뒤에야 소나무와 측백나무가 시들지 않음을 안다'는 논어의 마음을 담아 그린 그림이었다.

세한도는 국보가 되었고, 동아시아 세 나라를 오가는 곡절 끝에 2020년 손창근이 기증해 국립중앙박물관에 안착했다.

제주 유배에서 풀려난 추사는 서울 용산에서 지내다 또 한 번 함경도 북청에 1년 간 유배되었다. 가벼운 귀양이었기에, 황초령에서 발견된 진흥왕순수비를 원래의 자리인 진흥리로 옮기는 등 학문에도 매진할 수 있었다.

북청 유배에서 풀려난 추사는 아버지 김노경이 마련해놓은 과천 '과지초당(瓜地草堂)'에서 지내게 되었다. 정원과 집이 아늑하고 아름다운 연못을 갖춘 곳이었다는데, 지금도 그랬다. 저쪽 청계산 옥녀봉에는 한때 아버지의 유택이 있었다. 최근에 세웠다는 추사의 동상에 기대 사진을 찍으며 문득 추사의 또 다른 호 하나를 생각해냈다. '홍두(紅豆)', 상사(相思)의 정을 간직한 사람.

추사 작품 전시회에 가면 꼭 빠지지 않고 나오는 서예 대련(對聯)이 있다. 대련은 두 개가 짝을 이룬 글의 구절인데, 바로 과천 시절에 쓴 '대팽두부과강채(大烹豆腐瓜薑菜)'와 '고회부처아녀손(高會夫妻兒女孫)'이라는 글이다.

"좋은 반찬은 두부, 오이, 생강, 채소요. 훌륭한 모임은 부부와 아들, 딸, 손자라네." 글씨체는 간결하고 우아하고, 내용은 그지없이 소박하다. 마지막 과천 시절 과지초당에 앉아 추사는 영광과 고난이 반반이었던 삶을 떠올리며 인생의 가장 소박한 원점을 생각했을 것이다.

'벼루 열 개, 붓 천 자루'의 추사는 서울 강남의 봉은사 '판전(板殿)' 글씨를 쓰고 사흘 후 세상을 뜨셨다. 1856년 70세! 한 점 속된 기운이

나 기교가 없는 최후의 단아한 필적이라고 한다.

글씨 쓰고, 난을 치며 추사는 말했다.

"당장에 성불할 수도 없고, 맨손으로 용을 잡을 수도 없다. ~비록 구천구백구십구 분은 거의 모두 가능하나 이 일 분은 인력으로는 가능한 것이 아니며, 역시 인력 밖에서 나오는 것도 아니다."

감자 이야기

남민욱
1997. 8. 천료

나는 감자에 할 말이 많다. 감자 이야기로 수다 떠는 대회가 있다면 만사 제쳐놓고 출전하겠다. 멍때리기 같은 비생산적인 대회는 하면서 감자 대회가 없다니 유감이다. 하도 많이 먹어서 안 먹는다는 사람도 있다. 태중에 있을 때부터 먹어온 나의 감자 사랑은 아직도 금방 찐 감자처럼 따끈따끈한데 무슨 소리! 이런 걸 모태 사랑이라고 하나 보다.

내가 태어나기 전후 우리 식구들은 감자만 먹었던 듯하다. 집 앞 논을 사는 데 보태느라 쌀을 모두 팔았단다. 우리집에 쌀이 없다? 추수가 끝나면 방앗간 도정기를 마당에 옮겨와 제일 먼저 찧은 쌀을 용단지에 채우던 집이다. 보릿고개가 있던 시절, 그 쌀에 곰팡이가 나는 걸 본 적이 있는데 날 낳으신 어머니가 쌀이 없어 감자를 드셨다니! 산모가 삶은 감자를 잘못 먹으면 이가 빠진다는 말을 들은 적이 있어 으깬 다음 물을 부어 걸쭉하게 해 드셨다고 한다. 문틈으로 내다본 들판이 황금빛으로 변해가는데 덜 익은 벼를 베어오는 게 이웃에게 남사스러워 그랬다는 음력 8월 초순이었다.

한국전쟁이 나기 전해는 땅이 꺼질 만큼 풍년이었다고 한다. 도토리 같은 야생 열매도 많이 열렸다니 우리 집 감자 농사도 풍작이었을 것이다. 추우면 얼고, 햇빛 보면 아리고, 눅눅하면 썩고, 오래 두면 싹이 나는 예민하고 까칠한 작물이 감자다. 그래서 씨감자를 제외한 9할을 가을 햇곡이 나기 전에 소비하느라 하루도 상에 오르지 않는 날이 없었다. 감자전, 송편, 옹심이는 특식으로, 보리쌀에 감자를 넣어 주식으로, 지지고 볶고 끓여서 부식으로 먹으며 여름을 보냈다.

감자는 스페인 정복자들에 의해 남미에서 유럽, 중국을 거쳐 1824년 우리나라에 들어왔다. 정부와 학계, 산업체와 민간단체 등이 전래 200주년 기념 심포지엄을 개최하며 하지인 6월 21일을 '감자의 날'로 선포했다. 시설 재배로 농산물에 제철이 없지만 예전에는 하지(6월 21일)부터 햇감자를 먹기 시작했기 때문이다.

외래 문물을 표기할 때 자국어와 묘하게 일치시키는 재주를 지닌 중국은 감자가 말방울처럼 생겼다고 해서 마령서(馬鈴薯), 조선은 단맛을 감지해 감자(甘藷)라고 지었다. 중국은 모양으로, 우리는 맛으로 표기한 것이다. 래리 주커먼이 쓴 「감자 이야기」에는 서구인들이 땅속에서 자라는 감자에서 죄악과 마법을 연상하거나 성서에 나오지 않는 식물이라는 이유 말고도 이런저런 트집을 잡아 식용으로 받아들이는 데 200여 년이 걸렸다고 한다. 내가 아무리 감자에 할 말이 많아도 감자 이야기로 책 한 권을 쓴 래리 주커먼을 이길 수는 없을 것 같다.

예전에는 가을에 구덩이를 파서 보관했다가 봄에 꺼내 씨눈을 잘라 심었다. 지금은 병충해 없는 씨감자를 개발해 농가의 수고도 덜고 생산량도 많다고 한다. K-씨앗이 종주국인 페루를 비롯한 감자의 고향인 안데스 지역으로 수출도 한다니 자부심이 마구 생긴다.

하지 아침에 첫 감자를 캐러 가는 어머니를 따라간 적이 있다. 호미로 불룩한 이랑을 헤집으면 희디흰 감자가 조롱조롱 매달려있었다. 손으로 쓱싹 비벼도 껍질이 잘 벗겨졌고 강낭콩을 넣어 보리밥을 지으면 얼마나 구수하고 맛있던지 하지 무렵에는 꼭 그렇게 해 먹고는 한다.

이른 봄에 어른들이 밭을 갈아 씨를 심으면 곧 순이 올라오고, 얼마큼 지나면 꽃이 피었다. '자주 꽃 핀 건 자주감자, 파보나 마나 자주감자. 하얀 꽃 핀 건 하얀 감자, 파보나 마나 하얀 감자'를 노래하다 보면 어느새 하지가 지나 감자 먹는 계절이 되었다. 우리만 그랬을까.

김선우 시인은 '이것은 어느 집 담장을 넘어 달려드는 치명적인 냄새' '귀 밝은 할아버지는 땅 밑에서 감자알 크는 소리가 들린다고 흐뭇'해하셨다거나 '감자 삶는 냄새는 치명적인 그리움'이라는 시어로 「감자 먹는 사람들」을 노래했다. 1885년 고흐도 네덜란드 뉘넌에서 「감자 먹는 사람들」을 그린다. 석유램프 아래 둘러앉아 감자를 먹는 호르트 가족을 보고 그렸다는 고흐 초기작품이다. 이 사실적인 그림을 모티브로 쓴 정진규의 「감자 먹는 사람들」에는 노동과 가난과 고된 현실이 담겨있다. 잘못한 것도 없는 감자가 왜 가난과 고단한 삶에 결부되는지 의아한 나는 감자를 적극 옹호하고 싶다.

원산지인 페루에서 감자는 파파(아버지)로 불리는 영혼의 음식이다. 인류 역사를 바꿔놓은 5대 씨앗 중 하나로 감자 덕분에 세계 인구가 늘었고, 인류를 기아에서 구했던 작물이기도 하다. 단위면적 당 수확량이 많고, 비타민, 철분, 칼륨 등 영양소도 풍부하다. 기후와 토양을 가리지 않고 잘 자란다. 이렇게 후하고 너그럽다 보니 얕보인 나머지 노동자들의 음식으로 비하되지 않았나 싶다.

우리나라는 품종마다 수미, 은선, 금선, 골든볼 같은 고귀하고 애정 넘치는 이름을 지어주었다. 내 부모님은 딸 농사도 감자 농사처럼 풍성하게 지어놓고 이름 끝에 모조리 '자'를 집어넣어 성의 없이 지었다고 원성을 샀다. 감자 이름 중에 하나씩 골랐어도 좋았을걸.

우리에게 감자는 또 다른 기회이기도 했다. 감자 캘 때 '아~이스 께이끼~'를 외치며 농촌을 돌아다니는 얼음 장수나 생선 장수를 만나면 밭에서 물물교환이 이루어져 감자는 시원한 막대얼음이 되고 화로에서 노릇하게 구워지는 고등어가 되기도 했다. 감자에 아직 할 말이 남아 있는데 문득 그 치명적인 냄새들이 그리워진다. 오늘은 나도 '감자 먹는 사람'이 되어보련다.

좋아하면서도 이제껏 못했던 고백, 사랑해 감자 씨!

울고 돌아온 울릉도

리철훈
1997. 9. 천료

꿈에도 그리던 울릉도였다.

여행사에 신청을 한 다음 날부터 기대에 부풀어 지냈다. 솔직히 출발 전날은 밤잠을 설쳤다. 눈을 감으면 섬에 대한 온갖 궁금증들이 떠올라 잠을 이룰 수가 없었다. 더구나 그곳에는 영원한 우리 땅 독도가 있지 않은가.

5월 2일 강릉항을 출발해서 5월 4일 돌아오는 일정이었다. 강릉에서 1박을 하기 위해 하루 전날 출발했다. 교장으로 정년퇴직을 한 우리 셋은 항상 함께 여행을 다닌다. 그중에 강릉이 고향인 사람이 있어 가는 길에 그분의 안내로 대관령 정상에 있는 삼양목장을 견학했다.

굽이굽이 셔틀버스를 타고 올라가 600만 평이나 되는 드넓은 목장 풍경을 보면서 창업자의 개척정신에 감동했다. 그곳은 연중 강풍과 겨울철의 폭설로 아무것도 할 수 없는 험한 산악이다. 그런 악조건의 정상 일대를 기름진 목장으로 바꿔놓았다. 남다른 집념의 개척정신이 골짜기마다 배어 있었다. 울릉도

여행을 떠나면서 또 하나의 자랑거리로 잊을 수 없는 추억이 되었다.

이튿날 새벽 항구에 도착하니 시속 60킬로의 쾌속정이 우리들을 기다리고 있다. 420여 명이 탈 수 있는 우리나라에서 만든 현대식 쾌속정이다. 승선하여 자리에 앉자 3시간 반이 걸린다는 안내 방송이 나온다. 시간표대로 08시 정각이 되자 출발했다. 부산에서 대마도까지는 직선거리가 51km에 1시간 10분이 걸린다. 그런데 울릉도는 우리 땅인데도 직선거리가 183km나 되고 시간은 3시간 반이나 걸린다고 한다. 예상외로 먼 거리였다.

고등학교 3학년 때 청마 유치환의 시를 배우면서 더욱 관심을 갖게 된 섬이다. 청마는 망망대해의 외로운 섬 울릉도를 "동쪽 먼 심해선(深海線) 밖의 한 점 섬 울릉도"라 노래했다. 따져보니 그로부터 55년이 지났다. 막상 노년의 나이가 되어 탐방 길에 오르니 감회가 새로웠다. 점 하나 같이 외롭게 떠 있는 그 섬이 과연 어떤 모습으로 나타날까 몹시 궁금했다. 울렁거리는 창가에서 뱃멀미를 달래느라 눈을 감아보지만 잠은커녕 졸음도 오질 않는다. 빨리 보고 싶은 호기심에 초조감만 더해갔다.

얼마를 달렸는가. 지그시 눈을 뜨자 갑자기 시야에 들어오는 구름 같은 모양이 보였다. 그것이 울릉도라고 한다. 희뿌연 운무 속에 거무스름한 산맥이 눈앞에 나타난다. 멀리서 점 하나처럼 나타나 서서히 크게 보일 줄 알았는데 그게 아니었다. 배의 움직임에 따라 거대한 모습으로 드러나기 시작한 섬의 실체가 상상외로 웅장한 산맥이었다. 호기심에 셔터를 누르다 보니 어느새 배는 좌측 방향으로 돌아 항구에 다다른다.

첫 눈에 들어오는 하늘과 맞닿은 푸른 바다가 너무 아름답다. 망망대해의 시원한 수평선을 보는 순간 가슴 속이 뻥 뚫리는 기분이다. 육지에서 쌓였던 온갖 스트레스가 한순간에 말끔히 씻겨나간다. 그렇게 후련할 수가 없다. 모두들 웅성웅성 감탄사를 연발한다. 그 순간부터 우리들은 청정해역의 매혹적인 유혹에 흠뻑 빠져들었다.

섬을 일주하면서 스물일곱 개의 터널을 통과한다. 때마침 55년 만에 마지막 터널이 개통되어 논스톱으로 달리는 환상적인 해변 경치가 정말 비경이다. 섬이면 섬, 바위면 바위, 보이는 족족 꿈속 같다. 그동안 제주도, 청산도, 홍도, 욕지도, 백령도 등등 이름난 섬들을 돌아다녀 봤지만 울릉도의 수평선은 달라도 너무 다르다.

2011년 퇴임을 하고 난생처음 LA 해변에서 태평양의 수평선을 바라본 적이 있다. 물결치는 장엄한 모습에 가슴이 뭉클했었다. 하지만 울릉도의 잔잔한 수평선은 정반대의 절경이었다. 살아 있는 바다 경치의 절정! 하늘의 축복이었다. 가슴이 답답한 사람이 있다면 무조건 울릉도의 수평선을 권하고 싶다.

울릉도와 독도는 바로 옆에 있는 줄 알았다. 하지만 쾌속정으로 두 시간을 더 달려야 나온다. 실제로 가서 보니 일본이 왜 욕심을 내는지 짐작이 가고도 남는다. 외로이 떠 있는 오묘한 비경과 더불어 무궁무진한 바다의 보고가 간과할 수 없는 자연의 신비를 안고 있다. 바람 한 점 없는 해맑은 날씨라 갈매기가 노니는 바위 앞에서 사진 한 장을 찍었다. 그리고 또 한 장은 독립운동을 하러 온 사람들처럼 미친 듯이 태극기를 흔들며 찍었다. 일본에 대한 적개심이랄까. 다시 한 번 애국심을 되새기는 뜻깊은 시간이었다. 역시 독도는 한산도와 더불어 애국심의 섬이다.

연중 화창한 날씨가 60여 일밖에 되지 않는다고 한다. 얼마나 고마웠는지 모른다. 확실히 여행은 정신을 젊어지게 한다. 새로운 경험의 즐거움으로 지칠 줄 모르는 힘이 솟는다. 일상에서 느끼지 못하는 그런 즐거움 때문에 여행은 항상 진행형이다. 특히 섬에는 세 가지 즐거움이 있다. 첫째 아름다운 바다 경치, 둘째 순박한 인심, 그리고 셋째는 그 섬만의 특색 있는 음식이다. 다른 것은 몰라도 이 세 가지가 흡족하면 어떠한 고생도 마냥 즐겁다. 그중에서도 순박한 인심은 고향의 어머니 같은 정을 느껴 너무 좋다.

그런데 울릉도는 그렇지 못한 섬이다. 너무 아쉬운 것들이 많다. 지독한 이기주의로 심하게 병들어 있다. 오직 돈독(毒)에 빠져 있는 사람들처럼 느껴진다. 식당, 상점, 여관, 교통 할 것 없이 거의가 다 그런 상태다. 아무리 관광객을 상대로 먹고 살아야 하는 섬이지만 해도 해도 너무하는 것 같다. 분명히 같은 우리나라 사람들이 살고 있는 섬인데도 그럴 수가 있는가 싶다. 구수한 사람 냄새를 찾아볼 수 없다. 한마디로 인심이 메말라버린 삭막한 섬이다.

간판은 호텔인데 들어가 보면 케케묵은 여인숙, 눈을 속여 돈을 벌겠다는 욕심으로 가득 차 있다. 마지막 날 아침식사를 하면서 속으로 울었다. 가성비 빵점! 식사고 뭐고 가격과 비례하지 않는다. '적당하다' '흡족하다' '훈훈하다' 이런 말들은 붙일 곳이 없다. 제발 말 한마디라도 부드럽고 친절했으면 좋겠다. 마음이 끌려야 술도 마시고 물건도 사고 돈을 쓸 것이 아닌가. 관광객들이 등을 돌리는데 아무리 좋은 특산물이 많으면 무슨 소용이 있는가.

바가지 섬, 막가는 섬, 도떼기시장 같은 섬, 두 번 다시 가고 싶지 않은 섬…. 적어도 이런 소리는 듣지 않았으면 하는 바람이다. 눈을 감으면 울고 돌아온 것 같은 느낌에 아직도 야속한 마음이 풀리질 않는다. 아름다운 수평선에 순박한 인심이라면 얼마나 인상에 남는 섬이겠는가.

노인들의 삶

양태석
1998. 6. 천료

"세월을 이기는 장사 없다."라는 우리 속담이 있다.

사실 나이가 들면서 노후를 편안하게 보내려고 하는 마음은 누구나 같은 것이다. 그러나 뜻대로 되는 것은 아니다.

"몸은 늙어도 마음은 늙지 않는다."라는 말도 있다. 사람들이 나이 들면서 느끼는 공통점이라 할 수 있다. 그러나 80이 넘으면 기초체력이 현저히 떨어지고 모든 질병에 면역성이 없다. 그래서 건강한 삶을 이어가려면 너그러운 성격으로 고쳐나가야 하고 모든 일에 긍정적이어야 한다.

자기의 삶과 행동에서 정직해야 한다. 그러면 스트레스를 받지 않기 때문이다. 그리고 육체적 나이를 인정하고 노욕을 버려야 한다. 따라서 자유롭고 활기차게 살면서 모든 일에 집착을 버려야 한다. 그러려면 상당한 내공이 있어야 하는 것이다.

경제적으로 어느 정도 자립이 필요하며 기본적으로 독립되어 있으면 건강에도 도움이 될 것이다. 그래야 모든 일에 자신감이 있고 당당할 수 있으며 남을 배려하고 이해하는 마음을 가지게 될 것이다. 따라서 자기의 정체성과 가치관이 확보되어야 정신건강에 도움이 될 것이다.

누구를 막론하고 취미생활이 있어야 하고 지인들과 매일 카톡을 주고받으며 시나 소설을 읽고 뇌 활동을 충분히 함으로써 조기 치매를 예방할 수 있다.

자기에게 알맞은 운동을 지속적으로 하는 것이 좋다. 무리한 운동은 오히려 건강을 해치는 수도 있으니 적당한 걷기 운동이 노인건강에 도움이 될 것이다.

규칙적인 생활과 종교를 갖는 것이 육체와 정신건강에 좋다. 그리고 가족관계가 원만하고 주위에 친구나 지인들에 관용을 베풀고 불편함이 없이 만남이 원만해야 한다.

노인들은 가끔 죽음에 대한 두려움을 가지는 사람이 많다. 따라서 인생 이치를 깨달아 생성소멸의 자연현상을 인식하고 영혼의 이동이 있는 것으로서 죽음의 불안에서 벗어나야 한다. 마음에서 죽음 준비가 되어있는 사람도 막상 죽을병이 들면 불안하고 슬픔을 나타내는 경우가 많다.

이 세상에서 자기에게 주어진 운명을 슬기롭게 헤쳐나가고 후회 없는 삶을 살았다면 기쁜 마음으로 생을 접는 것은 마땅한 일이라 하겠다. 그래서 멸락(滅樂)이라는 말도 있다. 이 세상에서 구차한 생을 버리고 하늘로 가는 것이 오히려 즐거운 일이라는 말이다.

나이 든 그 남자

정순인
1998. 9. 천료

내가 사는 곳은 고층 아파트의 중간층이다. 한강을 사이에 두고 압구정동과 마주 보는 지역에 있다.

그렇다고 넓은 한강이 눈앞에 있는 건 아니다. 중랑천이 한강으로 합류되는 지점이라 물의 흐름을 볼 수 있는 정도다. 많은 비가 오면 넘실대는 황토색 물이 강으로 내달리는 탓에 긴장할 때가 있지만 보통은 자전거를 타거나 산책하는 모습을 볼 수 있는, 소소한 풍경이 있다.

거실에 서서 바깥을 내다보면 그 외에 한두 가지 풍경이 더 있다. 원거리에는 우리나라 최고 높이의 빌딩이 하늘로 솟을 듯 서 있다. 근거리에는 경의·중앙선과 KTX가 평지와 고가 선로에서 약간의 거리를 두고 동시에 혹은 시차를 두고 달리는 모습이 보인다.

처음 이사 와서는 거실 창을 열면 왈칵 들어오는 열차 소리에 내가 기찻길 옆 오막살이 집에서 사는 소녀, 아니 여인인가 하는 착각을 하기도 했다. 살다 보니 이제는 익숙하다. 도심에서 최고층 빌딩과 흐르는 물과 소리가 요란한 두 종류의 열차를 동시에 볼 수 있는 곳이 몇 군데나 될까 싶어 정겹다.

근래에 바깥 풍경을 보는 작은 재미에 더해 관심거리가 생겼다. 한 남자의 움직임이다. 나만 상대를 보는 것이라서 이런 걸 딱히 뭐라 부를 단어가 생각 안 난다. 음탕한 마음으로 훔쳐보는 것이 관음증이라 하던데 그게 아니니 가당찮다. 상대를 괴롭히는 행동을 하지 않으니, 스토커도 아니다. 무심히 보다가 어느 날부터인가 그에게 눈길이 갔다.

거주하는 아파트 동은 전면에 나무들이 옹기종기 있고 거실 쪽과 나무 사이에 규모가 작은 공간이 있다. 예전에는 농구장이었는데 자동차가 많아진 탓에 줄을 그어 주차장으로 사용한다. 아파트단지 구조로 보면 숨어 있는 곳이나 마찬가지다. 위치를 알고 있는, 늦게 들어오는 입주민이 주로 사용한다.

그곳에 개인택시 한 대가 있다. 그가 눈에 띈 건 집에 있는 시간이 많아지면서 바깥을 바라보는 횟수가 덩달아 늘면서다. 칫솔을 입에 물고 창에 붙어있기도 하고 화분에 물 주거나 환기하면서 또는 텔레비전 보다가 지루하면 거실 창 앞에 선다. 불면증이 찾아오는 날도 그렇다.

택시는 낮에 몇 시간 보였다가 없어진다. 야밤에 전등 끄고 밖을 보면 빈 택시임을 알리는 갓등이 빛을 내며 한동안 서 있곤 한다. 새벽녘에 보일 때가 있고 없을 때도 있다. 규칙적인 시간대가 아니라 들쭉날쭉 움직이는 걸 알게 되면서 신경이 쓰였다. 운전하는 그는 층이 높아 얼굴이 잘 보이지 않지만, 자태로 추측건대 육십 대 후반이다.

노년기에 든 분들이 운전하는 것에 우려가 커지는 요즘이다. 몇몇 큰 사고가 뉴스에 나오면서부터 고령 운전자에게 면허증 반납을 권장한다.

물론 젊다고 사고가 덜 나는 것도 아니고 나이 많아서 더 나는 것도 아니다. 나이 들수록 순발력이 떨어지는 면이 있기는 해도 본인이 더욱 조심하면 된다. 문제는 몸과 정신의 건강이다.

청년기에 규칙적인 출퇴근을 해도 피곤하다는 아우성이 나오는 게 우리의 몸이다. 하물며 노년의 나이에 수면과 쉼의 시간이 엉켜 있다면 안전하게 운전할 수 있을까 싶어 자꾸 보게 된다.

졸려서 방향지시등을 켜지 않고 차선 변경을 하면, 순간적으로 엑셀과 브레이크 페달을 혼동해서 밟으면, 그와 더불어 죄 없는 승객의 운명은 어쩌나 하는 걱정에 눈동자가 그를 놓지 못하는 거다.

관음증도 아니고 스토커도 아닌 내가 나이 든 그 남자를 어제도 오늘도 소소한 풍경 속에 함께 두지 못한다.

언제쯤 나는 그의 생활을 '이 또한 살아가는 방법의 하나'라며 세상사 한 면에 슬며시 놓아둘 수 있을까.

길도 많다

황장진
1999. 11. 천료

아침 4시면 연의 손전화가 거실에서 아우성친다. 따라 나가서 양치질과 고양이 세수를 한다. 대충 차리고 나서 대문을 나서 보면 공기가 상큼하다. 골목길은 편안하게 누워서 맞이한다.

앞길이 창창한 대학생들 몇 패가 정담을 나누며 지나간다. 하늘에선 반달이 발그레 반긴다. 밤새껏 같이 놀던 샛별은 멀리 떼어 놓고 온 모양. 곧이어 한길이 나타난다.

길 건너려는 사람들이 길 양쪽에 몰려서 정담을 나누고 있다. 어떤 이는 손전화에 혼을 쏟고. 25분간 아스팔트, 콘크리트 길을 거쳐서 모래가 많은 흙바닥 운동장에 이른다. 넓은 가슴에 안기는 듯 포근하다. 올 때는 느릿느릿 팔자걸음이었으나 이제부터는 등줄기에 땀이 솟게 폭을 넓혀 종종걸음을 쳐야겠다. 양팔이 90도로 저질로 꺾여진다. 운동장 동녘에서는 벌써 걷고 있는 여성 한 분이 보인다. 아직 해가 뜨자면 멀었다. 넓디넓은 운동장이 나 혼자가 아니라서 마음이 푸근하다. 운동장에 풀이 보이고 울퉁불퉁한 데가 많았는데 롤러로 밀어서 안심하고 걷는다. 바닥에 모래가 보이면 거기로 걸음을 옮기면서 하늘 가운데 달을 보고 “난 요렇게 호사한다!” 뻐긴다. 겨울에 눈이 소복이 깔렸을 때 숫눈길 걷는 기분하곤 또 다른 맛이 있다.

서너 바퀴를 돌다 보면 들머리의 길등들이 꺼진다. 건물 주위 보안등들이 비출 테니 걱정은 말고 돌라고 눈짓한다. 하늘의 반달도 환히 내리비추며 돕고 있다. 굵은 돌이 보일 정도다.

어느새 멧새들과 까막까치들이 날아와서 “지지배배” “짹짹 짹짹” “꺅꺅 꺅” 정적을 깬다.

드디어 동녘 하늘이 발그레해진다. 걷는 이 숫자도 늘어났다. 남성들보다 여성들 숫자가 훨씬 더 많다. 느릿느릿 걷는 사람, 빨랑빨랑 걷는 이, 신발 신고 걷는 이, 맨발로 걷는 분….

환해질수록 운동장엔 활기가 넘쳐난다. 발길이 늘어난다.

“안녕하십니까?” “잘하십니다!” “일찍 오셨네요!” “네.” “와! 맨발이네요, 발바닥 안 아파요?” “저도 사람입니다. 견딜 만합니다.”

오고 가는 인사 속 발걸음으로 신바람이 인다.

곁 학교 야산의 지름길인 뒤안길과 풀과 나무가 무성한 푸서릿길, 산비탈에 난 자도막길, 오가는 이들 거의 없는 자국길, 좁고 호젓한 오솔길 등 오르막길 내리막길들을 돌아오는 분이 나타난다. 반가워 손을 크게 흔든다. 그분도 나를 주시하고 있었는지 얼른 손을 흔들어 답례한다. 이젠 운동장 바닥이 훤하게 잘도 보인다.

신발 신고 2바퀴, 맨발로 5바퀴. 이 정도면 3km는 넘었으니, 끝내자. 발바닥을 손바닥으로 툭툭 턴 다음 양말을 신는다. 뉘 가슴처럼 포근하다.

운동장을 떠나 큰길가에 다다른다. 눈 부라린 빨강 신호등이 정겨운 초록색이 될 때까지 제자리걸음을 계속한다. 얼마 안 있어서 신호등이

어서 건너란다. 잽싸게 건널목을 건너 걷는 길에 이른다. 큰길가에서 택시 12대가 한 줄로 서서 손님 기다리는 모습을 지켜보면서 학교 정문을 들어선다. 학생들이 집으로 가는 모습을 쉬 볼 수 있다. 밤새워 공부하느라 얼마나 수고가 많았을까? 교정의 튼실한 소나무 줄기를 타고 담쟁이덩굴이 호사를 부리고 있다. 쭉쭉 뻗은 소나무들의 생명줄을 옥죄어가고 있다. 나무마다 솔방울이 애처로이 다닥다닥 매달려 떨고 있다. 괴롭겠지. 맨손이지만 투두둑 투두둑 길고 긴 덩굴들을 후련히 떼어낸다. 솔들이 고마워할까? 덩굴들은 미워할까? 하지만 약자 편에 선 게 바른길인 듯.

걸음걸이가 한결 가벼워졌다. 길바닥을 유심히 살핀다. '길'이란 순수하고 쉬운 우리말은 어려운 다른 나라 말을 쓰기 전부터 써 왔을지도 모른다. 길의 종류도 고속국도, 일반국도, 특별·광역시도, 지방도, 시도, 군도, 구도처럼 어려운 한자 말, 일본식 말로 부를 게 아니다. 특별·광역시길, 지방길, 시길, 군길, 구길 같이 다듬어 쓰면 더 알아보기 쉬울 것이다. 자부심이 일지 않을까?

내일 아침은 그미와 함께 학교의 오르막길, 내리막길, 에움길, 외진길, 바른길, 굽은 길, 지름길을 즐기면서 푸르른 숲길 눈요기를 실컷 해야지.

늘 신세만 지는 길아, 고맙다, 고마워!

큰 바위 얼굴

조유환
2000. 4. 천료

친구들이 공인해 준 바, 나는 미남이다. 인물이 훌륭해서인가 하겠지만 그것이 아니다. 우선 친구들의 대부분은 반 또는 거의 머리카락이 없다. 따라서 60대 이후 남자 미모의 첫째 기준은 머리숱의 양이라는 게 그들의 일치된 의견이다. 아무리 이목구비가 뛰어나도 앞이마나 정수리께가 텅 비어 있으면-안타깝지만-곧바로 미남 후보군에서 탈락이다. 살이 쪘으면 저팔계며 말랐으면 사오정이라는 준엄한 평가가 내려진다. 아무리 못생겼어도 서로 감정 상하지 않도록 '오징어'라는 표현은 삼간다.

내 경우에는 다행히도 빈 구석 없이 머리칼이 꽤 풍성하게 붙어있다.(자동으로 손오공레벨이 된다.) 게다가 흰머리도 고르게 나 있어 이른바 'salt and pepper'의 중후한 멋이 있다. 미모는 내 눈썹에도 붙어있다. 윤기가 자르르하고 쭉 뻗어서 썩 훌륭하다.

건강한 신체도 한몫 거든다. 녀석들처럼 거북목이거나 굽은 등도 아니고 학창 시절부터 단련한 가슴 근육도 상당한 편이라 그것도 평가에 상관관계가 있다고 한다.(약간의 뱃살은 전혀 흠이 되지 않는다고 덧붙여 주었다.) 얼굴로 치자면 우선 쌍꺼풀이 그대로며 콧대도 우뚝하고 입 매무새도 야무지니 어찌 미남이 아니겠나 입을 모아준다.(그들이 진정한 내 친구일 수밖에 없는 확실한 증거다.)

잘생긴 외모뿐이랴. 나는 지혜롭기까지 하다.(허세는 당사자에겐 행복의 필수조건이다.) 요즘 들어서는 웬만한 세상 이치가 한눈에 다 보인다. 분별력은 말할 것도 없고 이해와 용서가 필요한 일에도 유연하기 짝이 없다.

심지어 천문지리에도 혜안이 생겨나 비가 오고 그에 걸맞은 대응책을 금세 수립해 낸다. 미리 우산을 준비하거나 따뜻한 옷을 미리 갈아입는 준비성도 철저한 데다 널어놓은 빨래를 소나기 직전에 걷어 내는 민첩함도 갖추었다. 이만하면 제갈공명이나 토정선생과도 견줄 만하다.

건강한 미남으로 자연의 이치마저도 통달한, 사려 깊은 노년의 자부심은 눈부신 젊음도 부럽지 않게 만든다. 거울을 볼 때마다 자부심에 턱이 저절로 치켜들어진다. 그것에 더해 근 40년간의 직장생활-자발적 노예 생활-에서 해방되어 풍광 좋은 소도시로 낙향했고 무위도식에도 별 걱정 없이 잘살고 있으니 이만한 미남 노년, 잘난 팔자가 또 어디 있겠나.(그렇게 무섭다는 마누라도 없다!)

혼자 한참을 웃다 보니 사레가 들어서 캑캑거렸다. 대체 이러한 허풍과 자부심은 어디서 왔을까? 우선 선친의 창창한 머리숱과 어머니의 고운 피부를 잘 합성한 '하이브리드 유전자'이리라. 아울러 늦둥이 막내아들에게 쏟아진 부모형제, 나아가 일가친척들의 눈먼 사랑이 보태진 탓이다.

밖으로부터의 전폭적인 지원만이겠는가? '별것 아니야'라는 뻔뻔한 태도와 '어떻게든 되겠지'라는 태평무사 정신, 그 둘을 완벽히 통합하여 자기세뇌로 주입시킨 나 자신의 부단한 의지도 있으렷다.

하지만 아무래도 이것은 신의 자비이고 영험한 사주팔자로부터 비롯된 내 운명의 필연적 선택임이 틀림없다. 이러한 극단의 편파적 결론은 일종의 배타적 습성과 이기심 그리고 이 험난한 세상에서 살아남기 위한 뇌피셜로부터 왔겠지만, 아무튼 그 진단은 때로 매우 확고하다.

『큰 바위 얼굴』은 그런 점에서 내게 인격 수양과 평안의 명약이 된다. 나다니엘 호손의 이 작품 내용이 다 기억나지는 않지만, 마지막에 사람들이 주인공을 보고 큰 바위 얼굴이라며 칭송하는 모습들과 그래도 주인공은 자신보다 훨씬 더 나은 사람이 큰 바위 얼굴로 나타나리라 읊조리던 장면은 기억난다.

나도 그런 사람이 되어야겠다고 생각했었다. 예복습도 착실히 했고 어른들 말씀도 잘 들었으며 용돈을 타도 학용품을 사서 부모님의 칭찬을 유도했었다. 오로지 새로운 큰 바위 얼굴이 되겠노라 다짐한 인생 행로였다.(결과는 별무소득이다만.)

젊은 시절에는 아무 생각 없이 살았다. 생각을 하지 않은 것이 아니라 생각 자체가 없었다. 그저 학교를 가거나 회사에 다니거나 결혼하고 아이를 가져도 그럭저럭 매일매일을 마구잡이로 살았다. 신기하게도 -큰 문제 없이- 정작 본인은 무척이나 행복해하며 살았다. 죽도록 일만 하고 사는 개미보다 이렇듯 하고픈 대로 맘대로 사는 베짱이가 훨씬 나은 인생이라며.

생각 없이 살았다는 것, 그것을 깨우친 것도 사실 얼마 되지 않는다. 아이들과 그래도 가깝게 지내는 편이라 그들과 얘기를 나누다 보면 요즘 젊은 사람들이 얼마나 영민하고 현실적이며 따라서 실용적인 사람들인지를 알게 된다.

그러다 보면 자연스레 나의 옛날을 떠올리게 되고 그 시절의 내가 어리석고 부끄러워서 한탄하지 않을 수 없게 된다. 겉으로는 그들을 향해 나약하고 얍삽하고 싹수없다며 평가절하하지만, 속으로는 참으로 한심한 내 청춘이라 슬쩍 떨리기까지 한다. 이 나이, 젊음은 통째로 나를 버리고 떠났다. 다시는 돌아오지 않을 것이며 진저리를 치며 떠났으리라. 돌봐주지 않았던 내 젊음에 그저 미안하고 송구할 따름이다.

솔직히 미남 소릴 들으면 뭐하나. 이미 깊은 주름이 얼굴을 덮어 나가고 예전처럼 힘도 제대로 쓰지 못한다. 훌륭한 사회생활은 진즉에 포기했고 고작 몇몇 똑같이 어리석은 친구들과 노닥거리며 지낸다. 그러면서도 이만한 행복이 어딨냐며 서로 최고다, 네가 제일 낫다 치켜세우며 산다.

예전에는 비난 일색, 요즘은 너나 할 것 없이 칭찬 일색이다. 비난하던 내 마음에는 늘 분노가 일었지만, 서로 칭찬하는 마음엔 함께 웃고 즐기는 행복감이 가득하다. 나누는 술이 잘도 넘어가고 안주 맛도 기막히게 좋아진다.

큰 바위 얼굴이 따로 있나? 이럴 때의 얼굴들이 바로 미남이요 모두가 다 신식 큰 바위 얼굴이란 결론에 다다를밖에!

몇 미터 앞에다 두고

설복도
202?. ?. 천료

입추가 지났는데도 폭염은 시들지를 않는다. 칠월 칠석은 또 견우직녀가 만난다는 날이다. 어릴적 갈래머리 처녀들은 마을 뒷등 석굴의 석간수를 찾아 치렁치렁한 머리를 감고 목욕하는 날이기도 하다. 남정네들도 덩달아 멱을 감았다. 그 동굴에는 한결 같이 마르지 않는 물이 고여 있었는데 어찌나 차갑던지 소름이 끼칠 정도였다. 칠석날 머리 감고 멱을 감으면 감기나 고뿔, 잔병치레를 하지 않는다는 전설이 있었다.

인간들이 저지른 일이라고 하지만 특히 올해 더위는 예년과는 달랐다. 선풍기를 최강까지 올려놓고 있어도 온몸과 팔뚝엔 끈적끈적한 물이 흘러내려 가렵고, 샤워를 하고 나도 금방 또 땀범벅이 된다. 청탁원고 글 한 자 쓰지 못하고 짜증만 난다. 하지만 '이 또한 지나가리라'는 말이 생각나 찬물에 발을 담그고 지인들이 보내온 카톡을 더듬어 노래 한 곡 듣는다. '사랑하는 그 사람을 몇 미터 앞에다 두고', '마주 앉은 사람이 누구인지 몰라도 행복해하는 웃음소리에'…. 끝내 말 한마디 하지 못하고 물러났다는 노래 가사다. 몇 미터 앞이라면 아주 근접해 있었는데도 마음만 졸이고 헤어졌다는 것인데, 우리 세대에서는 윤리도덕과 위계질서가 확고했기에 가슴 아픈 애틋한 사연도 참고 이해해 주는 미덕이 있었다.

예나 지금이나 거의 다를 바 없겠지만 우리들의 사춘기는 유독 맘 설렌 시절이었다. 특히 봄, 가을을 많이 탔지만 여름, 겨울 할 것 없이 사시사철 정다운 사연은 이어지기도 했다.

달 밝은 밤이면 우두커니 선창가에 나가 앉아 은파와 발아래 찰랑대는 물결소리와 벗하고 그믐밤에는 휑하니 바닷가에 나가 시거리(야광충)와 마주했었다. 오동잎 구르는 가을밤의 낭만과 백사장 주변에서 서걱이는 갈대숲, 계절의 전령사 귀뚜리의 애달픈 사연은 서늘한 가을밤을 대표하는 하모니이기도 했다. 연인과 함께였으면 좋았으련만 솔로인 경우 이성을 그리는 심정은 깊은 명상에 젖게 하기도 했다.

나는 멋진 사랑을 한 번도 못해 보고 그 시절을 넘겼다. 주변의 도전은 있었으나 내가 바라는 이상형이 아니었다. 마음에 드는 이성을 만나보지 못했다면 눈높이를 의심하겠으나 나의 수준에 준하는 그런 타입을 만나 보지 못했다는 것이다. 그럼 결혼은? 사실 결혼도 실패였기 때문이다.

지난날을 되돌아보면 후회할 날도 있지만, 철없는 그때는 아무것도 몰랐다. 그저 예쁘고, 상냥하고, 날씬한 타입만 찾았으니까, 불장난 같은 풋사랑도 경험해 봤지만 타의에 의한 것 뿐이어서 스치는 바람결 탓이었다고 치부해 버린다. 그렇지만 감성은 예민해져서 유명한 시구(詩句)를 흥얼거리고 이성을 그리는 심란한 우울증도 앓았던 것도 사실이다. 그때만 해도 철저하게 자신에 대한 책임감이 강했기에 자기 자신에게 거는 기대와 약속 같은 것도 큰 힘이 되었다.

그 당시에 우리가 즐겨 이용하던 말이 인내(忍耐), 인내는 쓰다, 그러나 그 열매는 달다. 또한 1일 3성(省)을 신조처럼 뇌이고 살았다. 그런 사고로 생활해 나왔기에 참고, 져주는 것이 기본이 되어 있다. 사랑하다가 헤어졌거나 현재 진행형인데도 사랑하는 사람이 다른 이성과 만나고 있다면 피가 거꾸로 치솟을 일이다. 연인이 아니고 집안 친척들일 수도 있고 다른 무슨일로 이성과는 상관없는 상대와의 대화의 장일 수도 있는데도 몇 미터 앞에다 두고 말 한마디 붙이지 못했다면 너무 지나친 예의를 지킨 것인가? 아니면 이미 헤어졌지만, 마음속 앙금이 남아 미련이 있었을 것인지 모르겠다. 하여튼 그 당시의 참을성 있는 인내의 대표적인 사례를 보여주는 예로서 공감이 간다.

만일 요즘 세대의 일이라면 당장 큰 사고가 날만한 일 아닌가, 쌍말과 주먹다짐, 심하면 살인까지도 날법한 사건이다. 우리 세대의 일이었기에 한갓 지나간 추억의 한 장면에 불과하다. 지금이라도 늦지 않다. 요즘 세대들도 질 좋은 심성으로 가꾸어졌으면 한다, 그래서 살맛 나는 정의사회가 형성되었으면 좋겠다.

검정 원피스

박미련
2001. 1. 천료

'딱 이거야!' 싶은 게 없다. 달려오는 낱말마다 해진 옷처럼 낡고 초라하다. 새뜻한 낱말 하나만 있어도 대충 넘기겠는데 어쩜 이리도 빈약한가. 올해 글밭도 흉작일 게 분명하다. 묵은 티 나는 것들로 중고 거래만 일삼다가 그예 손을 놓아 버린다. 지나간 시간에 한풀이하듯 빈 곳간만 째려본다. 그간의 수고를 도둑처럼 앗아간 요 며칠과 내가 먼저 손절하고 싶다.

불러준 친구가 구세주 같다. 밝은 태양의 열기를 받아내느라 몸살 중인데 백화점 안은 창을 거쳐온 햇살이 순하게 내려앉아 은은하게 빛나고 있다. 샹들리에 불빛이 햇살을 만나 연하게 부서지기도 하고 꿈꾸듯 부옇게 달아오르기도 한다. 상쾌하다. 늘어졌던 세포가 제자리를 찾는다. 신선한 바람이 넘실대고 화려한 불빛이 너울대는 곳, 모처럼 내 걸음도 구름 위를 걷는 듯 가붓하다.

그런데 깊이 들어갈수록 심란하다. 매장 한가운데 좌정하고 있는 저것이 무엇인가. 급한 마음을 따라

가지 못하는 몸짓이 자꾸 둔하고 거칠어진다. 나아가려면 불편한 심기가 들러붙어 행동이 고르지 못하고 뚝뚝 끊기는 기분이다. 그러나 눈은 모른 척 저만치 앞서 달린다. 걱정 앞세우는 본능과 갖고 싶은 욕망의 어느 지점에서 치열한 전투가 벌어진다. 욕망의 승이다. 오랜만에 찾아온 설렘, 뒷일은 접어두고 보이는 것마다 눈도장을 찍었다.

검정 원피스가 맘에 쏙 든다. 과하지도 않으면서 품위가 있다. 단숨에 입어보니 놀란 토끼처럼 눈을 치뜨는 직원, "이렇게 어울리는 손님은 처음이에요." 쏟아지는 찬사에 지갑을 찾다가, 가격에 놀라 들뜬 마음을 겨우 진정시켰다.

아쉬워서 집에 와 옷장을 열어보았다. 온라인으로 하나둘 사 모은 게 꽤 많다. 그러나 낮에 본 검정 원피스가 어른거려서인지 마음에 차는 게 없다. 저건 에어컨 바람을 피해 볼 요량으로 산 것인데, 팔은 길고 허리 기장은 짤막해 한 철도 못 입고 버려둔 옷이다. 좁은 옷장만 자리보전하고 있는 게 비단 저것만이 아닌데 괜히 들었다 놨다 하며 모욕을 준다. 순간 초라한 글 밭이 떠오르는 건 무슨 연유인지. 집을 나서면서 잊었나 했는데 그예 글 밭이 말썽이다. 옷장이 볼품없는 글 밭을 소환한다.

절망하면서도 문을 닫지 못하고 있는 글 밭이다. 다시 생각하니 또 가슴이 저리다. 기웃거리다 덮어두기를 반복하다 보니 자투리 글 일색이다. 가지를 뻗지 못하고 주저앉은 밑동이 한둘이 아니다. 그것조차 성에 차지 않았는지 죽죽 빗금을 그어놓은 문장들이 사생아처럼 널브러져 있다. 답답한 가슴을 어쩌지 못하고 흐르지 않는 시간만 노려보던 흔적들이다.

맥 빠져 있는데 슬그머니 옷장이 말을 건다. 늘 새 옷은 없는 법이라고, 새 옷조차 묵은 옷이 되어가는 중이라고, 다만 옷 잘 입는 안목이 필요하지 않겠냐고 되묻는다. 마음을 가다듬고 요모조모 살펴본다.

그러고 보니 괜찮은 옷이 더러 있다.

의류의 질도 시대의 흐름에 따라 상향 평준화되어 싸구려 시장 물건도 백화점 물건 못지않은 질적 변화를 가져온 게 사실이다. 브랜드에 현혹되어있는 내 의식이 문제였나. 굳이 브랜드까지 함께 사겠다면 비싼 값을 치러야 하겠지만, 물건 자체만 놓고 보면 시장 물건도 부족한 게 없다.

질적 차이를 따지기 전에 옷 입는 안목이 더 문제이지 싶다. 위아래 어울리게 맞춰 입는 것이야말로 옷 잘 입는 비법 아니던가. 이것저것 골라 입어 본다. 생소한 조합도 과감하게 시도해 본다. 찢어진 청반바지에 단정한 슈트를 걸쳤더니 단순해 보이지만 세련되고, 절제되어 보이나 답답하지 않다. 이번에는 오래 입어 목이 늘어진 티를 고른다. 시원스레 목이 파여 더운 날씨에 제격이다. 헐렁한 통바지에 끈 탑을 입은 후 목 넓은 티를 걸쳐본다. 달라 붙는 더위가 도망갈 듯 가볍고 자유롭다. 신상으로 단번에 변신할 수도 있지만 묵은 옷가지로도 참신할 수 있음을 확인한다. 빠듯한 현실을 비관하여 자기연민에 빠질 뻔했는데, 비밀병기 하나 손에 쥔 것처럼 기분이 좋다.

며칠 전 원로 선생님 추모의 밤 행사에서도 비슷한 경험을 한 것 같다. 아이같이 순수한 심성을 간직한 채 운명하셨다. 선생님의 글을 다시 읽어 보니, 만만한 낱말만 모여 있는데, 진한 글 향에 훅 빠져들었다. 선생님의 의지가 문장 안에서 살아 숨 쉬고 있다. 낱말이 포개지면서 전혀 다른 의미로 거듭나는 현장을 친견한 기분, 깊은 사유가 감동의 물결로 일렁였다.

다시 낱말들을 주워 모아 본다. 홀대당하던 낱말이 새 주인을 만난 듯 생기를 찾는다. 그가 품은 원대한 꿈을 반도 헤아리지 못했으면서 타박했다. 낱말마다 하나의 의미만 있는 것이 아니다. 무슨 낱말을 어떻게 쓰느냐에 따라 새뜻한 문장이 되고 문장은 원대한 꿈을 품은 맥락을 가지면서 더한 에너지를 발산하는 것이다. 빈약한 낱말을 탓하기 전에 세상을 보는 안목을 키울 일이며 단락의 연합으로 재미와 감동을 창조하는 과정을 고민할 일이다.

다시 옷장을 본다. 낱개로 보면 별것 아닌 옷이 상대를 만나면서 빛을 발한다. '크롭 재킷에는 통바지가 제격인데.' 다급한 마음에 옷장을 발칵 뒤집는 중이다.

서울에서 길 찾기

서대화
2001. 3. 천료

남양주에서 대학로 근처로 출근을 하게 되었다. 집안에서 운영하는 어떤 업체에 내가 도울 일이 있어 1년간 계약직을 맡게 되었는데 직장이 생겼다는 것이 즐겁지만 가는 길이 좀 멀다. 경춘선 전철을 이용하면 두 번의 환승을 거쳐 4호선 혜화역에 내릴 때까지 한 시간이 걸린다. 중간에 걷는 시간을 합하면 대략 한 시간 반쯤 걸리는 셈이다. 상쾌한 아침 길을 걸어 전철역에 닿으면 잠시 뒤 열차는 도착하고 정해놓은 승강장에서 차에 오른다. 몇 번 반복하다 보니 전 과정이 마치 산업현장의 자동 시스템처럼 정확하고 자연스럽게 이루어진다. 차창 밖 너른 들판에서 아직은 깨어나지 않은 각종 초목들에 물오르는 소리가 들리는 것 같다. 숨어서 자라나고 있을 비닐하우스 속 갖은 농작물인 연녹색 청초함이 보이는 듯하다.

멀리 가까이 남양주 벌과 야산이 내 시선과 함께 간다. 철 따라 변하는 전원 풍경과 끊겼다가 이어지는 산길 자동차 전용도로가 힘든 겨울을 벗어났다.

눈에 익은 천마산의 줄기들이 오고 가다가 사릉 벌을 지나면 은은한 대기 속 수락산 마당바위가 친근한 눈빛으로 세상을 내려다본다. 퇴계원 왕숙천을 건너 별내 신도시에 접어들면 높낮은 건물들 사이사이로 불암산의 바위 봉우리가 거대한 부처의 모습으로 다가온다. 열차가 서울의 변두리로 진입하면 지금까지 느끼던 산촌의 목가적 풍경은 마무리되고 상봉역을 지나 청량리역에 도착한다.

영하 10도를 밑돌던 지난겨울 얼마간 승용차를 이용해 출근을 한 적이 있다. 추운 날 적당한 온도로 데워진 차내의 쾌적한 분위기에 앉아 따듯한 핸들을 잡고 의자에 몸을 실으면 대중교통을 이용하는 것에 비해 육신은 참 안온하다. 라디오에서 흘러나오는 클래식 아침방송을 감상하면 가끔 도로가 정체되어도 느긋하고 여유로운 마음을 유지할 수가 있다.

내가 사는 아파트 뒤편에 자동차 전용도로가 있다. 가평군에서부터 시작되는 고속화 도로인데 이 길이 끝나는 부분에서 우회전하면 일산 방면으로 연결되고 좌측으로는 중부고속도로와 이어진다. 직진으로 진행하면 삼육대학이나 서울여대 앞을 거쳐 태릉선수촌과 육군사관학교 앞을 통과해 동부간선도로를 건넌다. 그런데 출퇴근길 이 도로는 많은 교차로에서 신호를 기다리는 차량의 물결로 평온한 마음을 유지하기가 쉽지 않다. 정지신호가 끝나고 녹색 신호등이 다 할 때까지 밀려있던 자동차가 그곳을 벗어나지 못하고 또 다음 신호에 막혀버리는 악순환으로 정체를 피할 수가 없다. 복잡하게 얽히고설킨 길을 지나 석계역 고가를 넘어 월곡동에 이르기까지 계속되는 지체는 웬만한 인내심이 아니라면 자신의 수양 부족을 탓하게 될 것이다.

이곳을 빠져나왔다 해서 쉬운 길이 나오는 것은 아니다. 월곡동에서 미아리 고개를 올라 성신여대 그리고 삼선교와 혜화동에 이르기까지의 복잡한 정체 상황은 쉽게 해소되지 않는다. 전철을 이용할 때에 비해서 출근 시간은 오히려 더 오래 걸린다. 그러나 추위를 피할 수 있는 장점과 겨울비라도 내리는 날의 편리함으로 한동안 승용차를 이용하게 되었다. 정체된 길에서 귀한 시간 허송하다 보니 좀 더 빠른 다른 길을 찾고 싶었다.

집에서 출발하고 자동차 전용도로를 이용하는 것은 전과 같다. 그런데 도로 끝부분에서 태릉으로 직진했던 것에 반해 판교 쪽으로 향하는 좌회전 코스를 택한다. 그 길은 수도권 제1순환고속도로의 연장선으로 송추 방면에서 온 차량들이 강동대교를 건너 중부고속도로로 진입하게 된다. 이 기점으로부터 2킬로쯤 가면 구리시 인근에서 성산대교로 이어지는 내부간선도로를 이용할 수가 있다. 이 길은 태릉 방면의 일반차도에 비해서 흐름이 사뭇 빠르다. 가끔씩 지체되는 경우도 있지만 그 시간이 그리 길지가 않아 10분 정도 서행하다 보면 자연적으로 정체는 해소되어 고가도로인 월곡 정릉 그리고 홍지문 쪽으로 향하게 된다.

그런데 이 길은 자주 이용하던 길이 아니다 보니 익숙하지가 않다. 고가로 만들어진 내부 순환도로에서 어디쯤 내려가는 램프(Ramp)가 있는지 혼란스럽다. 정릉에서 북악터널을 지나면 평창동으로 이어진다. 차라리 세검정 삼거리에서 좌회전해서 경복궁을 돌아 혜화동 쪽으로 갈까. 조심해서 운행하다 보니 마침내 길 오른편에 국민대학으로 내려가는 길이 보인다. 우측 깜빡이를 넣고 고가도로를 내려오니까 전방에 ∩자 모양의 정릉 지하차도 반환점이 보인다. 좀 지나쳐 오긴 했어도 아리랑고개 입구로 되돌아가서 성신여대 방면으로 우회전하면 아는 길이 펼쳐질 것이다.

그런데 여기서부터 문제가 생겼다. 직진으로 가는 길을 찾는데 고가내부순환도로 진입로와 분별이 명확하지 않고 좌회전 길과 직진 차선이 판단을 어지럽힌다. 고가도로의 기둥을 사이에 두고 좌우로 갈라진 같은 듯 다른 길을 조심스럽게 운행하다 보니 직진처럼 보이는 우회전 길이 나온다. 순간적으로 핸들을 돌려 오른쪽으로 구부러진 길로 접어들었다. 순발력의 부족으로 인한 판단의 오류다. 직진 코스를 이탈하지 않았어야 아리랑고개 방향으로 갈 수가 있다. 진로를 수정하기는 이미 늦었다. 뒤에서 따라오고 있는 1톤 트럭이 바쁘다고 클랙슨으로 재촉한다.

언뜻 성북동길이라는 안내표시가 급하게 지나간 것 같다. 기왕 잘못 들어선 길 그대로 더 가 보기로 한다. 굴곡이 심한 좁고 가파른 길로 올라가 고개를 넘어가자 대사관로라는 도로명이 길모퉁이에서 운전자의 시선을 끈다. 고풍스러운 돌담과 기와지붕이 단아한 한국 가구박물관 앞 산복도로를 달린다. 많은 차량이 왕래하는 것과 아스팔트에 검은색 윤기가 흐르는 것으로 보아 내가 모르는 도로인데 편리하게 이용되는 길이 분명하다. 성북구에서 태어나고 자라 성인이 될 때까지 살아온 고장이라 관내는 마치 손바닥처럼 익숙하다던 시절은 벌써 한 세대 전에 지나갔나 보다.

복잡하지만 필요에 의해 조성된 새로운 도로가 눈앞을 어지럽힌다. 비탈길로 한 블록쯤 주행하다 보니 길안내 화살표가 보인다. 좌측 길로 내려가면 삼선교다. 이쯤 왔다면 아리랑고개로 돌아가는 것보다 한결 단축되었다. 그 길로 한 블록만 더 직진하고 좌회전한다면 혜화동에 이른다는 것은 두 번 생각할 필요도 없다. 삼각형 2변의 길이를 한 변으로 단축시킨 거리다. 정결하고도 명료하게 이어지는 성북동 산길을 내려오니 경신고교 앞을 지나 혜화동 로터리에 이르렀다. 지금까지의 출근시간에 비해서 반 시간쯤 단축되었다.

잘못 들어선 길이 나도 모르는 새에 지름길이 되었다. 뒤돌아보니 길이 보이지 않는다고 실망하거나 불안해할 필요는 없었다. 길은 어디에고 있다. 인생도 잘못 들어섰다고 좌절할 필요는 없다는 생각이 든다. 굽은 길을 잘못 본 것일 수도 있다. 요즘은 봄이 익어 곳곳에 목련꽃이 벙글어 웃고 섰는 것을 감상하면서 전철을 이용한다.

게르니카

강미애
2001. 5. 천료

게르니카! 게르니카!

스페인의 한적한 골목길에서 피카소의 그림 「게르니카」를 발견했다. 작은 책방에서 찾아낸 낡은 미술책에 실린 게르니카. 반가운 마음에 나도 모르게 소리를 질렀다. 제페토 할아버지같이 동그란 안경을 콧등에 걸친 책방 주인이 나를 보며 어깨를 으쓱한다. 보물처럼 소중하게 품에 안고 돌아왔다. 머나먼 이국에서 발견한 귀한 선물이었다.

「게르니카」는 파블로 피카소가 독일 파시스트들이 폭격한 마을 게르니카의 참상을 묘사한 작품이다. 스페인 바스크 지방에서 일어난 비극적인 사건을 검은색 · 흰색 · 회색 색조만을 사용하여 특이한 픽토그램과 상징으로 표현했다. 캔버스 곳곳에 인간의 머리가 굴러다닌다. 남자의 머리, 여자의 머리, 아이의 머리가 뒤섞였다. 그들의 표정은 예감과 공포, 혼란, 고통, 고뇌, 그리고 사후 경직 상태를 보여 준다. 잘린 사지가 널려 있고, 물건을 움켜쥔 손이 보인다. 죽음의 고통으로 울부짖는 말, 황소는 무심하게 발걸음을 옮기고 있다.

몇 년이 지나 다시 스페인으로 여행을 갔다. 이번에는 「게르니카」를 직접 보고 싶었다. Queen Sophia Museum in Madrid. 어렵게 찾아간 '소피아 여왕 미술관'의 계단을 오른다. 투명한 건물 유리벽 때문인지 천상의 계단이 따로 없다. 가슴이 뛴다. 수백 년의 환생과 헤어짐을 운명처럼 이어가던 영화 속 연인처럼 간절하게. 드디어 「게르니카」와 마주 섰다. 가로 3.5m 세로 7.9m에 달하는 엄청난 화폭 앞에서 치미는 감동으로 그 자리에서 잠시 숨이 멎었다. 역사의 시간은 무음으로 느리게, 아주 느리게 내 곁을 지나갔다.

「게르니카」는 제2차 세계대전의 야만적인 살상을 상징하는 그림이다. 1936년 프랑코 장군이 지휘하는 군사 반란과 함께 시작된 스페인 내전 때 여러 나라가 끼어들었다. 많은 나라에서 자원한 군인들은 대부분 공화정부 편에서 싸웠는데, 이탈리아와 독일의 파시스트 독재 정권은 프랑코를 두둔했다. 히틀러는 용병을 파견했고, 그들의 공군이 게르니카를 공격했다. 융단 폭격 세례를 받은 마을에서는 수많은 부상자와 사상자가 생겨났다. 전쟁 상대국의 민간인들에게 무차별 폭탄 공격을 감행한 첫 번째 비극적 사건이었다.

흔적은 비석이 아니라 기억에 남는 것. 쉰다섯의 피카소는 누구의 기억에도 남지 않은 죽음은 죽음이 아니라고 생각했을지도 모른다. 그래서 기억되지 못한 무수한 죽음을 기록해 누군가의 마음속에 자리하게 해 주고 싶었을 것이다. 붓과 색이 만든 영원한 잔상과 이명(耳鳴)으로.

출구 서점에서 도록(圖錄)을 구입하고 아쉬운 마음을 달래며 미술관을 나섰다. 하늘이 유난히 낮게 보인다. 바로 숙소로 들어가려니 마음이 무겁다. 지도를 펼쳐놓고 걸어보기로 했다. 작은 분지 형태의 길을 따라 이어진 돌계단을 따라 한참을 오른다. 위로 올라갈수록 낮아지는 나무들과 높아지는 하늘. 마침내 가장 높은 분지에 도착했다. 키 작은 가시나무와 좁은 길, 그 사이로 멀리 아름다운 미술관이 내려다보인다.

문화적 가치를 갖는 작품의 기준을 정한다는 점에서 미술관은 막강한 권력이다. 이 권력에 대항하는 싸움은 여전히 진행 중이다. 어떤 사람들은 미술관을 예술의 감옥이라 부르며 직접 대중을 만나기 위해 거리로, 현실의 공간으로 뛰쳐나간다. 또 어떤 사람들은 시공의 한계가 없는 디지털 세계에 '지금, 여기'라는 미술관 체험은 필요 없다면서 직접 대중을 만나러 웹으로, 사이버 공간으로 들어가고 있다.

싸움은 일방적으로 끝났다. 미술관을 파괴하려 한 다다이스트나 미래파의 작품들도 지금은 얌전히 미술관의 품에 안겨 있으니. 미술관 밖으로 뛰쳐나간 예술의 탕자들도 방황의 시간이 지나면 멋쩍은 듯이 뒷머리를 긁으며 미술관으로 돌아온다. 사이버 공간으로 들어간 예술도 '작품'으로 평가를 받으려면 다시 미술관 안으로 들어와야 한다. 미술관이 갖는 확고한 지위와 정체성은 선명하다.

미술관의 매력은 거기에 모아 놓은 작품에서만 오는 것이 아니다. 작품을 품은 건축 자체가 실은 문화적 가치를 지닌 작품이다. 미술관 안에서 우리는 개별 작품이 내뿜는 아우라 속에 빠지고, 미술관에서 보유한 컬렉션이나 미술관에서 기획한 전시의 콘셉트를 평가하며, 때로는 미술관 건축 자체를 하나의 작품으로 감상할 수 있기 때문이다. 그래서 미술관을 방문한다는 것은 이러한 중층적 체험의 물결에 몸을 내맡기는 것이다.

서쪽을 향해 더 걸으니 한참 뒤 넓은 암석 터가 나왔다. 그런데 거기서 길은 끝나버렸다. 사방 어디에도 다른 길은 보이지 않는다. 바위 위에 앉았다. 얼굴 위로 햇살이 쏟아진다. 눈을 감았다. 하늘을 가득 메운 폭격기와 떨어지는 포탄들…. 아비규환의 비명이 들리는 처참한 전장의 환상에 얼마나 빠져있었을까. 멀리서 들려온 산양 목에 매달린 쇠방울 소리에 눈을 떴다. 평화롭고 고요한 풍경. 주섬주섬 자리를 털고 일어났다. 이제 돌아가야지. 사랑하는 이들이 기다리는 곳으로.

착한 사마리아인 법

하기식
2001. 10. 천료

'김영란법'처럼 사람의 이름을 따온 것은 아니지만 지역인의 이름을 붙인 '착한 사마리아인 법'이라는 것이 있다. 한 공영방송국에서 고등학생들의 퀴즈프로그램에 출제할 만큼 국민들의 관심이 대단한 법이기도 하다. 그 퀴즈프로그램에서 정답이 '착한 사마리아인 법'인 문제가 출제되었다. 그런데 정확하게 답을 맞힌 학생도 있었지만 '선한 사마리아인 법'이라고 답한 학생은 탈락이 되었다. '선한'이나 '착한'이나 같은 뜻의 말인데 둘 다 정답이라고 하지 않은 것이 아쉬움으로 남았다. 보통은 '선한 사마리아인'이라고 하는데….

착한 사마리아인 법은 '이웃이 누구냐'라는 물음에 '자비를 베푼 자이다'라는 내용의 비유로 성경이 답한 것에서 비롯되었다. 한 유대인이 예루살렘에서 여리고로 가다가 강도를 만나 옷까지 벗겨지고 폭행을 당하여 거의 죽게 되었다. 마침 한 제사장이 그 길을 가다가 강도 만난 자를 보고도 피하여 지나가고 또 한 레위인도 그와 같이 그를 보고 피하여 지나갔다. 그런데 한 사마리아인은 여행 중에 그를 발견하고 불쌍히 여겨 소유하고 있던 약품으로 기초적인 치료를 하고 여관으로 데리고 가서 돌보아 주었다. 이튿날 치료비가 더 들면 돌아올 때 지불하겠다고 약속하고 떠났다. 이 사마리아인을 착한 사마리아인이라고 한다. 이 착한 사마리아인이 강도 만난 자의 이웃이라는 것이었다.

예루살렘에서 여리고까지의 거리는 약 80킬로쯤 되며 길이 험하고 인기척이 드문 곳으로 강도가 가끔 출현하는 곳이었다. 제사장은 성전에서 제사를 책임지고 있으며 레위인은 성전에서 섬기는 일을 담당하는 사람으로 누구보다도 위험에 놓인 사람 특히 거의 죽게 된 사람을 돕고 위로하며 사랑해야 할 위치에 있는 사람들인 것 같은데 그 책임을 망각하고 피하여 지나가 버렸다. 그러나 유대인이 상종해 주지도 않았던 사마리아인은 강도를 만나 거의 죽게 된 유대인에게 자비를 베풀었다.

솔로몬 통일 왕국이 북 왕국 이스라엘과 남 왕국 유대로 분단되었는데 BC 722년에 북 왕국 이스라엘이 신생 강대국 앗시리아의 침입을 받아 망하고 사마리아 지방에 이민족이 유입되었고 그로 인해서 결국 유대인의 순수혈통을 상실하게 되었다. 앗시리아 이후 BC 586년에 바벨로니아가 남 왕국 유다를 침공하여 많은 유대인 들을 포로로 잡아갔으나 그런 열악한 환경에서도 그들은 혈통의 순수성을 지켜 왔었다. 이런 유대인들이 순수혈통을 잃어버린 사마리아인을 상종하기를 꺼리게 되었던 것은 어쩌면 당연한 일이었는지도 모르겠다.

이 비유에서는 위험에 처해 있는 사람이 사마리아인과 상종도 해 주지 않는 유대인임에도 불구하고 사마리아인은 성의를 다하여 그 유대인을 구조해 주었다. 그러나 위험에 처해 있는 사람을 언제든지 구조해 주어야 할 만한 위치에 있을 것 같은 제사장과 레위인은 그들의 책임을 망각하고 그를 피해 지나갔다. 이런 도덕성이 결여된 방관자적인 제사장과 레위인과 같은 사람에 대해서 법적인 제재를 가하자는 것이

착한 사마리아인 법이다.

프랑스 미국 등 여러 나라가 이 법을 시행하고 있으며 프랑스의 경우 형법 제63조 2항에서 '위험에 처해 있는 사람을 구조해 주어도 자기가 위험에 빠지지 않음에도 불구하고, 자의로 구조해 주지 않은 자는 3개월 이상 5년 이하의 징역, 혹은 360프랑 이상 15,000프랑 이하의 벌금에 처한다.'라고 규정하고 있다고 한다.

우리나라에서도 착한 사마리아인 법이 제정되어 있는 것은 대단히 고무적이다. 그것은 형법 275조에 사고, 공공위험, 그 밖의 긴급한 사정으로 인하여 구조를 원하는 자에 대해 현저한 위험 또는 중요한 의무의 위반이 없는데도 불구하고 가능한 구조를 제공하지 아니한 자는 1년 이하의 징역 또는 300만 원 이하의 벌금형에 처한다라는 내용으로 위험에 처한 자의 구조 불이행 조항이 있는 법률안이다.

착한 사마리아인 법 조항에 찬반양론이 있을 수 있다. 찬성론자들은 도덕성을 지닌 인간인 이상 당연히 위험에 처한 사람을 구조해 주어야 한다고 할 것이고 그렇지 못할 경우는 마땅히 응분의 대가를 치르게 하는 것이 당연하다 할 것이다. 한 걸음 더 나아가서 도덕성이 낮은 사람이라도 보다 차원 높은 도덕성을 갖게 하기 위해서는 약간의 강제성이 필요하다고 할 것이다. 반면에 반대론자들은 도덕과 법은 차원이 다른데 도덕적인 부분을 법으로 강제할 성질의 것이 아니라고 할 것이다. 위험에 처한 사람에 대한 구조의 여부는 전적으로 각자 자유 민주 시민의 재량권에 일임할 문제이지 법으로 제재할 문제는 아니라는 것이다.

도덕성이 강한 사람은 법의 유무에 관계 없이 위험에 처한 사람을 구조할 것이다. 도덕성이 약한 사람이나 남의 일에 무관심한 사람이라 해도 이웃의 위험을 방관하지 않고 구조의 손길을 펴도록 계몽적인 차원에서라도 착한 사마리아인 법은 필요하지 않을까 생각된다.

오늘도 비가 오네요

손미경
2001. 11. 천료

비가 내리는 끈적끈적한 오후, 오래전 양철 지붕을 따다다 때리던 빗소리가 문득 생각났다. 나이를 먹으면서 옛 기억들이 감자처럼 주렁주렁 그립다. 이런 날엔 지글지글 따끈한 김치부침개나 부추전으로 막걸리 한 잔이 생각나는 날씨. 마음까지 눅눅해져 빗소리에 술 한 잔이 먹고 싶었다. 누군가와 술 한 잔을 기울이면 기분이 좋을 궂은 날씨다. 고소한 기름 냄새에 매콤한 부추전을 안주 삼아 먹으면 궁합이 딱 맞을 듯하구나. 연일 비가 오자 오가는 행인도 드문드문, 산다는 것에 날마다 고행이 깊어진다.

재래식 손두부를 잘 익은 묵은지에 싸서 한입 먹으면 얼마나 고소할지 군침이 돈다. 당기는 막걸리 한 잔을 꼭 마셔야 할 것 같은 예감이다. 해질녘 소박한 테이블에 둘러앉아 두런두런 주절이면 기분이 썩 좋아질 법하다. 나는 술에 젖어 터벅이며 걷고 그 시간 온 세상도 비에 흠뻑 젖었다. 가로등 불빛에 기대어 처연한 밤길을 걸어야 했다. 바쁜 일상 속에서 온갖 일들로 숨이 막힌다. 기억조차 하기 싫은 하루가 또 저문다. 그리움 한 줌을 부여잡고 소소한 즐거움으로 만족하며 늙어감은 피할 수 없는 나의 운명. 세월의 기로에 서서 '나'도 저물고 해도 기운다. 홀로 사는 '삶'이란 전쟁터에서 시시때때로 적막한 외로움이 수시로 들락날락거린다.

오늘도 또 비가 온다. 이런 날엔 나도 모르게 고단함이 천근만근 서럽다. 어둑해질 무렵이면 고독함이 외딴 섬에 갇힌 듯 내가 측은하다. 연일 폭염으로 꽃과 나무들도 지쳤는지 축 처진 나뭇잎들이 짠하다. 청춘 남녀들의 만남도 이토록 지치지는 않겠지.

새벽녘 천둥 번개로 불볕더위가 좀 식은 듯하다. 후덥지근하고 소화불량에 걸린 마음까지 개운하다. 세찬 빗줄기로 마음이 차분하게 가라앉는다. 반가운 비. 천둥번개로 하여금 피해 입는 농가가 없기를 빌어본다. 어느 곳인가에서 벼락 치는 소리로 사방이 요란하다. 천둥 벼락으로 인해 별일이 없기를 빈다. 가뭄의 단비처럼 시원한 빗줄기가 고맙기 이를 데 없다. 더위도 좀 식는 듯 좋다. 비가 오는 궂은 날씨엔 지글지글 정구지 부침에다 동동주 한 잔이면 한바탕 호탕하게 웃을 수 있을 터 군침이 돈다. 쩐만 들고 나가면 착한 가격으로 입맛대로 먹을 수 있는 음식이나 그래도 오늘처럼 궂은날엔 딱이다. 누구든지 다 뚝딱 할 수 있는 부침이어도 사람의 손끝에 따라 맛이 다 다르다. 똑같은 재료일지라도 그 맛이 천차만별. 기름을 약간 두른 담백한 찌짐 생각에 절로 군침이 돈다. 찌짐은 내 고향의 정겨운 사투리다.

그 아들은 큰 몸으로 날마다 수북이 쌓인 먼지를 구석구석 닦으며 살림을 했다. 엄마의 고달픈 삶을 알 듯 날마다 부엌에서 설거지며 조리, 빨래와 청소 맛있는 밥과 반찬까지 도맡아 했다.

만류에도 하겠다던 아들을 보니 먹먹하여 차라리 모른 척했다.

추적추적 장맛비로 연일 짜증나는 오늘같이 비 오는 날 야채샐러드와 맛있는 잔치국수와 고소한 올리브유로 먹음직한 부추부침개까지 해

온 아들이 이쁘고 곰살맞았다. 방학이 되었으나 가장의 허덕임으로 한 끼도 제대로 챙겨주지 못했던 난 늘 미안했었다. 손수 집안일을 하던 그 아들, 대견하기도 놀라게도 했다. 역할분담이 서로 바뀌어서 아들은 살림을, 엄마는 일선에서 생계를 해결했지. 전업주부로 살던 난 늦게 가장이라는 훈장을 얻었다.

먹고 싶은 것이 있어도 손수 해 먹지 못하는 삶은 늘 동동이며 분주했었다. 종일 지친 몸으로 집에 가기가 허다했다. 고단한 육신 머리 둘 곳 있는 것만으로도 만족했다.

손쉽게 해먹을 수 있는 간식도 나는 아무것도 할 수 없는 처지. 따뜻한 잠자리에 들 때 비로소 하루의 고단한 짐을 내려 놓는다. 굵은 장맛비가 연신 창을 때린다.

장롱 안, 서랍장 싱크대, 구석구석 묵은 먼지를 닦고 또 닦아주었던 고마운 아이. 엉망이 된 세간들까지 정리해주던 뒷모습을 지금도 잊을 수 없다. 집안을 쓸고 또 닦아 보았다. 분노 미움 식탐 게으름 등 이처럼 씻고 닦아서 깨끗해질 수 있다면, 그리하여 아이들의 눈망울처럼 맑게 반짝이면 참 좋을 텐데 그럴 수 없음이 유감이다.

오늘도 또 비가 오네요.

소래포구에서

서부길
2002. 6. 천료

작은 숙부께서 돌아가셨다. 이대병원 장례식장에서 문상을 마치고 사촌 아우의 승용차를 타고 소래(논현지구)에 있는 그의 집에 다녀왔다. 송도에 직장을 가진 아들의 출·퇴근을 돕기 위해 서울에서 신도시인 이곳으로 이사를 왔단다. 대단지 아파트와 상가빌딩이 줄지어 서 있고 시원스레 뚫린 도로를 지나며 도무지 어디가 어딘지 가늠이 안 된다.

내가 공직생활을 시작한 60년대 후반, 소래는 '오이도'에서 구불구불한 물길로 연결되어 그 갯골을 따라 돛단배가 오르내리던 한가로운 어촌이었다. 10여 척의 돛배와 전마선으로 꽃게와 새우, 망둥이 잡이를 하며 시내에서 오는 하루 대, 여섯 차례의 버스가 유일한 교통수단이었던 오지였다.

이후 어선에서 직접 내린 살아있는 꽃게와 젓새우를 구입하고 하루 여가를 즐길 수 있다는 소문을 타고 사람들이 모여들었다. 덕분에 어선이 급속히 늘어나고 장비의 현대화로 80년대 초 이미 250여 척에 달했다. 규모가 커진 어선들은 하루 안에 덕적도 앞바다까지

나가 생선을 잡아오니 싱싱한 어물은 인기리에 팔려나갔다. 입하되는 어획물이 늘어나면서 시비(市費)로 지은 수산물 위탁판매장도 개설되었다.

선착장과 물양장이 정비되고 횟집과 상인들 그리고 하루 일만 명의 내왕객이 찾아오면서 수도권의 유명 포구로 자리매김하였다. 더불어 갯골 건너 시흥시 월곶 쪽도 시너지 효과(synergy effect:상승효과)로 발전하게 되니 양쪽 포구 모두 활기차게 되었다.

소래는 어린 시절 수인선 협궤열차를 타고 망둥이 낚시를 오던 곳, 느리긴 해도 창밖으로 아름다운 시골 풍경이 펼쳐져 여행하는 재미가 쏠쏠했다. 하루 소풍치고는 최고의 코스였다.

생선 비린 냄새보다 사람 냄새가 더 진하게 풍기는 소래포구….

만선을 꿈꾸는 어부의 심장처럼 하루 종일 이글거리던 태양도 어느덧 수인선 협궤 철교에 걸리며 바다 멀리 퍼져갔다. 그리고 색다른 변주곡을 연주한다. 마치 아득히 먼 수평선을 바라보듯 포구의 노을은 또 다른 빛깔로 다가온다.

우연이랄까. 공직 생활 중 바다 관련 업무를 맡으면서 이곳과 인연을 맺게 되었다. 그중 어려운 과제의 하나였던 '한국화약'의 바다 매립으로 인한 어선어업 피해 보상 추진은 잊을 수가 없다. 갯골을 직선으로 정비하고 끝이 보이지 않을 정도로 어마어마한 갯벌을 매립하여 '화약 성능 시험장'을 조성한다는 프로젝트였다.

그러나 서로 간 의견이 상충되어 보상협의가 잘되지 않자 어민들은 조업을 포기했다. 시위와 농성 그로 인한 갈등과 반목은 아직도 가슴에 상처로 남아있다. 시청 앞 광장과 서울 여의도 야당 사무실을 점거하고 포구에 나붙은 현수막과 붉고 푸른 강성 구호들, 외부세력이 동조하며 잘 훈련된 구호와 노래 제창은 일사불란했다. 일과 후에는 여의도 집단 시위 장소까지 가야만 했다. 협의를 위해 공장을 드나들며 화약 성능 시험장 부지가 얼마나 필요하길래 그 넓은 갯벌을 매립할까 의문이 들기도 했다.

보상협의는 우여곡절 끝에 1년만(91.07~92.05)에 끝났다. 217척 어선 어민들은 총 23억 8천만 원을 받았고 한국화약은 445㏊(135만 평)의 광활한 매립지를 차지했다. 내가 진작부터 생각해왔던 동경의 바다, 미지(未知)의 바다는 그렇게 사라져갔다. 뙤약볕 아래 수백 명 어민들의 갈등과 조업 포기 대가치고는 너무 과소한 게 아닐까? 그들은 바다가 사라지는 현실 앞에 닥쳐오는 시련을 어떻게 치유할까. 비릿한 갯내음, 흑갈색의 간석지, 썰물처럼 공허한 마음뿐이었다.

한국화약은 1957년 인천 화약 공장에서 '다이너마이트'를 개발했다. 다이너마이트로 대표되는 근대 화약이 우리 기술 최초로 개발된 것이다. 이듬해 그동안 수입에 의존하던 화약류를 전량 국산으로 상업화하는 데 성공한 거다.

1993년 '한화'로 사명(社名)을 바꾼 한국화약은 마침내 2006년 인천 공장에서 화약 생산을 종료하고 지방으로 이전해갔다. 그 자리에는 저 멀리 바다가 매립되어 산천이 변했고 서로 얼굴을 붉히며 다투던 사람들마저 모두 떠나고 대규모 아파트 건설이 착착 진행되었다.

지난 시절 수많은 정치권력 실세와 기업들이 매립 면허를 받아 거저먹기로 차지하고는 용도 변경하여 아파트를 짓고 천문학적 부(富)를 챙겼다. 기업이 '갑'이 되고 피해 어민이 '을'이 되어 줄다리기하다 선심 쓰듯 적은 보상금을 주고 매립권을 확보하여 수도권의 값비싼 토지로 변모시켰다. 더는 매립 특혜가 없어야 한다. 공공이익을 위한 공영개발이 되어야 한다. 이제 시대가 변하여 개인이나 기업에게 매립권 취득은 제한되었다. 늦었지만 당위(當爲)가 아닌가.

그동안 얼마나 많은 어민들의 피땀 어린 좌절이 스며들었나? 그간의 사정을 아는지 모르는지 아파트와 고층 빌딩의 불빛만 휘황찬란하다. 오고 가는 이 넘치고, 줄 이은 자동차는 무심하게 달려간다. 문득 상전벽해(桑田碧海)를 떠올린 것은 나만의 생각일까?

금강산 지게효자

강기재
2003. 1. 천료

효는 우리 민족의 전통적 가치관의 근간으로 중요한 덕목 중의 하나이다. 이런 훌륭한 정신적 유산이 시대의 변천에 따라 흐려지거나 약해지는 것 같아 안타까운 마음이다.

사라져가는 효의 정신을 대변할 일화 하나를 소개한다. 한때 '지게의자 효행'으로 회자되었던 효의 학자 이군익 교수에 대한 이야기이다. 지게는 우리의 오천년 역사와 함께 이어져 온 아주 중요한 생활용구였다.

모처럼 남북화해로 금강산 여행이 한창이던 때의 일이다. 금강산 구경 한번 하는 것이 소원이라는 아버지의 말씀을 듣고 그는 잠이 오지 않았다. 거동이 불편하신 구순의 아버지를 편하게 구경시켜드리기 위하여 고민을 거듭하며 온갖 방법을 구상한 끝에 지게의자를 만들게 되있다. 손수 그린 설계도와 철사로 만든 모형을 들고 몇 군데의 철공소를 찾아가 제조를 의뢰하였으나 번번이 거부당하였다. 하지만 끈질긴 염원으로 결국 제작할 수 있었다.

드디어 마흔두 살 된 아들이 아흔두 살의 아버지를 지게의자에 태우고 금강산 만물상 전망대에 올랐다. 연이어진 돌계단을 한 발 또 한발 죽을힘을 다하여 걸음을 옮겼다. 지게의 압박에 땀은 소나기를 맞은 듯 눈앞을 가리고 온몸에 피멍이 들었으나 오직 아버지의 소원을 풀어드린다는 마음에 자신도 알 수 없는 힘이 솟아났다. 그날 현장에서 이 모습을 본 북한 감시원과 업무 종사원, 한국 관광객 모두 깊은 인상과 감동에 젖어들었으리라.

이 이야기가 국내에 대대적으로 소개된 것은 약 삼 개월 후였다. 그때 여행을 함께했던 어느 분이 모 언론사에 독자편지를 보낸 것이 도화선이 되었다. 이후 중앙의 유력 방송사들은 물론 국내의 중요 언론매체와 미국의 라디오방송 등이 '금강산 지게효자'라는 이름으로 밀착 취재 보도하여 전국에 큰 감흥을 불러일으켰다. 이는 우리 국민의 효사상 고취에 큰 도움이 되었으며 이웃나라들에도 알려져 한국은 역시 동방예의지국이란 인식을 가져다주었다.

금강산 지게효자의 미담은 중국에도 널리 소개되었다. 이를 알게 된 현지 교포의 특별초청을 받아 공자의 유적이 있는 취푸와 명산인 태산도 관광하였다. 구순도 지난 노부를 지게에 짊어지고 공자의 사당 참배와 태산을 오를 때 중국의 공영방송과 언론매체는 효자의 신기한 여행 모습에 감동하여 길을 안내하며 "한국의 효 정신을 본받아야 한다."며 수차례 전국에 대대적으로 보도하였다. 아무나 실천하기 어려운 특별한 효행이 국위선양에 큰 몫을 한 셈이다.

노부를 지게의자에 태워 금강산과 덕유산, 중국의 태산, 그리고 마을 뒷산을 오르내린 아들의 효성은 어쩌면 전설 같기도 하다. 만일 그때 나의 아버지께서 비슷한 나이에 똑같은 소원을 말씀하였다면 절대 할 수 없었을 테니 그의 효심을 우러러보지 않을 수 없었다.

지난해 여름, 대전에 자리한 한국 효 문화진흥원에서 개최한 학술

포럼에 방청객으로 참석할 기회를 가졌다. 거기서 전혀 뜻밖의 사람을 만났다. 바로 십육칠 년 전, 온 국민에게 커다란 감동을 안겨주었던 금강산 지게효자 이군익 교수다. 어느덧 나이 예순에 접어든 그는 효 문화연구로 우리 주변에서 흔하지 않은 효학 박사학위를 취득하고 후학 지도에 열중하고 있음을 알았다.

그를 대하는 순간 저절로 고개가 숙어졌다. 만인의 심금을 울려준 그 효자를 여기서 만나다니. 머릿속에 깊게 쟁여 둔 그때의 방송 장면과 함께 존경심이 솟아났다. 이날 포럼의 발제자로 나온 그는 '효의 실천사례와 시조'라는 주제 발표를 하였다. 우리 민족의 아름다운 생활관습으로 이어 오는 효와 우리 민족 고유의 문학인 시조를 상호 연계발전 시켜 세계적인 효 실천 모범국가와 사회를 만들어가자 하여 큰 박수갈채를 받았다. 진정한 효자이면서 효를 가르치는 훌륭한 선생님이 계시니 우리의 효 문화는 쉽게 사라지지 않으리라 생각된다.

그의 아버지는 아흔여덟에 돌아가셨다. 세상을 뜨기 삼 년 전, 아버지를 지게의자에 모시고 고향마을 뒷산에 올랐을 때 마을을 내려다보며 감회에 젖던 모습을 잊을 수 없다며 눈시울을 붉혔다. 그 얼마 후 자동차로 수일간 전국을 유람하였다고 한다. 그러고 나니 온통 백발이 되었던 아버지의 머리에 검은 머리가 새로 돋아 나왔단다. 지성이면 감복이라 하던가.

효의 실천은 결코 어렵거나 힘든 일이 아니다. 또한 높은 윤리관이나 도덕성이 요구되지도 않는다. 자식으로서 부모님에 대한 공경심과 애정을 가지면 되는 인간의 가장 근본적인 도리이다. 물질적인 풍족을 드리는 것도 좋지만 무엇보다 부모님의 마음을 편안하게 해 드리는 것이 바로 효도이다.

핵가족화와 더불어 이미 저출산 고령화 사회로 접어든 오늘의 우리 사회는 날이 갈수록 삭막하기 그지없다. 이럴수록 효의 정신과 실천이 더욱 요구된다 하겠다. 자신이 부모에게 효행을 실천하지 않으면 자식으로부터 효를 받을 수 없다. 경로효친 사상의 배양과 실천은 가정과 사회와 국가의 기틀을 마련하는 보편적인 요소이므로 내 자신이 우선 실천하고 모범을 보여야 할 일이다.

어린이들에게 효에 대한 사회적 가치관을 높일 수 있는 올바른 인성교육이 널리 시행된다면 얼마나 좋을지. 국가 차원에서 효 문화의 인식을 고취시키고 이를 실천할 수 있는 방안을 강구 시행하면 더욱 좋으련만.

금강산 지게효자의 진정한 효심을 오래도록 잊지 못하리라.

오늘은 대자연의 시혜(施惠)다

임지택
2004. 3. 천료

아침에 일어나보니 자비로운 대자연, 해님은 하루를 슬그머니 내 곁에 놔두고 돌아서 가 버리고 흔적도 남기지 않았다. 동쪽 하늘에 두둥실 떠올라 빙그레 웃고 있으니 감사의 말씀도 드릴 수 없다.

이 같은 일은 오늘 하루만의 일이 아니다. 내가 이 세상에 태어났을 때부터 느낄 수 있었던 일이며, 나의 선대(先代), 또 그 선대의 선대 적부터 우리 인간이 누려온 자비광명(慈悲光明)이지 싶다.

어찌하다 한 번 정도라면 너무너무 감사한 처사라고 할 것이지만 자고새면 끊임없이 그것도 무상(無償)으로 주어지는 처사이기에 이 같은 보시(布施)는 당연한 일로 여겨 온 것이 사실이다.

그렇게 될 경우는 없겠지만 자고새면 하루가 주어지는 대상이 선택적으로 이루어진다면 어떠한 일이 발생할 수 있을지 가정해 본다. 하루를 부여받은 사람은 누군가에게 빼앗기지 않으려고 별의별 방어책을 쓸 것이고 광명(光明)의 하루가 주어지지 않아 암흑 세상이 계속되는 그 누군가는 허약해 보이는 누군가를 공격하여 광명의 하루를 빼앗으려는 참극(慘劇)이 일어나지 않을 것이라고 장담할 수 있을까? 이 같은 가정(假定)만으로도 소름이 끼친다.

그런데 이 얼마나 대자연의 인간 세상에 대한 자애로운 처사(處事)이며 자연만물에 대한 보시(布施)인가? 그렇기에 나 역시 이렇다 할 감사의 인사 한번 드리지 못한 것이 사실이다. 돌이켜보니 너무 무정한 처사였고 못난 짓이었노라 참회(懺悔)의 마음을 어찌할 수 없다.

'내가 너희에게 날마다 하루를 선물하지 않는다면 너희들이 어떻게 살아갈 수 있을지 상상이나 해 보았는가?'라고 묻는다면 어떤 대답도 변명의 여지도 없다. 그저, 뒤통수를 긁적거리는 수밖에….

'그렇지만 제 나름대로 감사의 경배(敬拜)를 매일 드리고 있습니다.' 이 같은 사실은 어느 누구에게 자랑하거나 함께 하자고 권유하지도 않고 있다. 이건 나 혼자만의 생각으로 하는 일이기에, 해님의 밝은 웃음이 내 가슴속을 항상 가득 채우고 있기에 이 한 생명 다할 때까지 계속하리라 다짐하고 있다. '해님! 감사합니다. 해님을 비롯한 대자연이 우리 인간에 대한 자비로운 보시를 어찌 잊을 수가 있겠습니까? 대자연의 시혜를 끊임없이 받아 이렇게 행복한 삶을 이어가고 있습니다.' 라고 가슴깊이 감사의 마음을 새겨두고 잊지 않는다.

오늘 아침에도 부스스 눈을 비비고 일어나 보니 조금도 어김없이 하루가 선물로 주어졌음을 확인하고 벅찬 감사의 순간을 잊을 수가 없다. 누군가는 으레 있어왔고 앞으로도 계속될 일을 두고 그렇게까지 호들갑을 떨게 뭐냐고 말할지 모르지만 이 한 생애를 살아볼수록 감사의 정이 더더욱 새로워짐을 어찌할 수 없다. 날마다 똑같은 일이라고 여기면서도 날이 갈수록 감사의 정이 두터워짐을 느끼는 것은 연륜이 깊어가는 소치이지 싶다.

어제, 오늘이 그러했던 것처럼 내일도 변함없이 하루가 주어지리라 믿고 있다. 그렇기에 별다른 생각 없이 이게 순리이거니 믿고 감사한 마음으로 받아들여 잘 지내고 있다. 그렇게 하는 것이 대자연의 보시에 대한 보답이라고 믿고 싶다. 여기서 해님에 대하여 매일 아침 경배를 올린다고 하는데 그 일이 어찌 해님 한 분으로 국한될 수 있느냐고 반문할지도 몰라 내 나름대로 해명을 하고자 한다.

매일 아침 일찍 주어지는 하루는 해님 한 분의 자비심의 발로는 아닐 수 있음을 필자도 이해하고 있다. 그런데 이 일이 우주를 둘러싸고 있는 대 자연계의 협동 작품임에 틀림없지만 그 핵심은 해님의 역사(役使)에서 빚어진 것임을 그 누구도 부인할 수는 없다고 보아 대표성을 생각하여 해님께 경배드리고 있음을 밝혀두는 것이다.

언제나 같은 생각이지만 대자연의 시혜에 머리 숙여 감사의 경배드리는 것만으로 할 일을 다한 것으로 보지는 않는다. 해님을 비롯한 시혜자인 대자연의 보시에 수혜자(受惠者)인 인간을 비롯한 지구상의 모든 동식물들은 시혜자(施惠者)의 넓고 깊은 뜻을 십분 헤아려 이에 보답할 줄 알아야 하고 응당 그렇게 해야만 될 것이라고 믿고 있다.

오늘 하루는 아름답고 소중하기에 남과 비교하지 않고 나답게 살기 위해, 지금 순간순간에 최선을 다하리라 다짐한다. 오늘이 선물이고 행복이기에….

맨발걷기

장숙경
2004. 4. 천료

코끝으로 들어오는 바람이 갓 딴 오이 맛이다. 달지도 짜지도 않은 맛, 무맛의 바람이 맛있다. 발바닥도 반응한다. 간질간질 따끔따끔하지만 한편으로는 시원하다. 맨발걷기를 시작한 지 몇 달이 되었다. 전문가의 말처럼 신체 반응의 변화를 아직은 많이 느끼지 못하지만 숙면을 취하니 건강에 좋다는 말이 맞기는 한 것 같다.

맨발걷기의 매력에 빠지게 된 것은 우연이었다. 오래된 친구들이 포항을 찾아 하룻밤 묵고 가는 날이었다. 찬바람이 이마를 스치던 초겨울이었던가 보다. 이른 새벽, 친구들이 묵고 있었던 영일대 해수욕장에서 잠에 취한 친구들을 불러냈다. 그리고 신발을 벗겼다. 불그스름하게 물든 바다를 옆구리에 끼고, 파도가 밀려왔다 쓸려가는 해안가를 참방참방 걸었다. 미지근한 바닷물, 폭신한 모래, 이마를 스치는 차가운 바람, 마주치는 사람들과의 눈인사, 물에 둥둥 떠 있거나 종종걸음을 걷는 갈매기, 붉은 수평선 이 모든 것들이 만족스러웠던 아침이었다.

그 후로 맨발걷기 예찬론자가 되어 버렸다. 방학이 되면 아이들을 깨워 해수욕장으로 맨발걷기 체험을 나섰고, 자주 어울리는 언니들에게도 신발을 벗고 걸어볼 것을 종용했다.

맨발걷기는 지면의 성질에 따라 촉감이 완전히 다르다. 자연 상태의 흙길에서는 울퉁불퉁 뾰족한 자갈의 반항이 발바닥을 자극한다. 자연의 맨마음 같다. 마사토 길에서는 마사지를 받은 듯 시원하다. 군더더기를 걷어낸 느낌, 정제된 차를 마시는 기분이 든다.

파도가 밀려오는 해안가 모래사장에서의 맨발걷기는 특별한 경험이다. 발가락 사이로 모래가 빠져나가면서 간지럼을 태워 어릴 적 유쾌한 추억을 소환하기도 하고, 파도에 씻겨 빠져나가는 모래알갱이들을 보며 무소유의 가르침을 떠올리기도 한다.

언제였던가. 촉촉하고 물컹한 황톳길에 맨발로 섰을 때의 기억도 생생하다. 물렁한 황토가 깔린 길을 미끄러질까 엉거주춤하게 걸었는데, 발가락 사이로 찐득하게 삐져나오는 황토가 내면에 잠재되어있는 탐욕 덩어리 같아 정신이 번쩍 들었었다.

맨발걷기 예찬론자들은 말한다. 맨발로 걷는 것은 운동효과 이외에도 지구와의 접지효과를 얻을 수 있다고 한다. 맨살이 맨땅과 닿는 행위, 즉 몸과 지구가 닿는 어싱(earthing)은 걷지 않고 맨몸으로 닿기만 하여도 서로 상호작용을 통해 인체의 나쁜 물질을 배출한다고 하니, 아직은 지구가 사람보다는 오염이 덜 된 상태인가 보다.

처음 신발을 벗었을 때가 생각난다. 제대로 걷질 못했었다. 잘 정비된 맨발路였음에도 '쇠못을 밟을까 유리조각에 찔릴까' 허리를 펴지 못하고 땅만 내려다보고 걸었었다. 가 보지 않은 길에 대한 불안과 불신 때문이었다.

맨몸으로 부딪히는 것, 맨 마음으로 사는 것, 맨손으로 시작하는 것은 결코 쉬운 걸음이 아니다. 가리고 치장하고 포장하지 않고는 선뜻

나서기가 두렵다. 덮고 가릴 것이 너무 많은 것이다. 넘어지고 부딪히면서 깨지고 생채기가 나는 것이 무서운 것이다. 오롯이 자신의 힘으로 세상과 마주하려면 어지간한 뚝심과 용기, 자신감이 없지 않고서는 힘이 든다.

이미 너무 많이 와 버린 인생이지만 맨발로 걸으며 작은 용기를 내 보고자 한다. 돌로 빚은 조각도 돌 자체가 좋아야 하듯이 스스로 나의 심신을 굳건하게 다지는 일에 정성을 기울이고자 한다. 그리고 지구의 근원을 향해 깊이 뿌리를 내리는 일에도 집중해 보고자 한다.

언젠가 다시 지구로 돌아가게 되는 날을 생각하며 나의 정신을 더욱 맑게 하고 나의 사상을 더욱 깊게 하고, 식물이 씨앗을 땅에 묻듯 내가 행한 행위의 씨앗들이 종자가 되어 지구 깊숙이 묻혀 있다가 때가 되면 온전한 형태로 발아되기를 기도하면서 시간을 쓰고자 한다.

맨발로 자주 걷다 보니 발바닥도 많이 둔감해졌다. 간지럼도 덜 타고 따끔거림도 줄어들었다. 익숙해졌다고 받아들이지만 한편으로는 둔감해진 피부가 마뜩찮다. 사월의 연한 잎처럼, 갓 태어난 아기의 보드라운 피부처럼 몸도 마음도 세월이 주는 나이테를 거부하기를 바란다.

건강해지고 싶다는 마음에서 시작한 맨발걷기였는데 이젠 길 위에 서면 맨 마음을 향해 있는 자신을 발견하게 된다. 맨 마음에 얼마나 가까이 다가갈 수 있을까.

자발적 의지

임수진
2004. 9. 천료

나는 못 하는 게 참 많다, 그중 하나가 식물 기르기다. 봄이 익어 여름이 가까운데 우리 집 식물 중에는 기운을 못 차리는 애가 있다. 이유를 알 수 없어 볕이 잘 드는 베란다에 내놓아도 아픈 기색이 역력하다. 물을 주어도 이파리가 갈색으로 변한다. 아무래도 전문가에게 보여야 할 것 같다.

관공서나 음식점, 카페에서 가끔 싱싱한 화초를 볼 때가 있다. 툭 던져둔 것 같은데 잘 자란다. 건강한 초록이 탐나서 안면이 있는 이에게 물었더니 "그냥 때맞춰 물 주고 가끔 영양제 꽂아 주어요"라고 한다. 그러다 알게 되었다. 벼는 농부의 발자국 소리를 듣고 자란다는 평범한 진리를.

사실 나는 식물을 세심하게 보살피지 못한다. 지금 생각해도 아찔한 일이 지난여름에 있었다. '스파티필름'이란 이름을 가진 애였는네 음지에서 잘 자라지만 가끔은 햇볕을 쬐어주어야 했다. 유독 뙤약볕이 강한 날이었는데 베란다에 내놓고 잊어버렸다. 외출에서 돌아온 건 밤이었다. 아이는 기진맥진한 상태였고 가벼운 화상까지 입었다.

미안한 마음에 한동안은 마음을 주고 사랑하고 있다는 걸 행동으로 보여주었지만, 어느 때부턴가 물 줄 시기를 또 놓치고 있었다. 이런 나를 보며 식물은 얼마나 불안할까 싶었다. 사실 무지함으로 고사枯死 시킨 식물이 없지 않다. 사랑이란 이름으로 저지른 테러라는 걸 인정한다. 식물의 장례를 도우면서 뭐든 살아 있던 것의 마지막을 보는 건 기분이 좋지 않았다.

식물은 반려견처럼 주인에게 꼬리를 치거나 다리에 매달리는 등의 직접적인 애교를 떨지는 않는다. 몸을 비비고 먹이를 달라고 떼를 쓰지도 않지만, 이상하게 함께 있으면 우울감이 사라지고 마음이 편안해진다. 식물학자들은 이것을 식물의 심미적 진동을 인간이 본능적으로 느끼기 때문이라고 한다. 피터 톰킨스와 크리스토퍼 버드가 지은 『식물의 정신세계』에 보면 식물도 생각을 한다고 되어 있다.

실제로 식물은 고도로 진화된 동물이나 인간처럼 자유롭게 움직일 수 있다고 식물학자들은 주장한다. 다만 그 움직임이 대단히 느려 인간이 인지하지 못할 뿐이라고 했다. 담벼락을 타고 오르는 담쟁이덩굴을 자세히 관찰해보면 마치 더듬이를 움직여 잡고 오를 것을 찾아 두리번대는 것 같다.

호기심에 살짝 당겨 보면 안 떨어지려고 애쓰는 게 손가락 끝에 전해진다. 뭐라고 설명할 수는 없지만, 식물에게 지각 능력이 있다는 학자들 말이 사실일지 모른다. 장애물이 있으면 방향을 틀고 몸을 구부려 뿌리를 뻗는다. 아주 능동적이다. 한때 미국의 거짓말 탐지기 전문가인 백스터는 식물을 대상으로 여러 실험을 해서 놀라운 결과를 내놓았다.

떡갈나무는 나무꾼이 오면 떨고 홍당무는 토끼가 오면 사색이 된다는 것도 그의 이름을 따 "백스터 효과"로 불린다. 그는 또 식물을 상대로 범인을 찾는 실험을 하였는데, 같은 공간에 식물 두 그루를 두고 실험자로 하여금 그중 한 식물을 무참히 짓밟아 죽이라고 지시했다. 그런 다음 여러 사람들을 차례로 지나가게 하였는데, 범인이 지나갈 때만 격렬한 반응을 보였다고 한다.

모든 생물은 본능적으로 생존을 목적으로 하며 안전과 번식에 최선을 다한다. 생각과 감정이 있느냐 없느냐를 떠나 우리 삶에 지대한 영향을 끼치는 게 사실이다. 식물은 동물이나 사람처럼 뛰어다니며 원하는 걸 찾지는 못하지만, 화려한 꽃이나 향기로 나비나 벌을 불러들이고 바람을 이용할 줄 안다. 식물도 영혼이 있다고 주장한 아리스토텔레스의 말은 자발적 의지를 가진 모든 생명체에 대한 존중의 마음이 아닐까.

다시 찾은 청마문학관

박건오
2004. 10. 천료

파도야 어쩌란 말이냐
파도야 어쩌란 말이냐
임은 물같이 까닭 않은데
파도야 어쩌란 말이냐
날 어쩌란 말이냐

「그리움」을 쓴 청마 유치환의 시심(詩心)을 키운 이 고장 통영은 바다, 섬, 공원, 청마 거리 등 곳곳에 선생의 작품이 예향 통영을 빛내고 있다.

선생의 시혼을 달래는 문학관이 통영항이 내려다보이는 망일봉 산자락에 들어섰다. 1999년 국비 집행 시한에 쫓기다시피 하여 사업비 10억으로 일 년여 만에 공사를 마쳤다. 그때 1999년을 넘기면 국비를 반납할 처지에 몰려 시에서는 부지가 확정된 후 일 년여 만에 공사를 끝내고 2000년 2월에 뜻깊은 준공식을 가졌다. 준공식에는 고동주 시장, 김춘수 시인, 문덕수 시인, 서우승 시조 시인, 청마의 큰딸과 둘째 딸, 문인, 시민 등이 참석해 준공을 축하했다.

당초 청마문학관은 산양읍 당포성 인근 한려수도 에메랄드빛 바다 풍광이 수려한 언덕에 계획하였으나 토지보상 협의가 이루어지지 않아 부랴부랴 정량동 시유지(市有地)를 택했다. 청마문학관은 부지 면적 천 이백이십 평(4,038㎡)에 문학관과 위쪽에 생가를 복원하고 아래쪽에는 문학관을, 그리고 잔디가 깔린 마당에는 문학관이 이곳에 건립된 배경을 설명한 안내판이 설치됐다. 안내판은 '청마문학관은 선생이 태어난 태평동 552번지 생가를 복원 관광명소로 삼고자 하였으나 도시 계획상 도로에 편입되므로 이곳 망일봉 산자락에 짓게 되었다'고 표기했다.

문학관은 유치환 시인이 생전에 직접 쓴 주옥같은 시집, 산문집과 소중히 간직하였던 귀중한 유품과 각종 문학 자료 등이 진열되어 있으며, 특히 입구에 크게 걸린 사진에는 1950년을 전후로 문화의 르네상스였던 통영에서 청마 유치환을 회장으로 김춘수, 김상옥, 윤이상, 전혁림, 정윤주 등이 통영문화협회를 결성하여 한글강습회, 농촌 계몽운동, 연극 공연 등 다채로운 문화계몽 운동을 전개하였다고 기록되어 있어 발걸음을 멈추게 한다.

청마문학관의 위쪽에 있는 생가에는 유약국의 모습으로 복원된 초가집이 아담하게 자리 잡아, 호수 같은 항구가 눈앞에 열리고, 만선의 깃발이 펄럭이는 망일봉 언덕에 선생의 작품을 담았다.

하지만 문학관 마당 안내판에 있는 '태평동 552번지'에 대해 2000년 2월에 청마문학관 준공식에 참석하여 준공을 축하해준 청마의 딸이 2004년에 문학관 마당에 있는 안내판에 청마의 출생지가 '통영'으로 잘못 표기되었으니 그것을 지우라며 통영시를 상대로 소송을 냈다. 소송의 궁극적인 목적은 청마의 출생지를 '통영'에서 '거제'로 바꾸려는 의도였으리라.

아버지의 문학을 기념하고 후세들에게 산교육장으로 삼고자 문학관을 마련하였으면 딸들이 고맙게 생각해야 할 일인데도 소송을…. 출생에 대해서는 청마 선생의 자작시 「구름에 그린다」에서 '내가 난 때는 1908년 한반도 남쪽 끝머리 바닷가 통영이었다'고 기록되어 있다. 서울고법 민사 2부는 2004년 7월에 청마의 딸 3명이 '통영시 청마문학관 안내판에 적힌 부친 출생지를 삭제하고 정신적 피해에 대해 수천만 원을 배상하라'며 통영시를 상대로 낸 소송에서 '청마의 출생지가 거제 둔덕면이라고 단정하기는 어렵다'고 기각 원고 패소 판결을 내렸다.

지난 5월 14일 '2024년 박경리 문학 축전' 마지막 날 통영문화예술인의 삶과 문학의 흔적을 찾아보고 그 문학사적 의의를 되새겨 보고자 마련한 문학투어 일행들과 '청마문학관'을 다시 찾는 기회를 가졌다. 문학관 마당에 설치된 '태평동 552번지'의 글귀가 새겨진 안내판은 낡아 까맣게 물들어 글이 잘 보이지 않았다. 문학관 안으로 들어가니 예전에 청마 추모제를 지내던 공간은 깃발을 장식해 놓는 등 새롭게 정비를 해놓았으나 마당에 있는 안내판은 그대로였다.

세월은 흐르고 다툼이 있어도 그의 옛 동지는 작품 속에서 예향 통영을 빛내고 있다. 통영 앞바다의 맑은 물빛을 배경으로 유년의 추억을 고스란히 간직한 채 그의 '깃발'은 후세들의 마음속에서 힘차게 펄럭이고 있을 뿐이다.

항몽유적지

유기섭
2004. 11. 천료

제주도의 항파두리에서 우리 고대사의 한자락을 더듬어본다. 그날따라 날씨는 흐리고 으스스하였다. 유적지 경내에는 돌더미들을 정리하며 관리하는 인부들만 몇몇 보일뿐 찾는 이들은 보이지 않는다. 예로부터 수많은 외침을 받았지만 쓰러지지 않는 기개로 우뚝 선 우리 민족의 혼이 흐르는 곳. 한적한 유적지에는 한때 우리의 땅을 유린한 몽고군의 말발굽 소리만 들려오는 듯하다. 하마터면 이곳 항파두리 격전지에서 우리 역사가 바뀔 뻔하였다는 사실 앞에서 아쉬움이 드는 것은 왜일까. 오랜 역사를 이어오며 외침만 받아온 우리의 역정에서 우리 힘으로 외침을 물리치고 우리의 운명을 되돌릴 수도 있지 않았을까 아쉬움이 들기도 한다.

오랜 세월 수없이 침략을 당하며 나라를 지켜온 조상이 있음을 강조하고 후손들에게 사랑하고 있지만 이곳은 외세의 도움을 받아서 우리 땅에서 일어난 항거를 진압한 역사가 그려지고 있음에 가슴이 쓰리다. 많은 이들의 시선에서 멀어져 관심 밖으로 밀려난 항몽유적지. 이곳까지 밀려난 항몽대원들의 고초와 의지를 읽을 수 있는 값진 여정이라 생각된다.

우리의 역사를 더듬어보면 수많은 외침을 당한 기록만 있을 뿐 제대로 우리의 의지대로 항거한 역사는 거의 찾아볼 수 없다. 예외로 혁혁한 전공으로 외침을 물리친 역사가 몇 번 있기는 하지만. 이곳에서 보는 항몽의 흔적은 우리 조정의 군대와 적군이 힘을 합쳐 반기를 든 우리군을 진압한 슬픈 역사의 한 단면이다. 우리 조정의 군대와 외적인 몽고의 연합군에 항거한 삼별초군의 항몽의 역사. 그것은 우리 역사에서 아프지만 한편으로는 기억되어야 할 거사가 아닐까. 한때는 그 세력이 번창하여 유럽까지 뻗어갔지만 오래가지 못하고 지금 그들은 유목민의 후예가 되어 몽골사막 지역을 기반으로 열악한 환경 속에서 예전의 영광을 이어가지 못하는 세력으로 남아있지 않은가.

당시 조정의 뜻에 반하여 선조들 중에서 외침 세력과 합세한 조정에 분연히 맞서며 싸웠던 그 기개가 우리의 핏속에 흘러내려서 오늘을 살아가는 후손에게 전달된 것은 아닐까. 그래서 지금은 세계 역사에서 그 위치를 굳건히 하고 있음에 자부심을 느끼며 살아가는 우리들이 아닐까 생각해 본다. 짧은 기간 번영을 누렸지만 그 맥을 이어가지 못하고 역사의 뒤안길로 사라진 그들을 상대하여 싸웠던 우리의 선조들이 자랑스럽게 생각될 때도 있다.

비록 관군과 합세한 군사력에 이곳까지 밀려와서 최후를 맞이하였지만 역사에 기록될 쾌거가 아닐까. 외세의 힘에 굴하지 않고 우리의 기상을 드높인 역사적 사실을 깊이 새겨나가야 할 것이다. 자랑스런 선조들의 의로운 희생 앞에서 그들의 명복을 빈다. 항몽유적지에 스며있는 그들의 숨소리를 느끼며 언제 어디에서든 우리의 자주적인 힘을 길러야 함을 새삼 뼈저리게 곱씹어 보는 항파두리의 여정이다.

치매야, 게 섰거라

안규금
2005. 4. 천료

치매를 암보다 무서운 병이라고 모두 두려워하고 있다.

그렇다. 암은 조기 발견하면 치유될 수 있는 길이 있지만, 치매는 멈출 수는 있어도 아직도 치유될 수 없기 때문이다. 그런다고 방치할 수 없고 달랠 수도 없는, 온 가족이 평생을 가슴 아프게 안고 살아가야 할 병이다. 올해까지 우리나라의 치매 환자 수는 백만을 넘을 것으로 추정하고 있으며, 이 중 70%가 '알츠하이머성' 치매라 한다. 이 병은 나의 의지와는 상관없이 약 50% 가까이 부모에게서 유전된다고 하여, 나이 들어가며 큰 걱정거리가 되고 있다.

2019년 간행된 보건복지부 통계에 의하면, 우리 국민은 65세 이상 노인 중 10%가 치매며, 1인당 연간 관리비가 2,042만 원이고, 전체 환자 규모로 환산하면 15조 3천억 원이 소요되어 국민총생산의 0.8% 수준이란다. 5년 전 통계이니 지금은 국고 손실이 많이 늘어났을 것이다. 지금도 늦지 않았으니 모두 치매 예방 운동에 뛰어들어야 할 때라고 생각한다.

2022년, 보건복지부 치매 센터에서 밝힌 우리나라 치매 환자 수는, 60대는 4.5%, 70대는 21.3%, 80대 37.7%라고 했다. 나아가 90세 이상은 60~80%나 된다고 한다. 기대수명이 연장되면서 자연스럽게 나타나는 '노인성 질병'으로 부끄럽지 않은 질병이니, 옛날처럼 쉬쉬하며 감추지 않고 빨리 대처해야 한다. 그런데도 한 인간으로서 존중받아야 할 환자들을 얕잡아 보거나 함부로 대하는 모습을 목격한다. '멍청이, 바보, 머저리, 모지리' 등, 말로 표현할 수 없는 대명사로 폄훼하고 있다. 환자의 실수를 보고는 뒤에서 이상한 표정으로 소곤거리다가 때로는 대놓고 못 알아듣는다며 비웃는다. 애잔한 마음으로 따뜻이 위로하기보다 건강한 자신을 뽐내며 우월감도 내비친다. 그러나, 누구도 미래는 예측할 수 없으니 너무 자만해서는 안 된다.

곳곳의 자치단체에서 경증 치매 환자가 바리스타로 참여하는 '이동식 카페'가 늘어나고 있다. '기억 다방'이란 이름으로 운영하며 '실수해도 괜찮아'라고 서로를 다독이는 모습이 아름답다. 치매 환자를 이해하고 사회 구성원으로 받아들여, 그들이 위축되지 않고 가능한 일을 할 수 있게 돕고 있다. KBS에서 두 번이나 방영한 '주문을 잊은 음식점'은, 치매인과 비치매인의 활동상을 뜻깊게 보여줬다. 우리가 어떻게 어우러져 살아갈 것인가를 보여주는 프로그램으로 그 영상이 늘 떠오른다.

치매 때문에 일어난 여러 가지 충격적인 일을 겪으며 재작년에 요양보호사 자격시험에 도전했다. 이어서 올해 실시한 '장기요양 치매 전문교육' 수강을 마치고 합격하여, 집에서 거주하는 치매 환자를 돌보는 서비스를 수행하고 있다. 강의를 수강하면서 그동안 환자를 얼마나 잘 돌보지 못했는지 반성했다. 긍정적인 마음으로 항상 웃으며 따뜻하게 어루만지며 마음을 읽는 일이 첫걸음인 것도 알았다. 때때로 일어나는 특이한 행동과 말씨에 두려워하지 않고 효과적으로 적응하며, 나아가 체험사례를 수시로 검색하여 어떻게 하면 좋은 환자 돌봄이 될지 생각하고 있다.

올해 6월 4일, TV '아침마당'에서 모 대학교 음대 교수가 출연하여 치매 어머니 돌봄 체험을 들려주었다. 어머니의 마음을 읽고 '어머니를 딸'이라고 부르게 된 사연이, 듣는 귀를 의심할 정도로 큰 감동을 주었다. 15년 전 75세에 빨리 판정을 받아 대처했기에 90세가 된 지금까지 건강하게 생활하고 계시며, 앞으로 백 세까지 장수하시리라 내다보고 있었다. '병이 아닌 마음을 돌봐야 한다.'라는 대담 내용에 공감했다.

우리 가까이에도 증상을 보고 대처하지 못해서 병을 키우는 분들이 많다. 달마다 모임을 하는 후배 부부가 치매 상담을 청했다. 시골에 사는 동생 아내가 '치매인 것 같다'라며 말을 꺼냈다. 시간과 날짜와 장소, 사람을 분별하는 능력과 기억력이 떨어지고, 말이 우둔하며 우울증 증세가 있다고 했다. 남편은 밖으로만 나돌고 집안에 혼자 방치되어 식사를 거르고 두통에 불면증까지 시달리고 있다고 했다. 우선 당장 내일이라도 시골에 내려가 보건지소에서 검사를 받으라 했다. 부부는 이런 '치매 안심 센터'가 있는 줄도 몰랐단다.

초고령사회가 되어가고 있기에 이런 추세라면 앞으로 많은 가정에서 치매 환자로 고통받을 날이 올 것으로 예상된다. 그래도 걱정하지 말고 '치매 예방수칙'을 준수하여 실천하도록 권한다. 모두 일상적인 생활 습관으로 마음만 먹으면 곧 실천할 수 있는 예방법이다. 치매 병증에 관한 정보를 관찰 분석하고, 초기에 발견하여 돌봄이 효과적임을 잊지 말자. 특히, 평상시 말과 행동이 다르다고 핀잔을 주는 행동은 금물이다. 환자의 마음을 헤아려 마음을 돌보는 방법 익히기가 우선이다. 치매는 본인의 의지와 가족의 돌봄 방법에 따라 얼마든지 늦출 수 있다. '치매야, 게 섰거라! 내가 잡으러 간다.'라는 굳은 마음을 잃지 말자.

*치매 예방수칙: 3권· 3금· 3행 운동으로, 3권은 운동과 식사, 독서와 쓰기 습관. 3금은 절주와 금연, 뇌 손상 방지. 3행은 건강검진과 소통, 치매 조기 발견.

칭찬하기

김수돌
2005. 6. 천료

음식을 식탁에 차리는데 쿵! 하고 무엇이 떨어지는 소리가 났다. 깜짝 놀라 아내에게 다치지 않았는지 묻자 괜찮다고 하여 놀란 가슴을 쓸어내렸다. 발등에 떨어지면 다칠 테니 안 떨어지게 하라고 했다. 며칠 뒤 우당탕! 소리를 내며 냉동고에 있던 감이 한꺼번에 쏟아졌다. 그냥 두면 안 될 것 같아 궁리 끝에 양파 넣는 그물망을 사용하라고 했더니 정말 좋은 생각이라고 엄지척했다. 감을 모두 그물망에 넣었다.

홍시의 껍질을 벗기기가 힘들어서 속만 적당히 먹고 버렸다. 그런데 도시락에 간식으로 넣은 홍시는 껍질이 잘 벗겨져 있어 비결이 무엇인지 물었다. 냉동 상태로 물에 잠시 넣어두었다 벗기면 껍질만 매끈하게 벗길 수 있다고 했다. 참 좋은 생활 아이디어였다.

베란다에 빨래를 널 때, 항상 위험해 보였고 걷을 때 놓치는 일이 가끔 있었다. 떨어뜨렸는데 내려가다 남의 집 난간에 걸렸다. 그 집을 찾아가니 외출하고 없었다. 할 수 없이 낚싯줄에 낚싯바늘을 묶어 낚아 올렸다. 빨래를 손낚시 하는 모습은 난생처음 본다며 신기해했다.

어느 집 빨래가 바람에 날려 높은 나무에 걸렸는데, 119의 사다리차가 와서 해결한 이야기를 했더니 다음 날은 빨래가 난간의 안쪽으로 드리워져 있었다. 그렇게 하면 안전하고 수월코 사다리차도 소용없겠네! 했다.

우리는 누군가가 일을 잘했을 때, 다양한 표현으로 '칭찬'을 한다. '잘했어', '최고야' 등의 말과 함께 안아주거나 어깨를 토닥여 주며 상대를 격려한다.

가끔 자신에 대해 칭찬하는 것도 나쁘지 않다. 집이나 학교 직장에서 잘한다는 소리 못 듣는다고 기죽지 말고, 내가 나를 칭찬하면 되니까. 칭찬할 일이 없을 것 같아도 칭찬하다 보면 점점 칭찬거리가 많아진다. 스스로 하는 칭찬은 자신을 인정하고 자신감을 키우는 활력소가 되었다.

언제나 새로운 것을 추구하려는 내 생각과 현실에 안주하려는 아내의 생각이 의견 차이를 보였다. 생각을 바꾸지 않으면 시대에 뒤떨어지고 발전할 수 없다고 말해도 고정관념이란 쉽게 바뀌지 않았다. 그러나 서로 칭찬하기를 하자 차츰 변화가 왔다. 평소에 칭찬에 인색한 내게 칭찬받고 무척 기뻐했고, 아내의 순발력은 신선한 칭찬거리를 나보다 더 많이 건져 올렸다.

생각을 바꾼다는 것은 정말 중요한 일이다. 잘못된 일이나 현실을 바꿀 수는 없지만, 생각은 얼마든지 부정적인 것을 긍정적으로 생각할 수 있고, 비관적인 일도 희망차게 바꿀 수 있으니 말이다. 행복을 위해 필요한 것은 조건이 아니라 세상을 다르게 바라보는 시선이다. 그래서 행복은 내 안에 있다고 말한다.

남남끼리 만나 한평생 살아가며 지켜야 할 사항도 많겠지만, 꼭 실천해야 할 사항이 '칭찬하기'가 아닐까 생각된다.

칭찬으로 장점을 키우면 잔잔한 단점은 보이지 않게 마련이다.

칭찬하기는 좋지 못한 악순환의 고리를 끊고, 좋은 일로 선순환하여 행복으로 이어진다.

살아가면서 서로가 꾸준히 칭찬하기를 아끼지 않으면 행복의 꽃은 향기가 더해질 것이고 천생연분의 고리는 튼튼해지리라. 칭찬이 내 인생의 최고의 장점이 될 수 있도록….

스승의 은혜

이범찬
2005. 8. 천료

5월은 어느 달보다 아름답고 활기차다. 계절의 여왕답게 많은 행사와 즐거운 일이 많다. 11개의 기념일과 행사가 눈에 들어온다. 5월 15일은 붉은 글씨인데, '부처님 오신 날'에 '스승의 날'이 겹쳤다. 사찰 안의 연등행사보다 사제 간의 추억이 떠올라 감회가 새롭다.

한평생을 강단에서 보냈으니 많은 제자들이나 스승과의 인연을 맺어왔다. 사제 간의 정 같이 푸근하고 끈끈한 것이 있을까. 그래서 스승의 그림자는 밟지도 말라고 하지 않는가. 나는 스승의 덕에 오늘의 영광을 누리니 참으로 축복받은 인생이다.

돌이켜 보면 스승으로부터 나는 일찌감치 공저의 덕을 보았다. 대학원에서 혜남 고병국 선생님으로부터 Roscoe Pound의 저서 『New Path of the Law』를 가지고 원서강독을 배웠다. 그 교재를 번역을 해서 『법의 새로운 길』을 공역으로 법문사에서 출간을 하는 영광을 누렸다. 그 덕에 고 선생님과는 한층 더 가까워졌다. 나의 주례를 서주셨고, 이화대학에 천거를 해주셨다. 김옥길 총장을 찾아가 당부를 하니, 2학기가 끝나가는 데 강의도 안 맡고 11월 3일 자로 전임강사 발령을 받았다.

나는 매년 아이들을 데리고 성북동 댁을 찾아가 세배를 했다. 그 정을 못 잊어 구리 쪽 묘지도 참배하고, 1주기를 맞아 법률신문에 추도문을 발표했던 기억도 새롭다.

스승의 날이면 대학원의 지도교수인 무애 서돈각 선생님도 잊을 수가 없다. 국민대학의 교무처장 겸직을 하실 때, 처음으로 대학 강단에 올라 '법학통론' 강의를 했으니 주위로부터 부러움을 사기도 했다. 무애 선생님이 동국대학으로 가시는 바람에 나는 대학원에 입학도 하지 않고 논문만 제출하는 이른바 구제박사 제도의 마지막 차를 탈 수도 있었으니 얼마나 고마운가.

또 공저의 덕도 보았다. 나의 처녀작 『상법예해』를 출간하려 하니, 그 당시 형편이 어려웠던 법통사(국민서관) 문총성 사장이 주저를 한다. 그리고 저명한 기성 교수와 공저로 했으면 좋겠다고 한다. 하는 수 없이 서돈각 공저로 출간을 했는데, 다행히 히트를 쳐 장안의 지가를 올린다는 농담까지 들었으니….

후에 나도 제자들과 공저를 많이 했다. 최 교수를 성대 발령을 낼 때, 한국상장협의회에서 발간한 『주식회사의 감사제도』와 삼영사의 『제4판 상법개론』을 공저로 내어 반대할 다른 교수들의 입을 막기도 했고, 삼영사의 『제11판 상법요해』를 김지환 교수와 공저로 출간하여 경남대학에 취직을 시키는 데 활용하기도 했다.

논문과 관련하여서는 한상훈 교수가 석사학위 논문을 준비할 무렵에 광주에 내려가서 조언을 해준 것을 잊지 않는 듯해 흐뭇하기도 하고, 내가 구제 박사 학위 논문을 급히 준비할 때 마침 내 건강이 좋지 않아서 이균성 교수의 조력을 받았던 고마움도 평생 잊을 수가 없다.

또 스승의 날이면 미안한 감도 생긴다. 나는 법학과 교수라 이화대학 정치외교학과의 강의를 한 적도 없는데, 젊다는 이유로 법정대학 등산부의 지도교수를 떠맡아 첫 산행으로 지리산 종주 산행을 했던 추억을 잊을 수가 없다. 그때 함께 땀을 흘렸던 구혜정 대장과의 인연은 끈질겨 지금도 스승의 날이면 안부와 사연을 보내온다. 나도 그 남편의 경사에 축시를 보내주었다.

산 사나이

– 이인정 아시아산악연맹 회장의 명예박사 학위* 영득에 부쳐

산이 좋아 한 평생
숱한 사연 남기며
불굴의 산악인
명산 찾아 태극 깃발

장하다
명예 사각모
길이길이 빛나리

계묘년 2월 3일 송암 이범찬

*한국체육대학교의 명예체육학박사

나일강변의 신비(神祕)

김재귀
2005. 5. 천료

세계 곳곳에는 현대인의 지식으로 이해할 수 없는 고대 건축물들이 있다. 세계 7대 불가사의가 대표적이다. 바벨론의 궁중 정원, 올림피아 제우스 신상, 에페수스의 아르테미스 신전 등이 여기에 속하는데, 피라미드도 빼놓을 수 없다. 고도 건축 기술이나 장비가 없던 고대에 지어진 대형 피라미드의 건축 방식은 현재까지 수수께끼로 남아 있다.

피라미드는 이집트 파라오의 무덤으로 쓰인 건축물이다. 신의 화신이었던 파라오가 생명을 끝내고 신의 세계로 들어가 '영원한 생명'을 얻을 수 있도록 만드는 사후 세계의 집이었다. 거대한 규모 '파라오의 무덤' 건축 방식은 불가사의다. 피라미드가 거대하게 축조된 이유는 두 가지로 추정한다. 영생을 얻은 파라오가 거주할 수 있게 영원히 존재할 수 있는 주거지를 만들었다는 것과 신의 세계에 닿기 위한 계단의 역할로 거대하게 지었다는 것이다. 이집트 카이로 근처 기지에 있는 3대 피라미드, 이 중 가장 큰 쿠푸왕의 피라미드는 평균 2.5ton이나 되는 큰 돌을 230만 개가량 쌓아 올렸다. 지금으로부터 4,000~5,000년 전 어떻게 이 거대한 건축물을 지었는지 여전히 수수께끼다. 또한 3개 피라미드 군 제1 피라미드는 밑면이 230m, 축조 당시 높이가 144.6m로 어마어마한 크기에 압도된다. 또한 정교한 시공에 다시 한번 놀라게 된다. 네 측면이 각각 정확하게 동서남북을 바라보고 있으며, 축조 당시에는 바위로 이루어진 평면에 손가락조차 들어가지 않을 정도로 평평하며 정교했다고 한다.

제2 피라미드는 앞에 세워진 스핑크스로 유명하다. 사람의 머리와 사자의 몸을 가진 스핑크스는 왕권을 상징하고 선한 자를 보호하는 보호신으로 고대 이집트인으로부터 숭배되었다고 한다. 피라미드 축조 당시 어떤 도구를 사용했는지에 대해서 확실한 증거나 문헌은 없다. 다만 돌을 잘라낼 수 있는 도구는 모두 동원했을 것으로 추정하고 있다. 잘라낸 석재는 나무토막으로 만든 둥근 굴림대를 이용해 운반했을 것으로 짐작한다. 가장 큰 의문점은 '과연 그 무거운 석재를 어떻게 위로 올렸을까'이다. 이에 대하여 정확한 기록은 없고 학자들이 피라미드 측면에 경사를 만들어 석재를 운반하지 않았을까 정도로 추정할 뿐이다.

독특한 신전, 화려한 벽화를 감상하고 홍해 휴양지서 힐링하다 나일강을 따라 카이로 방향으로 내려가다 보면 콤옴보가 나온다. 콤옴보에는 독특한 신전이 유적으로 남아 있다. 신전 양쪽에 각기 다른 신을 모시고 있다. 오른쪽에는 악어의 머리를 가진 악어의 신 세베크, 왼쪽에는 매의 머리에 태양과 달의 눈을 가진 독수리의 신 하로에리스다. 신전의 화려하고 섬세한 벽화 앞에서도 감탄사가 절로 터져 나온다.

나일강을 따라 좀 더 내려가면 에드푸를 만날 수 있다. 이곳은 이집트 신화에서 주요한 인물로 그려지는 호루스의 도시다. 호루스는 자신의 아버지인 오시리스를 살해한 세트를 응징하는데, 호루스가 성장 과정에서 여러 신의 보호를 받았다고 한다. 세트를 응징한 이후 이집트 파라오의 자리에 오른다.

호루스 일대기에 대한 내용은 에드푸 신전의 벽화로 남아 있는데 섬세한 예술성도 인상적이지만, 신전 안뜰에 있는 조각상에 더 놀라게 된다. 위풍당당한 자세로 파라오의 왕관을 쓰고 있는 매의 모습으로, 호루스를 표현한 조각상이다. 파라오의 권위를 나타내는 듯 당당하다.

이집트 여정길은 나일강을 따라 펼쳐지는 장엄하고 신비로운 고대 유물이 전부가 아니다. 편안하게 쉴 수 있는 휴양지도 있다. 홍해에 인접해 사막과 해변을 모두 즐길 수 있는 도시 후르가다가 대표적이다. 후르가다는 20세기 초에 이집트 정부가 개발한 휴양지로 사막에서 지프를 타고 시구를 구경할 수 있다. 특히 사막의 노을은 탄성이 절로 나오는 장관이다. 붉게 물드는 사막은 몽환적인 풍광을 연출한다.

테니스장에 핀 장미

원준연
2005. 9. 천료

영원할 것 같은 우정도 별것 아닌 일로 금이 가듯, 4반세기를 활동하던 테니스클럽을 그만둔 일이 있다. 창립 이래 불문율로 운영되던 테니스회를 아무런 불편이 없는데도 불구하고, 회장이 바뀌면서 성문율로 새출발하겠단다. 선대로부터 지속되어 온 관습법을 저버리기 싫어서 서운하지만, 팀을 나왔다.

1년 내내 날씨에 신경 쓰지 않고 운동할 수 있는 실내 코트 팀으로 새로 가입하였다. 새 테니스회는 전 소속팀과 회원 수는 거의 비슷하였으나, 80대와 여성 회원이 많았다. 오전 운동이 끝나고 으레 식당에서 점심을 하는 것으로 생각하였다. 그런데 휴게실로 모이라는 것이다. 그곳에는 이미 밥과 반찬이 아주 정갈하고 푸짐하게 차려져 있다. 명절이나 제사 뒤끝처럼 전과 부침개, 잡채도 올라와 있다. 더욱 놀라운 것은 휴대용 가스버너 위에는 맛깔스럽고 미각을 자극하는 아욱국이 구수한 향을 풍기며 보글보글 끓고 있다. 수십 년 테니스를 해오면서 이런 경우는 처음이다. 나를 비롯하여 다른 회원들은 감사한 마음으로 화목한 분위기를 아주 만끽하였다. 알고 보니, 전부터 이렇게 자주 하였단다. 준비하신 두세 분의 노고에 깊이 감사드리지 않을 수 없다. 특히 총무를 맡고 있는 여성이 이 모든 것을 마치 오케스트라의 지휘자처럼 슬기롭게 해내고 있다. 워낙 여러 번 해서 단련된 처지라 그런지 그다지 번거롭게 여기지도 않는 것 같다. 나는 처음이라서 음식 장만도 장만이지만 설거지도 만만치 않을 텐데…, 은근히 걱정되었다. 격려의 뜻으로 전국에서 제일 잘하는 총무라고 치켜세웠지만, 그것만으로는 턱없이 부족한 것 같았다.

총무는 여고 시절 테니스 선수로 활약하였단다. 나이는 비슷한데, 언뜻 보아도 나보다 체격이 크고 공의 위력도 있어 보인다. 슬라이스로 치는 공이 까다로워서 상대하기가 여간 어렵지 않다. 동작도 빠르고 리치도 길고 빈틈이 보이지 않는다. 이런 총무와 늘 함께 운동할 수 있으니, 내가 좋은 팀을 잘 선택해서 들어왔구나! 하는 생각이 절로 들었다.

날씨가 더워지자, 총무는 어느 날 짧은 빨간 치마를 입고 나타났다. 그 모습을 보는 순간, 어여쁜 새빨간 장미가 떠올랐다. 치마의 주름진 모습이 아름다운 장미의 꽃잎같이 느껴졌다고나 할까. 군더더기 없는 근육질의 늘씬한 몸매가 화려함의 극치를 보여주는 꽃의 여왕 장미를 떠오르게 한 것이다. 장미의 종류는 일만여 종이나 된다고 하는데, 아무리 종류가 많아도 가장 예쁜 장미는 내 곁에 있어서 자주 볼 수 있는 장미가 아닐까. 테니스 선수 출신의 회원이 아무리 많다고 하더라도 나와 자주 만나서 운동을 같이할 수 있는 회원이 가장 예쁘지 않겠는가.

장미는 모습이 예뻐 관상용으로 쓰일 뿐만 아니라 쓰임새도 아주 많다. 꽃잎을 수증기증류법이나 용매추출법으로 채취한 오일은 향수의 기본 원료로 쓰이기도 하고, Aroma therapy로 쓰이기도 한다. 이런 장미의 다양함이 운동도 잘하고 살림도 잘하며 무엇이든 척척 야무지게 해내는 우리 총무와 똑 닮았다.

기왕에 장미 얘기가 나왔으니 몇 마디 덧붙이면, 장미축제는 100년도 훨씬 넘는 역사를 가지고 있는 불가리아가 유명하다. 불가리아의 중앙부를 동서로 뻗은 발칸산맥의 장미가 품질 좋기로는 정평이 나 있다. 수십 톤의 꽃을 농축해야 겨우 1kg의 엑기스를 얻는데, 특히 자정에서 2시에 채취하는 꽃의 엑기스가 최상품이라고 한다. 이렇게 해서 얻은 오일은 남, 여 향수의 기본 베이스가 되는 것이다. 주성분은 citronellol을 비롯하여 3백여 가지나 된다. 이 성분들은 항균, 마사지, 숙면, 좌욕 등의 효과가 있어서 향기치료 요법이나 허브차로 쓰이고 있다. 향만으로도 건강을 도모하고 분위기를 화목하게 끌어올릴 수 있는 꽃이 바로 장미다. 우리 팀은 장미 같은 총무가 있어서 늘 화기애애한 분위기다. 마치 Aroma therapy를 받는 느낌이랄까.

그런데 아름다운 장미에도 조심해야 할 가시가 있듯이, 우리 총무도 정다운 분위기가 흐트러질 때는 가끔 신경질을 부린다. 만능의 예쁜 총무가 화를 내지 않도록 회원들이 좀 더 세심하게 신경을 써 주었으면 한다. 테니스장에 활짝 핀 한 떨기 장미의 아름다운 모습을 언제까지나 오래도록 간직하고 싶으니까.

나무 도마

장희자
2005. 9. 천료

환갑 기념으로 친구와 여행을 다녀오신 어머니는 조그만 나무 도마를 사 오셨다. 선반에는 도마가 여러 개 있는데, 가볍고 예뻐서 사셨단다.

도마는 가볍고 단단한 나무를 써야 날카로운 칼날을 견뎌낸다. 칼이 없으면 자신의 존재도 무의미하다는 것을 아는 도마는 칼춤에 난 상처를 말없이 품는다. 숫돌로 날을 세운 시퍼런 칼이 닿을 때마다 조금씩 깎여나가는 아픔, 뜨겁고 찬 것, 매운맛, 재료들의 냄새까지 품어야 하는 운명을 타고났다.

자라는 환경이 다르니 나무마다 결이 다르다. 도마는 휜 나무를 거부하고 결이 고우며 단단한 나무를 좋아한다. 단단한 나무는 칼과 한 몸이 되어 큰 소리를 흡수해 경쾌한 소리를 낸다.

예전에는 부엌 선반에 나무 도마가 서너 개쯤 있었다. 밀가루 반죽은 큰 도마에 놓고 홍두깨로 밀고, 김치나 만두 속을 다질 때는 가운데가 조금 패인 중간 크기의 도마, 과일이나 채소는 마늘 냄새가 배지 않은 작은 도마를 쓴다.

나무 도마는 옛 여인의 한을 품어주었다. 전쟁과 자연재해로 힘든 시기를 이겨냈고, 어른을 공경해야 하는 일, 남존여비 사상과 힘든 시집살이, 배고픈 설움까지 속으로 삭여야 할 일이 좀 많은가! 많은 식구와 부딪치며 사는 삶이 어디 좋기만 하겠나? 발로 찰 부엌 강아지라도 있으면 다행이지만, 그마저 없다면 칼을 쥔 손에 힘이 들어가 애꿎은 도마가 패여 나간다.

차마 견디기 힘든 세월을 비집고 올라오는 서러운 감정을 칼과 도마가 다독여 주었다. 넉넉한 살림이라면 "또각또각, 똑똑똑" 칼의 리듬과 화음에 흥이 절로 난다. 때로는 주부의 신바람이 가족의 화목과 건강을 지켜준다.

오늘이 어머니 제삿날이다. 부모님이 안 계시니 친정이 멀게 느껴진다. 아버지 제삿날은 명절과 겹쳐서 우리 집 차례 준비로 참석을 못하고 일 년에 한 번씩 어머니 제삿날에 동기간이 모인다. 어머니 제사는 4월 초라 진달래와 벚꽃이 한창이다. 오가며 창밖 풍경을 보는 것이 좋지만, 다음날 소풍을 가듯 부모님 산소에 간다.

코로나19로 삼 년째 어머니 제삿날에 못 갔다. 올케한테 간소하게 차려서 지내라 전화했지만, 허전하기도 하고 싱숭생숭해 먼 산만 바라보다가 풍물장으로 향했다.

풍물장에는 마스크를 쓴 사람이 북적인다. 입맛을 돋우는 봄 채소와 과일이 늘어 있는 끝에 어물전이 있고, 어물전에는 물 좋은 자반고등어가 쌓여 있다. 친정은 시골이라, 장날이면 자반고등어나 꽁치, 동태를 맛볼 수 있었다. 자반고등어를 제일 좋아하시는 어머니는 아궁이 불을 끄집어 놓고 석쇠에 얹어 자글자글 구운 자반고등어를 머리까지 꼭꼭 씹어 드셨다.

자반고등어 한 손을 사니 허리 높이쯤 되는 도마에 올려놓고 배가 불룩한 무쇠 칼로 툭툭 잘라 검은 비닐봉지에 넣어 준다. 기우뚱한 도마를 보니 등이 꾸부정하고 한쪽 어깨가 조금 기울어져 걷는 어머니 모습이 생각나서 콧등이 시큰해졌다. 내가 살아온 이야기를 소설로 쓰면 만리장성을 잇고도 남을 거라 하신 어머니.

어머니는 장손에게 시집와 딸을 내리 일곱 낳으셨는데, 한집에 사는 동서는 석 달 전에 첫아들을 낳았다. 죄인이 된 어머니는 손에 물 마를 날이 없고 허리 펼 날이 없었다.

어머니는 평생 민얼굴에 무명옷으로 사셨다. 모두 어렵게 살던 때라 힘들게 등록금을 마련해 딸들을 20리 밖 고등학교에 보내셨다. 이웃집 딸들은 밭에 나가 일하고 서울 가서 돈을 버는데 아비 등골만 빼먹는다고 할머니는 늘 못마땅해하셨다. 할머니는 비가 오려고 구물거리는데 보릿단 끌어들일 생각은 안 하고, 방구석에서 책만 보고 있다며 책을 소죽 쑤는 아궁이에 던져버렸다.

등록금을 제때 못 내서 교무실로 불려 갔고, 어느 날은 집에 가서 등록금을 가지고 오라며 담임이 책가방을 들려 내쫓았다. 집에 일찍 들어갈 수 없어 논둑길 밭둑길을 헤매다 집에 들어갔다. 다음날도 책가방을 들고 집을 나섰으나 학교 갈 수 없어 남의 산소 뒤에 숨어서 도시락을 먹으며 시간을 보내다 수업이 좀 일찍 끝났다며 들어갔다. 말을 안 해도 마음이 통했는지 다음 날, 아침 등록금을 챙겨주셨다. 이모나 외삼촌한테 꾸어오셨다는 것을 짐작할 수 있었다.

대쪽같이 올곧고 칼날같이 냉정하셔도 친척에게는 관대하신 분이다. 제사에 참석하고 돌아가는 친척에게 농산물을 묵직하게 들려주셨다. 도시에서 우리보다 잘 먹고 잘 사는데 왜 주냐며 심통을 부리면 줄 것이 있어 좋다며 돌아서는 어머니가 바보 같았다. 마주하면 근원을 알 수 없는 화가 올라와 별스럽지 않은 말에도 톡 쏘아붙이던 철부지였다.

요즘은 나무 도마를 쓸 일이 거의 없다. 육류는 기계로 썰어 부위별로 포장이 되어있고, 생선도 다듬어서 포장해 준다. 걸레 대신에 일회

용 물티슈를 쓱쓱 뽑아 쓰는데 끓는 물로 소독하고 햇빛에 말리는 나무 도마를 쓰겠는가!

젊은 세대들은 도마를 쓸 일이 적어서 에너지가 밖으로 뻗어 참을성이 부족한가 보다. 때로는 부서지고 떨어져 나가는 아픔이 있어도 자기 성찰의 시간이 지나면 새롭게 태어난다. "너희들은 좋은 세상에 태어났다. 여성 대통령이 나오고 여성 장관이 나오지 않니?" 어머니 말씀이 들리는 듯하다.

아들이 좋아하는 돼지고기 넣은 김치찌개를 끓이기 위해 김치를 썰어 저녁 준비를 하고 있다. 식구들 건강의 공은 도마가 가장 크다.

정관천(鼎冠川) 여름을 기다리며

정경수
2005. 10. 천료

지난봄은 선량을 뽑는 가운데 나라가 온통 벌집 쑤시듯 소란스러웠다. 그리고 그 뒷맛도 그렇게 개운하지가 않다. 여기저기 허장성세와 권모술수가 판을 치는 듯한 느낌을 떨칠 수가 없었다.

그러나 죽은 듯 메마른 가지에서 새싹이 고개를 내밀고 화사한 꽃들이 다투어 꽃망울을 터뜨리는 가운데 부활의 찬가가 온누리에 기쁨을 주어 상한 마음들을 치유라도 해 주는 듯하였다. 자연의 성찬은 이렇게 거짓 없이 제때를 맞추어 제 역할을 실천하는데 조금도 어긋남이 없었다.

이곳 신도시 정관읍을 관통하는 정관천에는 흐뭇하게 내린 봄비로 산골짜기에라도 온 듯 맑은 물소리가 마냥 정겹다. 이어달리기라도 하는 듯 수많은 꽃들이 피고 진 뒷자리엔 연둣빛 잎들이 짙어가면서 풍성한 여름을 준비하고 있다.

천 주변의 윗골공원과 구목정(九木亭)공원에 심어둔 200여 종, 48,000여 그루의 촘촘한 장미의 작은 꽃망울들이 목을 내밀어 그 향기로움과 아름다운 색깔들을 예비하고 있다. 5월이 오기가 바쁘게 일시에 아름다운 자태로 여름을 맞이할 것이고 그윽한 장미 꽃잎 향기가 넘쳐나리라.

천 주변의 30년 가까이 되는 벚나무는 20리 천변 좌우로 팝콘을 튀기듯 일시에 화촉을 터뜨리더니 이제는 초록 잎으로 짙어가고 있다. 한여름 긴 그늘이 우리의 더위를 식혀 줄 것이다. 역시 천변 좌우로 심어놓은 1,600여 그루 산수유는 매화가 피는 것에 뒤질세라 노란 꽃잎을 틔우더니, 가을 들어 붉은 열매를 익히기 위해 한여름 부산할 것이다.

15년(2009) 전 이곳 정관으로 이사를 할 때는 너무나 을씨년스럽고 황량하여 실망이 컸다. 어느 날 주변 관리자에게 아쉬운 이야기를 했더니 "좀 기다려 보십시오. 꽃동산이 될 것입니다." 하던 말대로 거짓 없는 자연의 성찬에 해가 갈수록 더욱 친근감이 들어간다.

20리 대로변 좌우로 심어놓은 이팝나무는 5월이 오기 전에 벌써 흐뭇한 꽃잎이 벌어서 고봉으로 담아놓은 하얀 쌀밥을 보듯 배가 불러오는 듯하다. 천변으로 내려오면 산책길 좌우로 약초 등 야생화 88종 42만 본이 심겨져서 계절에 따라 아름다운 꽃과 열매를 보여준다. 약초들도 많이 심어져서 '효자길'이라고 부른다.

경사진 언덕에는 좌우 언덕에 5단에 걸쳐 5만여 본의 녹차를 심어놓았다. 곡우(穀雨:4.19) 전에 어린잎을 약간 따서 덖어 찻물을 우려 마셨다. 곡우 전에 딴 이것이 이른바 우전차(雨前茶)다. 오늘 산책하면서 살펴보니 며칠 사이에 많이 자라서 부드러운 잎을 많이 땄다. 딴 찻잎을 맑은 물에 씻어 물을 빼고 있는 중이다. 큰 솥에 쪄서 중불에 습기가 가실 때까지 잘 덖어 나름대로의 차를 만들 것이다. 한의사 출신의 O 군수가 3선을 하는 동안, 앞의 효자길의 약초들과 이 차나무를 심어 주민 건강의 일익을 맡도록 배려한 덕분이다.

몇 년 전부터 차를 만들어 먹고 있는데, 작년 이맘때 만들어 놓은 차를 아직까지 우려서 마시고 있다. 5월 중순까지 시일을 두고, 세작 중작 말작을 만들어 깨끗한 한지에 한약 싸듯 싸서 냉장고에 보관해 놓고 내어 먹고 있다.

천을 따라 십 리쯤 걸어 오르면 이 천의 수원인 병산호(屛山湖)에 이른다. 둘레가 1.2km 정도로 호수라기보다 큰 못 정도이지만 둘레를 돌 수 있는 데크가 설치되어 있어 많은 시민들이 즐겨 찾고 있다. 좌우로 산들이 병풍처럼 둘러싸여 병산(屛山)이라고 하는데, 고요한 호수 위에 비치는 산 그림자가 아름답다.

수많은 나무들과 화초들 정관을 빙 둘러싸고 있는 달음산, 치마산, 천마산, 문래봉, 당나귀봉, 매암산, 철마산, 백운산, 용천산, 석은덤, 함박산 등 500m가 넘는 산들에서 흘러 내려오는 물이 13개의 지천을 만들고 정관천으로 모여 임랑으로 흘러내린다. 이러한 산들이 분지처럼 둘러싸고 있는 이곳 정관은 여러모로 자연경관이 뛰어나다.

한 해가 다르게 짙어가는 나무들의 그림자는 이번 여름에도 더위를 식히는 한몫을 할 것이다. 15년 전만 해도 천변 물가 바위 사이에 꽂아 둔 손가락 굵기의 버드나무들이 그사이에 몸통만큼 굵어져서 물 위에 연초록 가지를 늘어뜨린 모습은 자연스럽게 아름다운 분위기를 자아낸다.

최근 들어 군에서 이곳 정관을 '순천만국가공원'과 같은 '정관국가공원'으로 만들기 위한 지정 신청을 할 모양이다. 더 편안하고 볼거리가 많은 잘 짜여진, 누구나 찾고 싶은 정관이 되었으면 한다.

나라가 어지럽기는 하지만 우리 주변의 자연이 훼손되지 않으면 우리는 희망을 노래할 수 있을 것이다. 우리의 살길은 자연을 잘 지키는 것이고 그 속에서 자유로운 삶을 사는 것이다. 자신들의 당파를 위해 나라의 안위나 국민들의 삶을 도외시하는 위선의 정치는 내던져야 한다. 거짓 없는 자연의 순리처럼 공정하고 진실한 그야말로 선량들의 입맛 나는 정치를 기대한다.

봄이 싱그러웠던 것처럼 이번 여름이 희망차기를 바라는 마음으로 기다려 본다.

작은 행복

김형애
2006. 3. 천료

6월 중순에 접어든 서울 기온은 섭씨 33도를 기록하고 있다. 아스팔트 열기는 기온을 더욱 상승 시키는 듯하다.

외출에서 귀가하여 나의 낡은 대문을 열고 정원의 잔디를 밟는 순간 더위를 잊는다. 키 큰 감나무에 달린 잎들이 햇볕을 막고 실바람에도 살랑살랑 춤사위를 한다. 정원 사방 벽에 바싹 붙어 자라는 사철나뭇잎도 반짝반짝 윤기가 흐르며 녹색 호흡을 한다. 거실 앞에 있는 쪽빛 로벨리아, 보라색 패랭이, 꼬마 야자수, 연녹색 잎으로 땅을 뒤덮고 있는 피막이, 샛노란 달맞이꽃, 꼬마 장미 등이 내려 쬐는 햇볕에 사우나를 즐기며 환한 미소를 머금고 있다.

나무 그늘 때문에 잔디가 잘 자라지 않는 정원 모퉁이 땅에 야채를 심어 가을까지 먹는다. 상추, 쑥갓, 로메인, 깻잎, 오이, 호박, 고추 등. 가지를 심었던 곳에 올해는 옥수수를 심어 보자고 남편에게 이야기했더니, 처음엔 시큰둥하더니 작년에 강원도 옥수수를 선물로 한 상자 받은 가운데 하나를 광이 있는 곳 천장에 매달아 말렸다며 3월 말에 심었다고 했다.

옥수수 알갱이들은 땅속에서 꾸물꾸물하더니 싹을 냈고, 나날이 키가 커갔다. 난 그들을 바라보며 시골 밭에서 마음껏 몸을 불리며 커가는 옥수수를 상상한다. 서울에서 태어나 서울을 벗어나 본 일이 없는 나는 시골에 대한 동경이 있다. 남편은 충북 괴산이 고향이다. 결혼한 후에는 여름철에 한 번씩 그곳을 찾았다. 처음엔 초가집이 많았는데 점점 없어지더니, 이제는 한 채도 없다.

초가집이 사라지는 모습을 보며 안타깝다며 남편에게 고향으로 가는 차 안에서 한마디 했다. 그때 남편은 나에게 이렇게 말했다.

"당신은 서울에서 태어나고 자라서 초가집 짚에서 생기는 노래기라는 벌레를 모르지! 그 벌레가 얼마나 많이 짚에서 나오는지 알아! 낭만만 생각하는 당신이야!"

나는 아무 말도 못했다. 노래기라는 벌레도 모르고 그 벌레들이 얼마나 농촌 사람들을 괴롭히는지도 모르니까.

6월에 접어들자 옥수수 키는 하루가 다르게 쑥쑥 커 간다. 어제 키 큰 옥수수 하나에서 술이 나와 여러 갈래로 나눠져 나부끼는 것을 발견하였다. 그 아래에는 조그마한 옥수수가 수염을 달고 매달려 있었다. 난 기뻐하며 남편을 불렀다. 그는 거실에서 나를 바라보며 무슨 일이야 했다. 나는 손짓을 하며 정원으로 나와 보라고 했다. 남편이 나 있는 곳으로 다가왔다. 옥수수의 긴 잎을 제치며 옥수수가 열렸다고 보였다. 남편은 옥수수에 옥수수가 열린 것이 뭐 대수라며 자리를 떠났다. 나 혼자 싱글벙글 좋아서 꼬마 옥수수 수염을 마냥 바라보고 있다.

대학 시절에 영문학을 전공한 나에게 훌륭한 지도교수가 한 분 계셨다. 그는 영국의 수필가 찰스 램의 수필을 강의하셨다. 어느 날 강의가 끝난 후 교수님 댁을 방문한 일이 있었다. 보광동 단독 주택이었다. 교수님 뒤를 따라 마당으로 들어선 난 깜짝 놀랐다. 정원이 온통 옥수수

밭이었다. 교수님을 본 부모님이 마루에서 내려오시며 너 왔구나 하시고 학생도 왔네 하시며 반겨 주셨다.

서울에서 옥수수를 그렇게 정원에 심은 집은 처음 보았다. 교수님의 부모님이 가져다주신 다과를 먹으며 교수님께 물었다. 정원에 꽃나무는 없고 왠 옥수수만 심으셨냐고. 부모님은 시골에서 사셨는데 아들이 혼자 사는 것이 안쓰러워서 상경하여 함께 살고 있다고 했다. 한데 어느 날 어머니가 잔디는 뽑아 버리고 옥수수를 심자고 하셔서 심었다고 했다. 고향을 그리워하시는 것 같아 즉시 그렇게 했다고 하였다.

나의 정원에 옥수수를 바라보며 이미 고인이 되신 K교수와 그분 정원의 옥수수밭이 눈앞에 선하다. 꿈 많았던 대학 시절을 소환하여 준 내 정원의 옥수수를 바라보며 작은 행복을 품는다.

장마

백승희
2006. 5. 천료

38년 살아온 집을 떠난다. 어렵게 예약한 이사 날, 하필 장마의 피크다. 포장이사는 거저 되는 줄 알았다. 경험이 부족한 사람이 뽑은 견적은 일하는 사람도 이삿짐 차량도 미흡했다. 엘리베이터를 사용할 수 없어 창문을 통해 짐을 끌어올리느라 집 안에 들이는 짐마다 빗물을 안으로 퍼부었다. 비 오는 날의 이사는 축복이라는 덕담도 심란한 마음을 달래주지는 못했다.

종이상자에 담긴 책들이 빗물을 뒤집어썼다. 오래 간직했거나 특별한 의미가 담긴 것들이지만 버릴 수밖에 없었다. 선물로 받은 채만식의 전집과 학창 시절에 거금을 들여 샀던 양장본 인생론 전집이 물에 불었고 많은 책이 쓰레기가 되었다. 새벽부터 시작한 이사는 저녁 9시가 넘어서야 대충 마무리됐다. 누울 자리만 남기고 집안은 아수라장이다.

새 아침이 밝았다. 대충 부려놓은 짐과 일거리에 멀미가 나기 시작했다. 이사한 집은 오래되어 욕실에서는 녹물이 흘러나오고 정이 붙을 것 같지 않다.

재건축까지 3년 남짓 지내면 새집으로 들어가는 것으로 알았는데 건설 회사와의 문제로 일은 진척되지 않았다. 그냥 허송세월이다.

오래된 풍경 속 시간을 투사한다. 몇 날 며칠 장마에 갇혔다. 빗소리에 고립을 자초하듯 방안에 틀어박혔다. 길 위는 도로인지 강인지 가늠할 수가 없다. 배수로가 확보되지 않은 길은 서로 엉키고 할퀴며 세상을 지나갔다. 다행히 피해를 겪지 않은 덕분에 장맛비는 내게 낭만의 시간을 허락했다. 연초록에 초록의 물이 더 깊게 배어들 무렵, 무언가 알 수 없는 세계를 찾으려고 애를 썼던 모양이다.

인생론 전집을 순서 없이 뽑아 들었다. 독서의 바탕이 없는 글 읽기는 참으로 무모했다. 나의 철학은 정체성이 있을 리 없다. 물과 기름처럼 흡수하지 못해 사상가들의 세계는 멀기만 했다. 같은 페이지에서 수없이 서성이던 시간이다. 동생들이 만화책을 쌓아놓고 읽는 동안 이해가 되건 안 되건 나는 양장본에 감추어진 글자를 파보기로 했다. 데카르트, 니체, 릴케 등, 다양한 사상 속에서 길을 잃었다. 그 틈에 바이런과 하이네, 워즈워스가 가슴에 스며든 게 얼마나 다행인가. 선생님이 입시를 끝낸 우리에게 건네준 시집 덕분이다. 나는 틈만 있으면 아이들에게 시를 소리 내어 읽기를 원했다. 시 속에서 아름다운 세상을 보았기 때문이다.

빗속을 뚫고 이사 온 동네. 이 낯선 곳에 정을 붙여볼 생각에 장점을 찾는다. 주변이 조용하다. 아파트 사이에 쑥 밀고 들어선 동산 위로 보름달이 크고 밝게 보인다. 문밖을 나서면 10분 안에 갈 수 있는 작은 도서관이 있어 무료함을 달랠 수 있다. 그뿐인가. 계단을 조금 오르면 모락산의 바람길로 산책을 나설 수도 있다. 골목으로 이어진 계단을 내려가면 가게들이 오종종하게 모여 있고 내과, 정형외과, 치과, 이비인후과 등 병원도 지척 간이다. 나이 들어 사는 곳은 무엇보다 가게와 병원이 가까이 있어야 하는데, 그만하면 접근성이 좋다.

겨울의 문턱도 잘 넘었다. 봄의 능선을 타고 불어온 꽃향기는 집안 곳곳에 배어 혼곤해진다. 여름에 에어컨을 켜지 않고 지낸다. 먼저 살던 곳은 맨 꼭대기 층이었다. 이곳은 중간층이다. 덕분에 더위나 추위에도 견딜 만하다. 큰 창과 작은 창이 서로 바람을 주고받는 공간에서 3년째 살고 있다.

앞집 안주인은 나와 또래쯤으로 보인다. 그래서인지 편하게 대할 수 있어서 좋다. 해마다 겪는 다리 수술로 인해 자주 어울리지는 않았지만, 간혹 커피를 함께 마시며 담소를 나눈다. 옥수수를 삶았다고 부르고 감자를 쪄서 내오고, 지나온 이야기에 귀 기울이며 말벗을 한다.

어느 날, 우리 집에 놀러 온 그녀가 학창 시절부터 꾸준히 독서를 해왔다고 말했다. 눈인사를 나누며 오가던 3년 만에야 내 수필집을 건넸다. 다음 날, 그녀는 밤새워 읽었다며 책을 다시 들고 왔다. 나이 들어 정리하고 갈 생각에 남의 책을 버릴 수 없다고 했다. 그녀의 집이 간결해 보인 이유다. 그런 뜻을 듣고도 돌려받으려니 쑥스러웠다. 무안하기도 했다. 한편 진솔하게 썼다고 내 어깨를 도닥거리며 칭찬을 얹는다.

7월의 끝자락, 올해도 장마는 찾아왔다. 유리창을 미처 닫지 못한 사이, 테라스를 밟고 거실로 들어서던 빗방울이 가슴에 스며든다. 지난해 엘리베이터 고장으로 한 달여를 8층에서 계단을 오르내리며 땀에 젖었다. 이웃들의 발걸음마다 흘린 땀들이 말라갈 무렵 여러 번 수리하던 엘리베이터도 새것으로 교체했다. 낯선 곳에 정 붙여보니 내 집이라는 생각이 든다.

지금은 빗소리와 함께 창문 너머로 보이는 흐린 풍경이 익숙하고 편안하다. 다시 돌아올 비 내리는 여름은 무엇이 달라져 있을까. 또 다른 장마 속의 이야기들. 골목 시장을 구경하며 계절을 물들이던 발소리를 그리워하겠지. 마음속에 흐르는 시간의 강이 잠시 멈춘다. 그래, 이 순간을 음미하자.(Be Here Now!)

천사들의 합창(Manila 2)

조향수
2006. 8. 천료

천상의 빛은 아낌없이 지상을 정열적으로 환히 밝혀준다.

주님이 주시는 영혼을 담은 은총의 소낙비처럼…. 한낮엔 온몸이 데일 듯 쏟아지는 햇살을 피해야만이 아열대에서 보름간 피서를 즐길 수 있을 것 같다. 오후, 태양이 뿜어내는 입김이 사그라지는 틈을 이용해 인근 쇼핑몰로 발을 뗀다. 택시로 10분 거리다. 아이(eye) 쇼핑을 하고 1층 식당가로 향한다. 별도로 아이들(kids)을 위해 작은 놀이터를 설치해 뒀다.

내 나라에서 느껴 보지 못한 사랑의 정취를 나는 지금 느끼고 있다. 20, 30대 젊은 부부들이 한두 명 아기를 데리고 와서 식사도 하고 야외 잔디밭처럼 즐기고 있다. 여기저기서 우는 아이들 소릴 오랜만에 들어 본다.

맘속으로 참 부럽다고 혼자 되뇌고 있다. 아~ 이런 작은 천사들의 합창을 이국에서나마 들어 보다니! 번뇌의 세상에 와서 죄를 모르는 작은 천사들이 아닌가?

일찍이 하나님은 인간에게 축복의 통로를 길게 열

어 주셨다.

모르는 남녀가 만나 한 우물을 파기 시작한다. 그리고 때묻지 않은 평화의 사도이자 사랑의 열매인 아기를 주신다. 한 울타리가 곧 천국의 축소인 가정이다. 스위트 홈(sweet home)이다. 한국엔 신(神)이 주는 축복을 헌신짝 버리듯 저리도 모질게 걷어차고 있는 싱글(single) 청춘이 좀 많은가?

아쉽고 안타깝고, 미래가 걱정스럽다. 다시 예전처럼 향기로운 가정에 사랑스러운 입김이 모락모락 피어나길 꿈꿔 본다.

가끔 혼자 사색에 취해 본다.

구약성서에 나오는 아브라함과 사라의 임신과 해산이 현시대에도 가능하다면 얼마나 좋을까? 나도 한번 도전해 보고 싶은 맘 간절하다.

그러나 다만 상상일 뿐…?

식사하는 것도 잊고 넓은 식당 주변을 돌며 티 없는 예쁜 천사들의 표정을 하나도 놓치지 않고 다 뜯어본다. 이 나라엔 맑고 밝은 비전의 큰 대문이 확 열리리라고 단언한다. 미래에 피는 꿈은 지상에서 가장 크고도 화려한 꽃이라고 기대도 가져 본다. 아마도 작은 천사들(Little angles)이 언젠가는 국가의 커다란 꿈이 서린 문을 열고 달음질할 날이 오리라고….

나는 오늘 하루 행복했노라고… 고국에 가면 조용히 알리리라.

또 알리고 싶은 얘기가 있다. 청춘들에게….

가정은 신이 내린 축복 중에 첫 번째 선물이다.

한편, 가족이 있는 가정의 울타리는 온갖 화초가 만발하여 담장을 덮고 있는 요정이 사는 예쁜 집이며, 외적이 쳐들어올 때 성벽(Fort)이고, 엄동설한에는 '페치카'에 화목이 활활 타는 따사로운 응접실인 것을….

아무튼 가정을 이룬다는 것은 화원(花園)을 만드는 일이라고… 화초가 웃고, 온갖 새의 지저귐이 한 가정이 아닌가?

비록 이국의 하늘 아래서 취해본 행복이건만, 오늘은 작은 천사들(아기의 울음소리)이 들려주는 합창 속에 기쁜 날이었다고 전하리라.

O, Happy day!

학자수(學者樹)에 꽃이 피면

김상분
2007. 3. 천료

칠월에 장마가 지려나 보다. 초하루부터 사흘 내내 비가 쏟아진다. 좀 맑아지려나 하늘을 보면 어느새 검은 구름이 앞 동네를 덮고 이내 장대비가 퍼붓는다. 오늘도 햇빛 나기는 힘들겠다. 서둘러 와우산 자락 광흥당(廣興當)으로 달려가는 마음이 조급해진다. 회화나무에 정말 꽃이 피어날까. 이끼 낀 고목의 꽃소식을 궁금해하시는 M 작가님의 안부만큼이나 궁금한 마음에 비를 마다않고 나섰다. 칠팔 월 한여름에 피는 귀한 꽃을 만나러 가는데 때 없이 쏟아지는 소나기기가 두려우랴.

지난 사월에는 '꽃피는 봄날 작가와의 만남'이라는 주제로 아담한 행사를 마련했다. 마포문화원 교육장인 전통한옥 광흥당에서 열린 수필교실의 작은 잔치라고나 할까. 강사로 모셨던 M 선생님께서는 그날의 행사 분위기에 매료되어 소중한 추억으로 여기시며 이따금 다정한 문자를 주신다. 작가의 삶과 수필 쓰기에 대한 진솔한 이야기를 나누며 선생님의 대표수필 낭독에 이은 참석 수필가들의 질문 등 알

토란같은 시간을 가졌다. 육간대청에 앉아서 서안(書案)으로 쓰던 각자의 상(床)에 정갈하게 준비한 도시락을 점심으로 먹으며 즐거운 하루를 보냈다. 봄날의 햇살처럼, 목을 간질이는 바람처럼 기분 좋은 시간과 공간을 함께한 행복감은 모두에게 흐뭇한 추억이 되었으리라. 그래도 세월이 가면 시나브로 잊혀갈 시간이려니 생각했는데 수필교실의 자랑 L 작가님께서 특별한 선물을 마련해주셨다. 왠지 동분서주 바쁘시더니 사진이라는 영원장치로 시대를 앞서가는 동영상까지 편집을 해주시다니 참으로 고맙다. 그 모든 것이 좋은 인연으로 맺어진 광흥당에서의 만남에서 비롯되었으니 어찌 이따금 그곳이 그립지 않을까.

비를 맞으며 돌계단을 오르는데 빗물에 떠내려가는 꽃잎들이 처연하다. 고개를 들어 나무꼭대기까지 바라보아도 푸른 잎만 무성하지 꽃송이는 보이지 않는다. 빗물에 떠내려가는 낙화(落花)의 의미를 캐어 보며 마냥 섭섭하다.

공민왕과 노국대장공주 그리고 마지막까지 고려를 지키려던 최영 장군의 영정까지 모셔진 사당을 지켜온 노거수(老巨樹) 아래 선다. 그 정령을 나는 믿는다. 고려가 무너지고 조선이 개국하여 도읍을 한양으로 옮긴 후 왕실의 녹봉을 저장해 두던 광흥창이 있던 자리가 아닌가. 때없이 일어나는 화마를 지켜주리라던 공민왕의 현몽을 받들어 그 혼백을 오늘날에도 모시고 있으니 신령스러움에 옷깃을 여미게 된다. 수령(樹齡) 이백 년이 가까운 이 나무를 학자수라고도 한다는 말씀을 드리니 선생님은 더욱 궁금해하셨는데 연노랑으로 꽃송이가 아주 탐스럽게 핀다고 너무 자랑을 많이 했나? 나무 이름도 그렇지만 한여름에 정말 꽃이 피어날지 어떤 꽃이 필까 많이도 기다리셨나 보다. 그런데 이렇게 장마가 계속되니 꽃이 제대로 필까 덩달아 걱정이 되어 며칠마다 둘러보곤 한다.

회화나무는 우리나라 중국 일본에 분포해 자라는 낙엽성 활엽교목으로 괴목(槐木)이나 신목(神木)으로도 불리우며 영명 학자수(Chineses Scholar Tree)처럼 선비나무로도 알려져 있다. 옛날에는 궁궐이나 서원, 향교나 문묘와 지체 높은 양반집에나 심겨졌다. 이 나무를 심으면 집안에 훌륭한 선비나 큰 인물이 나오고 부귀영화를 누리게 된다 하여 길상목(吉祥木)으로 불리기도 하였다. 임금님이 특별한 날에 관리에게 이 나무의 묘목을 하사하기도 하였다니 귀한 나무임에 틀림이 없으렷다. 수령이 오래된 고목은 귀한 목재로 쓰이며 꽃과 잎은 한약재로 고혈압이나 동맥경화 치료에 좋다고 한다. 나무 아래에 서 있기만 하여도 머리가 맑아지고 총명해진다는 이야기가 과장일까. 교정에 심겨져서 학교의 나무로 정하기도 하고 가로수로 지정되어 아름다운 수형은 물론 꽃이 귀한 한여름에 풍성한 꽃잎을 감상하는 거리가 늘어나고 있다니 도시미관을 위해서도 바람직한 현상이다.

칠월도 하순이 되니 긴 장마도 이제는 끝나려나 보다. 아, 저기 저 꼭대기 비 그친 파아란 하늘과 나뭇가지 사이로 연 노랑의 꽃송이들이 하나 둘 보인다. 하늘 높이 노오란 꽃등이 수관(樹冠) 가득히 피어나리. 빛나는 화관으로 온 마을의 건강과 행복, 나라의 번영과 희망을 알려주리라. 과거와 현대가 조화롭게 공존하는 광흥당을 안고 있는 이 마을, 해마다 시월이면 공민왕 사당제를 올리듯 마을의 각 가정에서는 창마다 불을 켜고 정성을 모은다. 마을이 더욱 융성하고 각 가정과 사회에 이바지할 큰 인물이 자라나기를 염원함이 아닐까. 내 아들과 딸이 우리의 아이들이고 우리의 아이들이 곧 나라의 딸과 아들이기를 기원하며 학자수(學者樹)에 꽃이 피어나기를….

내가 우는 이유

황미연
2007. 11. 천료

어디로 가는지 기차는 남쪽으로 내달렸다. 차 안은 난방이 되고 있어 따뜻한데도 몸이 자꾸만 떨렸다. 사방을 두리번거리며 바들거리자, 내가 추워서 그러는 줄 알고 녀석이 패딩을 벗어 감싸주었다. 녀석의 온기가 내 몸에 닿으면서 불안이 조금씩 가라앉기 시작했다. 눈발은 차창으로 날아와 앉더니 이내 미끄러지듯 녹아내렸다. 누군가가 나도 저렇게 따뜻하게 받아준다면 목숨을 바쳐도 아깝지 않겠다고 생각하다가 스르르 잠이 들었다.

뭔가 심상찮은 기운이 감돌았다. 녀석이 나를 품에 안고 자기 방으로 들어와서는 소리 내지 말라는 듯 입에다 검지를 갖다 댔다. 냄새에 예민한 그녀가 싫다고 딱 잘라 말한 터였다. 생각만으로도 속이 메슥거리고, 배설물이며 털이 빠져 집안으로 날아다니는 상상조차 하기 싫다고 손사래 쳤기에 차마 말을 꺼내지 못하고 있는 눈치였다.

막상 눈앞에서 나와 맞닥트린 그녀는 난감한 표정을 지었다. 그 완강함은 어디 가고 집에 온 손님에게는 물 한 잔이라도 대접하고 보내는 것이 인지상정이란다. 모순적인 말이 이해되지 않지만 내겐 그다지 나쁘지 않은 것 같아 잠자코 듣고만 있었다. 나를 데려갈 사람이 나타날 때까지 며칠간 말미를 주겠다는 말을 남긴 채 방을 나가버렸다. 난감하기는 나도 마찬가지였다. 눈바람을 뚫고 기대 반 설렘 반으로 왔는데 또 어디로 가야 하나 싶어 한숨이 나오면서 발밑이 푹 꺼져 내리는 것 같았다.

식구들이 다 나가고 그녀와 둘이 있을 때는 녀석의 방에 갇혀있었다. 의자에 올라갔다가 책상 밑에 앉았다가 해도 녀석이 학교에서 돌아올 시간은 좀처럼 다가오지 않았다. 혼자 노는 것이 심드렁해졌을 때 내가 무얼 하나 궁금했는지 그녀가 문을 빼꼼 열고 방안을 둘러보았다. 나는 이때다 싶어 그 틈새를 비집고 후다닥 거실로 달려 나왔다. 그녀는 언제 그랬냐는 듯, 관심 없는 척하며 소파로 가서 읽던 책을 다시 펼쳐 들었다. 말을 걸어보려고 발치께로 가서 그녀가 신고 있는 분홍색 양말을 톡톡 쳐 보았다. 눈을 홉뜨더니 쌀쌀맞게도 발을 확 끌어당겼다. 새침하기는 그저 그만이다. 다시 곁으로 다가가서 무슨 책을 보고 있느냐며 갸웃거렸다. 이번에는 까막눈 주제에 뭘 알기는 하냐는 듯 무시하는 눈으로 째려보았다. 따뜻한 눈빛을 기대하지는 않았지만 서러움이 한없이 밀려왔다.

멀찌감치 떨어져서 앞발로 얼굴을 반쯤 가린 채 나의 존재감에 대해 생각해 보았다. 나도 동물이 아닌 사람으로 태어났다면 어땠을까. 누구든 가리지 않고 손 내밀어 잡아줄 수 있었을까. 미동 없이 누워있는 내가 걱정되었는지 그녀가 곁눈질로 훔쳐본다. 외면은 누구든 쓸쓸하게 만드는 일이라고 속으로 나지막이 읊조리며 베란다 너머로 보이는 숲으로 시선을 던졌다. 해가 아침에 펼쳐놓았던 붉은 옷자락을 서서히 거둬들이며 서쪽 하늘을 향해 느릿느릿 움직이고 있다.

계단을 올라오는 낯익은 발소리가 들려서 부리나케 현관문으로 달려

갔다. 문이 열리고 함박웃음을 짓는 녀석과 눈이 마주치자 참았던 설움이 봇물 터지듯 쏟아졌다. 우리는 반가움에 못 이겨 침대로 올라가 서로 부둥켜안고 마구 뒹굴었다. 그녀는 고작 몇 시간도 지나지 않았건만 차마 눈물 없이는 볼 수 없겠다면서 혀를 끌끌 찼다. 녀석의 얼굴에 대고 과하게 애정 표현을 좀 했더니 그녀가 기겁하며 쫓아와서는 불호령을 내렸다. 내겐 관심도 두지 않으면서 그녀의 아들만 애지중지 바라보는 게 부럽고도 미워서 귓등으로 흘려버렸다. 섭섭해하는 빛이 역력한 것으로 조금의 위안을 받았다. 좋아서 어쩔 줄 모르는 우리를 억지로 떼어놓을 생각에 마음이 착잡했던지, 그녀는 물끄러미 바라보기만 할 뿐 말이 없어졌다. 달콤한 꽃향기에 젖어 있는 어린 꽃나무를 섬뻑 잘라낼 수밖에 없음을 미안해하는지도 모른다.

얼음같이 차갑던 그녀가 나를 조심스럽게 품에 안고서 등을 어루만진다.

"마키야, 미안한데 난 너를 끝까지 키워줄 자신이 없어. 이번에는 너를 정말 좋아하는 사람이라니까 걱정 안 해도 될 것 같아. 다시는 나 같은 사람 만나서 이 집 저 집 옮겨 다니지 않아도 될 테니 행복하게 잘 살아. 눈이 내리면 네가 보고 싶을 거야."

그녀의 눈이 촉촉해졌다. 그러고 보니 내가 이 집에 오던 날은 함박눈이 덜퍽지게 내렸다. 눈이 내리면 보고 싶을 거라는 말에 동그랗고 까만 내 눈이 젖어 들었다. 처음으로 들어본 따뜻한 말이었다. 사람들은 무슨 특권이 있길래 나 같이 힘없는 생명을 아무렇지도 않게 서로 주고받는 걸까. 나도 한 곳에서 오래도록 살고 싶다. 태생부터 지닌 개 특유의 비릿한 냄새도 내 탓으로 여기며 싫다고 하면 처음부터 받아들이지 않는 게 맞다. 이별 앞에서는 아쉬움이 남는지 떠나는 날이 되어서야 입간데 없이 예쁘게 보인다며 토닥인다. 돌아서면 금방 잊어버릴지도 모르면서 오래도록 기억할 것처럼 말이다.

싫다는 마음으로 바라보면 아무리 예쁜 꽃이라도 곱게 보일 리 만무하다. 그녀는 나를 겪어보지도 않고 색안경을 낀 채 사사건건 나무라며 촘촘한 자를 들이댔다. 눈치 백 단인 나는 하늘 끝까지라도 올라갈 수 있다며 몸을 한껏 끌어올렸다가도, 속없이 납작 엎드리며 그녀의 마음을 얻을 수 있을 거라 믿었다. 생각해 보면 누구든 한 번쯤은 그런 경험이 없지는 않을 테다. 그녀 또한 누군가의 잣대 위에서 빨강과 파랑을 섞으며 보라를 만들기 위해 전전긍긍했던 기억이 있지 않을까.

벚꽃이 확 피었다가 한꺼번에 지듯이 모든 일들이 순간처럼 지나갔다. 그녀의 큰 소리에 마음 한구석에 생채기가 나고 불안으로 적대감이 더 커진 것은 사실이다. 기뻐하는 모습보다 슬프고 우울한 표정만 남긴 채 떠나게 되어 아쉽다. 잠시 만났다가 헤어질 걸 알면서도 그녀가 내게 따뜻한 마음 한 조각 내놓지 않고 매정하게 굴었던 것은 오늘 같은 날을 대비한 것이었을까. 떠나기 싫은 것도, 헤어지는 게 섭섭한 점도 없지는 않다. 다만 내가 우는 이유는 생명의 소중함을 한 번 더 돌아보라는 무언의 부탁이다.

이제 떠나야 할 시간이다. 또 어떤 사람이 나를 기다리고 있을지 모르겠다. 나의 첫인사는 다시 기 싸움으로부터 시작될 것이다.

세상에 둘도 없는, 멋진 여행이었다

하창식
2008. 8. 천료

지난해 10월 어느 토요일, 내가 몸담은 합창단에서 '팜 음악회' 공연 여행을 다녀왔다. 아주 특별한 여행이었다. '장독대 사이'라는 독특한 공연 무대 덕분이었음은 두말할 나위 없다. 고즈넉한 시골에 자리한 그 팜(곧, 농원)은, 우리나라 전통음식인 고추장, 된장, 간장 등을 만드는 곳이었다. 전통음식을 만드는 곳이라는 매력에다 주변의 멋진 자연환경 덕에 전국적으로 이름난 곳이었다. 방문객들이 직접 장을 담그는 체험활동도 한다고 했다.

그런 만큼 농원 마당에 질서 있게 행렬 지어 놓여 있는 수백 개의 장독 풍경이 아주 인상적이었다. 게다가 농원 주변을 노랗게 물들인 황금 들녘의 장관은 말할 것도 없고 온실 내에 빨갛게 익어 줄줄이 매달려 있는 고추 등은, 가을 풍취를 한결 더 분위기 있게 만들어 주었다.

그날 공연이 특별했던 까닭은, 청중들의 특별함 때문이다. 선약된 날에 체험활동을 위해 우연히 자리에 함께한 이십여 명의 방문객들을 말하는 게 아니다. 무엇보다 특별한 청중들은 농원 마당에 진열되어 있던 장독들이었다. 노래도 따라 할 수 없고 박수갈채도 보낼 수 없는 그들이었지만, 아마 그들에게도 우리 공연은 특별한 경험이었을 것이다. 우리에게 무대가 되어 주기도 했던 그 특별한 청중들에게도 잊을 수 없는 하루가 되었을 것이다.

농원 주인 내외는 가끔 장독들을 위해 녹음된 음악 소리를 들려준다고 한다. 음악 소리는 그 품속 된장이나 소금, 간장 등에 필요한 생명과 영양을 공급하는 데 도움이 되어 준다고 한다. 그런 녹음된 음악에 젖어있던 차에, 어느 가을날 우연히 자신들을 찾아준 방문객들이 들려주는 멋진 생음악을 들을 수 있었으니, 얼마나 좋았을까?! 무슨 영문인지는 몰라도, 바로 그들 곁에서, 그들 사이에서 아름다운 피아노 반주와 함께 생음악으로 들려오는 합창 소리에 더욱 신이 났을 것이란 생각이 들었다. 약간 흐리긴 했지만 그래도 청명한 가을하늘에 울려 퍼지는 사람들의 합창 소리에 참 좋았을 것이다.

단체 여행일 경우, '어디로'도 중요하겠지만, '누구랑 함께'하느냐에 따라 여행의 의미가 달라진다. 우리 합창단원들은 모두 중·장년에 들어선 분들이다. '노래 부르기'를 좋아해서 모인 만큼, 각자 하는 일, 해온 일들이 다르다고 해도 감성적인 면에서는 적지 않은 공통적인 감성들을 지니고 있으리라는 생각이 든다. 그러니, 어느 정도 나이 든 단원들 각자의 마음들은 한결같이, 도심 연습장 모임이 아닌, 모처럼의 바깥나들이에 무척 설레고 행복했으리라는 생각이 든다. 오랜만에 10대 소년, 소녀 감성에 젖어 든 하루가 아니었을까. 국내외를 막론하고 여태껏 숱한 여행을 경험한 나에게도 마찬가지로 특별한 여행이었다. 아름다운 인연으로 길동무가 되어 준 그분들과 소중한 추억의 한 페이지를 함께 나눌 수 있어 행복했다.

농원 방문에다 저녁 늦은 귀갓길 버스 속에서 TV로 방영되던, 2022

항저우 아시안 게임의 야구, 축구 결승전을 함께 시청한 날이었기에, 이날은 내 기억 속에 더욱 크게 자리매김할 것이란 생각이 든다.

여행의 묘미는 뭐니 뭐니 해도 여행 중에 경험하는 의외성에 있을 것이다. 내게 그 여행이 더욱 특별했던 까닭은, 공연 중에 겪었던 뜻밖의 사고(?) 덕분이 아니었을까 한다. 모처럼 나들이의 설렘이 너무 컸던 탓일까? 장독 무대의 낯선 환경 때문이었을까? 합창곡 중 2절을 노래하는데 남성 파트 단원들의 목소리가 잠시 실종되어 버렸다. 그동안 연습 때는 물론이고, 공연 전 리허설 때도 없었던 실수였다. 무대 공연에선 결코 있어서는 안 될 일이었다. 방문객들은 물론이고 우리 공연의 주된 청중이었던 장독들은 우리 실수를 눈치채지 못했을 수도 있을지 모르겠다. 하지만, 이 뜻밖의 사고는 나에게 많은 것을 생각나게 했다.

노래 중, 주 멜로디를 이어가야 할 남성 파트 소리가 갑작스럽게 실종된 사건. 대신 여성 파트 단원들이 겨우 화음을 만들어가는 묘한 사고… 테너 파트를 맡은 나에게도 잊을 수 없는 경험이 되었다. 무대 공연 경험 부족이리라. 멜로디와 가사를 다 외우고 있으면서도 소리를 내지 못한 나의 큰 실수도 한몫한 것 같아 낯이 뜨거워졌다. 내 곁에 있던 장독은 내 귓불이 붉어짐을 보고 슬며시 미소 지었을 것이다. 지휘자 선생님께 정말 죄송했다.

학창 시절 읽었던, 피천득 선생의 「수필」이란 작품이 떠올랐다. "덕수궁 박물관에 청자 연적이 하나 있었다. 내가 본 그 연적은 연꽃 모양을 한 것으로, 똑같이 생긴 꽃잎들이 정연히 달려 있었는데, 다만 그 중에 꽃잎 하나만이 약간 옆으로 꼬부라졌었다. 이 균형 속에 있는 눈에 거슬리지 않는 파격이 수필인가 한다."

그 글은 물론 수필의 문학 양식을 뜻하는 글이지만, 공연 중의 그 경험은, 꼬부라진 연꽃 모양의 연적을 통해 수필이 완성되는 것처럼, 창단 공연을 앞둔 우리 합창단을 더욱 완성의 길로 이끄는데 필요했던,

예방주사 같은 실수가 아니었을까 하는 생각이 들었다.

아무튼 그 '팜 음악회' 공연 여행은 그야말로 세상에 둘도 없는, 멋진 여행이었다! 앞으로도 오랫동안 해마다 가을이 되면 문득문득 떠오르게 될 10월의 멋진 추억이 될 것 같다.

그 봄날, 잔치는 끝났다

권현숙
2007. 11. 천료

걱정이 한 보따리로 안겨드는 삼월이다. 설레는 봄의 시작 달이지만 아버님의 생신이 지나고 나서야 나의 봄은 시작된다. 늦은 밤 뜬금없이 아버님으로부터 팔순잔치 식순이 문자로 날아들었다.

'개식-지금부터 아버님의 팔순잔치를 아버님의 뜻에 따라 간략하게 실시하겠습니다.'로 시작되는 식순은 열한 번째 폐식에 이르기까지 일목요연하게 적혀 있다. 순서마다 상황에 맞는 세세한 지문까지도 잊지 않으셨다. 잔치 장소를 보는 순간 기가 막혔다. 낯익은 삼겹살집 상호가 떡하니 적혀 있다. 분명 팔순잔치는 절대로 하지 않겠노라고 몇 번이나 거듭 단호하게 말씀하시지 않으셨던가.

"할마이 하고 큰애까지도 가고 없는데 그런 건 안 할란다. 그러니 아예 준비할 생각 말어라."

그러니 니들은 걱정할 것 없다고, 팔순은 무슨 팔순, 평소처럼 식구들끼리 그냥 밥이나 한 끼 먹자고 누차 말씀하신 건 틀림없이 당신이셨다. 한 번 하신 말씀은 하늘이 두 쪽이 나도 번복하는 법 없으신데

이 무슨 날벼락이란 말인가! 장난삼아 보내실 리는 만무한데 혹여 잘못 보내신 건 아닐까. 팔순잔치를 불과 몇 시간 앞둔 밤, 기연가미연가 머릿속은 온통 뒤죽박죽 어지럽다.

기어코 동은 텄다. 식순에 들어있는 떡케이크 커팅을 위해 시누이는 떡집으로 내달리고 꽃다발 증정을 위해 나는 꽃집으로 내달린다. 끝자락쯤 선물 증정도 있었던가. 딸과 사위에 외손자들까지 몽땅 거느리고 오신 고모네 대식구와 미국에 사시는 작은아버님까지 오신다니 더 기가 찬다. 대체 언제 다 기별을 넣으셨단 말인가. 절을 올리는 순서까지 들었으니 돗자리라도 챙겨야 한다. 기름기 번들거리는 삼겹살집 시멘트 바닥에 엎드려 절을 올릴 수야 없지 않은가. 식전 댓바람부터 콩 튀듯 팥 튀듯 하면서도 행여나 취소한다는 기별이라도 와줄까 속절없는 희망을 품어본다.

일요일이라 식당에는 다른 손님들 몇이 벌써 고기를 굽고 있다. 우리만 있는 게 아니라는 사실에 얼굴이 훅 달아오른다. 주인장이 우리를 안쪽으로 안내한다. 홀이 조금은 돌아져 있어 그나마 다행이다. 서둘러 양쪽 식탁들을 벽으로 밀어붙인다. 서로 마주보게 배치하자 가운데로 제법 그럴싸한 통로가 생겨났다.

“헐, 정말 이런 데서 팔순잔치를 한다고요?”

아이들도 거듭 되묻는다. 얼추 준비가 끝나자 한껏 성장을 하신 당신께서 두 번째 순서인 주빈 입장을 위해 입구 쪽으로 나가신다.

“자, 모두 일어서서 아버님을 박수로 맞이해 주시기 바랍니다.”

졸지에 사회를 봐야 하는 남편의 목소리가 기어든다. 평소 당신의 말씀이라면 한 번도 거역해 본 적 없는 사람인지라 사회자로 지목당하자 싫단 소리 한마디 못하고 양복 대신 두툼한 패딩점퍼를 입는 것으로 소심한 저항을 해 본다. 그의 우람한 덩치가 외려 안쓰러울 지경이다. 풍악도 축포도 없는 잔치마당에 고기 익는 냄새만 당신을 따라 들어온다. 민망함에 다들 주위를 힐끔대는데 통로 한가운데 마련해 둔 자리에 앉으신 당신의 표정은 의전행사라도 치르듯 더없이 근엄하다. 별난 구경거리에 손님들의 호기심 어린 시선이 날아든다.

기어이 피하고만 싶었던 세 번째 순서에 이르렀다.

"다음은 아버님의 뜻에 따라 오늘 뜻깊은 자리를 함께하지 못하고 먼저 작고하신 어머님을 위한 묵념을 올리겠습니다. 일동 묵념 바로."

향내 대신 고기 냄새 진하게 피어오르고 불판 위 삼겹살처럼 우리 마음도 지글지글 타들어 간다. 어머님 생각에 당신의 눈시울은 붉어지는데 어쩌자고 자발없이 웃음은 자꾸 비집고 나오려는지 환장할 노릇이다. 다들 고개도 못 들고 애써 웃음을 누르느라 죽을 맛이다. 만수위로 찰랑대던 웃음은 결국 여기저기서 산발적으로 쿡쿡 새어 나오고 말았다. 어머님을 생각하면 애달프기 짝이 없지만, 삼겹살집에서의 묵념이라니! 당신은 조용히 눈물까지 훔치시지만 나는 끝내 애도의 마음 한 점 길어 올리지 못했다. 좋은 장소를 잡아서 제대로 차려드리겠다는 자식들의 마음도 뿌리치고 꼭 이렇게까지 하셔야 하나. 이제는 그만 못 이기는 척 자식들의 마음도 좀 헤아려주시면 좋으련만 여전히 독불장군인 당신이 야속하다.

'피할 수 없으면 즐기라'는 말도 있지만 오로지 그곳을 벗어나고픈 마음만 간절한 순간에는 참으로 무용한 말이란 걸 알았다. 당신의 뜻에 따라 헌주는 생략하고 부랴부랴 깔아둔 은박돗자리 위에서 장손부터 순서대로 절을 올린다. 친히 정해주신 '오래오래 사세요. 건강하세요.'라는 인사말과 함께 절을 올리는데 묘한 슬픔이 몰려온다. 독불장군의 모습 위로 빈 들판에 홀로 선 허수아비의 모습이 겹쳐진다. 당신 곁에 나란히 놓인 빈 의자가 눈물을 불러낸다.

막바지로 접어든 잔치, 케이크를 자르고 축가를 부르고 선물 전달이 끝난 후에야 식사를 한다. 맛있는 소리와 냄새가 테이블마다 낭자하게 흘러넘친다. 쫙 빼입은 차림새로 허겁지겁 고기를 구워대는 우리들 모습이 참으로 볼만장만하리라. 식사 후 마지막 순서로 단체사진을 찍는다. 모두가 당신을 중심으로 죽 늘어서서 환하게 웃는다. 두고두고 마음으로 걸려올 사진임을 알기에 일부러 더 밝게 웃는 것이리라. 머리 위로 '아빠의 청춘'이라는 상호가 큼직하게 박힌 삼겹살집 차림표가 축하 현수막 대신 당당하게 빛나고 있다. 당신의 뜻대로 요란스럽지 않게, 저렴하게(?) 잘 치렀다는 흡족함이 우러나는 그 표정을 마지막으로 잔치는 끝이 났다.

여든두 번째 생신이 다가온다. 당신의 고기사랑은 점점 더 깊어 가는데 우리 부부는 그날 이후로 코앞의 단골집 하나를 영영 지워야 했다. 매주 일요일은 '아버님의 뜻에 따라' 온 가족이 함께 고기를 먹는 날이 되었다. 노년기 건강은 고기가 지켜준다고 철석같이 믿으시기 때문이다. 어쩌면 자식들과 더 많은 시간을 함께하고 싶은 마음이 그 믿음을 더 깊게 만들었을지도 모르겠다. 쇠고기에서 삼겹살로 다시 삼겹살에서 양념갈비로 입맛 노선을 갈아타신 예측불허 독불장군님께서 올해도 우리를 또 얼마나 놀라자빠지게 하실지 봄의 설렘보다 불안함이 더 먼저 안겨든다.

황산 비경(秘境)에 빠져들다

구영례
2008. 5. 천료

중국인들에게 장강(長江), 만리장성(萬里長城), 황산(黃山)은 민족의 모태요 근원이 되는 것이다. 그중에서 황산(黃山)은 중국 산수화의 원류요. 이백(李白)을 비롯한 수많은 문인들과 예술인들의 사랑을 독차지해 왔다.

중국 황산시(휘주(徽州))에서 황산풍경구를 향한 버스는 약 1시간을 달려서 천하제일경 황산 옥병케이블카 개표소 앞에 정차하였다. 중국 관광객들은 아침 일찍 와서 엄청 긴 대기 줄을 늘어트리며 입장하고 있었다.

황산에서 서해대협곡 종주를 위해 설레는 마음으로 트레킹을 시작하였다. 제1차 종주의 총 소요 시간은 약 7시간, 총 거리는 13km, 오전에는 옥병루~영객송~연화봉~백보운제~일선천(통천문)~오어봉~해심정~천해에서 중식을 마치고 모노레일로 탑승하여 서해대협곡으로 이동하였다.

오후에는 서해대협곡 곡저~마환경구(서해대협곡 2환, 1환)~배운정~비래석(1,730m)~서해~황산 사림호텔에 숙식하고, 제2차 트레킹은 새벽에 황산 일출조망~몽필생화~시신봉(1,680m)~필가봉~단결송을 찾아서 약 2

시간 정도 3km 산행하고 조식 후에 운곡케이블카로 황산을 하산하는 코스였다.

황산(黃山, 1,864m)은 중국 안후이성 남부에 위치한 산악풍경구로 중국 10대 풍경명승의 하나로 손꼽는다. 중국국가여유국 선정 4대 명산이요, 중국국가민족사무위원회 선정 10대 풍경구로, 1990년 유네스코 세계복합유산(자연유산+문화유산)으로 동시에 지정되었다.

황산은 고생대에 생성된 화강암으로 이뤄진 기암 봉우리들과 바위틈에서 수백 년 동안 살아온 소나무, 파도처럼 밀려오는 운해 등이 절묘하게 어우러져 천혜의 비경을 만들어냈다. 황산의 주봉은 연화봉(莲花峰, 1,864m)으로, 광명정(光明顶, 1,864m), 천도봉(天都峰, 1,810m)을 중심으로 해발 1,000m가 넘는 77개의 봉우리와 24개의 계곡으로 이어진다.

황산의 비경에 감탄한 명나라 지리학자, 대여행가 서하객(본명: 굉조(宏祖), 호:하객(霞客))은 황산을 두 번을 오른 후에 황산에 오르면 천하에 산이 없고, 더 볼 곳이 없다고 하였다.

중국인들은 황산을 평생에 꼭 한 번 가고 싶은 명산으로 손꼽는다. 흑묘백묘론(黑猫白猫論)의 덩샤오핑(邓小平) 주석은 아름다운 황산을 어느 누구나 볼 수 있도록 20여 년 동안에 걸쳐 잔도(棧道)를 만들었다고 한다. 중국인들이 황산에서 가장 보고 싶은 대상이 영객송과 비래석이라 한다. 옥병루(1,680m) 좌측에 서 있는 영객송(迎客松)은 1,000년이 넘은 나이로 소나무 가지가 마치 팔을 벌려 손님을 맞이하는 모습을 하였다. 황산에 산불이 났을 때에 약 1,000명이 동원되어 영객송을 보호하며 지켜냈다고 전한다.

비래석(飛來石, 1,730m)은 서해대협곡 북쪽에 배운정을 지나서 남쪽으로 높이 12m, 무게 600ton의 거석이 하늘을 나는 형태로 복숭아 모양의 바위 위에 박혀 있다. 손오공이 하늘을 날며 천도복숭아를 먹다가 씨를 던져서 선도봉이라 하고, 바라보는 방향에 따라서 비래석은 다른 느낌을 준다.

황산에 연화봉(蓮花峰, 1,864m)은 거대한 기암괴석들이 둘러쳐있고 매우 경사진 돌계단 옆에는 아찔한 절벽이었다. 황산은 빼어난 비경에 빠져서 발을 헛디딜 수 있다고 안내 팸플릿에 "住路不看景(주로불간경), 看景不走路(간경불주로)"라고 적혀 있었다. "길을 걸으면서 경치를 구경하지 말고, 경치 구경하면서 걷지를 말라"는 의미 있는 역설이다.

연화봉(蓮花峰) 주봉은 주변에 뭇 봉우리들이 감싼 모습이 마치 연꽃을 닮았다. 연화봉을 오르는 계단은 엄청난 인파로 포화 상태에서 정상까지 1.5km, 30분이면 오를 것을 3시간이 넘어 정상에 도착하여 인증샷을 남겼다.

연화봉에서 내려오면서 백보운제(百步云擠) 작은 표시석이 보인다. 절벽으로 된 거대한 바위를 100개의 자연 돌계단으로 홈을 파서 만들었는데, 가파른 돌계단이 구름 속을 뚫고 오르는 사다리 역할을 한다는 뜻이다.

잔도 위에는 시설장치들을 최대한으로 자연친화적인 자연보호에 애쓰는 중국공안당국의 노력과 인민들의 올바른 시민의식이 황산을 더욱 보배롭고 아름답게 가꾸는 원동력이 되고 있다는 것을 느꼈다.

백보운제 돌계단을 한참 내려와서 일선천(통천문)을 통과하여서 자라가 물고기 등을 타고 있는 오어봉(鰲魚峰)을 향했다. 오어봉은 기암괴석들이 여러 물고기의 형상을 하고 있었다. 거대한 바위산이 수십억 년의 세월 속에서 풍파에 씻기고 비바람을 맞으며 변모한 형상이 천태만상이다. 자연의 위대한 솜씨 앞에 나는 티끌보다 작은 존재일 뿐이다.

오어봉(鰲魚峰)의 물고기 몸통 부분에 붉은색으로 한문체가 새겨진 '大塊文章(대괴문장)'은 거대한 바윗덩어리가 장엄한 하나의 문장이라는 의미이다. 언제부터 누가 써놓았는지 시적인 뜻이 내포된 글귀가 매우 인상적이었다.

서해대협곡(西海大峡谷)은 황산에 24개 협곡 중에서 가장 환상적이고 아름답다고 몽환경구(夢幻景區), 또는 마환경구(魔幻景區)라 한다. 거대하게 깎아지른 바위산 앞으로 11km의 모노레일을 타고 산 위에서 약 10분을 내려왔다. 황산의 거친 남성적인 산세는 장엄하고 웅장하게 다가온 압권이었다. 서해대협곡에 하강하여 북쪽으로 곡저~마환경구 2환과 1환을 통과하여 배운정까지 3시간을 올라왔다. 설악산 공룡능선을 오르기 전에 4시간을 마등령 계단을 오르는 자신과의 싸움이 연상되었다. 이곳에 돌계단은 너무나도 경사지고 옆에는 천길 낭떠러지였지만 뛰어난 절경에 위로를 삼았다.

산이 좋아서 백두산, 한라산, 설악산, 지리산, 덕유산 등 전국에 수백 곳의 명산을 올랐지만, 금강산을 오르지 못해 허전하다. 황산은 설악산 3배 크기로 설악산 공룡능선과 용아장성의 장엄한 산세와 비슷한 느낌이 들었다.

황산은 일 년 내내 비가 자주 오고 날씨가 흐려서 산 위에서 보면 동서남북으로 구름바다(雲海) 속에 잠긴다고 하였다. 하나 화창한 가을 햇살에 비추인 황산은 꿈을 꾸는 듯이 절경이었으나 운해를 볼 수 없어서 옥에 티였다. 황산에서 마지막 날에는 이른 새벽에 황산 일출을 기대하였으나 해가 떠오르려다가 안개에 가려져 아쉬웠지만, 시신봉(1,680m)과 주변의 산봉우리가 운무에 갇혀서 아주 멋진 자연산수화의 한편을 연상하게 하였다.

뾰족한 기암괴석 위에 작고 기묘한 형태의 노송의 모습을 '흐릿한 붓끝에 꽃이 피다' 의미로 몽필생화(朦筆生花)라고 한다. 작고 여려 보이지만 열악한 환경 속에서 수백 년을 살아가는 모습은 오랜 여운이 남는 감동이었다. 황산의 비경을 만드는 요소에는 괴석, 기송, 운해, 설경을 손꼽는다.

황산은 대자연이 인간에게 안겨준 최고의 선물인 것이다. 하늘이 부를 때까지 더욱 의미 있는 삶을 살아가고 싶다. 황산의 비경 속에서 잠시 신선이 되어 선경에서 잠들었다가 깨어난 듯이 심령이 개운한 트레킹이었다.

깜짝 성묘

최학용
2009. 11. 천료

평택에 사시는 외숙모님의 갑작스러운 병환 소식을 접했다. 이튿날 남편의 주선으로 외숙모님께 갔다. 늘 아내 마음을 헤아리는 남편이 오늘도 빛난 하루를 선물했다. 남편과 언니와 동행했다. 외숙모님 찾아뵙고 마땅히 친정 조상님들 산소에도 들르자 했다.

비 예보가 있었다. 외가에 들른 후, 친정 문중 산소에 들르려던 진로를 바꾸었다. 궂은날에 질척거릴 산의 상태를 감안해서였다. 외곽으로 들어서다 보니 산소에 가지고 갈 꽃도 준비 못 했다. 빈손으로 가기가 서운했다. 조상님들께 술잔이라도 올리고 싶은 생각이 번개처럼 떠올랐다. 우리가 산소 갈 때마다 들르던 식당, 그곳에 가면 무엇이 있으려나? 그곳에서 아쉬운 대로 소주와 종이컵을 살 수 있었다.

산소로 오르는 길, 흙의 감촉이 부드러움도 고향의 흙이라는 생각 때문이었으리라. 등을 비추는 봄의 햇살도 햇병아리 솜털처럼 부드러웠다. 증조부모님 조부모님 큰댁 작은댁 조상님들 부모님 오빠 묘에 당도하니 눈물부터 흐른다. 오빠의 얼굴이 제일 먼저 떠오른다. 윗조상님들부터 참배하며 묵념 기도 후 소주 한 잔씩을 올려 드렸다. 오빠께는 여러 잔을 올려 드렸다. 오빠 투병 중일 때 생각 때문이다.

주치의 만나는 시간 진료실에 같이 들어갔을 때다. '선생님 저 막걸리 한 모금 마셔도 될까요?' '막걸리는 왜요?' '유산균이 많잖아요.' '야쿠르트를 드셔요.' 머쓱해진 그때 오빠 표정은 불쌍할 정도로 심히 딱했다. 얼마나 어렵게 건넨 질문이었을 텐데, 단칼에 거절 당했을 때의 당혹감은 듣는 나도 난감했었다. 같이 들은 주치의 답변이 맞긴 하지만 그냥 한 모금 드시게 할걸? 그걸 못해 드린 나의 짧았던 생각이 지금도 아쉬움을 넘어 나의 센스 없었음을 후회했다. 후회를 넘어 목에 가시가 걸린 듯 늘 마음에 걸렸다.

그 후 두 주일 간이나 물 한 모금 못 마시고 수액에만 의존하다가 생을 달리했던 그때의 오빠 생각이 떠올랐기 때문이다. 기독교인의 의식을 떠나 옆에 계신 조상님들께 물 한 잔 드리는 마음이었다. 이런 상황 하나님께서도 이해(?)하셨으리라 믿고 싶었다. 여기 모셔진 친척이며 초등학교 동창인 승보 아저씨께도 막걸리 한 잔 올렸다. 술 좋아해 술로 인한 간암으로 돌아가셨는데 하는 생각이 번쩍 들기도 했다.

잠겨있는 재실엔 들르지 못했다. 재실 울타리 안엔 대나무가 무성했고 대문 틈으로 들여다 본 마당엔 봄꽃들이 우리를 반겼다. 잘 정리된 주변을 돌며 동생이 최씨 문중 종친회 회장 일을 맡아보는 수고도 한눈에 보였다. 떠나기 전 최근에 쓴 수필 몇 편을 모아서 부모님과 오빠 묘소 앞에 비닐로 싸서 준비한 채로 놓고 왔다. 그 속엔 사랑의 편지도 넣어 드렸다. 이때 돌아서며 드는 마음. 이런 묘한 마음을 허허롭다 하나? 소리쳐 울고 싶은 마음을 억누르고 참았다. 아마 남편이 동행 안 하고 언니와 단둘이 갔었다면 고을이 울리도록 목 놓아 울었을지도 모를 일이다.

몇천 평의 넓은 산에 나란히 자리하고 누워 계신 조상님들을 한 분 한 분 떠올려 본다. 나의 눈물을 대신하듯 비가 부슬부슬 내리기 시작했다. 갑작스러운 성묘. 예정에도 없던 성묫길이다. 서해대교가 눈앞에 보이며 사방이 탁 트인 편안한 곳이다. 선산서 내려오는 길, 착잡한 마음에 다리가 후들후들 떨렸다. 자꾸만 뒤가 돌아다 보인다. 이때 외사촌의 전화가 울렸다. 점심 준비해 놓았다며 기다리고 있단다. 외가까지의 거리는 5킬로 정도다. 딱 점심시간이다. 외가 식구들의 환대 속에 모두를 만났고, 병상에 누워서 반기시는 외숙모님 손을 잡았다. 많이 야위신 모습에서 전동차로 온 동네를 매일 도셨다는 일상이 믿기지 않을 정도였다.

때를 따라 자녀들 챙기실 때마다 나까지 챙겨 주시던 일들이 떠오른다. 감자 고구마 밤 마늘 김장 무짠지 오이지 참깨 참기름 고춧가루 쑥떡 반죽까지도 챙겨 보내시던 그 사랑을 어찌 잊을 수 있을까? 자주 걸어 주시던 다정다감했던 전화 속의 음성은 어디서 듣나? 수액에 의존하고 계시니 얼마 동안이나 우리 곁에 계시려나? 아쉬운 마음뿐이다. 당신은 간신히 미역국 한 수저밖에 못 넘기시고, 나에게 밥 한 수저만 더 먹으라 성화하셨다. 몸 약한 조카인 나에 대한 염려 때문이셨으리라. 이렇게 식사를 못 하시니, 걱정이 앞섰다. 소문난 외사촌 네 남매의 효심으로 다시 회생하실 수는 없으실까?

잔칫상을 방불케 한 점심상을 물린 후, 외삼촌 부면장 퇴임식 때 비디오를 보았다. 곱게 차려입으신 한복의 외숙모님 그때 모습, 누워 계신 외숙모님이 일어나실 것 같은 생각도 들었다. 비가 쏟아지는 마당에서 외가 식구들과 작별 인사를 나누었다. 어릴 적 겨울 고드름 달렸던 그 추녀 밑이다. 외할아버지 6형제분이 모여 사는 공 씨 집성촌이니, 어릴 때도 가면 늘 친척들이 많이 모였던 생각이 난다. 늘 북적이던 사람 사는 동네 같았던 생각이 머리 가득한 마을이다. 방학 때마다 찾던 외가다. 대문에는 오래된 외삼촌 이름 '공창환'이 새겨진 문패가 달려있어 사진에 담아 왔다. 78세에 세상 떠나신 외삼촌. 오빠가 유난히 좋아했던 우리 외삼촌의 이름, 오늘도 아니 영원히 별처럼 우리들 가슴에 새겨지리라. 외삼촌께선 경기도 평택군 현덕면의 부면장을 지내셨다.

100년도 넘었다는 고목이 버티고 서 있는 작은 대문 앞, 그 고목 아래 둘레엔 분홍색 꽃잔디가 활짝 피었다. 어릴 적 방학 때마다 찾아왔던 추억 속 상자엔 외가의 추억이 가득 담겼다. 외숙모님 안 계신 외가는 상상하기도 싫다. 봄비 내린 날, 외숙모님 병문안, 그리고 깜짝 성묘도 번개같이 이루어졌다. 많은 생각을 불러온 하루였다.

자업자득

이성숙
2010. 1. 천료

마트 주차장에서 두 부부가 언쟁을 벌이고 있다. 이대 일로 싸우고 있으니 승패는 뻔하다. 승자가 유유히 자리를 떠나고, 패자인 그녀가 잘잘못은 고사하고 아무 말 없이 가만히 서 있는 남편에게 분을 푼다. 본인이 잘못해 놓고 왜 난리냐는 남자에게 그래도 내 남편이면 무조건 내 편이 되어 주어야 하고 어떤 일이든 함께 싸우는 것이라며 속사포처럼 쏘아댄다.

편 가르기는 운동회 때나 했었다. 선의의 경쟁을 하면서 정당하게 싸우다가 끝날 때는 다 같이 모여 흥겨운 음악에 맞추어 율동을 했다. 결과보다 과정을 더 중요하게 여기고, 단체지만 개개인이 잘해야 경기에 이길 수 있다는 것도 그때 알았다. 사회나 일상에서는 어떤 일이든 무조건 정의 편이어야 되지 않을까. 그녀 곁을 지나치며 나에게도 저런 상황이 생기면 내 편 말고 옳은 편에 서 달라는 말을 남편에게 했었다.

그 말 때문일까. 아무리 잘하고 미운 정이 들 만

큼 살았어도 남편은 한결같이 피붙이 편에 서서 돌아볼 기미도 없고, 친해도 예외 없고 잘 안다고 봐주는 것도 없다며 지인들도 무정하다며 서운하다고 말한다. 작은 일에도 기본을 중요시하고 상식을 기준 삼는 것이 적을 만들지 않는 제일 좋은 방법이라 생각했는데, 어쩌면 이런 것들이 나를 더 내 안에 가두고 누구도 쉽게 다가올 수 없도록 했을까. 열심히 살다 보면 누구에게나 좋은 사람이 된다고 믿었기에 예외 두지 않고 누구에게나 공평하게 하면서 살았는데 무엇이 잘못되어 변변한 내 편 하나 만들지 못했는지 씁쓸한 마음이다.

마음 둘 곳 없을 때마다 글쓰기를 벗 삼았다. 아픔도 슬픔도 속상하고 괴로운 일들도, 숨김없이 툭 터놓고 나면 기분이 좋아졌다. 누가 뭐라 할 일도, 이로 인해 싫은 소리 들을 걱정 없으니 좋았다. 주제도 모르고 세월 가면 좋은 글을 쉽게 쓸 줄 알았다. 남이야 뭐라 하든 내 만족이라고 말은 하면서도 누구에게나 공감 주는 글을 쓰고 싶었고, 조금이라도 위로받고 작게나마 고개를 끄덕이는 감동적인 글을 쓰고 싶었다. 마음과는 달리 늘지 않는 실력을 자책하다가 나를 돌아보는 계기로, 지금까지의 상처를 털어내는 의미로 책을 냈다.

강산이 두 번 변하도록 수필 사랑에 눈이 멀었었다. 시조를 써 보라고, 시를 같이 배우자며 손을 내밀어도 수필도 제대로 못하면서 다른 곳에 한눈을 파냐며 한마디로 거절했었다. 세태에 따라야 한다는 수필이나 나만의 색깔 타령하며 쓰는 이상한 글 말고 쉽게 읽히면서 읽고 나서도 생각이 나는 그런 글을 쓰고 싶었다. 책에 실을 작품을 고르느라 나의 글들을 읽다 보니 이제야 내가 제대로 보였다. 이래서 누군가는 오해도 하고, 또 미워도 했겠다는 생각이 들었다. 너무 잘하려고 했던 것들이 나도 상대도 힘들게 했구나, 무지했던 지난날의 나와 만나고, 제목을 정하고, 글씨만 가득하면 밋밋하여 풍경 사진도 넣었다.

책이 발간되어 선배님들께 보내놓고 숙제를 끝낸 학생처럼 평가를 기다리며 의외로 담담했다. 잘했다는 칭찬까지는 아니더라도 열심히 했다는 것만 알아주면 좋겠다는 생각을 했다. 책을 받고 자필로 쓴 첫 편지가 왔다. 순수문학의 윤기가 흐르는 좋은 글이라며 써 보냈다.

생각나서 또 읽고, 머리말에 두고 자주 본다고, 나를 더 잘 알게 되어 기쁘다는 문자나 전화를 받으며 내 편 하나 없어 우울했던 지난날들을 보상받았다.

내 편 대신 많은 팬이 생겼다. 구구절절 말 안 해도 내 마음 알아주고 얼마만큼 열심히 살고 있는지 여백까지 읽어주는 멋진 사람들이다. 그들로 인해 구걸하듯이 말을 해야 알아주는 내 편 따윈 이제 필요 없다는 배짱까지 두둑해졌다.

언제 어디서든 부르면 달려와 줄 사람 하나 없다며 우울해하는 나에게, 흔쾌히 자기가 해주겠다는 친구가 그러는 사람이 누가 부를까 핸드폰 끄고 자느냐고 한마디 한다.

누군가에게 받았다고 생각했던 상처들이 알고 보니 나 스스로가 만든 것이 더 많다. 사소한 것도 크게 받아들이고, 말하지도 않은 뒷말을 상상하고 일어나지도 않은 일을 겪을 것처럼 생각하며, 나를 내 안에 가두고 사람을 대했으니 떼쓰며 내 편이 되어 달라던 그녀와 무엇이 다를까.

사랑도 미움도 일방통행은 없다지만 모두가 누군가로 인해 상처받고 또 위로도 받으며 사는 것이 삶이라는 것은 이미 깨닫지 않았던가. 세상사 그저 되는 일이 없듯이 내 인생사 따지고 보니 일도 사람도 다 내 할 탓이었다.

센강에 날리는 오륜기

최천숙
2010. 4. 천료

장마가 7월 내내 계속되고 있다. 월 초에는 곳곳에서 물난리 소식이 들리더니 중후반부에는 비가 오락가락한다. 하루에 햇빛이 나오다 소나기가 쏟아지고 먹구름이 몰려와 어두컴컴하다.

TV를 켜니 화면에 달과 우주 속에 있는 '어린왕자'가 나타나고 그 뒤로 '자유의 여신상'이 지나간다. '내가 좋아하는 『어린왕자』가 나오지?' 화면에는 '2024 파리올림픽 개회식 하이라이트'라고 자막이 나와 있다.

올림픽이 파리 현지시각 오후 7시 30분에 시작했고 우리나라에서는 7시간 시차가 있으니 다음날 오전 2시 30분에 중계되었나 보다. KBS가 현장 중계를 단독으로 했다니 밤사이 올림픽 개막식을 하는 줄도 모르고 잠을 잤다.

그때부터 눈을 떼지 못하고 계속 시청했다. 다른 올림픽 개막식과는 달리 창의적이고 개성적이고 화려했다. 무대의 배경이 파리의 랜드마크인 센강, 루브르 박물관, 오르세미술관, 에펠탑, 개선문 등 실제 건물이었다. 프랑스의 역사와 전통, 예술이 그대로 보이는 큰 무대였다. 센강과 그 위를 가르는 다리 주변 건물들이 고색창연하고 아름다워 실감이 났다. 도시 전체를 세계문화유산 급의 건물로 공연장을 만들어 놀라웠다.

센강 위 다리에 빨강, 흰색, 파란색의 구름 같은 연기를 피워 다리에 자유, 평등, 박애를 표현하는 프랑스의 국기인 삼색기가 걸렸다.

음악가, 무용가, 예술가들이 프랑스의 역사와 예술, 스포츠를 통해 생생하게 보여주었다. 미국의 싱어송라이터 '레이디 가가'가 분홍빛 깃털에 둘러싸여 프랑스어로 노래를 부르고, 센강에는 각국의 선수들이 보트와 유람선을 타고 등장하여 자국의 국기를 흔들며 지나간다.

프랑스에도 비가 내리고 있었다. 비 뿌리는 캄캄한 강 위에 뜬 뗏목 위에서 피아노 반주로 '존 레논' 작곡의 「이매진(Imagine)」을 부르고 불타는 횃불 조명이 불을 밝혀 주는데, 고요하게 흐르는 평화의 상징 곡이 횃불로 가슴이 벅찼다. 특이하게도 강 위로 황금 동상이 올라왔는데 모두 여성으로, 각 분야에서 프랑스를 빛낸 역사적 인물 10인이었다.

2019년에 화재로 허물어진 노트르담 성당을 무대로 꾸며 파리의 장인정신을 보이며 전통의 '루비이통' 상품과 올림픽 메달을 만들어 보였다. 프랑스의 문호 '빅토르 위고'의 「노트르담 드 파리」「레 미제라블」 그리고 「카르멘」 등을 세계에서 가장 오래된 파리 오페라 발레단과 합창단, 뮤지컬팀이 춤추고 노래하며 발레, 캉캉, 오페라 등이 역사 속의 예술 작품으로 살아났다. 패션의 도시 파리의 드비이 육교 위에서는 패션쇼가 열렸다.

철마를 타고 오륜기를 망토로 두르고 센강을 달려온 여 기사는 센강의 여신 '세쿠아나'의 상징으로 광장에 도착하여 두 손으로 오륜기를 바친다. 올림픽기가 게양되고 국립관현악단의 합창단이 부르는 '올림픽 찬가'가 울려 퍼진다. 프랑스 대통령 부부가 박수를 치고 영국 총리 등 세계 각국의 국가 원수와 정부 수반이 참석했다. IOC 올림픽조직위원

장은 "올림픽은 세계를 하나로 묶는 행사로 서로 존중하고 연대하고 함께하자"고 했다.

프랑스 축구선수 '지단'이 들고 있던 성화 횃불이 지하에 있던 「오페라의 유령」에 나오는 가면 속의 남자에게 전해지고, 가면을 쓴 남자는 건물 지붕 위를 달리고 집라인을 타고 다른 건물로 건너가는 묘기를 보여주며 센강을 건너 다음 주자에게 전달한다. 루브르 유리 미술관을 지나며 휠체어를 탄 백발의 장애인 선수가 건네는 횃불을 남녀 두 선수가 받아 성화대로 올라갔다. 두 성화 주자가 30m 높이의 거대한 열기구가 있는 성화대에 불을 붙였다.

미술관 지붕 위에서는 여성 성악가가 대형 프랑스 국기를 잡고 국가를 불렀다. 그 소리는 힘차고 모습은 위풍당당했다.

열기구(영원의 불꽃)가 하늘로 떠오르고 그 빛이 에펠탑에 비쳐 반짝이고 사방으로 세계로 뻗어 나가며 평화와 연대의 메시지를 보낸다. 에펠탑에는 오륜기와 평화의 상징인 비둘기의 흰 날개가 빛나고 있다. 빛의 도시 파리의 에펠탑에서 강하고 현란한 빛의 레이저 쇼가 벌어졌다.

에펠탑 2층에 마련한 특설무대에서는 피아노 반주에 맞추어 샹송이 흘러나왔다. 올드 샹송 「사랑의 찬가」이다. 프랑스 가수 '에디트 피아프'가 불러 사랑 받은 곡을 반짝이는 하얀 드레스를 입은 캐나다의 '셀린 디온'이 우아한 모습으로 열창했다.

혁명의 나라 프랑스는 형식의 틀을 벗어나 새로운 도전을 하여 올림픽 개막식이 창의적이고 기술적이며 전통과 현대가 함께 어우러졌다. 여러 인종이 함께 하며 여성을 존중하고 춤과 음악 스포츠로 화합하고 서로 나누어 행복한 삶을 살게 한다. 야외무대가 아름답고 환상적으로 표현되어 낭만과 예술의 도시 파리로 자리매김하였다.

세계인이 스포츠로 결속하고 함께하자는 우수, 존중, 평화의 올림픽 정신을 새겨본다.

임진왜란의 숨은 영웅 류성룡

그가 『징비록』을 남긴 곳

김성배

2010. 5. 천료

징비록은 임진왜란을 다루고 있어요.

징비록은 드라마 제목 이전에 '책 제목'입니다.

이 책의 저자는 임진왜란 당시 영의정이라는 최고 관직과 전시 총사령관격인 도체찰사를 지낸 서애 류성룡(1542-1607)이에요.

우리가 잘 아는 이순신 장군과 권율 장군을 발탁해서 왜구와의 전쟁을 승리로 이끈 인물이랍니다. 징비록은 임진왜란을 겪으면서 왜구에 의해 백성이 무참하게 짓밟히는 것을 보고 다시는 이 땅에서 전쟁이 일어나지 않기를 바라는 마음으로 쓴 기록이랍니다. 그래서, 징비록은 기록문학으로 그 가치를 인정받아 국보 132호로 지정돼 있어요.

실제 징비록은 임진왜란 이전의 국내외 정세와 7년간 이어진 임진왜란의 실상, 임진왜란이 끝난 상황까지를 매우 구체적으로 기록하고 있어요.

미처 전쟁을 준비하지 못하고 왜구의 침략으로 불과 두 달도 안 되어서 조선 팔도가 모두 적에게 넘어가 버린 상황을 자세하게 써 놓았어요.

이순신 장군이 어떻게 전쟁에 참여하게 됐으며 공을 세우고도 왜 백의종군 하는지 그리고 다시 수군 통제사가 돼 왜군을 무찌르고 전사하기까지의 이야기도 기록돼 있어요. 그래서 이 책은 임진왜란을 연구하는 매우 중요한 자료랍니다.

류성룡은 임진왜란 당시 선조임금이 피난길에 나설 때 호의를 하기도 했어요. 그러나 반대파들에 의해 모함을 당하는 바람에 관직을 박탈당하고 고향으로 내려옵니다. 이후 모함에서 풀려 왕이 다시 불렀지만 더는 벼슬을 하지 않고 징비록과 영모록, 서애집 등 많은 글을 쓰면서 말년을 보낸답니다.

오늘 찾아갈 곳은 류성룡이 고향으로 내려가 징비록을 쓴 장소인 경상북도 안동시 옥연정사예요. 중요 민속자료 제88호로 지정되기도 한 이곳은 아름다운 건축물로 유명하지요.

이곳에서 류성룡은 글도 쓰고, 제자들을 가르치곤 했답니다. 평생 청렴결백하게 살았던 류성룡은 높은 벼슬을 했지만 실제 생활은 가난하고 형편이 여의치 못했죠. 그러자 가까이 지내던 탄승이라는 스님이 10년 동안 시주를 해서 이곳을 완공했답니다.

처음에는 이름도 옥연서당이었답니다. 옥연(玉淵)이라는 이름은 류성룡이 직접 지었는데 그곳 앞에 흐르는 강물이 옥과 같다고 해서 붙여졌다고 해요. 그곳 바로 옆 작은 오솔길을 따라가면 류성룡의 형인 겸암 류운룡이 학문을 연구하던 겸암정사가 있어요. 그리고 뒷산으로 올라가면은 한눈에 내려다볼 수 있는 부용대가 있어요.

강물이 마을을 S자로 감싸고 도는 풍산류씨 가문이 모여 살던 집성촌이에요. 하회마을에 가면 류성룡의 종택 충효낭이 있죠. 종택이란 종가가 대대로 사용하는 집을 말해요. 1600년대에 지어진 충효당은 조선시대 생활유적지로 보물 414호로 지정된 곳이랍니다.

이 집은 실제 류성룡이 살던 집은 아니에요. 류성룡이 마지막까지 살던 집은 지금의 안동시 풍산읍 서머리의 초가집이었어요. 충효당은 이후 손자와 제자들이 그를 기리기 위해 지은 집이랍니다. 지금도 안채에는 종손이 살고 출입이 금지돼 있어요.

충효당 뜰에는 지난 1999년에 영국의 여왕이 방문한 기념으로 심은 구상나무가 있어요. 징비록은 종은 집에서 대대로 보관하다가 지금 경북 안동시에 있는 한국국학진흥원이 보관하고 있어요.

큰 나무 밑에 나무

이기화
2010. 9. 천료

위염이 걸리고 머리가 빠지며 우울증이 생기는가 하면 황산테러를 당하는 것도 있다. 급기야는 정신병에 자살까지 가는 경우도 있다. 누가 죽었다고 뉴스에 또 나온다. 바로 직장 괴롭힘 때문이다.

오늘날 그것을 방지하기 위하여 직원들은 물론 임원도 의무적으로 교육을 받고 있다.

사건 발생은 가해자가 동료인 경우도 있지만 상사인 경우가 대부분이다. 직위를 이용해서 부하가 뭔가 잘하면 질투의 화신이 임해서 그냥 넘어갈 수가 없다. 여러 해를 다녀도 신입이 할 수 있는 것을 주되 주된 일은 주지 않는 경우도 있다. 누군가의 말에 의하면 10년 근무했는데 승진을 하지 못한다. 이유를 알고 보니 팀장의 질투의 갑질이었다. 일을 못한 것도 아니고 오히려 성실하고 주변에서 신임을 받던 사람이었다.

처음 직장에 입사할 때 기대 반 설레임 반으로 들어가게 된다. 처음엔 반가이 대하고 친절하지만 며칠 지나면 태도가 달라진다. 주변의 괴롭힘 예를 들어본다.

신입직원이 기획팀으로 새로 들어왔다. 며칠을 살펴보니 상냥하고 솔선수범하여 칭찬이 자자했다. 그런데 문제가 있었다. 컴퓨터를 잘 못하는 것이었다. 문서 작성은 물론이거니와 컴퓨터의 기본도 잘 몰랐다. 사람들이 수군수군하더니 왕따가 시작되었다. 그녀의 말수가 줄었다.

필자는 ㄱ한테 친절하게 대하는 것은 변함이 없었다. ㄱ은 직장을 그만두고 컴퓨터 학원에서 디자인을 배우고 그쪽으로 취직하였다고 해서 축하를 해주었다. 참 잘되었다. 그녀가 언제부터인가 전화를 받지 않았다. 계속 연락하며 지내고 싶었지만 사람들에게 괴롭힘 당한 기억 때문에 멀리하고 싶었나 보다.

얼굴도 예쁘고 키도 크고 날씬한 매력적인 여직원이 새로 들어왔다. 홍익대 디자인학과를 전공했다고 했다. 봉사단체 창립인을 비롯하여 남자 직원들의 관심대상 1호로 인기가 폭발하였는데 여직원 몇 명이 그 신입직원의 신상조사에 들어갔다.

홍익대를 나오지 않았으며 학원에서 디자인 공부했다고 떠들썩하더니 그때부터 왕따가 시작되었다. 왜 그랬을까. 학원에서 디자인을 배웠다고 이력서에 썼더라면 그런 일은 없었을 텐데. 그녀는 얼마 다니지 못하고 회사를 그만두었다.

팀장 괴롭힘 때문에 새로 온 직원도 여러 명 그만두었고 ㄱ은 팀장 괴롭힘으로 위염에 걸려있었다. 이렇게 하면 안 된다는 것을 알리고 미연에 방지하면 좋지 않을까 해서 글로 쓰기로 용기를 내어본다. 본명은 쓰지 않고 초성으로 쓰고 3인칭으로 쓴다.

아이디어 내면 포상금도 있고 상을 탈 때 점수가 2점씩 올라가게 되어있었다. ㄱ이 아이디어 낸 '노숙자 돕기' 등이 상을 타게 되었다. 자기를 밟고 올라갈 수 있으니 떡잎부터 자르기를 하느라 쌍심지를 켰다. 있는 그대로 보여주기 위해 대화체로 엮어 본다.

독후감 사건

업무일지에 전 직원 ㅇㅇㅇ 책을 읽고 ㅇㅇ월 ㅇㅇ까지 독후감을 내라고 공문이 떴다.

ㄴ - ㄱ은 내지 마세요. 전번에 상 받았는데 왜 또 내요?

ㄱ - …….

옷 사건

ㄱ이 순모 원피스를 예쁘다고 차려 입고 출근했다. 아침 큐티를 하고 난 후.

ㄴ - 옷이 왜 그래요. 바꿔 입고 오세요.

ㄱ - …….

왕복 3시간 걸리는 거리를 집에 가서 옷을 바꿔 입고 온다.

ㄷ - 자기가 입는 것은 잘 입는 줄 아나 보지.

ㄹ - 흥, 자기는 술집여자처럼 입으면서.

ㄷ, ㄹ은 팀원이다.

잡아떼기 사건

ㄴ - 이번 토요일에 내가 행사를 못 가는데 ㄱ이 행사 갈 때 내가 대신 갈 테니 그렇게 해줄 수 있어요?

ㄱ - 그렇게 하지요.

ㄴ - 고마워요.

날이 가고 행사 날짜 명단에 ㄱ이 나와 있다.

ㄱ - 전번에 내가 ㄴ 대신 나갔으니 7월 14일 ㄴ이 가면 되겠네요.

ㄴ - 언제 갔다고 그러세요. 그런 일이 없는데요.

ㄱ - 전번에 일이 있다고 내게 부탁하면서 나 행사 할 때 가기로 했잖아요.

ㄷ - ㄴ 말이 맞는데. 왜 그리 시끄러워요.

ㄱ를 보며 팀장이 하는 말이다.

ㄱ - 팀장이 뭐하는 거예요. 틀린 것은 맞게 바로잡아 줘야 하는 거 아닌가요.

ㄷ이 고개 숙이고 밑을 보며 아무 소리 못한다.

실은 다른 사람들도 더운 날 땡볕에서 땀을 뻘뻘 흘리며 후원자 모집이 쉽지 않은데 ㄴ이 행사 나가는 날은 아프다든가 일이 있다고 핑계를 대며 꺼려하였다.

청소 사건

그날도 여느 날과 같이 맡은 업무를 하고 있을 때다.

평소에 다니는 직장에서 요양원, 장애인 시설, 보육원 등을 짓거나 청년센터와 지역아동센터 리모델 공사가 끝나고 청소를 해야 할 때에 청소업체를 부르면 돈이 많이 들어가니 절약하기 위하여 본부에서 각 부서에 1명씩 뽑아서 청소를 하러 갔다. 그날도 본부 건물을 다 지어 청소를 하라고 위에서 지시가 내려온 것이다.

ㄷ - ㄱ이 가세요.

ㄴ - 이제는 팀원이 돌아가면서 갔으면 좋겠어요.

팀원들은 아무 대답이 없다.

ㄱ이 궂은일을 도맡아 하고 청소하는 일이 있을 때도 자원하여 가곤 하였다. 그날은 ㄱ의 몸 상태가 좋지 않아 자원을 하지 못했는데 팀장은 으레껏 ㄱ이 가야만 하는 것처럼 말을 했다.

화초 사건

직장에 화분 여러 개가 있었다. ㄱ이 씨를 뿌려 가꾸며 물도 주고 거름도 주며 보살피고 있었다. 직원들이 꽃이 예쁘다고 감탄사를 자아내고 ㄱ에게 칭찬이 자자했었다. 어느 추운 겨울이었다.

ㄷ - 화분을 창고에 다 내놓으세요.

ㄱ - …….

창고로 화분을 갖다 놓는다. 영하 날씨에 보일러가 들어오지 않는 곳으로 내놓으라는 것이다. ㄱ를 골탕 먹이려 ㄷ이 단단히 마음먹은 걸까.

화분에 비닐로 덮어 보관을 하였지만 얼어 죽은 화초는 말이 없다.

이후로 회원관리팀에서 관리팀으로 부서이동이 있었고 인성 좋은 팀장을 만나 괴롭힘은 끝이 났다. 참 감사한 일이다. 큰 나무 밑에 나무가 자라지 못하지만 훌륭한 상사 밑에 있는 부하직원은 실력을 맘껏 발휘할 수 있다.

지금도 어디에서인가 직장 괴롭힘으로 힘들어하는 사람들이 있다. 서로 사랑하고 배려하며 힘이 되어 주는 일하기 좋은 직장이 되었으면 하고 소원해 본다.

홀로의 시간

김성윤
2010. 9. 천료

거의 집에만 있다.

가끔 밖에 나가고 싶기도 하고 답답할 때도 있다. 하지만 불편한 다리로 어디 다니기도 힘들고 친하지 않은 사람들을 만나는 날에는 꼭 상처를 받고 집으로 돌아온다. 그런 면에서 사람들을 잘 안 만나고 집에만 있는 것이 나를 보호해주어서 고맙다. 사람들은 속마음을 알고 서로가 도움이 되는 사람들을 만나야 즐겁다.

아침에 재택근무를 하는 것이 때로는 하기 싫을 때가 있다. 때로는 일 안 하고 살고 싶다는 생각을 한다. 하지만 출·퇴근 안 하고 누구에게 간섭을 받지 않고 일할 수 있다는 것이 행복한 일이다. 월급은 많지 않지만 내가 사용할 만큼 받아서 얼마나 감사한 일인지 모른다.

시간을 내어서 기도할 수 있다는 것이 또한, 감사한 일이다. 다른 사람들은 기도하고 싶어도 시간이 없어서 못 하는데, 기도와 선행을 많이 할 때, 특히 죽은 영혼을 위해 기도를 할 때, 하늘에 보물을 쌓는 것이다. 친구가 가르쳐 준 것이 나에게 큰 힘이 된다. 하지만 나도 그렇게 기도를 많이 못 한다. 나에게 상처를 주는 사람들을 위하여 더 많이 기도하면서 견디어 볼 생각이다.

시간을 내어 관심 있는 강의도 듣고, 책도 많이 읽지 못하지만, 틈틈이 책을 읽고 글을 쓸 수 있다는 것에 감사한다. 저녁에 TV를 보면서 운동을 한다. 그것은 나의 건강을 유지하기 위해서다. 밖에 나가서 생활을 못 하는 나에게 TV와 책을 통하여 간접 체험하는 것은 축복이다.

하루를 이렇게 보내다 보면 심심하지 않고 하루가 너무 빨리 간다. 그 속에서 나의 홀로의 시간은 몸과 마음을 더 성숙하고 더 커가게 한다. 집에서 인터넷으로 물건을 주문하고 인터넷뱅킹으로 은행 일을 볼 수 있으니, 가만히 집에서 지내는 것도 괜찮다.

이렇게 사는 것도 하나의 축복이고 행복인지도 모른다.

집에서만 보내다가 가끔 밖에 나가서 세상 구경을 하고 친한 사람들을 만나는 것은 더욱더 큰 행복이고 축복이다.

다슬기

문예자
2010. 10. 천료

남광주 새벽 난장에서 다슬기 무더기가 눈에 띄었다. 요즈음에는 쉽게 볼 수 없던 터라 걸음을 멈추고 뒤돌아서서 한참을 생각에 잠겼다.

6.25전쟁 통에 피난살이로 나는 외가에서 석 달을 보냈다. 드들강이 가까운 부근 냇가는 꼬마들이 여름 한철나기에 알맞은 놀이터였다.

바깥세상 돌아가는 것은 어른들의 걱정이고 우선 학교 안 가고 시골로 내려와 사는 피난살이 생활인데도 뭐가 그리 좋은지 또래가 모이면 배고픔도 잊어버리고 종일 뭉쳐서 놀았다. 뜨거운 한낮 지나면 뒤 늪에 몰려가서 다슬기 잡아다가 밀가루 버무려서 수제비 끓인다고 법석도 떨었다. 다슬기 삶아낸 국물에 애호박 하나만 더 넣으면 그 맛은 꿀맛이었다. 허겁지겁 서로 얼른 먹으려고 나대니 엄청 뜨거웠을 텐데도 입친징 데인 기억은 안 나고 입안에 번지는 쌉싸래하면서도 시원한 국물 맛이 오래도록 맴돈다.

돌이 많고 강 속이 훤히 보이는 맑은 물속에서는 아무 돌이나 들추어 손으로 잡아내면 되는 끼리끼리

다닥다닥 붙어있는 흔하디흔한 존재다. 냇가에 나가 한 시간 남짓 놀이하듯 몸을 놀리면 누구든지 한두 됫박은 거뜬히 잡을 수 있었다. 다슬기 먹이인 물이끼 때문에 바닥이 미끄러워 잘못 밟으면 미끄러져 자빠져서 물속에서 허우적거리다가 곁에 도움을 주는 사람이 없으면 봉변도 당하고 크게는 익사 사고도 난다. 떼 지어 산란해서 사는 습성이 있으니 그냥 손으로 더듬거리며 손에 잡히는 대로 몽땅 떼거리로 잡을 수 있어서 재미에 푹 빠진다.

삶아서 껍데기 속의 속살만 이쑤시개나 바늘로 빼먹고 우려낸 국물을 마시면 담백한 맛이 일품이다. 암녹색을 띠고 있는 껍데기는 이것이 바로 녹색소로 이뤄진 간의 조직 원료로 신장을 돕고 간담의 약이 된다고 해서 숙취에 좋다고 술 마시는 사람들이 즐겨 찾는 국물이다.

외할아버지는 젊은 날 공부하러 일본에 갔지만 해방 후에 귀국하여 남평에 자리 잡고 머무셨다. 때를 잘못 만나 한이 많은 세월을 사느라 약주에 많이 의지하셨다. 과묵한 성품이지만 무서운 분은 아니었고 지금 생각해 보니 큰손녀인 내게 뭔가 가르쳐주고 싶은 게 많았지만 스스로 포기한 것 같았다. 말벗도 없이 외톨이의 고독을 사시느라 크게 소리 한번 내 보지 못한 시간들은 돌 틈에 웅크린 다슬기의 시간만큼 외롭던 시간이었던가 보다. 다슬기는 단단한 껍질 속의 속살이 꽉 차게 되면 끓여져서 국물이 되고 그 맛은 담백하고 후련함을 더해준다. 할아버지의 가슴속 답답함도 쓸어내리고 녹여 내린 듯 후련해지니 따끈한 다슬기 국물 한 모금으로 뻥 뚫려 속내가 만족스러워서 뜨거운 국물인데도 시원하다던 모습이 기억에 남는다.

하얀 머리카락에 미남이고 늘 혼자서 책을 읽다가 시조 한 수 노래하며 손수 담배써레질도 하시던 모습이 그림 같았다. 논밭일도 할 줄 모르고 사랑채에 앉아서 멍 때리시던 모습이며 시국이 조심스럽던 때라 바깥출입도 안 하고 어울리는 사람도 없이 혼자서 그 세월을 사신 것이다.

내가 외가에 있는 동안 다슬기 잡아오면 '아! 시원하다' 하면서 씨익 웃으시던 그 미소를 70년이 지난 지금도 그려낼 수 있다. 일등은 늘 쫓기며 피곤하니 공부도 적당히 하라고 말렸지만 다슬기는 다른 애들 보다 내가 한 움큼 더 잡아오면 빙그레 웃으며 좋아하셨다. 약주 들고 취해서 잠이 든 할아버지는 어린 내 눈에 처량해 보였고 늙어지면 누구나 외로워지는가 보다고 어린 마음에 새겨졌다.

외할아버지 돌아가신 후 어머니가 들려주신 얘기인데 우리말에 서툴러도 친구처럼 종알거리던 내가 곁에 있어서 그해 여름은 제일 행복했었노라고 하셨단다.

나이만큼 늙는 것이 아니고 생각만큼 늙는다는 말이 있듯이 그러고 보면 나도 일찍 철이 들었던가 보다. 외할아버지의 한 서린 외로움과 뜨거운 다슬기 국물로 풀어 보이던 나이 든 노년의 외로움을 내게 보여주셨지만 더 달래드리지 못한 그때를 생각하면 지금도 눈가가 젖어온다. 떼거리로 모여서 살찌우던 다슬기네 평화롭던 물속 풍광도 새삼 그립고 정겹게 다가온다.

한 됫박 다슬기를 사 들고 돌아서면서 오랜만에 다슬기 맛도 외할아버지 모습도 품어 보게 된다.

땡볕 내리쬐는 한낮
무릎까지 차오른 냇물에서 다슬기 잡는다
풍덩, 옷 젖는 것쯤 나 몰라라
바닥 훤히 들여다보이는 물속 돌멩이 사이사이
다슬기 가족 모여 있는 곳 찾아내
오지게 한 움큼 잡아 낸다

막걸리 한잔에 다슬기 삶아낸 뜨끈한 국물 한 대접
외할아버지 '아 시원하다'

만족해 웃으며 맛있게 드시는 모습이 그저 좋아서
그 환히 만면에 번지는 미소가 보고파서
더 열심히 다슬기 잡는다

뭍으로 올라올 즈음 멱 감고 물장구치며
편 갈라 물놀이에 취해 신나게 놀던 그곳
아직도 잊혀지지 않는 외가의 뒷내
물속의 시원함이 되어 외할아버지가 떠오른다
어젯밤 꿈속에서 한 움큼 움켜쥔 다슬기
팔까지 쥐 내린 꽉 쥔 주먹은 펴보니 텅 빈주먹이다
다슬기도 외할아버지도 어디서 찾아볼거나

봄밤

정금지
2011. 3. 천료

저녁미사를 마치고 돌아오는 길은 갈 때와 달리 어둠이 짙게 내렸다. 밤바람은 비단결처럼 부드러웠고, 어디선가 바람에 실려 온 은은한 향기는 봄밤의 정취를 한껏 자아냈다. 포근하고 아늑한 기운이 온몸을 감싸고 돌았다. 늦봄 어느 일요일이었다. 밤에 외출할 일이 없다 보니 굳이 저녁미사를 고집하는 이유 중 하나는 이 시간을 즐기는 때문이기도 하다. 홀로 걷는 밤길이 짧기는 하지만 평화로운 마음으로 어두운 하늘을 보고, 계절을 느끼며 하루를 돌아보곤 한다.

온몸으로 느꼈던 봄밤의 기운이 쉽게 가시지 않아 닫아 놓은 거실에 커튼을 밀었다. 밤이 깊어 앞 동에 불빛은 거의 꺼지고 저 아래 아파트 정원에 드문드문 서 있는 외등은 하품을 참고 있었다. 창문으로 들어온 희미한 빛이 발등을 비추었다. 밖에서 들어온 불빛인 줄 알았는데 뜻밖에 달빛이었다. 초저녁 집으로 돌아올 때는 보지 못했던 달이 어느새 중천으로 떠오르고 있었다. 만월이었다.

안방 앞 베란다로 자리를 옮겼다. 창문에 내려진 롤스크린을 다시 올리고 키 작은 의자를 놓고 쪼그리고 앉았다. 하얀 달빛은 베란다 화단 깊숙이 들어왔다. 영산홍 꽃은 지고 없는데 달빛은 꽃을 찾기나 하듯이 키 작은 나뭇잎 사이사이에 그림자를 만들고 남은 빛이 나에게로 왔다. 잡티라고는 찾아 볼 수 없는 밝고 해맑은 얼굴한 달은 뒷면까지 투영될 것 같았다. 전에는 본 적 없는 은은한 달빛을 혼자 보기가 아까웠다.

휴대폰을 열었다. 이 시간까지 깨어 있을 만한 친구를 찾아 세 명한테 소리 나게 짧은 문자를 보냈다.

"자니? 달 좀 봐."

답장은 사진과 함께 왔다. 세 장의 사진은 각기 다른 모습을 하고 있었다. 까만 하늘에 홀로 유영하는 달, 소나무 위로 높이 떠 동네를 환하게 비추며 내려다보고 있는 달, 서울 친구가 찍어 보낸 사진 속에는 네 줄기의 달빛이 사방으로 강렬하게 뿜어져 나오고 있었다. 친구 말대로 서울의 달이 더 밝은 거 같았다. 모두 반갑고 고마웠다. 사진은 귀한 선물이었다. 복 중에 가장 큰 복은 인연 복이라고 하던데 이 늦은 시간에 장소는 다르지만 내가 보고 있는 달을 같이 보고 있다고 생각하니 흐뭇했다.

학창 시절, 그믐달을 몹시 사랑한다는 나도향의 글을 읽고 나도 한때 그래볼까 한 적이 있었다. 그러나 얼마 안 가서 마음을 접었다. '평화롭게 잠들은 세상을 저주하며, 홀로이 머리를 풀어뜨리고 우는 청상과 같은 달'이란 대목이 맘에 안 들었다. 어느 영화에서나 나옴직한 으스스한 장면이 연상되기도 했고, 사람은 생각하는 대로 된다는 말도 있듯이 행여나 그렇게 될지도 모른다는 두려움도 있었던 것 같다. 그렇게 많은 날들이 지나고 마음을 바꾸는 계기가 된 건 언젠가 신문에서 본 장정 손바닥만 한 그림이었다. 훤히 드러나 보이는 정수리에 시대에 맞지 않게 더벅머리를 한 맨발의 남자. 그는 바위에 앉아 오른팔을 들어 손가락으로 달을 가리키며 웃고 있다. 그 표정이 어두웠던 마음에 환한 빛으로 다가왔다. 간송미술문화재단이 제공한 조선 중기 왕실작가 탄은 이정의 「문월도(問月圖)」였다. 달을 보려면 달을 가리키는 손가락은 잊으라는, 견월망지(見月忘指)의 깊은 뜻은 다음으로 미루었다. 다만 그믐달을 가리키며 웃고 있는 표정을 보며 그동안의 두려움을 지웠다. 그 대신 의문이 남았다. 만월을 지나 이지러지는 새벽녘 그믐달을 가리키며 웃는 천진스러운 얼굴은 어떤 마음일까. 그도 나도향 만큼이나 그믐달을 사랑하는 것일까?

달을 보고 좋고 싫음을 가릴 일은 없지만 선택을 하라면 아무래도 나는 보름달이다. 자정을 향해가는 시각, 두 손을 오목하게 내밀어 달빛을 받아 가슴에 안았다. 파문이 일던 마음이 잔잔해졌다. 살아 온 날만큼 추억도 쌓이고 지나간 날은 모두가 추억이 되는 나이가 되었다. 비록 장소는 다르지만 해맑은 보름달을 보며, 뜻밖에 반가운 사람을 만난 것처럼 설레게 했던 그 밤은 세 명의 친구와 함께 아름다운 추억으로 남았다. 기회가 된다면 어느 산사 오래된 툇마루에 나란히 앉아 떠오르는 보름달을 같이 보고 싶다.

너의 별이 빛나도록

김소형
2011. 3. 천료

딸아이의 스물일곱 번째 생일이다. 나뭇가지 사이로 스며드는 햇살이 눈부시게 따스하다. 하늘이 드높고 맑아서 처음 본 사람처럼 한참을 올려다봤다. 기분 좋은 가을날이다.

창으로 들어오는 햇살 덕분에 온 집안이 환하게 밝다. 아이는 들뜨고 흥분되어 한 옥타브 올라선 목소리로 집안을 돌아다닌다. '생일 밥'에 아빠께는 맛있는 고깃집에서 저녁을 사 달라고 하고, 서울에 있는 오빠에게는 원하는 케이크의 사진을 먹고 싶다는 말과 함께 보낸다. 그리고 나에게는 미역국과 제육볶음 그리고 육전을 해 달라고 주문한다. 아이는 가족들에게 자신의 생일 선물로 무엇을 해 달라고 구체적으로 말하는 실속파다. 생일을 앞둔 며칠 전부터 디데이를 하면서 들떠 있는 모습이 철없어 보이다가도 순진하고 귀여워 웃음으로 받아주었다.

자기 생각을 스스럼없이 표현할 수 있는 아이. 원하는 것이 있으면 당당하게 요청할 수 있는 아이. 싫으면 싫다고 거부의 의사를 정확히 전할 수 있는 보통의 아이로 키우고 싶었다. 우리의 바람대로 제법 잘 자라고 있는 것 같아서 왠지 모를 안도감이 들었다.

아이가 대학교 졸업반 때 우리 가족은 '발달장애 등급' 신청이라는 커다란 결정을 앞에 두고 긴 시간 동안 고민했었다. 어떻게 하는 것이 옳을까? 후회하면 어쩌지? 아이에게 주홍 글씨로 남아 낙인처럼 아플까봐 걱정됐다. 서로 의견을 나누는 과정에서 울컥하는 마음에 쉽지 않았다. 사람들은 대체로 힘듦의 무게가 버거울수록 겉으로 잘 드러내지 않아서 다른 사람의 아픔을 잘 보지 못한다. 나 혼자만 아프고 힘든 것처럼 느끼며 괴롭게 살아간다. 현실을 외면하고 싶을 때도 많았지만 나는 엄마다. 북받치는 감정을 잠시 접어두고 다시 냉정해져야 했다. 이대로 대학을 졸업하면 아이는 스스로 사회의 구성원으로 살아가긴 힘들다. 지금까지는 조금 부족하고 느렸지만 제도화된 교육 현장의 틀 안에서 그래도 지낼 수 있었다. 하지만 졸업하면 사회인으로 살아갈 길이 막막했다. 청년실업의 문제만은 아니다. 그런 고민조차도 할 수 없는 상황이기에 더는 미룰 수 없는 어려운 선택이었다. 그렇게 힘겨운 시간을 보내고 아이는 발달장애 등급을 받았다.

딸은 대학에서 사회복지를 전공했다. 학교 수업은 따라가기 어려워했지만 성실하게 노력한 덕분에 즐거운 대학 생활을 보냈다. 그런데 아이는 사회복지 실습 기관을 선정하지 못해 힘들어했다. 받아주는 곳이 없었다. 장애인 복지관을 방문해 상담하고 사정을 말해도 선입견에 힘들어서 버틸 수 없다고 안 된다고만 한다. 일단 한번 시켜보고 못하면 그때 돌려보내라고, 기회를 한 번만 달라고 사정해도 부정적인 답만 전해왔다. 아이의 고통이 고스란히 내게 전해져 아주 힘들었다. 할 수 없이 학교 교수님께 실습 없이 졸업이 가능한지 상담을 신청했다. 그리고 교수님께서 추천해 주신 요양원에서 실습할 수 있었다. 그곳에서도 일단 학생을 보고 결정하겠다고 했지만 아이는 무사히 사회복지

실습을 마쳤다.

성인이 되어 등급을 받고 보니 그다음에는 어떻게 해야 할지 방향을 잡지 못했다. 마침 신문에서 얼마 전 춘천에 '강원도발달장애인지원센터'가 설립되었다는 기사를 보고 망설임 없이 상담을 요청했다. 첫 방문 때 따뜻하게 대해주신 사회복지사 선생님 덕분에 마음이 많이 놓였다. 무엇부터 시작해야 할지 모르는 상황에서 선생님의 진심 가득한 말 한마디 한마디는 큰 힘이 되었다. 아무것도 모르는 우리는, 선생님이 귀찮아할 정도로 궁금할 때마다 언제든 찾아갔다. 장애인 복지 기관에서 오랫동안 일했기에 늘 우리 편에서 만족스러운 답을 주셨다.

그렇게 선생님과 아이의 진로에 대해 함께 고민할 때 좋은 기회가 찾아왔다. '국민건강보험공단'에서 장애인 대상 특별 공채 시험 공고가 났다. 선생님께서는 조심스럽게 한번 응시해 보라고 하시면서, 지체 장애인과 비교하면 업무 능력이 부족하기 때문에 큰 기대는 하지 말라는 말씀까지 덧붙였다. 우리는 고민 없이 도전했다. 분명 힘든 과정이지만 주어진 기회를 그냥 보낼 순 없었다. 그리고 간절히 바랐다.

전국 단위의 공채 시험이라서 마음을 많이 비우고 시작했다. 아이는 학교 다니면서 사회생활에 필요한 준비를 조금씩 했었다. 시험 때마다 스트레스를 받으면서도 학점 관리를 했고, 취업에 필요한 컴퓨터 자격증도 취득했다. 봉사활동과 오케스트라의 클라리넷 연주자로 활동하면서 사회의 구성원으로 살아가는 방법을 배우고 익혔다. 그런 과정에서 사람들과 어울리면서 자신감도 생기고 꿈이라는 것을 갖기 시작했다. 애쓰다 보면 느린 걸음도 결국은 목적지에 도착할 수 있는 거였다. 희망이 없었다면 이루어질 수 없는 일이었다.

모두가 가능성을 염두에 두고 있지 않을 때도 아이는 자기만의 방식으로 합격을 마음에 품었다. 합격 통지서를 기다리면서 그 기쁨의 절반을 미리 만끽하고 있었다. 그 일이 정말로 이루어지게 될지는 모르지만 기다리며 느끼는 즐거움만으로도 아이는 가슴 벅찬 나날을 보냈으리라.

딸아이가 국민건강보험공단 직원이 된 지 여섯 해가 지났다. 지금도 가슴 안쪽이 뭉클하면서 온기가 퍼지던 첫 출근의 기억이 꿈결 같다. 누군가는 운이 좋았을 뿐이라고 한다. 나 역시도 처음엔 정말 믿기지 않아 그런 줄 알았다. 그런데 살아보니 그 운도 어느 날 갑자기 내게 오지는 않는다. 최선을 다해 열심히 노력한 과정의 시간들이 모여서 선물로 와준다.

『우리는 모두 각자의 별에서 빛난다』라는 이광형의 저서에는 '좋은 일은 믿음을 가진 사람에게 찾아오고, 더 좋은 일은 인내하는 사람에게 찾아오며, 최고의 일은 포기하지 않는 사람에게 찾아온다.'라고 했다.

딸아이가 세상이라는 거대한 우주 속에서 가장 빛나는 소중한 존재라는 사실을 알길 바라본다. 그리고 나는 언제까지라도 아이의 까만 밤하늘에 따뜻한 배경이 되어 주려 한다.

그때는 알았을까

유경희
2011. 4. 천료

봄이다. 하루 사이에 날씨가 달라졌다. 어제는 꽃샘추위로 덜덜 떨었다. 아침에 둘레길을 걸으려고 패딩을 걸치고 나왔다. 횡단보도를 건너면서부터 날씨와 어울리지 않는 옷차림이란 걸 느낀다.

주말이라 그런지 가족끼리 온 사람들이 많이 보인다. 문득 옛날 사람들도 운동 삼아, 산책 삼아 산에 올랐을까 하는 궁금증이 든다. 산은 그저 타지에 갈 일이 생겼을 때 몇 날 며칠 걸어야 했던 힘든 길이 아니었을까. 산길을 걷다 운 나쁘면 도적떼나 산짐승을 만나게 되는, 그런 가고 싶지 않은 길이었을 것 같다.

양반네들이 어쩌다 산에 오르면 그 옆에는 먹을거며 앉을 자리를 이고 지고 한 종들이 따랐을 것이다. 노비들은 땔감을 구하러나 산에 갈 뿐, 자기만의 시간을 내서 여유롭게 산에 오르기 힘들었을 것이고, 농가에서는 춘궁기에 먹을 것을 구하기 위해서나 산을 헤맸을 것이다.

처음 이 동네로 이사 와서 산에 올랐을 땐 둘레

길이 없었다. 있었는데 표지판이 잘 안 되어있던 건지, 관심이 없어서 못 본 건지는 모르지만 어쨌든 그냥 가운데 넓은 길로 정상에 올랐다. 산이 낮아 운동이라 하기에는 부족한 것 같아 중간중간 샛길로 돌아가다 길을 잃곤 했다. 코로나 이후 다시 산을 찾았을 때 둘레길이라 쓴 표지판을 발견했다. 실내 운동을 하러 갈 수 없던 팬데믹 시절에 매일 그 길을 걸었다. 많은 사람들이 그때 새로이 산에 입문했다. 둘레길을 조성할 때는 산을 걷는 사람이 이렇게 많아질지 예상했을까.

지난 1월에 베트남 다낭으로 여행을 갔다. 마다가스카르에서 근무하는 동생의 늦은 환갑 선물이다. 두 명이 가는데 자유 여행으로 가면 둘 중 누군가의 희생이 필요하단다. 자기는 회사 일로 바쁘니까 언니 혼자 준비해야 할 것 같다며 패키지로 준비했다. 패키지여행이니까 대충 스케줄만 보고 공부는 생략했다.

바나 힐 정상으로 올라가는 케이블카는 생각보다 빠르고 길었다. 정상 가까이 가면서 고성의 모습이 보이기 시작한다. 해발 1,487m 산 위에 세워진 19세기의 성. 저 높은 곳에 현대와 같은 기계도 장비도 없는 시절에 어떻게 집을 지었을까.

프랑스가 베트남을 식민 지배하던 시절, 지배층인 프랑스인들은 무더위를 피해 고지대인 바나 힐에 휴양지를 만들었다고 한다. 그 당시 베트남 사람들은 무거운 돌이며 나무 등 건축 자재를 맨몸으로 옮기고, 맨손으로 집을 지었다. 집을 짓는 걸로 끝나지 않았다. 하인이라 불리는 베트남인들은 매년 여름, 주인님들이 휴가를 떠날 때마다 그들의 먹고 입고 생활할 것들을 짊어지고, 손에 들고 그 높은 산을 올랐을 것이다. 그 고통과 흘린 땀을 짐작하는 것만으로도 힘이 든다.

평지에 자신의 집을 지을 땅이 없어서 산꼭대기에 지었다 해도 보통 일이 아닌데 식민지 시대에 자신을 지배하는 원수의 휴양지라니…. 식민지 시대를 살아낸 우리 조상들의 아픔과 겹쳐지며 애잔한 마음이 든다.

케이블카를 타고 이십여 분 올라가야 하는 산꼭대기에 어마어마한 테마파크가 조성되어 있다. 유럽 감성이 물씬 풍기는 예쁜 프랑스 마을과 루지를 탈 수 있는 곳이 있고, 실내 놀이공원과 몇 백 명을 수용할 수 있는 뷔페 식당도 여러 개 있다. 공부를 안 한 탓에 바나 힐이 바나산 국립공원인 것만 알고 갔다. 케이블카를 타고 정상에 올라갔다가, 중간에 내려 거대한 두 손이 황금 다리를 떠받치고 있는 다리에서 사진을 찍는 게 다라고 생각했다.

재벌 기업인 '썬월드'에서 테마파크를 만들어 베트남 대표 관광지로 키워가고 있다고 한다. 프랑스 마을만 있던 당시보다 훨씬 많은 유럽의 중세 건물을 지었다는데, 지금도 짓고 있다. 관광객이 많은 만큼 직원과 장사하는 사람들이 엄청나게 많다.

19세기 베트남인들은 자신들의 고통과 땀으로 지은 프랑스인들의 휴양지가 훗날 후손들의 듬직한 일자리가 되어 줄 거라는 걸 짐작이나 했을까.

지금 우리가 짓는 건물, 도로며 공원들은 훗날 우리 후손들에게 어떤 영향을 끼칠까. 내가 쓰는 글이나, 나의 행동들은 내 자손들에게 좋은 영향을 미칠 수 있을까 궁금해진다. 한 치 앞을 모르는 게 인생이다. 현재를 살아가는 것만도 벅찬데 먼 훗날 후손들의 삶까지 걱정하는 건 쓸데없는 일인지도 모르겠다.

봄 햇살에 노란 산수유 꽃이 피었다. 진달래도 수줍게 봉오리를 맺고 있다. 설을 지낸지 얼마 되지 않은 것 같은데 어느새 3월도 거의 다 갔다. 걷기 좋은 봄이다. 조상들이 먹을 것을 찾기 위해, 땔감을 구하기 위해 어쩔 수 없이 올랐을지도 모르는 그 산으로, 오늘도 나는 건강을 위해 마음을 정리하기 위해 산책길에 나선다.

가족 캠핑을 가다

고영문
2011. 11. 천료

하늘은 높고 맑고 깊어만 가는 2023년 가을! 천고마비의 계절 한복판에 와 있다. 10월 1일과 2일 이날은 즐거우면서도 한편으론 아쉬웠던 날들이었다.

충남 서천에 있는 계동 할아버지의 별장에 왔다. 주변 경관이 매우 좋은 곳이다. 앞쪽으로는 서해, 바다 저 멀리 하늘과 맞닿은 수평선이 가물거린다. 간간이 잔잔한 파도가 시원한 바람과 함께 밀려와서는 쏴아 하고 부서진다. 뒤쪽 둔치 소나무방풍림 숲으로 까치와 까마귀가 간간이 날고 있다. 조용한 토요일 오후, 포근한 가을 날씨에 한 폭의 그림 같다.

멀리서 4시간여에 달려온 이곳이다. 짐을 풀고 가족 모두 거실 식탁에 둘러앉았다. 과자랑 포도랑 과일 등 준비해온 음식을 나누어 먹는다.

그러는 사이 간조(썰물) 시간으로 바뀌어 바닷물이 저만치 밀려나고 있다. 기다렸던 가족 캠핑과 갯벌 체험 시간이 되었다. 간단한 옷으로 갈아입고 3발 달린 호미와 개발(조개 등을 잡음)해서 담을 그릇을 들고 넓게 펼쳐진 갯벌로 조심조심 들어간다. 펄에 발이 빠져가며 한 발짝씩 조심조심 조개(동죽조개)를 줍기 시작한다. 펄 속에서 가느다란 한 줄기의 물을 톡 쏘아 올리면 그곳을 호미와 손으로 파고 골라내어 조개를 잡는다. 물이 밀려 들어오기 전까지다. 우리 모두 신기한 듯 이곳 저곳에서 감탄의 소리를 질러댄다. 어느덧 만조(밀물) 시간이 된다. 물이 밀려 들어오고 있다. 제각기 잡은 조개를 그릇에 담아 들고는 밀물에 쫓기듯 뒤뚱뒤뚱 걸어 나온다. 주워 온 조개를 한곳에 모았다. 수돗물로 아이들 아빠가 잡아 온 조개를 한데 모아서 씻는 동안 우리는 집으로 들어왔다. 식탁에 둘러앉는다. 조개 줍고 잡으면서 있었던 얘기들로 여러 가지 색다른 꽃을 피운다.

어둠이 내리기 전에 먹을 것을 조금씩 나누어 먹고는 다시 밖으로 나간다. 이모부가 준비해 둔 바닷가 언덕 캠프파이어장에 둥글게 모여 앉는다. 이모부가 땅을 파고 만들었다는 사각 굵은 주물 철망 위에 나뭇가지를 모아 놓고 모닥불을 피운다. 우리는 함께 손뼉 치며 노래한다. 자연과 어울려 장작 타는 소리를 들으며 캠프파이어가 시작된다. 잠시 후 외할아버지께서 빛과 따뜻함이 주는 캠프파이어의 의미와 오늘 이 행사에 대하여 설명해 주시며 우리 네 가족은 서로 이해하고 끈끈한 정을 나누며 화목하게 서로 돕고 살아가야 한다고 말씀하신다. 덧붙여 우리 모두는 각자 가진 꿈을 이루어 가며 튼튼하고 건강하게 살아가기를 바란다고 하시며 40여 년 전 초등학교 3학년을 담임하면서 가르치고 불렀다는 '얼음지치기' 동요를 부르신다. 드디어 분위기가 무르익어간다. 중학생이 된 재원이의 사회로 우리들은 일어나서 몸을 흔들며 춤을 추었다. 모두 덩달아 신이 난다. 그러다가 다시 모닥불 주위에 둘러앉는다. 모닥불은 둘러앉은 우리들의 볼을 발갛게 물들여 주고 있다.

서해안 바닷물이 파도와 같이 밀려왔다가 다시 빠져나간다. 새들은 숲속 둥지로 찾아들고 하늘에는 별들이 하나둘 나타나면서 어둠이 내린다. 바다, 하늘, 소나무 숲이 어우러진 바닷가! 캠핑장! 이렇게 가족과 함께 즐겼던 캠프파이어는 끝이 났다.

다음날, 우리들은 이모부가 운전하는 트럭을 타고 바닷가 둔치 자갈과 모래, 억새밭을 덜컹거리며 누빈다. 자연과 더불어 많은 것을 보고 즐기며 더욱 신이 난다. 모래 더미 위에서 뛰고 구르며 오르내린다. 귀한 금속인 규사를 채취하기 위하여 바닷가에서 끌어올려 산같이 쌓아 놓은 모래 더미다. 넘어지고 뒹굴며 즐겁기만 하다. 시간 가는 줄도 모른다.

숙소로 돌아온다. 엄마와 이모, 할머니께서 만들어주시는 음식들을 먹으며 이야기꽃을 피운다. 신났던 우리들의 오늘 하루는 이렇게 저문다.

1박 2일간의 캠핑 여행은 참으로 즐거운 시간이었다. 또 한편으로는 아쉬웠다. 다음번에는 오늘의 경험을 바탕으로 준비를 더 잘해 와야겠다. 텐트도 가져와서 치고 야영을 직접 해 보았으면 좋겠다.

"비록 1박 2일이었지만 모두모두 건강하게 꿈을 갖고 자라는 건전한 사람이 되도록 해요."라고 외할아버지께서 우리에게 당부해 주신다.

이런 큰 행사를 계획하고 준비해 주신 이모, 이모부 그리고 할머니 정말정말 고맙습니다.

흙을 만져보고, 바람을 안아보고

임종학
2012. 3. 천료

이른 아침 넉넉함을 향해 출근한다.

농원에 도착하면, 먼저 벌통의 덮개를 열고 벌들의 활동 상태를 점검한다. 먹이가 충분한지 여왕벌의 산란 정도가 어떤지 등을 확인하고 다시 덮개를 닫아주며 벌들과의 교감을 마무리한다. 오월과 유월 동안, 아카시아꿀과 밤꿀을 넉넉하게 저장해 놓은 계상 벌통의 위층엔 꿀이 가득가득 차서 밀봉한 상태다. 며칠 후엔 위층의 꿀은 수확해 가족과 친지들에게 나누어주고 아래층의 꿀은 겨울 동안 벌의 월동 먹이로 남겨줄 예정이다.

사월부터 퇴비와 비료를 뿌리고 트랙터를 불러 갈아엎은 밭에 파종을 시작하였다. 귀국, 귀농 후 네 번째 농사이고 보니 농기구를 다루는 일이나 파종 요령도 제법 손에 익숙해졌다. 물론 그동안 아내의 친절한 지도 감독 덕분이긴 하지만.

도로 앞쪽으로 토마토, 수박, 참외, 오이를 심고, 뒤쪽으로 토란이며 옥수수 등을 심었다. 유월 말경, 들깨를 심으면 파종일은 거의 마무리된다.

흙을 다루며 고랑을 내고 파종하며 흘린 땀을 씻고 창고 그늘에 앉아 파란 하늘과 구름을 감상하는 순간이 하루 중 가장 소중하고 여유로운 행복감을 맞이하는 시간이다. 시원한 바람을 안아볼 때면 내 안에 남아있던 번민의 덩어리들도 시원하게 비워진다. 바람의 시원함은 내가 흘린 땀의 가치와 비례한다. 시원한 바람을 안아보는 순간의 행복감이란 온 세상을 다 얻은 듯한 기분에 취한다.

농사일로 흙을 다루면서 흙의 위대함을 실감하게 되었다. 미세먼지 크기의 들깨 씨앗 하나가 흙에 묻히면 훌쩍 자란 들깨 줄기에서 몇백배가 넘는 들깨가 열린다. 옥수수 한 알을 흙에 심으면 수백 배의 옥수수 알들이 꽉 들어찬 큼지막한 옥수수가 달린 커다란 나무줄기가 되어 어른 키보다 높게 성장한다. 흙이야말로 신(神)이 인간에게 내준 위대한 선물이란 깨달음을 얻게 되었다. 흙을 만지며 느껴지는 촉감으로부터 위대한 신의 선물에 한량없는 감사의 마음을 가진다.

그동안 농장에서 흘린 땀을 보상받는 칠월, 인간은 모름지기 자연을 사랑해야 한다는 논제를 실감하게 된다. 오이와 참외가 주렁주렁 달리고 수박도 덩그렇게 달린다. 유실수 농원에는 복숭아, 자두, 구기자, 사과 등 예쁜 열매들이 나를 즐겁게 한다. 이 열매들은 우리 가족과 함께 이웃이나 자식들과 나누어 먹는 수확의 기쁨도 함께 선물해 준다.

정년 후 십 년 가까운 세월 동안, 해외 프로젝트 수행에 따른 조직관리며 공정관리에 몰두하느라 고단한 스트레스에 파묻혀 지낸 역정, 이제 거실에 걸린 댐과 발전소 전경 사진과 함께 지난 추억으로 고이 간직하고 있다. 정해진 일정과 스케줄에 얽매이기보다 영혼의 자유로움을 되찾은 농원에서의 일상이 홀가분하고 넉넉해서 좋다. 이른 아침 맞이하는 자연과 함께하는 삶이 복잡하지 않고 단순한 삶이라서 여유롭다. 내 안에 뭉쳐있는 욕망을 자꾸 덜어내고 가볍게 할 때 만족감, 행복감, 즐거움이 더욱 커진다.

흙과 바람을 소중한 인생의 친구로 함께하며, 여유로운 마음으로 쉬어가는 넉넉한 삶을 사유(思惟)하련다. 쉼은 삶의 정지가 아니라 삶의 중요한 부분이려니, 다시 찾은 두 친구에게 감사하며 적광농원(寂光農園)을 지킬 테다.

문득 서산대사의 시 한 구절이 생각난다. '바람처럼 구름처럼 흐르고 불다 보면 멈추기도 하지 않소. 그냥 그렇게 사는 겁니다. 삶이란 한 조각 구름이 일어남이오. 죽음이란 한 조각 구름이 스러짐이니 구름은 본시 실체가 없는 것, 죽고 살고 오고 감이 모두 그와 같도다.'

창조와 인간

조원제
2012. 8. 천료

사람은 누구나 창조자(創造者)가 될 수 있다. 남자와 여자가 결합하여 자녀를 낳으면 이 세상에 없던 새로운 인물이 창조된 것이기 때문이다. 또한, 인생을 살면서 자기만의 길을 가면서 자기만의 삶의 흔적을 남기기 때문이다.

'창조(創造)'는 일반적으로 '새로운 것을 처음으로 만들어 냄'이라는 뜻이다. 創(비롯할 창)은 뜻을 나타내는 刀(칼 도)와 소리를 나타내는 倉(곳집 창)이 합쳐진 한자로, '비롯하다', '시작하다', '다치다', '상처' 등을 뜻한다. 그래서 '다칠 창'이라고도 한다. 造(지을 조)는 뜻을 나타내는 辶(쉬엄쉬엄갈 착)과 음을 나타내는 告(알릴 고)가 합쳐진 한자로 '짓다'를 뜻한다. 창조는 원자나 분자를 조작해 물체를 만들어내는 것이나 아예 없던 존재를 새로 만들어내거나 세계를 만드는 능력으로 표현되기도 한다.

상상력(想像力)은 생각으로 수없이 많은 가능한 세계를 창조하며 그것은 궁리하고 키워진다. 상상력은 생각하기 과정이고 이미 아는 사실이나 관념들을 재료로 하여 새로운 사실과 새로운 관념 등으로 또다시 만드는 작용을 하는 진지한 행위이다.

상상력은 오감(五感)과 감성(感性)의 작용 등과 함께 나타나는 사람들이 반드시 갖추어야 하는 필수요소이기도 하다. 인생이란 낭만적인 모험이다. 복잡한 문제에 대한 새로운 해결책을 상상하며 창조적으로 살아가는 것은 욕망을 억제하고 죽이는 것보다 훨씬 고귀한 일이다.

우리가 바라는 모든 것들은 상상을 통해 세상에 모습을 드러낼 수 있다. 나의 상상이 나의 현실을 창조한다. 먼저 당신의 내면에서 원하는 모습이 되었다는 것을 사실로 받아들이고 생각하고 말하고 행동해야 한다.

원인을 외부 세상에 존재하지 않는다. 삶의 드라마는 인간의 상상력에서 비롯된다. 무언가 되고자 하는 행동의 원인은 인간의 상상력 안에서 발생하는 것이지 외부에 있지 않는다. 상상 속 장면은 스스로 결정해야 한다.

그리고 그가 어떤 장면을 선택하든 그 장면이 자연스러워야 하며 모든 느낌을 동원해서 소망이 이루어진 상태에 집중해야 한다. 그리고 어떻게 하면 목표한 결과를 이룰 수 있을까, 그 방법을 찾으려 애쓰지 말고 소망이 이루어진 느낌 안에서 살아가야 한다.

나의 삶은 나의 상상력에서 비롯된다. 내 행동의 원인은 나의 상상력 안에서 발생한다. 그러므로 나는 좋은 것, 최상의 것, 행복한 것, 내가 원하는 것만을 상상할 것이다.

나의 상상이 나의 현실을 만든다. 나는 최고의 것만을 나에게 주기로 했다. 나는 최고의 인생을 나에게 선물하기로 했다. 나는 내가 상상할 수 있는 가장 최고의 나로 존재한다.

지금의 나는 과거의 나의 상상이 빚어낸 결과물이다. 미래의 나는 지금의 나의 상상이 빚어낸 결과물이다. 그러므로 지금 이 순간 나는 나에게 일어나는 최고의 일만을 상상한다.

그리고 그것이 이미 이루어졌다는 상상 안에 존재한다. 모든 것이 이미 실현되었다. 나는 감사하고 기쁜 마음으로 지금 이 순간 존재한다. 기쁨과 행복이 흘러 넘친다.

상상 속 장면은 스스로 결정해야 한다. 그 누구도 나의 인생을 창조할 수 없다. 오직 나의 상상만이 나의 현실을 창조할 수 있다. 스스로를 하찮게 상상하고 비루한 생각에 나의 권리를 넘겨주었기 때문이다.

나의 권리란 나의 상상으로 최고의 삶을 창조할 수 있는 권리다. 모든 느낌을 동원해서 소망이 이루어진 상태에 집중해야 한다. 그것이 이루어졌다면 내가 보게 될 장면, 듣게 될 소리, 느껴지는 촉감이나 맛, 나의 말과 행동을 생생하게 상상하고 느낀다.

사람들은 이 상상력을 통해 삶을 행할 수 있는 진실을 발견하게 된다. 그래서 현실 상황을 잘 인지하고 늘 감각적인 기억 속에서 수많은 상상을 하고 자신에게 일어나는 모든 것에 대한 생각의 질문을 던지는 연습을 해야만 한다.

지금 어디서 무엇을 행하고 있고, 무엇이 보이고, 또는 무슨 소리가 들리며, 어떤 감촉으로 느끼고, 냄새와 맛은 무엇이며, 자기 자신이 누구인지까지도 진지하고 진솔하게 생각의 질문을 던지는 것 말이다.

상상력은 우리의 체험(體驗) 속 관찰에 의하여 습득이 되고 감성적인 기록과 기억에 의해 새롭게 만난 상황과 인물 속 역할과의 결합으로 창조가 된다. 따라서 자신의 의지 활동으로 정확하게 모든 것을 관찰하고 또 극 속에서 유동성 있게 활용할 수 있는 능력까지 길러야 하는 것이다.

상상력 기르기는 사람들의 생활능력 가능성이 결정되어지는 생활 창조의 기본이 되는 것이다. 상상력의 출발점은 일상적인 우리 생활 주변에서부터 시작되므로 생활 주변으로부터 진실의 요소를 축출할 수 있도록 눈을 열고 발견해야 한다.

그리하여 주위의 자극과 의미를 일깨우고 개개인이 가지고 있는 잠재의식(잠재의식)의 활용에 의해 창조되어야 할 대상의 이미지를 철저하게 발견할 수 있도록 온 신체를 열도록 해야 함에 그 목적이 있다고 할 수 있다.

그러나 사람들의 상상이 단지 무의미한 상상이나 공상, 환상, 그 밖의 헛된 망상이나, 허상 또는 몽상이나 뜬구름 잡는 구상 등의 진실되지 않는 뜻밖의 방향과 반응으로 흘러간다면 창의성(創意性)과 논리성(論理性) 그 모든 것에서 결함이 나타나니 주의해야 한다.

이런 것들만 아니라면 실제 연구개발과 기술적인 접목, 목적에 의한 모방과 새로운 재창조 면에서 자연스러운 상상력은 아주 유용한 사람들의 실제 작업에 가치 있는 활동이며 의식 속 상상의 출발이 되는 자체가 될 수 있다.

상상력의 자극은 어떤 행동과 믿음, 느낌이 발전하여 움직이게 된다. 사람들의 상상력은 생활 주변을 통한 직, 간접적인 체험과 통찰력을 통해 일어나고 있는 많은 것들에 대해 직시하고 직관하며 항상 상황이나 사건을 주의집중을 통한 감정표현으로 연결시키는 것에서 비롯된다.

삶을 지탱하는 동안 인간에게 불리하다고 여겨지는 문제점들을 새롭게 창조적(創造的)인 아이디어로 극복하여 비전을 달성하는 것이 세상을 지배하는 사람들이라는 것을 깨달아야 할 것입니다.

인간의 창조성은 상상과 기술을 기반으로 한다. 먼저 머릿속에서 그림을 그리고 기술을 통해 그것을 구체화한다. 창조를 위해서는 상상과 기술이 모두 중요하지만, 더 눈여겨볼 것은 기술이다. 기술은 본질적으로 '과거의 상상'이다. 상상은 지성을 가진 인간의 본능이지만 기술은 그 본능이 만든 결과이고 그 점에서 역사(歷史)적이다.

삼전사기 등정

송창윤
2012. 9. 천료

마침내 백록담 정상에 섰다.

천지 사방 풍광을 눈으로 포옹하고 둥그스름한 분화구에 고인 코발트 빛 천수를 보노라니 경탄이 절로 나온다. 10여 년 만의 일이다. "주 하나님 지으신 모든 세계 내 마음속에 그리어볼 때~" 찬양하노라니 안개가 시나브로 사위를 두른다. 순간 출애굽 당시 느보산(해발 835m)에 올라 약속의 땅, 가나안을 바라보며 숨을 거두었다는 120세 모세의 아우라가 나타났다 사라지는 듯.

지난해 9월, 칠순이 기운 나이에 생체검사 결과를 기다리며 마지막이 되리라는 생각에 산행을 서둘렀다. 산티아고 순례길을 걸을 때 3S(Slow 천천히, Steady 꾸준히, Safety 안전하게)를 소환하며 정상까지 가리라 다짐했다. 하지만 탐방 이틀 전부터 장맛비 같은 비가 쏟아져 걱정을 더 하게 했다. 아홉 해 전 아내와 힘겹게 올라와 커피를 나누며 휴식하던 곳, 아내를 남겨두고 정상을 향했던 진달래밭 대피소에서, 안개 덮인 백록담을 바라보며 발길을 돌려야 했다.

두 번째 등반은 2월 하순, 지난해 스페인 산티아고 순례길에서 우연히 만난 두 자매와 함께 하는 산행이다. 설렘으로 재회를 고대하며 좋은 날씨와 안전을 위해 기도해 왔다. 하지만 이번에는 눈 대신 폭우가 퍼붓는 게 아닌가. 기상 예보가 빗나가길 기대하며 안개와 빗속을 헤쳐 걸음을 옮긴다. 탐방로에 들어서자 기상 악화로 '진달래밭 대피소까지'라는 카톡이 날아들었다. 하얀 눈을 뽀드득뽀드득 밟으며 백록담을 오르고 싶다고 했는데…. 올라갈 땐 비가 눈으로 변하고 빙판을 만들더니, 내려올 땐 빙판이 시내가 되어 흐른다. 쉼 없는 빗속에 겨울 산행을 접는다.

세 번째 도전은 5월 어버이날. 이번에도 하늘이 막는 듯. 폭우와 짙은 안개로 진달래밭 대피소까지라 한다. 세 번이나 정상에 오르지 못하고 하산한다니…. "사람의 마음이 그의 길을 계획하지만, 여호와께서 그의 발걸음을 인도하신다."(잠언 16:9) 말씀에 위로받으며 젖은 발걸음을 옮긴다. 순간 알베르 카뮈의 「시시포스의 신화」가 생각나는 게 아닌가. 코린토스 왕 시시포스가 제우스와 하데스를 속인 죄로 바위를 아크로코린토스 정상까지 밀어 올리는 형벌을 받는다. 시시포스가 무거운 바위를 정상에 올려놓으면 아래로 굴러떨어지기를 무한 반복한다는 이야기다. 정상을 오르지 못한 채 하산을 거듭하는 나의 모습에서, 인생은 생사의 경계에서 부조리한 바위 올리기를 무한 반복하는 실존임을 음미하게 한다.

네 번째 등반이다. 6월 열흘 아침 5시 30분, '천하만사가 다 때가 있다'라는 말씀을 묵상하며 탐방로 입구에서 차례를 기다린다. 안내원이 신분증과 QR코드 입장권을 확인하고, "잘 다녀오세요" 친절하게 인사한다. 칠순 노인의 안전을 빌어주는 것이리라. 초입에 들어서자 어둠살이 시나브로 걷힌다. 어제 내린 폭우에 청소한 듯한 나무 데크, 야자수 매트, 자갈길, 바윗길이 마음을 상쾌하게 한다. 신선한 숲 내음을 호흡하며 한 발 한 발 올라가노라니, 초록 이끼 옷 입은 고목(古木)과 돌들,

이슬 머금은 식생들이 싱그러운 얼굴을 내밀고, 이곳저곳에서 진박새, 뻐꾹새, 큰부리까마귀 등이 저마다의 멜로디로 새 아침을 연주한다.

아쉬워하며 세 번이나 돌아서야만 했던, 진달래밭 대피소에서 정상을 향한다. 경사가 급한 울퉁불퉁한 바위 돌들을 올라 1시간 반 만에 도착한 백록담 전망대가 보이는 500m 지점. 흐르는 땀방울을 훔치며 심호흡한다. 해무로 덮인 서귀포 시내 전경과 섶섬, 문섬, 새섬, 범섬이 아스라이 다가온다. 한 폭의 동양화다. 손에 잡힐 듯한 정상을 바라보며 밧줄을 붙잡고 한발 한발 백록담을 끌어당긴다.

드디어 1950m 정상이다. 맑은 푸른 하늘에 떠다니는 흰 구름, 백록담에 고인 코발트 빛 천수, 보시를 기다리는 까마귀들…. 순간 "내가 산을 향하여 눈을 들리라 나의 도움이 어디서 올까"(시편 121:1) 다윗의 시가 절로 흘러나온다. 백록담 표지석 옆에서 기다린 지 30여 분만에 인증 사진을 촬영했다. 사진을 공유한 아들딸과 며느리, 형제들이 카톡으로 "대단허우다. 모세처럼 120은 거뜬허시쿠다" 축하와 함께 "맹심하영 내려옵서" 하며 무탈한 귀환을 주문한다.

하산하는 발걸음이 가볍다. 속밭 대피소에서 2km쯤 내려온 지점. 올라갈 때 보지 못했던 수백 년을 살아온 고목(枯木)이 마음을 끈다. 피사의 사탑처럼 기운 채 찢기고 패이고 벌레들에게 파먹힌 황톳빛 아름드리 몸통, 한때 빛나던 잎도 튼튼한 몸도 다 썩고 흙으로 돌아가는 것이리. 순간 침묵의 소리가 들려오는 듯, 괜찮아, 지금 난 이웃 친구들의 거름이 되어 새 생명으로 태어날 준비하는 것이라네….

묵묵히 고통을 인내하며 자연에 순응하는 고목, 오늘도 바위를 밀어 올리기를 반복하는 시시포스들을 곰곰이 생각하며 성판악 출구에 이르렀다. 배낭을 부리고 무릎 보호내를 벗고 지팡이를 접는다. 관리 사무실에서 '한라산 등정 인증서'를 출력한다. 삼전사기(三顚四起) 등정이 아닌가. 조물주의 섭리를 경험하고 삶의 지혜를 터득하게 한 여정이었다.

천 편의 글과 일만 장의 사진

이용희
2012. 9. 천료

지나간 모두가 꿈인 듯하다.

엊그제 울타리를 채우고 늘어지던 영춘화의 노란 꽃잎도 별무리가 되어 소복이 쌓였다. 바람은 이리저리 그 꽃잎들을 몰고 다닌다. 나뭇가지 하나도 넘어가지 못하고 그 아래 소복하게 쌓이는 꽃송이들이 노란 좁쌀처럼 보인다.

배고팠던 기억도 없는데 왜 나에게 별꽃이 좁쌀로 전환되는 것일까? 잡으려 해도 잡히지 않는 별꽃보다는 입에 넣으면 고소한 좁쌀 밥을 떠올리는 것은 아직은 생명을 이어가야 할 육신의 중요함 때문인지도 모르겠다.

배가 고픈 것은 모르고 살았다지만 나는 글이 고파 본 적이 너무나 많다. 하얀 이 밥 그릇보다 원고지 가득 채워진 글 밥이 더 달콤하고 배가 불렀다. 배곯아 본 사람들은 나를 이해하지 못할지도 모르겠다.

남편까지도 말로는 표현을 안 하지만 때때로 내가 글 배에 곯아 허덕일 때면 '그게 뭐 밥 먹여줘?' 하는 표정으로 바라본다. 이렇게 글 배를 채우고 싶어

하며 15년을 살았다.

30여 년을 가족을 위하여 나름대로 열심히 살았다. 시간마다 충실하려고 애썼고 나 자신에게도 후한 인심을 베풀어 여행도 운동도 틈틈이 하며 즐겼다.

그렇게 보낸 세월이 단막으로 끝나는 날 내게 축복의 기회가 왔다. 천지를 창조하신 분의 섭리가 아니고서야 이렇게 등불이 저절로 켜지듯 드라마 같은 일이 일어날 수가 있을까.

남편이 구해 온 전단지 한 장은 남편 사랑의 증거물이 되어 나의 길을 열어주었다. 집 앞의 대학에서 열리는 방학 학기의 평생 교육 프로그램은 나에게 사진을 시작하게 했고 그 길은 글 쓰는 방으로까지 이어졌다.

그때 내 가슴속에서 일어나던 그 용암의 뜨거운 분출을 누가 막을 수 있었을까. 초등학교 때부터 아니, 글을 읽기 시작하던 그날부터 어머니의 치맛자락처럼 놓지 못했던 글에 대한 연민이 고스란히 살아있는 것을 알았다.

지금까지 제자리에서만 물을 뿜던 옹달샘은 먼 옛날 배웠던 동요를 따라 부르며 새싹에게 물을 주기 시작하였다. 새아침의 창을 열어젖힌 나의 글은 운율을 만들고 이미지를 그리며 작품이 되기 시작했다.

이렇게 글과 사진과 보낸 시간이 십오 년이 되었다. 이제는 당당하게 나는 '사진 찍는 글쟁이'라고 이야기한다. 개미의 발을 따라가고 새소리를 글로 옮기며 화각은 끝없이 펼쳐지고 나의 세계는 눈덩이처럼 커져갔다.

문득 눈을 들어 보니 어느새 해가 기울어진다. 황혼이라고 말하는 저녁은 인생길에 슬픈 발걸음일 수밖에 없다. 누구도 박수를 쳐 주지 않는 나만의 고즈넉한 숲길에서 뒤를 돌아다본다. 내 혼을 다 쏟아내며 머리조차 들지 않고 따라 온 길이다. 나의 발자국을 따라가 본다.

천 편의 글과 일만 장의 사진이 내가 걸어온 길을 수놓고 있다. 혼돈의 세월이었는지 열망의 날들이었는지 금을 그을 수는 없지만 그 안에 가득한 글과 사진을 정리해야 할 시간이다.

글은 각 장르대로 책으로 묶어졌지만 인쇄되지 못한 많은 작품들이 지진아들처럼 누런 얼굴을 외로 꼬고 있다. 부족한 자신들에게 투정을 부리고 있는 나의 부족한 분신들을 어떻게 해야 할지 생각이 많아진다.

내가 뿌려 놓은 나의 꽃잎들을 이렇게 흩뿌려 놓고 떠날 수는 없을 것 같아서 두 손으로 살살 모아 본다. 손에 잡히는 보드라운 꽃잎들을 한 줌 한 줌 나의 방마다 옮겨본다.

욕심은 이어지고 두고두고 지워지지 않는 저장법을 찾아본다. 전자책도 하나의 방법이 된다고 일러 주신 어느 지인의 지혜를 빌려본다. 또한 SNS에 저장하기 위하여 유튜브 제작을 시작한다. 오랫동안 빛을 못 보던 옛날의 사진들을 꺼내어 추억 속에 젖기도 하며 한 편 한 편을 '이슬이 포토 에세이'라는 제목으로 올린다. 맨 끝에는 언제나 '사진 찍는 글쟁이'라는 닉네임을 놓치지 않는다. 내 글과 사진의 생명을 앗아갈 그 무엇도 없다니 그보다 좋은 저장법이 있을 수는 없다. 나의 존재가 사라진다 해도 이 세상이 존재하는 한 지워지지 않고 보관될 수 있음을 믿어본다.

내 이름을 문패로 달게 되는 저마다의 집이다. 나의 수필 시 동화 동시 시조 디카시 사진수필 시나리오들이 제각각 저들의 방에서 영생을 누릴 수 있다니 돌아보는 뒤안길이 서럽지 않다.

비 내리지 않아도 세월 가면 지는 꽃잎들 바람 불지 않아도 멀리 사라져 가는 나의 꽃잎들에게 손 흔들어 보낼 수 있는 가벼운 아침이다.

등에 지고 떠나지 않아도 불태우지 않아도 되는 나의 세월들을 돌아보며 나도 저 꽃잎처럼 날아본다.

척추 협착증, 나을 수 있다

윤 석
2012. 10. 천료

늘그막에 고통스럽게 다가온 척추협착증을 근래에 와서 나을 수 있다는 자신감을 가지게 되었다. 척추 협착증은 척추가 노화되고 척추관이 좁아진 상태에서 손상된 디스크가 신경을 눌러서 나타나는 증상이다.

오십이 넘어가면 노화로 인해 척추관이 좁아지기 시작한다. 그러나 척추관이 좁아진다고 누구나 아프지는 않다. 좁아진 척추관의 신경이 어떻게 눌리느냐에 따라 통증으로 나타나기도 하고 안 나타나기도 한다. 통증의 양상도 다양하다. 결국, 통증을 유발하는 키워드는 손상된 디스크이다. 그래서 디스크가 손상되지 않도록 바른 자세를 유지하고 디스크에 손상이 가지 않는 운동을 하는 것이 중요하다.

내가 팔십 중반쯤이 되었을 때 양쪽 다리에 견디기 힘든 저림 증세가 생겼다. 병원에 갔더니 척추협착증이라고 했다. 점점 다리 저림 증상이 심해져 갔다. 걷기도 힘들어져 결국 2017년 4월 86세에 수술을 했다. 하지만 수술 결과는 그다지 양호하지 않았고 우측 다리가 저리는 상태에서 퇴원했다. 전보다는 좋아졌으나 완전하지 않은 나를 보고 사람들은 많이 걸으라고 권유했다. 그 말을 믿고 열심히 걸었더니 5~6개월 만에 절절한 증세가 거뜬히 없어졌다. 놀라운 일이었다. 얼마나 기쁜지 모른다.

그런데 최근에 느닷없이 하체에 이상야릇한 증상이 나타났다. 양다리가 힘이 쭉 빠지고 휘청휘청 했다. 어지러워 도저히 걸을 수가 없었다. 이러다 걷지 못하고 휠체어 신세를 지게 되면 어쩌나 하는 마음에 두렵고 가슴이 떨렸다. 먼저 내과에 가서 검사를 하고 치료를 받았으나 해결되지 않았다. 고민만 쌓여갔다. 이어 정형외과를 몇 군데 다니면서 MRI도 찍고 주사와 약물치료를 받았으나 잠시 수월할 뿐 다리는 계속 힘이 빠졌다. 어떤 병원에서는 수술도 권했지만 몇 년 전에 수술하고 좋은 결과를 얻지 못한 상황에 또 수술을 하고 싶지는 않았다. 마음은 무겁고 착잡했다.

이런 나를 지켜보던 큰딸이 협착증에 대해 공부하기 시작했다. 여러 의사, 교수님의 영상을 보고 수술하지 않고 나을 수 있다는 실마리를 찾았다. 그리고 서울대학교 의과대학 정선근 교수가 쓴 『백년허리』 1, 2권을 보내주었다. 나는 이 책을 완독하고 나서 수술을 안 하고도 나을 수 있다는 확신을 가지게 되었다. 정선근 교수는 수술은 통증을 제거하는 수단에 불과하고 불가피할 때만 하는 것이라고 했다. 척추위생(바른 자세)만 유지하면 자연스럽게 치유된다고 강조했다.

마음을 가다듬고 일상생활에서 바른 자세를 유지하려고 최선을 다했다. 의자에는 등받이를 대고 앉았고, 잘 때는 허리 베개를 구입하여 사용했다. 습관이 되어버린 다리를 꼬는 자세, 무의식적으로 하는 허리 굽히는 자세, 방바닥에 앉는 자세 등은 절대 하지 않으려고 노력했다. 또 가급적 무거운 물건을 들지 않았다.

책에 소개된 허리운동은 여러 가지가 있다. 나는 '하라는 운동'과 '하지마라'는 운동(일명 '3하라3마라'라고 부른다)을 중심으로 운동을 시작했다. 허리 굽히는 자세는 피하고 허리를 뒤로 젖히는 자세를 서서도 하고 배를 깔고도 했다. 덩달아 종아리를 튼튼히 하는 까치발 들기를 열심히 했다. 디스크를 괴롭히는 행동은 최소화하여 척추위생을 최고로 다스렸다. 구부리는 자세는 디스크에 강한 압박을 줄 수 있어 척추위생에 가장 해로운 자세이다. 허리를 뒤로 젖히는 동작을 맥켄지 신전 운동이라고 하는데 이는 요추 전만 자세를 유지하는 가장 좋은 운동이다. 나는 정말 나을 수 있다는 신념과 자신감으로 신전 운동을 하루에도 여러 번 했다. 그리고 신전 운동을 하는 내 모습을 찍어 지인들에게 보내기도 했다.

척추를 위한 여러 운동을 시작한 지 한 달이 조금 지났다. 그렇게 무기력하고 가슴을 아리게 한 얄미운 증상이 서서히 정상으로 회복되는 신호가 왔다. 나는 얼마나 기뻤는지 깊은 잠을 이루지 못하고 이른 시간임에도 불구하고 멀리 있는 가족들에게 알리기 바빴다. 진짜 수술 안 하고 나을 수 있다는 생각에 너무 기뻤다.

나의 증세는 유별나게 유형이 달랐다. 운동 신경 뿌리에 척추 협착의 영향으로 걸을 때 다리에 힘이 빠지는 증세다. 협착증 증세 중에서 가장 안 좋은 증세라 한다. 회복하는 데도 오래 걸린다. 힘 빠짐이 점점 심해지거나 다리가 쇠약해지는 상황이 진행되면 수술적 치료도 고려해야 한다고 한다. 그러나 아직은 그런 상황이 아닌 것이 천만다행이다. 지속적인 신전 운동과 척추 위생을 철저히 준행하면 기대 못지않게 좋아지리라 믿어 의심치 않는다. 짧게는 6개월 길게는 2~3년 걸린다고 한다. 끈기와 집념으로 기어코 치유하리라 굳은 마음으로 오늘도 부단히 땀을 훔치고 가쁜 숨을 내쉬며 신전 운동에 임했다. 척추협착증을 수술하지 않고도 나아야겠다는 절실함에 안간힘을 다해 노력하기로 다짐했다.

고향 친구들

신수희
2012. 11. 천료

더운 여름이 시작되더니 장마가 시작된다고 한다. 괜히 마음이 허허하기도 해서 내가 어릴 때 살던 고향에 내려갔다. 집을 떠나면 고향은 언제나 내 곁에 와서 어릴 때 이야기를 하고 보고픈 친구들이 다가온다.

어떤 계획도, 약속도 없었다. 나 혼자서 그냥 차를 몰고 생각없이 고향으로 가는 고속도로를 달렸다.

어릴 때부터 비 오는 날을 좋아하는 걸 알았는지 오늘도 예상하지 않았던 비가 하늘에서 조금씩 떨어지기 시작했다. 창문 앞에 보이는 회색 하늘과 초록색의 무성한 나무들, 눈앞에 바라다보이는 파란 들판은 금방 목욕하고 나온 여인처럼 청초하고 아름답게 보인다.

그냥 지나가기가 아까워 차를 잠깐 세워놓고 길옆에 빈 의자에 앉았다. 이름 모를 작은 들꽃이 나를 쳐다본다. 내가 어릴 때처럼 때 묻지 않은 작은 꽃들이 앙증스럽고 예쁘기도 하다. 잠시나마 철없이 행복했던 지난날이 머릿속에 가득히 채워진다.

고향, 외할머니, 꽃을 좋아하던 엄마를 닮았나?

다른 때 같으면 앞만 보고 운전하고 갈 것을 오늘은 첫 휴게소부터 자동차를 세워놓고 동행이 없는 커피 한 잔을 샀다.

어디를 가는지 사람들이 왔다 갔다, 바깥에 놓여있는 빈 의자에 혼자 앉았다. 그동안 잊고 살았던 고향의 이야기들이 끝 간 데 없이 앞서거니 뒤서거니 내 눈앞에 어른거리고 있었다

거의 다섯 시간이 흘렀을까? 함양 산천을 뒤로하고 진주 남강을 지났다. 함안 법수가 나오는 걸 보니 마산이 내 곁에 가까워옴을 알았다.

"보고싶어 그냥 왔다"고 활달한 친구 중자에게 전화를 걸었다.

갑자기 왜 왔느냐고 물어볼 만도 한데 가끔 가다가 뜬금없이 방황하던 내 모습을 미리 알아차렸는지 반갑게 전화를 받았다.

엄마가 살아있을 때는 한 달이 멀다 하고 마산을 왔었는데 벌써 몇 년이나 되었다. 오랜만에 이곳에 와서 보니 전에 없었던 아름다운 바닷길과 바다 곁에 세워진 예쁜 집들이 꼭 외국에 온 것처럼 아름답게 변해있었다.

바다와 바다로 연결된 콰이강의 다리, 가포 해수욕장을 지나 충무까지 연결되는 길고 긴 바닷길, 마산에서 진해로 넘어가는 철로 위의 빨간 길. 우리 다섯 친구들은 차 안에 포개 앉아서 점심을 먹고 진짜 지중해에 온 것처럼 '지중해'라는 찻집에 앉았다.

진한 보라색의 수국과 작은 분홍 꽃들이 바다 아래로 향한 꼬불꼬불한 오솔길에 줄을 지어 피어있던 그곳은 바다가 있는 마산이 아니고는 가 볼 수 없는 그런 찻집이었다. 산과 바다만 있었던 마산이 이렇게 아름답게 변해있을 줄은 정말 몰랐다.

거의 삼십 년 전이었을까. 마산시가 창원시로 행정구역이 바뀌었을 때 나는 '똑똑한 마산의 인재들은 다 어디를 가고' 하면서 슬퍼한 적이 있었다. 창원시에 편입된 마산구를 원망하면서 고향을 잃은 슬픈 고아

처럼 쓸쓸하게 서울로 되돌아간 적도 있었다.

지금도 여전히 오랜 역사와 전통을 자랑하던 마산은 아직까지 옛날의 마산시로 되돌아오지는 않았지만 푸른 바다를 가진 자연환경이 만들어 준 마산은 아름다운 나의 살던 고향으로 되돌아갈 것이라고 확신하고 싶었다.

내가 9살이 되던 6.25전쟁 당시 밤이 새도록 탱크 소리, 비행기 포탄 떨어지는 소리에 무서움의 밤을 지새웠던 날들이 지금도 생생하게 기억이 난다. 죽음을 무릅쓰고 지켜냈던 마산의 진동고개는 그래서 적화되지 않은 자유 대한민국을 만들어 냈던 마산의 위상을 보여준 것이라는 생각이 든다.

되돌아오는 행복이라고 할까? 지금 생각하니 잃어버린 것에 대한 원망과 슬픔은 다시 이루어 낼 수 있는 성공이 확신될 때 이겨 낼 수 있다는 것을 이젠 알았다.

길 옆에 핀 아름다운 꽃과 바다 고향에 살고 있는 내 친구들을 번갈아 쳐다보면서 멋지게 변해가는 마산의 풍광이 세계적인 고향이 되기를 기대하면서 자존감을 느끼기도 했다.

금방 갔다가 친구들만 만나고 빨리 돌아오겠다던 나만의 여행은 그다음 날도 또 그다음 날도 우리들은 또 이렇게 만났다. 이젠 얼마나 더 만날 수 있을 것인가? 엄마도 돌아가시고 고등학교를 졸업한 지 60년이 넘었다.

헤어짐의 아쉬움은 나를 일찍 일어서게 만들지 못하고 결국 자정이 넘어서야 서울집에 도착했다. 집에 오자마자 떠나지 않는 고향의 가득한 마음 때문에 친구한테 문자를 보냈다.

"중자야. 파란 마산의 바다를 쳐다보면서 어릴 때로 돌아갔던 우리, 정말 행복했었다. 그리고 고마웠다. 오래오래 건강해라. 영애 성자 영희 경자에게도 내 이런 마음 전해줘라. 영희가 싸준 삶은 계란, 성자가 꼭꼭 무쳐준 콩잎, 엄마 생각이 나서 울었다."

큐 코

안경환
2013. 1. 천료

책 제목인지? "죽도록 일만 하고 갈 거야?"라는 문구를 보고 전하는 메시지가 크게 와 닿았다. 나이 들어감에 우리 모두의 이야기가 아닌가 싶다.

30년 가까이 경상도 사투리에 익숙한 내게 가끔 나긋나긋한 서울 표준말을 들으면 사람마저 고급져 보였다. 서울에 터를 잡으며 말씨에 주눅이 들고 약간의 콤플렉스도 있었지 싶다. 아이 셋을 키우고 조금의 여유를 가지며 수필쓰기를 배웠다. 욕심내지 않고 긴 시간이 흘러가니 책도 내었다. 내성적 성격은 아니지만 어느 날부터인가 글쓰기보다 남 앞에 서서 말하는 게 훨씬 어려웠다. 귀에 쏙쏙 들어오는 강의나 매끄럽게 말 잘하는 사람이 정말 부러웠다. 남들 앞에 서면 준비한 말도 까먹고 머리가 하얘지기 일쑤였다.

죽을 때까지 '배우고 도전하라'라는 말이 새삼스럽지는 않지만 사람을 알게 되고 단체에 소속되어 바쁘긴 하지만 시간이 나면 그림이나 서예를 배우고 싶었다. 망설이다 시간만 흘러갔다. 꿈에도 생각 못한 분야가 내게 인연이 되어 다가왔다.

지난해 강남구민회관에서 하는 시니어 창작 뮤지컬 티켓을 지인에게 받아 관람했다. 일면식도 없는 배우들의 연기를 보며 신선한 느낌으로 강하게 다가왔다. 지나가는 소리로 '뮤지컬 그거 재밌겠네' 하는 소리를 했다. 그 소리를 놓치지 않은 지인이 다리를 놓아 대표와 단장을 만나고 일사천리로 입단(?)이란 걸 하게 되었다. 음치, 박치, 몸치가 생각지도 않은 방향으로 물꼬가 잡혀 버렸다. 50대부터 70대까지 각자 다른 삶을 살다가 모인 사람들은 누구보다 활기차다. 일주일에 한 번 3개월을 배웠지만 뻣뻣한 몸은 아직도 통나무다. 남편만 알고 아이들한테는 말을 안 했다. 토요일마다 시간을 못 내고 뮤지컬을 간다는 소리에 무슨 뮤지컬을 자주 보러 가느냐고 딸이 물었다. 배우러 간다는 소리에 엄마가? 하면서 아이들은 복잡한 마음이 되어 웃는 소리가 수화기를 넘어 날아왔다.

인내라면 역대급이다. 시작을 하면 끝을 보는 사람이다. 아직 단원들 이름도 다 외우지 못하고 배역도 정해지지 않았는데 3개월이 흘렀다. 5월의 마지막 날 양양으로 1박2일 워크숍을 떠났다.

대표님은 극본을 직접 쓰고 뮤지컬을 200여 회나 무대에 올린 유능한 사람이다. 단장, 안무, 노래, 총감독 재능이 있는 교수님들에게 강습을 받는다. 오늘에야 제대로 단합 대회를 하는 날이다. 압구정에서 서울을 떠난 버스 속에서 각자의 소개가 있었다. 말 못하는 사람은 한 사람도 없었다. 내 차례가 왔다. 오랜 세월이 흘러도 남 앞에서 말하는 것은 아직도 어색하다. 내 책을 읽어본, 사회를 보는 교수님이 묻는다. 『엄마가 변했어요』라는 책에 "뭐가 변했어요"라며 물어 왔다. 마이크 울렁증이 있는데 이제 조금 변한 거라고 해서 모두를 웃게 만들었다.

속초에 도착 점심을 먹고 속초 바다정원에 들어선 일행들은 모두의 목에 바다색 머플러를 두르고 하얀 솜구름이 떠있는 예쁜 하늘과 파란 바다를 배경으로 사진을 찍었다. 주체하지 못한 끼들로 바다에 여행 온 사람들의 시선을 끌었다. 고삐 풀린 망아지가 따로 없었다. 쏠비치 콘도에 여장을 풀고 2시간 노래방에서의 열기는 대단했다. 마지막 장기자랑(패션쇼)은 가히 세계의 끼쟁이들이 다 모인 것 같았다. 개성과 즉석에서 만든 극으로 웃음의 도가니가 되었다. 안 맞는 옷을 입은 것 같은 나와는 달리 대단한 아마추어 배우들이었다.

9월 중 무대에 올릴 예정인 우리 인생을 노래하는 인생 극, 창작 뮤지컬 제목은 망대(등대)다. 아직 갈 길은 멀지만 일만 하는 개미를 측은해하는 것도 아니고 노래만 하는 베짱이를 부러워하는 것도 아니다. 각자가 살아내는 삶도 기술이라 생각한다. 휴가가 일상이 되면 평온이 권태와 손을 잡으면 안 된다는 생각으로 하루하루 알차게 쓰려 한다.

큐 코(queue: 줄을 섰을 때 앞에선 사람이 먼저 나가게 된다. 코는 코리아)란, 서울 시니어 뮤지컬 극단 이름이다. 무모한 도전이라 생각한 남편이 말한다. '고마(그만)해라'는 말을 자주 하지만 은퇴 후 둘만 남아 놀 줄 몰라 당황해하는 것 보다 알아서 놀 줄 아는 내가 얼마나 다행이냐고 말했다. 남 앞에 서서 말도 못했던 콤플렉스를 이겨보자! 끝까지 연습해서 배역에 연연하지 않는 행인1 배역이라도 좋다. 인생 후반기, 무대에 서는 달콤한 꿈을 꾸어본다. 큐 코에 익숙해지는 내가 되어보자.

빠른 세월에 중도 보고 속도 보고

장영교
2013. 3. 천료

늙으면 빠른 것은 세월뿐이라고 했던가. 내가 요즘 나이들고 보니 날개 돋친 듯 빠른 세월을 절감할 수밖에 없다. 수필공부 한 번 해 볼까 하고 시작했던 때가 꼭 엊그제 같은데 벌써 그 세월이 십 년을 넘어도 한참을 넘겼으니 말이다. 십 년이면 강산이 바뀐다는데 이제 멀지 않아 그 강산은 또다시 바뀌게 생겼다. 그렇다면 그동안 내 글은 과연 변하기는 했을까. 아직도 나는 내 글을 보면 배가 고프기만 한데, 그러고 보니 내 작품은 언제쯤에나 꽃이라도 한 번 피어보기나 할까.

그나마 그동안 부끄럽지만 등단도 했고, 책도 쉬지 않고 썼다고 하면 꼭 무슨 큰일이라도 한 것 같지만, 사실 수필을 쓰기 시작하면서 수필과 인연을 맺은 이후로 다른 것은 몰라도 내 생활은 드나 나나 항상 무엇을 해도 내 머릿속에는 수필을 생각했고, 모든 내 생활은 수필에서 벗어나 본 적은 없었다고 해도 과언은 아닐 것 같다. 좀 생각이라도 떠오르면 글감이 되지 않을까, 글감이 되면 작품이라도 만들기 위해 나름 고민도 했고 작품이 될 때까지는 내 자신에게는 고심과 시련일 수도 있었지만 인생 늘그막에 선택한 이 길을 결코 후회하기보다는 감사했고, 다시 생각해도 앞으로도 계속 같이 가야 할 길임에는 틀림없다. 내 일생 동안 받은 정규학교 교육 못지않은 세월을 수필과 함께 보내게 되었으니 내 인생 후반도 다 소중한 시간이었고, 귀중한 나의 자산임에는 틀림이 없다. 이제 돌아보니 빠른 세월은 그만큼 재미있었던 도전의 시간이었고, 지도 교수님을 비롯한 문우들과의 좋은 분위기가 그 많은 세월도 꿈같이 지나가게 한 원동력이 아니었을까. 매주 수요일까지 작품 하나 만들어 서로 의논하면서 작품을 다듬었던 그 시간들을 내 저문 인생 마당에서 다시 펼쳐볼 수 있었다는 것만으로도 감사하다. 항상 부족한 퇴고를 안고 또는 영 떠오르지 않아, 아니 완성을 못해서 더러는 안타까운 빈손으로 갈 수밖에 없었던 길도 바쁘기는 매한가지었다. 언제나 부지런을 떨어도 지하철 세 가지 노선을 번갈아 타야 하는 바쁜 길이었다. 그동안 놀러만 다니는 길이었어도 지겹지 않았을까.

오늘도 세 번째 지하철로 갈아탔는데 고등학생으로 보이는 네 명의 남녀 소년들이 경로석 앞 공간에 모여 있었다. 그들은 모두 키도 크고 건강했고, 인물도 준수했다. 소년들은 남녀 가리지 않고 너무도 자연스러운 대화로 스스럼없는 동작으로 장난을 치고 하는 모습이 귀엽기도 하고 신선해서 나는 눈이 마주칠 때마다 웃으면서 바라보았다. 저 모습들이야말로 진정한 민주이고 자유가 아닐까. 또 손잡이에 매달려서 철봉을 하듯 올랐다 내렸다 장난을 쳤다. 앞 경로 승객의 눈살을 찌푸리게도 했지만, 너무도 당당한 소년들이 행복해 보였다. 오늘날 이 시대의 풍족한 사회가 저 소년들을 저토록 구김살 없는 자신감과 행복함으로 잘 키우고 있음을 알 수 있었다. 우리 때만 해도 상상을 못하는 장면들이 아닌가. 그동안 참 많은 세월이 흘렀으니 당연하기도 했다.

소년들을 구경하고 있는 동안 어느새 전철은 고대역에 도착했다. 나는 급히 내리는데 학생 한 명이 난데없이 "교수님, 안녕히 가세요!" 인사를 했다. 나는 처음에는 어디 교수님이 계시나 보다 했는데 곧 따라 나머지 소년들도 일제히 합창이라도 하듯 큰소리로 인사를 하는데 돌아보니 나를 보고 하는 인사였다. 나는 아니라고 해명도 하기 전에 지하철 문은 이미 닫혀버리고 변명할, 아니 해명할 시간도 없이 지하철은 출발하고 말았다. 당황스러웠다.

오늘 글도 못 쓰고 맨손으로 오는데 허전한 나를 위로라도 한 소년들의 인사인지 아니면 놀리기라도 한 걸까. 참 이상도 하다. 내가 왜 교수로 보였을까.

십 년이 넘도록 부지런히(?) 다니다 보니, 별일도 다 겪는구나.

중도 보고, 속도 본다더니, 나는 오늘 참으로 소년들로부터 생각지도 않은 놀림감이었을까. 왜 교수로 보였을까. 나도 어떤 모습으로든 빠른 세월을 그냥 보낼 것이 아니라, 괜찮은 작품 하나 만들어야 하지 않을까. 마지막이 될지도 모르는 이 빠른 세월을 그냥 보낼 수 없지 않은가.

보복이 두려워

한혜정
2013. 3. 천료

사람이 한평생 살아가는 동안 자신의 잘못이 없는데 억울하게 일을 당하는 경우가 어디 한두 가지일까마는 피해를 당한 사람이 오히려 보복을 받는 것은 정말 기막힌 일이 아닐 수 없다. 사는 것은 많이 발전했는데 사람을 귀히 여기는 도덕적 면에서는 오히려 살벌해진 것 같아 걱정이 태산이다.

40대에 S초등학교에서 같이 근무한 C교감선생님 외 두 선생님과 뷔페식당에서 모임을 가졌다. C교감선생님은 그 후 교장으로 정년퇴직을 하셨고 두 선생님은 명예퇴직을 하셨다. 40여 년이 흘렀으니 그동안 지내온 이야기가 끝도 없어 1박 2일은 해야 직성이 풀릴 것 같다. 그동안 특히 기억나는 이야기들을 하는데 C교장 선생님께서 하시는 말씀을 들었다

C교감으로 근무할 시설, 당국에서는 각 학교에 컴퓨터를 한 대씩 보급했다. 그때만 해도 컴퓨터는 학교에서 제일 값이 나가는 보물이었다. 어느 날 밤 숙직교사가 순찰을 하는데 컴퓨터실에서 소리가 났

다. 그 교실에 불을 켜고 둘러봐도 아무도 없어서 그냥 나왔다. 다시 순찰하는데, 한 청년이 컴퓨터실로 들어가는 것을 보고 뒤따라가서 잡았다. 경찰에 신고하자 경찰들이 연행해 갔다. 청년은 컴퓨터를 훔치러 왔다가 실패하고 잡혀간 것이다. 그는 얼마간 형을 살고 나와 자기를 신고한 숙직교사를 찾아가 교실 문 앞에 서 있었다. 그를 본 선생님은 등에서 식은땀이 흐르고 다리가 후들거렸다. 얼마나 섬뜩했을까? 태연한 척 수업을 마치고 나서 그 청년에게 갈비탕을 사주며 수고했다고 좋은 말로 타일렀다. 그 청년은 아무 말도 안 하고 듣기만 했다. 나쁜 마음을 먹고 온 것 같지는 않고 순진한 데가 있었다. 혹시 죄도 없이 감옥에 갔다 온 것을 어떻게 보상해 줄 것이냐고 따지기라도 할 줄 알았는데, 비교적 나쁜 도둑은 아니었다. 돈이 필요했던 것 같았다. 약간의 용돈을 주어 보냈는데 그 후엔 소식이 없다. 그는 보복할 마음은 없고 돈푼이나 얻어 쓸까 하고 왔던 것 같다. 요즘처럼 보복으로 살인하는 시대는 아니어서 그런지 도둑도 그 시대에 걸맞는 순한 좀도둑이 아닌가 하는 생각이 들었다고 했다.

교장선생님의 말씀을 듣고 보니, 나도 그와 비슷한 일을 당했던 옛날 생각이 났다. 사범학교를 갓 졸업하고 발령 받은 햇병아리 교사 시절이었다. 일직교사였던 나는 순시까지 다하고 오후 6시에 숙직교사가 오기를 기다렸다. 해가 짧아 어두워 오고 있는데 숙직선생님은 6시, 7시, 8시가 지나도 오시지 않았다. 밖은 깜깜해졌고 교무실만 환하게 불을 켜놓고 기다리는데 점점 무서움이 엄습해왔다.

1962년 9월에 당국에서 학교마다 환등기 한 대씩을 보내줬다. 컴퓨터는 생각도 못한 시절이었기에 환등기가 큰 보물이었다. 그때, 청부맹씨 아저씨가 교무실로 들어오면서 숙직선생님이 일이 있어 늦는다고 자기에게 부탁했다며 퇴근하시라고 했다. 교사도 아닌 사람에게 환등기를 맡겨도 되는지 망설여졌다. 밤은 점점 깊어 가는데 맹씨는 빨리 퇴근하라고 재촉이다. 석연치 않았지만 할 수 없이 잘 부탁한다는 말을 남기고 교문을 나섰다.

다음날 아침 학교에 오니 교무실에서 난리가 났다. 어젯밤에 환등기를 도난당했다고 한다. 교감선생님은 나에게 "어제 숙직선생님에게 환등기를 제대로 인계했습니까?" 하고 따지듯이 묻는다. 난 숙직선생님이 두 시간 이상 기다려도 안 오셔서 직접 인계를 못했다고 사실대로 말했다. 사연인즉 숙직교사가 늦게 와서 환등기를 이불 속에 감춰 놓고 잠시 눈을 붙이고 일어났는데, 불룩하던 이불이 납작하여 정신을 차리고 보니, 환등기가 없어진 것이다. 도둑맞은 것이 틀림없음을 알고 당국에 보고해야 하는데, 학교로서는 핑계될 말도 없고 아주 곤란을 겪었다. 결국 어제 숙직교사는 제시간에 오지도 못 했고 도둑을 잡지도 못해 근무태만으로 시말서를 썼고, 나는 환등기를 확실하게 인계하지 못하고 퇴근한 이유로 전말서를 썼다. 무섭고 억울했다.

그 후 또 30여 년의 오랜 세월이 흐른 1997년 3월 17일 큰일을 당할 뻔했다. 아이들을 하교시킨 오후 3시 20분, 말끔하게 차려입은 청년이 교실을 들여다보다가 우리 반 00의 삼촌이라면서 들어온다. 상담하려고 온 줄 알고 앉으라고 했다. 양복 안주머니에서 서류를 꺼내는 척 하더니 칼을 꺼내 들고, 멱살을 잡고 돈 내놓으라고 협박을 했다. 처음엔 '학교에 웬 강도가…! 누가 나를 놀려주려고 했나?' 코미디 같아서 떨리지도 않았다. 강도는 "돈만 필요한 사람이니 돈 내놔." 하며 칼을 더 가까이 댔다. 그제야 '코미디도 아니고 꿈도 아닌 진짜 강도'라고 생각했다. "칼 치워! 돈 줄 테니." 그러고는 가방에서 돈을 꺼내 주려고 하는 찰나에 강도가 가방을 들고 튀었다. 그 바람에 "강도야" 하며 쫓아가니 가방을 던지고 도망가다가 수위 아저씨한테 걸렸다. 한참 뒹굴며 싸우다가 강도가 수위 아저씨를 찔러 피가 낭자했다. 강도는 붙잡혀 감방 신세가 되었고 아저씨는 병원으로 실려 가서 한 달 만에 퇴원했다. 그 후로는 형을 살고 나온 강도가 보복하러 올 것만 같아 교실 문을 잠그고 수업을 했다. 나로 인해 사건이 벌어졌으니, 보복하러 올 것만 같았다. 그 후 몇 달이 가도록 그 강도가 칼을 들이대던 환상이 떠나지 않아 많이 힘들었다. 다행인 것은 나도 그 녀석도 순식간에 벌어진 일이라 서로 얼굴을 기억할 수가 없다는 것이다. 또 30년 가까운 세월이 흐른 지금도 어쩌다 생각하면 수소문하여 보복하러 오지 않을까 두려움이 생길 때도 있다. 범죄를 저지른 사람은 자기 잘못은 생각하지 않고 징역살이한 것만 억울하다고 보복을 한다. 그것도 잔인하게 살인을 하는 게 요즘 종종 있다. 마음 놓고 살 수 없으니 어쩌면 좋겠는가!

내가 혹시 보복 당할까봐 걱정하던 그 시대는 그야말로 호랑이 담배 피던 시절이라 함이 옳을 것 같다. 세상이 너무 무서워졌다. 어떤 이유로도 인명을 해치는 것은 안 된다. 세상이 좀 순화되도록 기도해야겠다. 내가 할 수 있는 최선의 방법이니까.

눈 오는 날의 농담

김종복
2013. 8. 천료

함박눈이 펑펑 내리는 날이다. 임원들이 모여 문학회 연간 계획을 세우고 점심도 다 먹었는데, 눈은 계속 내리고 있었다. 식당 자판기 커피를 갖다 놓고 시작된 대화의 물꼬는 H 작가의 집 나간 개였다.

마당에서 3년 키운 진돗개가 어젯밤 개줄까지 끌고 집을 나갔다. 동네방네 다 찾아다녀도 못 찾았다. 대문을 열어 놓고 잤는데도 돌아오질 않았다. 산 아래 혼자 사는 H 작가는 그 개가 큰 의지가 되어 왔는데, 줄이 어디에 걸려 산속에서 꼼짝도 못 하고 동사할까 봐 큰 걱정이라 했다.

"수캐는 왼발을 들고 오줌을 누며 영역을 표시한다. 그래서 혼자 나온 개는 양길이 나오면 왼쪽으로 간다. 집 나간 개를 찾으려면 갈림길에선 왼쪽으로 가 봐야 한다. 집을 찾아오지 못하는 치매 노인도 왼 방향으로 가면 찾는다." 농담 같았지만, 군견훈련 부대장을 지낸 Y 작가의 말이니 충분한 신빙성이 있었다.

H 작가네 개는 수캐는 아니라고 했다. 눈발 속에 줄을 끊고 암내를 찾아 나간 놈은 아니어도 그렇게

해 보겠다고 한다. "눈이 많이 내리면 비닐하우스 무너질까 봐 걱정이야. 여자 혼자 눈을 쓸어내리자면, 이럴 땐 애인이라도 있으면 좋겠어." 진담 같은 농담을 남기고, H 작가는 개 찾으러 간다면서 먼저 일어났다. H 작가가 떠나면서 남긴 애인 농담이 화두가 되었다.

홀로된 노년의 남자에게 그가 다니는 교회에서 미망인 집사님을 소개했다. 여 신도는 띠동갑 연하였다. 그 후 자주 만나 식사도 하고 카페도 다니면서 서로를 알아 오다가 남자는 확신이 섰다. 결혼을 결심한 것이다. 증표로 그녀의 통장에 3억을 보냈다. 그리고 함께 국내의 관광지로 여행을 다니며 알콩달콩 서로의 속내를 굳히고 있었다. 그런데 어떻게 알았는지 남자의 아들 삼 형제가 그녀를 찾아와 결혼하지 말라고 단호히 말했다. 형제가 1억씩 모은 돈이라며 3억을 내밀었다. 살던 연립주택을 팔고 그녀는 어디론가 떠나버렸다. "자식이 혼자된 부모에게 재혼을 권하면 부모가 재산이 없기 때문이고, 말리면 재산이 많기 때문이다." 이런 세상 말대로 재혼을 말린 삼 형제의 아버지는 재산이 70억이 넘었다고 했다.

도 감사실에서 근무했던 K 작가가 상사로부터 들었다니, 아예 허무맹랑한 말은 아닐 것 같다. 아들의 편에 손들어 주는 이들도 있고, 돈 갖고 떠난 여인이 부럽다며 웃기도 했다. 아버지의 편을 진지하게 드는 L 작가는 맏딸이다.

친정엄마가 일찍 돌아가시자, 아버지는 6남매를 키우기 위해 외삼촌이 소개해준 새엄마를 들이고 자식들을 장성하도록 키웠는데, 그분도 먼저 세상을 떠났다. 아버지는 윗마을의 과수댁에 어쩌다가 자주 드나드시면서 마음을 서로 의지했다. 양가의 자식들도 동네 사람도 다 알고 있었다. 그러던 아버지가 훌쩍 세상을 떠나셨다. 돌아가신 지 얼마 안 돼 윗동네 과수댁이 맏딸인 L 작가에게 울먹이듯 전화를 걸어왔다. 서른 전에 남편을 보내고 애들 키울 때는 남자의 정(情)을 몰랐는데,

그녀의 아버지가 돌아가시고 나니 너무 허전하여 살 수가 없다며 하소연을 했었단다. 혼자 된 아버지의 그 쓸쓸함을 아들들이 제 처지처럼 알았다면, 그러지 않았을 거라 했다. 아무도 L 작가 아버지의 재산을 물어볼 순 없었다.

친정엄마가 홀로 시골에 사시는데, 이웃에 혼자 귀촌해온 남자분이 모친 밭에 와서 일을 도와주었다. 고마운 마음에 막걸리 상을 차려 마루에 딱 놓는데, 아들이 찾아왔다. 귀촌인은 술 한 잔도 못 들고 황급히 떠나셨다. '황혼 사랑'의 시작이 될 뻔한 엄마의 촌극이라며 웃던 C 작가가 부언한 소리가 재미있다.

경로당에서 할머니들이 모여 따뜻한 밥을 짓고 갖가지 반찬을 만들어 점심을 먹는데, 한 할머니는 식사를 안 하고 집으로 왔다. 남편 점심을 차려주러 온 것이다. 집에 들어서자마자 빨리 밥 달라고 보채는 남편 말에 맥이 쏙 빠졌다. 흙도 묻지 않은 신발 바닥을 애매하게 댓돌에 탁탁 내려치며 혼잣말처럼 했다. "다 떠났어! 당신 빼고."

여전히 내리는 눈을 맞으며 집에 돌아왔다. 심심풀이로 검색을 해보았다. "개는 왼쪽 오른쪽 개의치 않고 제 맘대로 다리를 들어 오줌을 누면서 자기의 영역을 표시한다." 속웃음이 훅 일어났지만, Y 작가의 말을 농담이 아닌 상식으로 그대로 믿고 싶었다. 집 나간 개를 위해 기도하긴 처음이었지만, 궁금해 H 작가에게 전화를 걸었다. 집에서 한참 떨어진 산 쪽의 개울을 건너간 개는 정말로 나무 그루터기에 줄이 걸려 오가지 못하고, 눈만 맞고 있더란다. 암내 맡은 수캐도 아닌 암캐가 줄까지 끌고 집을 나와 어디로 가려고 했을까?

오늘 낮의 우스운 '황혼 로맨스' 농담들을 곰곰이 생각해 본다. 농담이 진담이 되었나? 밤이 되어서 떠올리는 그 농담들이 하나도 우습지 않다. "다 떠났어! 당신 빼고." 이 말도 전혀 우습지 않다. 종심(從心)의 내 나이를 생각해 보는 눈 내린 밤이다.

나 어릴 적 추억이여

오성건
2014. 8. 천료

1939년 7월 24일, 해 질 무렵 눈을 들면 산이 보이고 돌아서면 강이 보이는 아름다운 금수강산, 녹두장군 전봉준이 농민 봉기 불 든 곳, 두승산 끝자락, 거기서 나는 빈손 불끈 쥐고 있는 힘 다해 고고의 소리 지르며 태어났다.

아버님은 내 이름을 기도 끝에 별 성(星) 자에 열쇠 건(鍵)으로, 하늘의 별 문을 열고 닫는 열쇠를 소유한 자 되라는 높고 깊은 뜻으로 작명하셨다.

이 땅에 태어나고 자라고 가난과 함께 부딪치며, 웃고 울며 뿌리고 거두면서 고뇌했던 나를 에워싼 모든 인연들이 이제는 오래된 기억 저편의 아름다운 향수가 되었다.

해방의 감격과 6.25사변 4.19와 5.16 등 민주화의 격동기를 건너오며 살아온 시간 바깥으로 밀려나 버린 아련한 것들의 회귀가 스멀스멀 조금씩 희미하게 되살아난다.

어릴 적 문전옥답은 물 좋고 비옥한 열 마지기 텃논이었다. 아버님은 도로변 논을 높게 돋우어 우리 집을 신축했기에 마루에 앉아 바라보면 우리 집 논이 한눈에 다 들어오고 마루 기둥에 매어 연결된 새끼줄을 잡아 흔들면 울리는 허수아비 손에 든 빈 깡통 소리에 동서남북 우리 논 끝자락까지 참새 떼를 쫓는 일은 그리 힘들지 않았다.

우리 동리 이름이 바가지 표(瓢) 자에 샘천(泉) 자 마을 동(洞)이었으니 바로 우리 논과 우리 집터가 동네 이름의 발원이었다. 아무리 가물어도 마르지 않는 우리 논 한가운데에 펑펑 솟아나는 우물이 있었다. 겨울이면 김이 모락모락 오르고 여름이면 얼음생수처럼 시원한 맛좋은 샘물이 솟아났다. 그 샘물을 큰 대나무관으로 우리 집 마당까지 이어와 시원한 물을 온 동네 식수로 공급하는 데 크게 일조를 했다.

초여름 모내기 후면 개구리 맹꽁이 노랫소리에 여름 밤잠을 설치고 중순이면 모포기 사이마다 떠있는 파란 잡초를 먹고 자란 우렁이들이 여기저기 유유히 기어다녀 주워다 삶아 초무침하거나 된장국을 끓이면 그 맛이 일품이었다.

여름 장마가 지나고 나면 위 논물과 계곡물이 모여 우리 집 옆을 휘감아 돌아 흐를 때면 어디서 그리도 많이 모여 오는지 통통히 살찐 미꾸라지 붕어 떼가 힘차게 노닐고, 가을이 되어 벼 이삭이 익어갈 때면 논고랑 물이 고인 곳에 살찐 송사리 떼가 연대 사열이나 하듯이 나란히 나란히 열을 지어 빠끔빠끔 물을 머금고 있어 매운탕감은 늘 쉽게 해결되었다.

누렇게 익은 벼이삭이 고개를 숙일 즈음이면 누런 메뚜기떼가 주인을 반기듯 이리저리 날고 뛰어 잡아다 빈 병에 가득 담아 닭 모이도 주고 구워 먹기도 했다.

아! 그러나 지금은 상전벽해(桑田碧海)라, 뽕나무밭이 깊고 푸른 바다가 된 듯 그 비옥했던 논을 모두 매립하여 아파트 대단지가 되고 말았으니~.

이은상 작사 홍난파 작곡 "내 놀던 옛 동산에 오늘 와 다시 서니/

산천의구란 말 옛 시인의 허사로고/ 예 섰던 그 큰 소나무 베어지고 없구려" 이 노랫말처럼 되고 말았다.

어릴 적, 내 아버지의 마음을 왜 그리도 아프게 해 드렸는지 새로 지은 우리 집 안방과 부엌 사이 벽에 구멍을 뚫어 거기에 등잔을 올려놓으면 안방과 부엌이 동시에 밝을 것만 같아 기어이 구멍을 뚫었다. 내 아버지는 그렇게 하면 하얀 벽이 등잔불에 그을려 새집을 버린다며 간곡히 말렸으나 내 뜻을 이루었던 철부지 나. 그래도 아버지는 나의 뜻을 꺾지 않으셨으니 죄송한 마음이 앞을 가린다. 오늘따라 그 따뜻했던 아버지 등에 업혀 아기처럼 소리 내어 엉엉 울고 싶으니 어이할거나.

6.25전쟁이 막 끝나 그 상흔이 속살을 그대로 드러내고 있을 때 하늘도 땅도 무심하게 긴 가뭄에 무서운 흉년으로 풀씨, 풀뿌리, 소나무 껍질로 허기진 배를 달래야 했던 그 시절, 내 고장에는 잡곡으로 만드는 높은 굴뚝의 소주공장이 있었다.

소주를 걸러 내릴 때면 며칠씩 굶주렸던 마을 사람들이 공장 뒤 웅덩이로 쏟아내는 뜨거운 술지게미를 먹기 위해 우르르 몰려와 바가지로 퍼 먹기도 하고 그릇에 담아다 끼니로 대신하기도 했다.

간혹 아귀다툼도 일곤 하던 어느 날 "굴뚝 넘어 오네!" 하는 청천벽력 같은 고함 소리에 모든 것 다 팽개치고 한꺼번에 얽히고설켜 다리야 나 살려라 멀리 달아났는데 얼마쯤 달아나다 뒤돌아서 보니 높고 붉은 굴뚝은 까딱하지 않고, 며칠씩 굶주린 빈속에 뜨끈한 술지게미로 허기를 채우니 알딸딸한 취기가 몰려와 혼몽해졌던 것. 한숨 돌려 파란 하늘을 보니 높은 굴뚝 위 하얀 뭉게구름이 흘러가는 것이 이는 분명 굴뚝이 넘어오는 것이 아니던가?

살겠다고 멀리 달아났던 모두는 거나하게 취한 채 이제 살았다는 듯 술지게미 묻은 얼굴을 서로서로 바라보며 굶주린 배를 움켜쥐고 서글픈 허탈한 웃음을 웃어댔다.

아, 세월이 흘러가도 잊히지 않는 나 어릴 적 가난했던 추억이여!

노년의 돌발 시비

이영승
2014. 10. 천료

'인간은 싸우기 위해 사는 동물'이라고 한다. 그런데 우리가 이 말과 관련하여 꼭 알아두어야 할 것은 그 싸움의 원인이 거의 다 사소하다는 것이다. 이웃 간 층간 소음이나 주차 문제로 시작된 다툼이 살인 사건으로까지 확대되는 것을 보면 상당히 일리가 있는 듯하다. 실은 나도 최근에 사소한 일로 낯선 이웃 주민과 언쟁한 적이 있다. 칠순이 넘은 늙은이가 순간을 자제하지 못해 나보다 젊은 여성과 벌인 시비라 실로 어이가 없다.

새벽 6시면 등산복으로 갈아입고 동네 뒷산을 오른 지 5개월째이다. 목표는 매일 2시간 15,000보를 걷는 것이다. 몇 개월 전 친구들과 등산 중 경사가 심하지 않은데도 산을 오르기 시작하자마자 가슴이 답답해 걸을 수 없었다. 건강의 적신호임을 직감할 수 있었다. 다음날 병원에 가서 진찰하니 운동 부족이라 했다. 족저근막염으로 1년 넘게 운동을 하지 못했으니 당연한 결과인지 모른다. 그래서 시작한 새벽 운동이라 비가 오면 우산을 쓰고라도 나갔으며 이도 어려우면 지하 주차장이라도 걸어 목표를 채웠다. 그 결과 체중이 3개월 만에 3kg 이상 빠졌으며 가슴이 답답하던 증상도 거의 해소되었다.

우리 아파트 주변은 낮은 야산으로 둘러싸여 노년에 건강관리 하기는 더할 나위 없이 좋다. 우리가 서울과 도로 하나 사이로 경기도 땅인 이곳에 이사 온 것도 그 때문이다. 요즘 나의 일정표는 빈 날이 거의 없다. 평소보다 일찍 잠이 깨 핸드폰 일정표를 확인하니 모처럼 일정이 비어 있었다. 한가한 마음으로 좀 더 오랫동안 등산하리라 마음먹고 집을 나섰다. 나의 새벽 등산은 지정된 목적지와 코스가 없다. 그러나 미지를 개척하는 마음으로 늘 다니는 길보다 새로운 길을 선택한다. 아파트 후문으로 나가 100여 미터 지나면 바로 산인데 산기슭을 따라 오솔길이 있으나 등산객은 거의 다니지 않는다. 며칠 전 평소 한 번도 가 본 적 없는 그 길이 궁금해 200m 정도 올라가니 능선 좌측은 배밭인데 울타리가 쳐져 있었다. 일하던 농장 주인이 나를 보자 "여기는 개인농장이니 올라가면 안 됩니다."라고 소리쳤다.

아무리 개인농장일지라도 내가 울타리 밖으로 다니며, 농작물에 피해를 주지 않는데 왜 올라가지 말라고 하는지 이해할 수 없었다. 그러나 더 올라가지 않고 되돌아 내려왔다. 가지 말라고 하면 더 가 보고 싶어지는 게 사람의 심리던가? 그날은 시간 여유도 있어 다시 올라가 보고 싶었다. 지난번 갔던 곳까지 올라가니 울타리 밖으로 길은 계속 있으나 등산하기는 좋지 않았다. 호기심을 접고 되돌아 내려오는데 산 입구에서 낯선 여성분을 만났다. 그분이 나를 보자 다짜고짜로 "아저씨, 그 산에는 왜 올라갔어요?"라고 퉁명스럽게 말했다. 지난번 만났던 남자분의 가족인 듯했다. 그때도 산에 올라가지 말라고 해서 의아했는데 이번에는 느닷없이 "왜 올라갔느냐?"고 따지듯이 물었다. 운동하는 동네 주민임을 모르지 않을 텐데 말이다.

만약 내게 "운동하는 모양이죠? 그 길은 등산로가 아니라 위험하니 다니지 마세요."라고 상냥하게 말했다면 나도 분명 "네, 고맙습니다."라고 말했을 것이다. 그런데 내 귀에는 마치 훈계나 주의 주는 말같이 들렸다. 아무리 생각해도 나보다 훨씬 젊은 초면의 여성에게 훈계받을 일을 하지는 않은 것 같았다.

"아침 운동 중인데, 동네 주민이 농장 사유지 밖으로 갔는데 뭐가 문제죠?"라고 하니 "등산로는 그곳 외에도 많은데 왜 하필 그 길로 다니세요"라고 했다.

그렇지는 않겠지만 마치 자기 농장 근처에는 누구도 얼씬해서는 안 된다는 거만함으로 느껴졌으며, 내가 자기 배밭에 해를 끼칠 사람으로 의심하는 것 같아 몹시 불쾌했다. 그래서 나도 조금 퉁명스럽게 "제가 배라도 따갈 사람으로 보입니까?"라고 하자 "누구나 다니다 보면 순간적으로 따게 되지 처음부터 마음먹고 따는 사람이 있나요? 별거 아니라고 생각할지 모르지만 우리는 생계와 관련된 문제입니다."라고 했다.

도대체 이런 말투가 어디 있단 말인가! 도저히 그냥 지나칠 수가 없어 "무슨 말을 그따위로 하십니까?"라고 했다. 그리고 나도 모르게 독백하듯 "이 여자 정말 형편없는 사람이네."라고 말해버렸다.

뒷말을 그분이 들었는지 모르겠으나 내 말이 좀 심했다는 생각이 들었다. 하지만 상대가 먼저 상식 밖의 말을 했으니 그 정도의 말은 들어도 괜찮다고 생각했다. 그런데 갈수록 태산이라 하더니 점점 더 가관이다. 이번에는 즉시 내뱉듯이 받아쳤다.

"그러면 계속 다녀보세요!"

그리고는 자기 말이 심했음을 인식했는지 곧바로 돌아서 가 버렸다. 따라가며 따질 수도 없어 나도 돌아왔으나 마음은 못내 불편했다. 하루 중 가장 행복하던 새벽 운동이 그날은 완전 엉망이 되어버렸다. 운동할 기분이 나지 않아 집으로 갈까 했으나 그럴 수는 없어 마음을 추스르며 산으로 올라가는데 운동시간이 평소보다 늦어서 해가 중천에 떠올랐다. 터벅터벅 걸으며 생각하니 돌부리를 차고 넘어진 돌발사고가 분명하다. 그러나 엎질러진 물이라 어쩔 도리도 없다. 사람은 본성대로 살아야 한다는 말이 있다. 내 본성은 누구와 시비하는 성품이 아닌데 어쩌다 이런 일이 일어났는지 모르겠다. 인간은 싸우기 위해 사는 동물이라는 말이 맞는 것 같다.

오늘 일어난 일을 입장 바꿔 다시 생각해 보았다. 그분도 마음이 불편하기는 나와 다르지 않을 것이다. 어쩌면 과거에 등산객이 울타리 밖으로 지나다니다 탐스러운 배에 유혹되어 몇 개 땄을지 모르며, 그로 인해 시비했을 수도 있다. 오늘 과민하게 반응한 것도 그 트라우마 때문일지 모른다. 내가 만약 그 길로 계속 다녔다면 그분 말처럼 견물생심이라 나도 배에 손을 댈지 모르며 더 큰 시비가 일어날 수도 있다. 그러한 불상사를 사전에 방지했으니 얼마나 감사할 일인가?

어쨌든 칠순이 넘은 나이에 순간을 참지 못해 일어난 일이라 겸연쩍기 그지없다. 그러나 성인도 자기 그름은 모른다고 했으며, 시비는 상대적이라 누구도 다 피하기는 어렵지 않을까 싶었다. 시비의 원인을 상대방 탓으로 생각했으면 내 마음만 괴로웠을 텐데, 잠시 역지사지로 생각해 불편하던 마음을 가라앉힐 수 있었으니 그나마 다행이다.

내 이름 아세요

문정미
2014. 10. 천료

이름이 없는 존재는 없다. 하릴없이 나부끼는 바람도 이름이 있다. 시름을 놓고 주저앉은 머리 위로 시원스레 바람이 불어 온다. 장마라는 이름을 앞세워 움직이더니 멀리서 비를 몰아오고 있다.

어제는 휴일이라 수원으로 나들이 갔다.

곳곳에 자기 이름을 제대로 보고 운전하라고 이정표가 줄지어 지나간다. 춘천휴게소, 홍천강 다리, 만종분기점, 강릉 방향, 서울 방향 이렇게 쓰여 있는 이름을 잘 보고 진입하란다.

초록색, 분홍색, 하늘색 색깔도 선명하게 동수원, 하이패스, 영통구청까지 유도선이 시야에 들어온다. 집을 나와 잠깐씩 다른 곳으로 이동할 때도 이렇게 세세한 이름들로 안내를 하니 볼수록 새삼스럽다.

세상이 변화되면서 이전에 갖고 있던 이름들이 새롭게 명명 지어졌다. 국가기관이나 시설의 이름도 새 이름을 달았다. 의식하지 못한 채 예전 부르던 대로 이름을 말하면 어디를 말하는지 알아듣지 못할 때도 있다.

문교부도 1948년 처음에는 교육과 문화, 체육 부분까지 관장한다는 내용을 담아서 이름을 지었다. 그 뒤로 문화 예술 부분은 따로 분리되어 공보부란 곳이 맡았고, 1990년까지 그냥 문교부로 남았다.

세월이 흐르면서 그 뒤엔 교육인적자원부, 또 교육과학기술부, 미래창조과학부가 이어갔다. 그러더니 2024년 지금은 또다시 교육부로 부르고 있다. 교육부서의 이름이 문교부가 됐든, 미래창조부가 됐든 하나도 중요하지 않다. 그저 살면서 달라지는 이름들을 듣고 의미를 파악하면 그뿐이다.

그런데 이렇게 같은 의미의 이름들은 정권이 바뀔 적마다 다른 이름으로 부르게 된 거였다. 그 이유가 뭔가 특별하거나 뚜렷한 목적이 있었는지 수긍이 되지는 않는다.

2007년, 전국의 동사무소를 주민자치센터로 이름이 바꾸었다. 그 당시 이름을 새로 짓는데 175억이 지출됐다는 기사를 읽었다. 적잖이 놀랐다. 더 놀란 건 바로 다음 해에는 행복복지센터로 이름이 또 달라졌다. 거기에 정말 거액의 돈이 들어갔다. 그냥 국민 알 권리 차원에서 사실을 알았는데, 뭔가 좀 씁쓸하다.

바뀐 업무가 과거와 크게 다르지 않고 민원실 풍경도 같다. 이름만 줄줄이 동사무소에서 주민자치센터로, 다시 행복복지센터로 바뀌었다. 하지만 대다수의 사람들은 그렇게 어마어마한 돈을 들여 기관의 이름들이 바뀐 사연은 잘 모를 것이다.

시간의 흐름에 따라 쓰는 말이 달라지고 이름이 바뀌는 건 당연하다. 직업에 관한 이름들도 이전과 달리 부르게 됐다.

얼마 전, 텔레비전 공익광고에서 잠깐 봤는데 "아줌마! 아니고, 요양보호사!"라며 그 이름을 강조하며 전문성에 대해 강하게 전달하고 있었다. 새로운 이름도 처음엔 어색해도 사이사이 삶 속에 파고들어 자연스럽게 예전의 향수와 가치를 느끼게 한다. 나쁘지 않다. 다만 새 이름을 명명하는데 시간이 들고 큰 돈이 소용되니 흔쾌함이 없다는 점이다.

몇 년 전에 가까운 친구가 인숙이에서 서현으로 쓰던 이름을 바꿨다. 새로 이름을 지었으니 자주 불러줘야 하는데 어색하고 낯설어 자꾸 전에 이름을 부른다. 친구는 듣기 싫다며 새롭게 바뀐 서현이란 이름으로 불러 달란다.

그런데 새 이름이 안 나온다. 그냥 친구 이름을 부르지 않고 말을 하게 됐다. 새로 정한 이름이 우리들 연배에 맞지도 않거니와 그 친구 분위기와 하나도 안 맞아서였다. 이름은 지면에서보다 입에서 입으로 부르고 불린다. 그게 더 정감있다.

"저건 바다야. 저건 음메 소고, 저건 봉숭아 꽃이란다."

다섯 살 손녀에게 무수히 많은 자연의 이름을 알려 준다. 다시 한 번씩 아름답고 신비한 이름들을 따라한 청아한 아이의 목소리에 퍼져나온다. 생명력이 느껴진다.

사람들이 소통하며 자주 부르고, 서로 이해할 수 있는 건 말 때문이다. 수많은 말 가운데는 진심을 부르는 이름들이 오가며 관계를 완성하는 위대함도 들어있어서이다.

이것, 그것, 저기, 거기, 그 사람, 저 사람, 그대와 너라고 부르는 지시 대명사 말고 고유의 매력과 개성을 간직한 특별한 존재가 바로 이름이다. 정확히 말하자면 인간이 다른 사물과 구별 짓고자 만든 하나의 단어가 바로 이름이다.

하루가 멀다 하고 새로움이 쏟아진다. 돌아서면 잊어먹고 기억하지 못하는 옛 이름들이 사라지고 있다. 저게 뭐였더라 저 인물이 누구였더라 혹시 그 이름 아세요? 입에서 맴도는 많은 이름들이 제 이름 불러주기를 기다리고 있다.

방금 전에도 피서 가서 입을 수영복 이름을 물어봤다. 원피스, 비키니, 그것 말고 시원하게 물놀이 할 때 걸쳐 입는 기능성 수영복?

아하! 래쉬가드라고 하는 거 말이구나!

세상에 존재하는 수많은 이름에 대해 묻고 불러 본다. 비로소 자연과 사물과 사람의 눈을 바라본다. 그 실체를 알아 본다. 이제서야 잠자고 있던 이름들이 빛난다.

제 이름은 아시죠?

요놈의 뱀

김선옥
2014. 10. 천료

다시 걷기를 시작했다. 퇴계천 산책로를 걷다가 교대 학교운동장을 걸었다. 호기심에 맨발로 걸었더니 굵은 모래흙 때문에 발바닥에 전해오는 통증이 심해 잔디 위를 걸었다. 한참 뒤 오른쪽 발을 보니 뱀에 물렸던 발목 부위가 불그스레하며 아파져 왔다. 아직도 뱀독이 남아있나 싶어 벌레 물린 연고를 바르고 나니 통증이 사라졌다.

작년 가을 나는 뱀에 물렸다. 지금껏 슬리퍼를 신고 다녔던 자드락[1]길에서 잠깐의 방심으로 뱀에게 물린 것이다. 그 뒤로 풀숲 가까이 가는 것이 무섭다.

늘 다니던 밭둑 길이었다. 아버지가 살아계실 때는 곤드레나물과 취나물 밭이었다. 친정집에 도착해 아버지가 집에 계시지 않으면 그곳을 찾았다. 그때마다 감나무 그늘로 자리를 옮겨 이야기꽃을 피우던 밭이다. 이젠 작약밭이 되어 봄마다 흐드러지게 핀 작약 꽃은 아버지의 미소를 대신한다.

그날 감 따러 밭으로 향했다. 평소에는 차량 이동

---

1) 낮은 산비탈 기슭에 난 길

으로 흙과 작은 돌멩이가 보이는 길이었다. 길 한가운데에 잡풀들이 삐죽삐죽 올라와 있었다. 흙길로 걸었으면 뱀에 물리지 않았을 텐데, 뱀에 물리려 그랬는지 나란히 걷던 언니 얼굴에 붙은 나뭇잎을 떼어준다고 길 가운데 풀을 밟는 순간 따끔했다. 벌레에게 물렸나 싶어 발을 내려다보니 풀 속에서 빼꼼히 머리를 곧추세운 뱀과 눈이 마주쳤다. 뱀은 자신의 영역에 침입한 나를 경계하고 있었다.

남편은 뱀을 잡아야 한다고 했다. 내 눈앞에서 뱀을 잡는다는 건 끔찍한 일이었다. 무슨 뱀인지 확인할 수 있는 사진만 찍으라고 소리쳤다. 뱀은 사진 찍는 시간만 허락하고 돌담 속으로 유유히 사라졌다.

발목을 부여잡고 언니의 신발 끈을 풀어 발목 아래쪽과 무릎 위를 묶었다. 물린 부위를 압박해서 뱀독을 빼려 해도 쉽지 않았다. 30분을 차량으로 이동해 기다리고 있던 119구급차에 옮겨 타고 병원으로 향했다. 구급대원들은 묶어놓은 발 부위를 풀어버렸다. 묶은 부위의 상처가 괴사 될 수 있다는 것이다. 내가 생각하는 일반적인 응급처치와는 달라 내 마음만 답답하고 초조해졌다.

병원 응급실도 명절 연휴라 특별한 응급처방 없이 2시간 동안 지켜보자고 했다. 뒤따라온 가족들만 병실 밖에서 동동거리며 가슴 졸일 뿐 의료진들은 태연하게 지켜보기만 했다. 본인들 가족이면 이렇게 응급처치를 할까 하는 의구심도 들었다. 응급의료진도 전문의가 없다 보니 적극적이지 않아 화만 부글부글 끓어올랐다. 곧장 다른 병원으로 가야 하나 고민했지만 차량 정체가 심하다는 뉴스를 보고 단념했다. 뱀 사진을 보여줘도 119구급대원과 의사는 각각 다르게 말했다. 의사는 '눈이 침침하냐? 가슴이 답답하냐?'고 물었다. 그리고는 "우리나라 뱀에 물려 죽은 사람 없다."라는 말로 나의 마음을 안심시키기 위함인지 몰라도 느리게 대처하는 모습들을 애타게 그냥 지켜볼 수밖에 없었다.

두어 시간을 지켜봐도 환자인 내가 시력 저하나 가슴 답답함이 없다고 하니 퇴원해서 지켜보라고 했다. 혹시 이상 증상이 나타나면 큰 병원으로 가라는 것이다. 시골집에 도착하니 그때부터 서서히 발목에서부터 뱀독이 퍼지기 시작했다. 물린 부위의 피부색이 시커멓게 변하면서 부어올랐다. 부항을 붙여 독을 빼려 했지만, 물집만 생겨났다. 시간이 지날수록 어지러움이 동반되며 시야가 흐려졌다. 통증으로 밤을 새우고 이른 새벽 대학병원 응급실에 도착했다. 뱀 해독제의 처치 후 입원해 치료를 받았다. 부기가 심해 걷지도 못하고 휠체어를 타는 신세가 되었다.

처음부터 응급처치를 잘했다면 2차 알레르기 고통은 없었을 텐데. 뱀에게 물렸을 때보다 더 심한 가려움증과 함께 다리에서부터 온몸에 붉게 달아오르는 발진은 말로 설명할 수 없이 견디기 힘든 통증이었다. 그나마 뱀에게 혈관을 물리지 않은 게 천만다행이라 생각했다.

건강을 잃으면 모든 걸 잃는다는 말처럼 건강하지 않으니 일, 가족, 돈 모든 것이 아무 소용없음을 깨닫게 되었다. 자라 보고 놀란 가슴 솥뚜껑 보고 놀란다고 걷다가 긴 끈이나 구부러진 나뭇가지만 봐도 소스라치게 놀란다. 그동안 풀숲에 대해 방심한 나의 불찰로 사고 이후 평범한 일상이 늘 감사하다.

오늘은 운동화를 신고 걷는다. 걷다가 힘들면 잠시 멈춰서 신발 밑창에 낀 흙도 털어내며 여유를 가져본다. 발목에 검은 단추 모양의 흔적은 그때를 상기하듯 남아있는데 요놈의 뱀은 잘 있는지 궁금해진다.

순담계곡 래프팅

류춘영
2014. 11. 천료

오늘은 광복절날 오류동교회 호산나 찬양대원 35명(어린이 4명)이 야외 친교 행사로 순담계곡 래프팅 하는 날이다. 밤부터 내리는 비가 그치지 않고 계속 내리고 있다. 순담계곡 래프팅(고무보트 젓기) 장소는 강원도 철원군 갈말읍 순담길에 있다. 대원 중 6명은 각각 개인 승용차를 이용해서 목적지에서 만나기로 하였다. 오전 7시 30분에 교회 중형버스로 29명(어린이 4명 포함)이 출발하여 서울 시내 내부순환도로를 경유하여 의정부에 이르렀을 때에 갑자기 자동차 안에서 계속 경보음이 울린다. 그래서 걱정을 하면서 가까운 자동차 수리 센터로 가서 점검을 하니 사이드 브레이크 연결 회선의 고장인 것으로 판명되었다. 거기서 1시간 30분을 달려서 11시경에 목적지에 도착하였다. 점심식사를 할 식당에서 도착하여 예배를 드렸다.

래프팅은 급경사지와 둑을 넘어 물이 빠른 속도로 흐를 때에는 어지러움증과 공포증이 있음으로 희망자 29명만 래프팅 하기로 하였다. 비가 계속 내리고 있어 모두 우의를 입고 구명조끼와 헬멧을 쓰고 보니 모두 역전 용사 같이 보였다. 3개 조로 나뉘어서 안내 직원 1명과 함께 모두 11명이 노 젓는 채 1개와 고무보트를 함께 들고 선착장인 모래사장까지 내려갔다.

고무보트에 11명이 타고 안내 직원의 구호에 따라서 하나, 둘을 외치면서 노 젓기를 시작하였다. 물이 평탄하게 흐르는 곳은 천천히 노를 젓다가 급경사지역이나 둑을 넘어 흐를 때에는 더욱 빠르게 노를 저었다. 노를 빠르게 젓는 것은 둑을 넘어 갈 때에 잘못하면 보트가 뒤집어지기 때문이라고 한다. 이곳을 흐르는 곳은 한탄강 상류인데 너무나 깊은 계곡으로 물이 흐르므로 그곳의 주민들이 이 물을 보기만 하고 끌어다가 사용할 수 없어서 한탄하였다고 해서 한탄강이라 부르게 되었다고 한다.

물이 둑을 넘어 흐를 때에는 고무보트가 위로 붕 떴다가 아래로 떨어지는데 그 순간 사람도 같이 위로 붕 떴다가 아래로 떨어지면서 어지러움과 좋지 않는 공포감이 느껴졌다. 급경사지와 둑을 넘어 흐르는 곳이 6곳이나 되었다. 그래서 노인들은 래프팅 타기를 즐겨하지 않는 것 같다. 한탄강 상류에서 출발하여 1시간 20분 정도 내려오니 물이 많이 고여 있고 모래사장도 있는 곳에서 잠시 하선해서 휴식을 취한 후 다시 승선하여 아래를 향하였다. 계속 30분 정도 내려가다가 승일교 다리가 보이는 곳까지 내려오니 종착 지점에 닿았다. 그곳에서 11명이 타고 온 그 고무보트를 들고 차량이 대기하고 있는 곳까지 올라가 래프팅 회사 버스를 타고 처음 출발 지점으로 돌아갔다. 이후 샤워를 하고 도착 예배를 드린 식당에서 통삼겹살구이로 맛있게 주린 배를 채우고 시계를 보니 오후 2시 30분이 되었다.

내가 육군 곡사포 부대에서 군 복무를 한 곳이 여기에서 차량으로 40분 거리인 철원군 동송읍 인근 산 아래에 있다. 그 당시 포사격 훈련장이 여기에서 가까운 지역에 있었는데 우리 포대가 가장 빠르고 정확하게 목표를 명중시켜 대대장으로부터 표창장을 받은 일이 새롭게 기억에 떠오른다. 그리고 군 복무 동안 휴가 때에는 오늘 달려온 길을 이용하여 상봉동 시외버스터미널까지 버스로 다녔는데 그 당시와 지금을 비교하면 산과 농토는 변화가 없는데 고속화 도로가 포천까지 잘 되어 있고 도로 주변의 건물들은 고층 건물들이 많아졌다. 55년 전의 옛 모습과 지금의 변화된 모습을 보니 감회가 새롭게 느껴졌다.

비는 하루 종일 오락가락 내린다. 잠시 휴식 후 단체 사진 촬영하고 오후 3시에 그곳을 출발하여 서울 시내 내부순환 도로를 경유하여 오후 6시에 오류동에 도착하였다. 비 오는 날에 했던 래프팅은 스릴 있고 재미있는 멋진 추억으로 남게 될 것이다.

앗싸

이제홍
2015. 3. 천료

새벽에 잠에서 깼다. 3시에서 4시 사이에 어김없이 찾아오는 요의 때문이다. 조심스럽게 침대에서 내려와 조용히 안방 문을 열고 거실을 지나 화장실로 향했다. 곤히 자는 아내가 깨지 않도록…. 아랫도리가 시원해졌다. 침대로 돌아가는 대신 거실 소파에 앉았다. 습관처럼 핸드폰을 손에 쥐고 자연스럽게 은행 앱을 열었다. 화면에는 6시간마다 한 번씩 은행에서 제공하는 '머니 사다리'가 나타났다. 사다리 위에는 여섯 개의 캐릭터가, 아래에는 5만, 4, 1, 2, 3, 5라는 숫자가 표시되어 있다. 캐릭터를 터치하면 선을 따라 내려가서 도착한 숫자만큼 포인트가 쌓인다. 캐릭터는 대부분 1 또는 2에 도착한다. 운이 좋아야 3에 도착한다. 비몽사몽간에 캐릭터를 선택했는데 5에 도착했다. 입꼬리가 올라가면서 '앗싸! 5원이다' 하는 소리가 나왔다. 기껏 1, 2원 더 받았을 뿐인데 횡재한 기분이다. 한 번 더 할 수 있지만 일단 정지. 1원이 나오면 김새니까.

'머니 사다리'만 있는 게 아니다. 1시간마다 제공

되는 '머니 룰렛'도 있다. 1시간마다 2개의 티켓을 얻을 수 있고, 티켓 숫자에 맞춰 룰렛을 돌려 그곳에 표시된 상금을 얻는 게임이다. 5 티켓에 해당하는 룰렛을 선택했다. 룰렛은 8개로 균등 분할되어 6이 7개, 12가 1개 표시되어 있다. 룰렛을 돌렸다. '앗싸 12원이다.' 주먹을 불끈 쥐고 흐뭇한 미소를 지었다. 이 기분 그대로 침대로 올라갔다. 아내가 깨지 않도록 조심조심. 밤마다 잠에서 깨는 이유가 소변 때문인지 몇 푼이라도 버는 재미 때문인지 이제는 그 이유도 헷갈린다.

광고를 보면 보상을 주는 앱도 있다. 그 가운데 '라이브쇼핑'이 있는데 1원에서 3원까지 무작위로 준다. 이때도 3원을 받게 되면 '앗싸!' 하는 소리와 함께 입가에 미소가 흐르고 1원이 나오면 이마가 찌푸려진다. 이렇게 한 푼 두 푼 모으면 커피 한두 잔 마실 정도의 돈이 된다.

예전에는 관심도 두지 않았던 1원이나 2원이 '티끌 모아 태산'이라도 된 것처럼 소소한 재미를 주는 돈이 됐다. 1원이나 2원을 더 받을 때마다 '앗싸!'를 외치며 즐거워하니 이게 바로 게임이 주는 묘미인 모양이다. 묘미 때문일까? 분명한 것은 하루에도 몇 번씩 '앗싸!'를 외치고 있다는 사실이다. 이러다간 쾌락과 즐거움을 불러오는 도파민이 남아나질 않겠다. 하여튼 욕심을 버리니 부지런한 개미보다는 삶을 즐기는 베짱이처럼 살게 된 모양이다.

욕심을 버렸다고? 그렇다면 세속에는 등을 돌리고 음주 가무를 즐기며 고담준론을 주고받는 죽림칠현의 한 사람이라도 되었단 말인가? 그럴 리가. 5원이나 3원을 받으면 '앗싸!' 하고 좋아하다 1원이나 2원을 받으면 눈살을 찌푸리는 것을 보니 죽림칠현의 한 사람은 아닌 모양이다. 아직도 작은 욕심에 매달리는 찌질이를 벗어나지 못한 게 분명하다. 그런들 어떠하리? 새벽에 일어나서 머니 사다리를 타다가 '앗싸!' 하고 외치든, 길 가다 라이브쇼핑을 보며 좋아하든 도파민 분비될 일이 많으면 좋지. 그렇다면 하루에 '앗싸!'를 몇 번쯤 외치면 좋을까? 그야 다다익선이지.

뼈와 내장의 위로

최승희
2015. 3. 천료

잔뜩 찌푸린 하늘빛이 예사롭지 않다. 어젯밤 잠을 잘못 잔 건지 몸살 기운인지 여기저기가 쑤시고 결린다. 만사가 귀찮기도 하고, 아침부터 병든 닭처럼 맥을 못 추고 있다. 이불을 뒤집어쓰고 누우려는데 갑자기 마음에 동하는 것이 있어 주섬주섬 옷을 챙겨 입는다. 을씨년스러운 날 혼자 나갈 생각을 하니 잠시 망설여진다. 이럴 땐 근처에 사는 동생이 만만하다. 갑작스런 연락에도 반색을 하며 동행하겠다는 답이 왔다. 얼른 준비하고 30분 후 만나기로 한다. '순댓국 번개'가 성사되는 순간이다.

선릉역 먹자골목에 위치한 우리 자매의 단골 순댓국집은 문을 열기 30분 전엔 도착해 대기명단에 이름을 올려야 오픈과 동시에 입장해 바로 식사를 할 수 있다. 그 첫 무리에 끼지 못하면 그때부턴 영업을 마감하는 시간까지 늘 대기 줄이 길게 늘어서는 소문난 맛집이다. 대기명단 앞머리에 이름을 올린 손님들의 표정은 여유롭다. 가게 문을 열려면 아직 20여분 남았으니 부지런한 손님들도 기다림을 피할 순

없다. 그러나 조바심이나 지루함이 느껴지지 않는다는 큰 차이가 있다. 그저 기대감으로 충만할 뿐이다. 어차피 이렇게 기다리나 저렇게 기다리나 길바닥에 시간을 버리는 건 매한가지이지만, 예상 가능한 시간에 틀림없이 숟가락을 들 수 있다는 그 확신이 사람을 달뜨게 만든다.

자리에 앉자마자 주문도 하기 전에 양파와 고추, 깍두기와 부추 등이 자동으로 놓인다. 직접 담갔음이 틀림없는 쌈장을 푹 찍어 먹는 양파 맛이 달큰하다. 왜 집에서 먹는 생양파에선 이런 맛이 나지 않을까 하는 실없는 생각을 해 본다. 큼직한 깍두기도 한 입 베어 먹다 보면 뚝배기에 담긴 순댓국이 나온다. 식탁 위에 올라와서도 한참을 혼자 끓고 있다. 일단 첫입은 아무 것도 넣지 않은 순수한 그 맛을 즐겨본다. 한 숟가락 뜨는 순간 돼지 뼈를 우린 국물에 내장과 순대를 넣어 끓인 본연의 맛과 향, 뜨거운 기운이 온몸에 퍼진다. 여기에 부추를 양껏 넣어주면 펄펄 끓던 국물이 진정되고 입안도 국물의 온도에 적응한다. 새우젓, 양념장, 들깨가루 등을 입맛에 맞게 넣어가며, 자신만의 취향을 찾아간다. 이렇게 식탁마다 수십 가지 각양각색의 순댓국이 다시 태어난다.

순댓국은 혼자 먹어도 궁상맞거나 초라해 보이지 않아 좋다. 오늘은 운 좋게 동생과 동행했지만, 설령 그녀에게 다른 약속이 있었다 해도 나는 기꺼이 혼자 이곳을 찾았을 것이다. 남의 시선을 의식하느라 밖에서 혼자 밥을 먹으면 큰일 나는 줄 알았던 20대에는 순댓국 따위 술덜 깬 아저씨들이 먹는 음식이라 치부했고 그 맛도 잘 몰랐다. 어렸던 건지 어리석었던 건지 모를 그 시절을 지나, 세상에 두려운 것이 너무 많아 이제 혼밥 정도는 우스운 40대가 되어 버렸다. 순댓국집엔 혼자 식사하는 동지들이 많아서 기운이 난다. 여기에 반주를 곁들이는 이들도 심심찮게 볼 수 있다. 순댓국을 안주삼아 혼술까지 즐기는 경지에 이르지 못한 나는 아직도 갈 길이 멀다. 뜨끈한 순댓국을 한술 넣고 입에서 불을 뿜듯 뜨거운 김을 내뱉는 자에게선 처량함이나 외로움은 느껴지지 않는다. 소화기관을 타고 흐르는 국물의 온도와 질감을 느끼다 보면, 어느새 노곤했던 육체와 지친 영혼 모두 든든해진다.

적당히 허름하다는 것도 순댓국집의 미덕이다. 한 끼 먹겠다고 찾아간 집의 위생 상태가 불량해서도 안 될 일이지만, 너무 고상을 떠는 문턱 높은 음식점 역시 피곤하다. 그래서 순댓국집을 함께 찾을 정도면 상당히 편한 관계다. 식당이 지저분하네 마네 타박 들을 일 없는 무던한 사람. 머릿고기니 염통이니, 귀, 소창 등 원시의 식재료를 함께 즐길 수 있는 사람. 서로의 외투에 쿰쿰한 돼지향이 배어도 괜찮은, 격의도 없고 서로를 잘 아는 사람. 이런 이들과 함께 먹어서인지 순댓국은 그 어떤 음식보다 더 친근하다.

내장과 부속고기를 어느 정도 건져 먹고 나면 밥을 말아 먹을 차례다. 가급적 탄수화물 섭취를 줄이기 위해 평소 밥은 잘 먹지 않는 편이나, 순댓국과 함께 나오는 흰쌀밥은 마다하기 힘들다. 윤기가 자르르 흐르는 찰진 밥 사이사이로 국물이 배어들면 여기서부터는 또 다른 장이 열린다. 밥을 말아 먹다보면 국물에 전분기가 돌면서 좀 더 걸쭉해지는데, 이 과정을 단계별로 온전히 다 즐겨야 제대로 순댓국을 먹었다 할 수 있겠다.

동생과는 구구절절 말이 필요 없다. 표정만 봐도 상태를 안다. 별 대화도 없이 뼈와 내장의 오묘한 하모니에 "캬-" "크-" 하는 감탄사만 뱉어내며 숟가락질을 하다보면 어느새 뚝배기는 바닥을 보인다. 기력도 없고 살맛도 안 나던 게 고작 오늘 아침이었다는 사실이 새삼스럽다. 식당 문을 열고 나오자 기어코 하늘에선 부슬부슬 비를 뿌리고 있다. 순댓국 먹느라 땀이 좀 났는지 한기가 느껴지지만, 우산도 없이 외투에 달린 모자를 뒤집어쓰고 의기양양하게 앞으로 나아간다. 오늘의 나머지 절반은 애쓰지 않아도 힘을 낼 수 있을 것 같다.

AI 우편배달부

양호인
2015. 3. 천료

AI 우편 배달부가 우편 배송을 시작하면 어떤 일이 일어날까? 자못 궁금하다.

P는 다른 사람과 결혼해야 할 것 같다는 여자 친구의 문자를 받았다. 용기가 나지 않아 맞선을 보았다는 말에도 나와 결혼 해 달라고 말하지 못한 게 화근이다. 그래서 결심했다. 손 글씨로 청혼하는 편지를 써서 붙이기로 했다. 어렵게 구한 분홍색 편지지에 컴퓨터 자판만 두들기느라 익히지 못한 손 글씨 연습을 몇 밤을 새워 끝내고 또박또박 눌러 쓴 연서를 우편으로 보냈다.

편지를 보냈다는 P의 문자를 받은 여자 친구는 매일매일 편지를 기다렸다. 우편함에 들어가기 전에 미리 받으려고 엘리베이터를 내려 우편함 앞을 서성댄 지 며칠이 지나도 편지는 오지 않았다. 터덜거리며 들어온 지 몇 차례 여자는 실망한 마음을 추스르며 맞선 본 남자와 결혼했다.

문자 청첩장을 받은 P는 단숨에 그녀의 집으로 달려갔다. 그녀는 만나주지도 않고 며칠을 당신의 편지를 기다렸지만, 오지 않았다며 울음 섞인 목소리로 말하곤 전화가 끊겼다. 억울한 그는 편지의 행방을 찾았다. 그의 애절한 연서가 담긴 편지는 우편번호 한 자가 틀렸다는 이유로 다른 아파트를 돌아다니고 있었다. 아파트명과 동 호수가 제대로 쓰여있었으나 행정구역 개편 과정에서 우편번호 마지막 한 자가 바뀌었다는 사실을 알지 못한 남자의 연서가 길을 헤매고 있는 동안 그녀는 마음에 상처를 입었고 돌이킬 수 없는 선택을 하고 만 거다. 내가 상상한 연서 이야기다.

초등학교 4학년 크리스마스 때다. 연필 한 자루와 크리스마스실이 붙은 편지를 담임선생님께 보냈다. 내 딴에는 선물을 넣은 봉투였다. 담임선생님 댁에 한 번 방문해 본 기억을 더듬어 나름으로 정성껏 보냈다. 받는 사람 주소란에 '대한극장 옆 ○○○ 선생님 귀하'라고 쓴 편지는 크리스마스를 넘기고 집으로 돌아왔다. 제주의 칠성통은 그때 제주에서 제일 번화한 곳이다. 서울의 명동, 강남역 근처라고 할 만큼이다. 그 편지를 본 오빠들은 어이가 없었는지 배꼽을 뺐다. 대한극장 옆이 우리 동네 같은 줄 아느냐며 놀렸다. 부끄럽고 서운하고 의아했던 기억이다.

40여 년을 다닌 회사에서 우편물을 배달하는 집배원과는 20여 년 눈인사를 나누며 지냈다. 그분은 다른 동료에게 배정된 우편물까지 챙겨서 우리 회사 우편물을 배달해 주었다. 오랜 기간 눈 맞춤을 하며 지낸 세월이 쌓은 정 탓이다.

어떤 드라마에선 우편배달을 위해 무거운 가방을 어깨에 메고 눈 덮인 길을 가는 집배원을 그리기도 했다. 낭만적이고, 아름다운 사람들이 사는 세상으로 그렸다.

추측하건대 머지않아 집배원은 AI 로봇으로 대체될 확률이 높다. 통신수단의 변화로 편지의 수가 급격히 줄었다. 광고성 우편물이 대량으로 쏟아지며 우편물에 대한 사람들의 인식 변화도 중요한 대목이 되었다.

우편물의 분류와 배송이 기계화되면서 약간의 잘못된 표기나 오류도 정확히 걸러내 버리는 야박함이 더 가중되고 있다. 동네 미루나무 아래 앉아 계신 어르신들이나 아이들에게 누구누구 집에 사람이 있냐고 물으며 배달해 주던 일은 고전에나 나오는 일이 되었다. 동네 미루나무도 가지가 잘려 초라해지고, 아이들은 집에서 TV나 게임에 붙잡혀 있으니 두말해 무엇 하나 싶다.

혹시 인공 지능 AI 우편 배달부가 인간의 감성을 익혀 잘못 표기된 사랑의 편지를 제대 배달하여 다른 남자의 청혼을 거절하는 날이 올 수 있을까? 글쎄, 그런 날이 온다면 우린 AI 로봇과 연애도 가능해질지 모른다는 생각에 기분이 묘하다.

어떤 소설에는 인간의 감성을 익힌 로봇이 본인을 자가 수리하며 천년 넘게 지구를 떠돌며 살아가다 옛 인간 친구를 찾아 나선 이야기를 쓰기도 했으니 혹시 모를 일이긴 하다.

수필문학작가회에서 발송하는 우편물 중 행정구역 개편으로 우편번호 마지막 한자가 틀려서인지 30여 년을 같은 주소로 배송받던 지인은 우편물을 받지 못했다며 없는 사람 취급당한 느낌이 된 것 같은 심경으로 문자를 보내왔다. 변해가는 세상에 변화를 따라가기도, 받아들여야 하는 우리도 사는 게 버거워지고 있는 건 아닌지 모르겠다.

AI 우편 배달부는 어떻게 사귀어야 할까?, 정말 중요한 편지가 올지도 모르니까.

여행 이야기

최정숙
2015. 6. 천료

나는 한때, 해마다 한두 번씩 해외여행을 다녔다. 혼자서 코스를 짜고 계획하고 세부 일정은 물론 현지의 교통편과 숙박할 곳을 예약하고 2주 이상 다녀오는 여행이었다. 그런데 2019년 10월에 20일 간 스페인의 다섯 도시와 포르투갈의 리스본을 다녀오고는 못 가고 있다. 코로나로 인한 규제도 없어지고 개인전 등 바쁜 일들도 지나갔는데 경제적으로 문제가 생겼다. 게다가 요즘엔 체력도 약해진 것을 느낀다. 두세 시간 거리는 계획 없이도 차를 몰고 다녀오곤 했는데, 요즘엔 50여 분 걸리는 친정에 갈 때도 졸음이 몰려와 힘이 든다. 밀린 일이 있어 밤에 좀 할라치면 눈꺼풀이 야속하리만치 무겁게 내려앉는다.

코로나가 끝나면 아일랜드에 갈 계획이었다. 더블린이라는 이름만 들어도 마음이 설레었다. 데미안 라이스, 쉐인 맥고완, 글렌 핸사드 등 좋아하는 아일랜드 가수가 여럿이다. 윌리엄 예이츠, 버나드 쇼, 오스카 와일드 등 가슴 설레게 하는 문학가도 여럿이다. 그들의 근황이나 지난 발자취를 찾아보고 모혀 절벽과 골웨이에 가 보는 생각을 하면 즐거움으로 충만해진다. 인터넷을 뒤지다가 앞뒤 안 가리고 비행기 티켓을 살 뻔한 적이 한두 번이 아니다.

가슴에 바람이 점점 거세져서 어디로든 어떻게든 다녀오지 않으면 안 될 것 같았다. 남편에게 통영에 다녀오자고 제안을 했다. 늘 그랬듯이 못 간다고 한다. 그렇다면 혼자 배낭을 메고 대중교통으로 갔다가 여수로 해서 서해안을 들르며 올라올까를 생각했지만 여러모로 '오버'다. 차를 가지고 가서 1, 2박만 하고 오는 것이 좋겠는데 아무리 생각해도 혼자서 그 거리를 감당할 자신이 없다. 남편을 조르기 시작했고 몇 번이나 미뤄지는 것을 참고 기다려 마침내 성사가 되었다. 남편은 채식주의자라서 같이 가 봤자 먹는 즐거움도 없고, 가고 싶은 곳을 다음에 가자면서 지나치기 때문에 굳이 함께 다니려고 애쓰지 않는데 이번엔 함께 가게 된 것이 참 좋았다. 좋아하는 생굴은 산란기여서 한 점도 못 먹고 왔지만 다른 좋은 기억이 많아 크게 아쉽지는 않다.

내려가는 길에 바로 거제 바람의 언덕으로 갔다가 통영으로 이동했다. 해물 반찬이 많이 나오는 정식으로 저녁을 먹고 해저터널을 찾았다. 떠오르는 스토리가 있다. 지난해에 추천작가회 행사를 마치고 음식점으로 이동하는데 비가 조금씩 떨어졌다. 몇 발짝 앞에 통영에서 오신 설복도 선생님이 우산 없이 가시길래 다가가 우산을 받쳐드리면서 말을 건넸다. 오래전에 통영에 가 봤고 또 가려고 한다 했더니 해저터널을 가 봤냐고 물으셨다. 난 기억력이 안 좋기도 하지만, 천장으로 바다가 보이는 으리으리한 현대식 터널로 상상을 하고는 아니라고 대답을 했다. 우리가 다녀온 이후에 생겼나보다고 했는데 100년이 되어간다고 하셨다. 집에 와서 남편에게 물으니 갔었다는 걸 분명하게 기억했다. 난 아무래도 역사의식이 부족하다.

다음날 아침 일찍 욕지도행 배에 올랐다. 선착장이 가까워질 때 주변을 살피다 보니, 산으로 향하는 깊은 터널 같아 보이는 곳의 입구로 사람들이 하나 둘 들어가고 있었다. 배에서 내려 찾아가 보니 계단이 있었고 충혼탑으로 이어진다고 했다. 때마침 6월 6일이라 현충일 행사를 하는 중이었다. 우리는 진정으로 순국선열을 기리고 마음이 뿌듯했다. 주변을 조금 더 돌아보고서 길옆에 있는 중국집으로 들어갔다. 짜장면을 좋아하는 남편을 위한 선택이었다. 짜장면과 짬뽕을 시키는데 직원이 무슨 짬뽕을 먹겠느냐고 묻는다. 해물이 많이 들어간 것으로 추천을 해 달라고 했더니 개새끼짬뽕을 먹어보란다. 게와 새우의 첫글자를 딴 게새키짬뽕인데(키는 키조개) 발음이 편한 대로 불리고 있었다. 낙지 한 마리와 여러 가지 해물이 잔뜩 들어간 것이었다. 가격을 보고 입이 슬쩍 벌어졌는데 그 양은 입이 떡 벌어지게 많았고 맛도 놀라웠다.

셋째 날 저녁때 여자도를 가기 위해 여수로 이동을 했다. 김정운 교수의 작업실(미역창고, 美力創考)을 찾아보고 싶었다. 첫 배를 타고 가서 해안을 끼고도는 트래킹 코스를 완주하면서 살펴보았지만 그렇게 보이는 건물이 없었다. 분명 여자도라고 했건만, 아쉬운 마음에 그의 저서 『바닷가 작업실에서는 전혀 다른 시간이 흐른다』에 나온 사진을 선장에게 보여주는 것으로 시작된 2차 시도에서 귀인을 만났다. 먼 거리를 달려가 다시 배를 타고 마침내 찾아갔다. 우연히 김 교수를 만나서 들고 간 책에다 사인을 받게 되는 기쁨을 기대했지만 불발되었다.

마지막 밤엔 종포 해양공원에 가서 연포탕을 먹고 밤바다를 보았다. 이전 같으면 단칼에 거절했을 남편이 해물요리점에 순순히 들어갔고 연포탕 국물 두세 공기를 흔쾌히 먹기까지 했다. 초반이기는 하나 70이 넘은 사람이 꽉 찬 4일의 강행군을 했으니 그랬을 수도 있는데 아무튼 나는 기분이 여간 좋은 것이 아니었다. 집에 돌아와서 친구들에게 그 얘기만 신나게 했다. 거제의 바람의 언덕, 통영의 꿀빵이나 해저터널, 이순신공원, 세병관, 전혁림미술관, 통영국제음악당, 유명 문인들의 기념관, 욕지도, 여수 아르떼뮤지엄의 미디어아트, 향일암, 여수밤바다, 여자도, 순천만 등등은 잠시 잊히고, 남편이 연포탕 국물을 들이켠 것과 내가 가 보고 싶은 곳을 모두 따라가 준 것, 마지막 날에 아들이 1박을 연장하는 숙박권을 보내준 것만 기억에 남은 것 같았다.

그나저나, 나는 지금까지의 생각 하나를 수정해야 했다. 국내여행은 승용차로 코앞까지 갈 수 있으니 나이가 많아졌을 때 다니면 된다고 생각했는데 그럴 일이 아니라는 것이다. 국내든 해외든 잘 걸을 수 있어야 제대로 된 여행을 할 것 같았다. 더불어, 가능한 대로 남편과 함께 다니고 틈날 때마다 짧은 나들이라도 자주 해야겠다고 생각했다. 아침 운동으로 조깅을 하기는 하나 거의 온종일 서재에 박혀 사는 남편에게 더욱 필요하고, 부부간의 깊은 소통의 기회도 되어서 좋은 것 같다.

장미의 이름, '기쁨'

박경화
2015. 9. 천료

성당에 다녀오는 길에 꽃시장 앞에서 버스를 내렸다. 차 없이 나오길 잘했다 하면서 꽃 사이로 시장을 몇 번 돌다가 장미 화분이 가득 놓인 가게 앞에서 꽃봉오리가 예쁜 화분에 걸려있는 이름표를 발견했다. 'Freud'라 적혀있는 이름표에는 괄호 속에 '기쁨'이라는 우리말도 있었다. 나는 딸이 공부하는 Freud가 언젠가는 기쁨까지는 아니더라도 좀 편안해질 수 있으면 좋겠다는 생각을 했다.

딸에게 대학에서의 전공과 상관없는 정신분석 관련 책 70권을 던져주고 남편이 석 달간 외국대학에 가 있는 동안, 아이는 그 책을 다 읽어내느라 허리를 다쳤다. 이십 년이 넘은 지금도 허리 디스크로 힘든 아이는 아픈 허리보다 더 불편한 정신분석학이라는 학문에 대한 책을 쓰고 가르치느라 행복해 보이지 않는다.

딸이 공부하는 동안 내가 하는 색채 일 때문에 런던에 갈 때는 딸아이가 있는 도시에 들렀다 오기도 했는데, 공부하는 동안 아이는 다친 허리 때문에 매일 새벽 집 근처에 있는 수영장에 다니고 있었다. 여전히 누워서 책을 보고 있는 아이와 관련된 이야기가 근처 도시에서 유학하고 있는 한국 학생들에게 알려졌었는지 내 고등학교 때 영어 선생님께서 아들한테 들었다며 아이 안부를 물었었다.

언제쯤이었는지 남편이 다른 대학 교수 몇 분과 교육문화회관에 모여 앉아서 프로이트 전집을 영어책으로 읽고 있을 때였는데, 다저녁에 길에 차들이 많을 때 양재까지 데리러 오라고 해서 마포 살 때라 좀 오래 걸렸었는지 호텔에 도착했다고 전화를 했더니 화부터 낸 적이 있었다. 나는 정신분석학이라는 학문이 교수들이 일부러 시간을 내어 호텔 방에들 모여서 공부할 정도로 대단히 심오한 학문인 줄만 알았지 공부하는 동안 아이를 그렇게 힘들게 하는 줄은 몰랐다.

애초에 아이는 대학에서 생물교육 전공으로 교생 실습도 나갔다. 그래서 당연히 교사가 될 줄 알았다. 임용을 기다리는 중에 남편이 외국 대학에 한 학기 가 있게 되면서 갑자기 내게 자기가 하고 싶었던 공부를 "떠오르는 태양" 어쩌고 하면서 아이에게 시키겠다고 했다. 그때 던져주고 간 책 70권을 읽느라 허리를 다친 아이는 평생 안고 갈 장애가 생겼다.

내가 딸아이한테 가면 아이는 사흘 나흘 울다가 내가 돌아올 때쯤, 그렇게 힘들면 같이 나가서 원하는 일을 하자고 쉽게 말하는 내게 아빠가 하라고 했으니 이유가 있지 않겠냐고 하면서 '엄마, 조금 더 견뎌볼게요' 했었다. 그때가 석사를 끝냈을 때였다. 박사과정 첫해에 IMF 장학금까지 장학금 두 개를 받게 되자 이제는 발목을 잡힌 것 같았는지 가까스로 추스르는 것처럼 보이기도 했었다. 우리 집은 아빠가 교수라 IMF 영향을 덜 받으니 장학금 한 개는 다른 학생에게 주라고 돌려주었다는 전화를 했을 때 아이는 여전히 우울했다.

그때 아이가 좋아하는 어학이나 영화 같은 다른 길을 선택할 수 있었으면 나도 하는 일이 달라질 수 있지 않았을까 생각할 때가 있다. 중학생 때 아빠 연구년에 따라갔을 때, 말도 금방 했고 적응을 잘해서 혼자 두고 오거나 내가 같이 남았으면 하는 생각을 하지 않았던 건 아니었지만 시어머님, 시할머님 두 분 계신 집에 주부가 없는 것도 마음에 걸렸었다.

올 때쯤 친구들과 영어도 편하게 하던 딸이 남고 싶어 한다는 걸 알았지만 비행기에서 내리기 전에 아이가 눈물을 훔치는 걸 보면서야 내가 우겨서라도 그곳에서 공부를 계속할 수 있게 할 걸 하고 후회했다. 몇십 년이 흐른 지금, 아이는 스스로 원하는 공부가 아닌 아빠가 원하는 공부를 억지로 하고 온 후 여전히 많은 회의와 의문 속에 고통받고 있다.

유학에 대해 한 마디도 없다가, 현직에 있으면서는 일 년 연구년을 가서 제대로 공부를 끝낼 수가 없다고 생각했는지 딸이 취직을 준비하는 동안 테러처럼 일사천리로 유학을 결정하고 아직 그 70권을 읽어내느라 다친 허리가 좋아지지도 않은 상태인 아이를 비행기에 태웠었다. 스스로 원해서 한 공부가 아니어서 공부하는 동안에도, 강의를 하면서도 늘 힘들었던 아이가 이제 자기가 원하는 공부 또는 일을 찾아서 일도 삶도 즐겁고 행복하기를 바라는 마음이다.

며칠 뒤, 내 발코니 정원에서 꽃송이가 가득 핀 장미를 들여다보던 딸이 내게 말했다. "독일어로 '기쁨'은 끝에 'e'가 있어야 할 걸요." 했다. 어쩌면 딸은 그렇게 자기만의 철자를 붙여가며 삶을 자기 것으로 만들어가고 있는지도 모르겠다.

기초를 바르게 익혀야 바른 자세를 갖지

박개동
2015. 10. 천료

요즈음 면사무소나 농협 같은 기관을 방문해 보면 직원들이 필기구(연필, 볼펜 등)를 쥐고 글을 쓰는 자세가 바른 사람을 찾아보기 힘들다.

모두가 대학을 졸업하고 채용시험에 합격한 엘리트들인데도, 필기구 쥐는 자세 하나를 바르게 익히지 못해서 왼쪽으로 구부려 고개를 숙인 채로 글씨를 쓴다. 연필의 끝이 보여야 내가 쓰는 글자가 바른지 보면서 글씨를 쓸 수 있다. 검지와 중지가 구부려지게 연필을 쥐고 엄지로 눌러 잡기 때문에 바로 앉아서는 연필 끝이 보이지 않으니 고개를 옆으로 기울여 자세가 틀어져 본인이 불편하고 남들이 보기에도 흉하다. 쥐는 자세가 바르지 못하기 때문이다. 필기구는 엄지 검지 중지 셋이 펴진 상태로 쥐고 약지를 받쳐 쥐면, 책상에 바르게 앉아서 필기구의 끝을 보고 글을 쓸 수가 있다.

바른 자세로 연필을 쥐고 당당하게 앉아서 글을 쓰는 모습과 고개를 왼쪽으로 숙이고 구부러진 자세로 글을 쓰는 모습을 비교해 보면 기본이 바른 자세가 얼마나 중요한지 알 수가 있다. 어린이가 처음으로 필기구를 잡기 시작할 때 부모도, 유아원이나 초등학교 선생님들도 연필 바르게 잡기 지도에 무관심하여 지도를 못했기 때문이리라.

우리나라 속담에 세 살 버릇이 여든까지 간다고 한다. 기초와 기본이 되는 자세는 처음 시작할 때 바르게 가르치고 배워야 한다.

우리처럼 젓가락을 사용하는 나라는 중국과 일본이 있는데 그 나라 사람들은 나무젓가락만 사용하고 있지만 우리는 금속으로 만든 젓가락을 곧잘 사용하는 유일한 민족이다.

서양 사람들이 우리가 젓가락으로 콩을 집어 먹는 걸 보고 놀란단다. 포크를 사용하는 자기들 눈에는 신기하게 보였으리라.

2015년 8월 25일에 출국하여 9월 1일까지 중국 5대 도시 중에 하나인 광저우에 살고 있는 막내아들 집에 큰아들 가족들과 같이 다녀 왔다.

막내가 회사에서 4년간 파견근무를 하고 있을 시기였다. 막내는 딸만 둘인데 큰애 8살 유진이는 중국에서 유치원을 마치고 초등 과정 1학년, 둘째 5살 서진이는 어린이집을 다니고 있다. 유진이는 주중 교포들 자녀들이 다니는 한국 어린이 학교가 있어서 다행인데 서진이는 외국 어린이들과 같이 어린이집을 다니고 있단다.

서진이는 언어발달이 늦은 편이어서 아직 우리말도 서툰 데다가 중국어, 영어 등의 낯선 언어를 쓰는 어린이들과 같이 어린이집을 다니니 언어적 혼란을 겪고 있어서 스트레스를 많이 받고 있나 보다.

어린이집 도우미 중에 우리말을 쓰는 분이 한 분 있어서 도움을 받고 있기는 한데 3개 국어가 구분도 안 되어 혼란을 겪고 있다니 안타깝다. 다른 어린이들은 할 수 없는 귀한 경험을 하게 되니 장래에 어떤 도움이 될지도 모르는 일이다.

유진이와 서진이가 식사 시간에 젓가락을 잡는 게 서투르다. 그래서 젓가락을 바르게 잡을 수 있도록 손을 붙잡고 가르친다. 지금까지 해오던 버릇이 있는데 단번에 쉽게 고쳐지지는 않는다. 속담에 '한술 밥에 배부르랴.'라고 한다. 부모가 관심을 가지고 계속 지도하면 바르게 고쳐지리라고 본다.

우리 민족은 세계에서 가장 우수한 민족이다. 두뇌가 우수하다는 유태인들보다 더 우수한 민족이라고 한다. 세계 각국의 유수한 대학에서 공부하는 우리나라의 유학생들 대부분이 상위권을 차지하고 손재주 또한 뛰어나 세계 기능올림픽 대회에서 10연패를 하는 민족이다. 어려서부터 젓가락을 사용하기 때문에 손재주가 발달하고 두뇌도 우수하게 된다.

어린 시절 젓가락 사용은 손가락 신경의 발달이 뇌활동을 촉진시킨단다. 이로 인해 두뇌 세포가 어린아이 때부터 급속히 형성되어 발달된다고 한다. 그래서인지 우리는 암산을 서구 사람들보다 아주 잘해서 세계 암산대회에서도 우수한 성적을 거두었다고 한다.

재직 시엔 우리 반 아이들 식사시간에 젓가락 바르게 잡기를 지도하는데, 처음부터 바른 방법으로 잘 잡는 아이가 있어서 너는 젓가락질을 잘하는구나 하고 칭찬하였더니 할아버지께서 가르쳐 주셨단다. 이것이 밥상머리 교육인 것이다. 요즈음은 보기 드문 사례이지만 조부모와 함께 살고 있으니 가능한 것이다.

퇴직 후에는 퇴직한 교원들의 모임인 한국교육삼락회 산청군 지부 사무국장과 회장직을 여러 해 맡아서 봉사활동을 해왔었다. 여러 가지 봉사활동 중에서 초등학생 체험학습 지도할 때에 젓가락으로 콩집기 경기를 해서 잘하는 어린이에게 상품을 나누어주었더니 아주 재미있어 하며 자연스럽게 젓가락 잡기가 익숙해졌다.

기초와 기본은 처음 시작할 때에 바르게 가르치고 배워서 익혀야 한다.

아주 오래전 일이지만 은행엘 다니던 동생이 동경지사에 근무할 때 어머니를 모시고 가서 보름 정도 있다가 온 일이 있었다. 그 때에 본 일본 사람들의 친절한 자세와 질서의식은 부러울 정도였다. 이제 우리도 세계에서 10위권 안에 들어선 문화 민족으로서 자부심과 긍지를 가지고 기본 질서를 지키며 서로를 배려하고 양보하며 자유와 평화를 사랑하는 세계 시민으로 살아가야 하리라.

요즘 우리 길거리에서 안 보이는 둘

문학희
2016. 4. 천료

얼마 전에 이종 조카의 딸이 적령기를 넘기지 않고 알맞은 나이에 본인이 선택한 건실한 청년과 아름다운 야외 결혼식을 올렸다.

비혼을 주창하는 요즘 젊은 세대들의 대책 없는 아집에 비하면 얼마나 아름다운 선택인가. 고학력의 예쁜 고명딸을 둔 내 조카는 딸의 결혼식이 좋으면서도 서운했으리라. 요즘은 종종 엄마의 눈물보다는 아빠들의 눈시울이 붉게 물들어 있음을 예식장에서 보는 경우가 많아졌다. 시대의 변천사다.

어느 날 우연히 지면에서 '요즘 길거리에서 안 보이는 둘'이라는 제목을 보았다. 그러고 보니 사실 그렇다. 20~30년 전만 해도 군인이나 임산부는 어디서나 자연스레 만나게 되고 친근하게 느껴졌던 기억이 났다. 어쩌다 서울역이나 명동을 지나다 보면 휴가 나온 장병들로 어깨가 맞닿을 정도로 군복을 입은 군인의 모습을 흔히 볼 수 있었기에 말이다. 그러나 요즈음은 군인과 임산부를 길에서 만나본 지 꽤나 오래된 듯하다. 그러고 보니 예전엔 곳곳에 산부인과 입간판이 즐비하고 산후조리원이 성행하여 가계의 주업종으로 환영받을 때도 있었다. 모처의 어떤 산후조리원은 고급 호텔급 산후조리원으로 유명인들의 부의 과시용으로 이용된다는 사실이 신문의 톱 뉴스가 된 적도 있었다.

근자(10여 년 넘게) 인구감소세가 이슈가 되면서 가족과 사회, 국가를 유지하고 지키는데 초석이 될 임산부와 군인이 눈에 띄지 않을 만큼의 희소성이 있다는 데는 국민의 한 사람으로서 국가의 미래가 염려되지 않을 수 없다. 한때는 우리나라의 군대가 60만 국군에 50만 육군이 상식이었던 병력이 인구절벽이라는 시대성에 우리 육군이 30만이라니 생소하고 놀라운 숫자가 아닐 수 없다. 이대로 가면 10년 뒤 북한군은 100만 명을 넘을 것이라고 추산한다. 우리 군은 3~4배가 넘는 숫자의 적을 맞아 전선을 지킬 수 있겠는가. 생각만 해도 아찔하다. 북한의 김씨 일가가 한국의 병력이 이렇게 줄어들 줄 알았다면 굳이 희생을 감수하며 핵 개발의 필요성을 못 느낄 수도 있지 않았을까!

그러나 비관만 할 일은 아닐 성싶다. 10년 이상 감소세를 이어가던 결혼이 올해 들어 결혼을 하겠다는 남녀의 숫자가 다시 늘고 있다는 조짐이 보인다는 사실이다. 이것이 바로 사회적 청신호가 아닌가. 비관 뒤에 찾아온 희소식에 웨딩 업체도 활기를 찾은 듯해 기쁜 일이 아닐 수 없다. 수십 년 전 너나없이 웨딩 업체를 설립해 결혼 당사자들한테 많은 피해를 입혀 부를 축척했다는 소식에 소인배들의 작태로 여겼었는데 지금 생각하면 어찌 되었든 그때의 호황이 국가 미래에는 이바지한 바 컸었다는 생각이 들 정도이다. 엎친 데 덮친 격으로 코로나로 인해 만남조차 금기시된 시기가 3년이라는 공백을 더해주면서 혼밥과 집콕으로 혼자 생활이 편해지니 결혼의 필요성은 뒤안길로 묻혀 활기를 잃을 수밖에 없었다. 그러나 늦은 감이 있긴 해도 국가에서나 지자체에서 결혼을 할 수 있도록 지원책을 내놓고 권장하는 덕분에 그토록 외면당하던 웨딩에 호감을 보이기 시작하는 사회의 혁신적 청신호에 통계청도 바빠지기 시작한 듯하다.

4~5년 전의 비혼과 재혼의 숫자가 우세를 보이던 추세에 비하면 현재는 남자 초혼인 경우가 1년 전보다 2%가 늘었고 여자 초혼은 1년 전보다 2.5%가 늘어났다 하니 이는 어두운 터널을 벗어나는 젊은 청춘들의 귀소 본능의 사고가 되살아나는 청신호가 아닐 수 없다.

모 회사원은 수년간 결혼을 미뤄오며 돈을 좀 더 모은 다음에 결혼을 하려 했는데 국가의 지원책에 힘입어 용기 내어 지난달에 앞당겨서 결혼을 하고 보니 다행스럽고 행복하다는 말을 했다. 얼마나 잘한 일인가? 인생(人生)이란 완벽한 행복이란 거의 없음을 살면서 알게 된다. 그러기에 결혼이란 매개가 부족함을 서로 채워가며 행복이란 두 글자를 느낌으로 만들어 마음에 담는 것이다. 내 예쁜 손녀딸도 신혼과 더불어 예쁜 임부복을 입고 임산부가 좋아하는 음식점을 함께 찾아 하루를 즐기는 꿈이 아닌 현실이 있기를 기대한다.

시간 앞에서

노승희
2016. 7. 천료

긴 여운 탓인가. 작은 언덕배기를 올라 집으로 돌아오는 발걸음이 오늘따라 유난히 무겁다. 양지바른 언덕 위에 자리잡은 아담한 집 한 채. 습관처럼 쳐다본 담장 위에 작은 꽃망울을 매단 장미넝쿨이 따스한 봄 햇살과 놀고 있다. 봄은 우리 곁에 또 이렇게 성큼 다가와 있는데, 오갈 때마다 눈인사를 나누었던 집주인 할아버지는 어디에도 보이지 않는다. 할아버지의 손길이 닿았던 마당가 치자나무와 꽃나무들만 올해도 그 자리에서 봄맞이 준비가 한창이다.

옛 직장 동료들 모임을 2개월에 한 번씩 갖고 있다. 만나면 서로 눈빛만 봐도 마음을 알 수 있는 35년 지기들이다. 오늘은 시내에 있는 ○○골에서 만나 식사를 했다. 두 달 만에 만나니 반가운 인사와 함께 그동안 하고 싶었던 구수한 이야기들을 쏟아낸다. 7학년과 8학년 합반 모임이니 이젠 아들딸들 이야기보다 손자들 이야기로 웃음꽃이 활짝 핀다. 살아온 연륜만큼 속 깊은 인생철학도 함께 나누는 요샛말로 찐친인 셈이다. 식사를 맛있게 마친 후 영화

구경을 가자고 제안을 했다. 요즘 100만 관객의 호응을 얻고 있는 핫한 한국영화 「소풍」이다. 아주 훌륭한 선택이라며 모두들 흔쾌히 좋아한다. 임당동 골목길을 따라 걷는데 마치 40년 전 교문을 통해 함께 출근하던 옛 모습들이 떠올랐다. 오랜만에 걷는 그 골목길엔 담장마다 특색있는 벽화들이 아기자기하게 그려져 있어 동심을 자극한다. 도란도란 이야기를 나누며 걷다 보니 어느새 홈플러스에 있는 CGV에 도착했다. 2시 20분에 시작하는 영화인데도 이미 많은 사람들이 와 기다리고 있었다.

「소풍」은 남해의 아름다운 자연을 배경으로 펼쳐진다. 60년 만에 찾아 간 고향에서 기억 저편에 묻혔던 16살 추억을 만난다. 명품 노배우 나문희(은심), 김영옥(금순), 박근형(태호)이 실감나게 전하는 우리 세대들의 이야기다. 노년의 삶과 죽음에 대한 이야기를 현실적이면서도 여운있게 그려내 마치 내 이야기를 펼쳐놓은 듯 영화에 더 몰입하게 만든다. 은심은 사업위기를 피해 도망 온 아들과 집문서로 다툰다. 그때 사돈이자 고향 친구인 금순이 불쑥 찾아와 두 사람은 햄버거 가게를 거쳐 여관까지 일탈을 가장한 데이트를 즐긴다. 금순은 은심에게 고향 남해로 떠나자고 제안한다. 리조트 개발로 어수선한 고향이지만 16살 학창시절 자신(은심)을 짝사랑했던 태호를 만나 그때를 회상하는 장면은 그동안 잊고 있었던 학창 시절로 돌아간 듯 추억에 젖게 한다. 인생의 마지막 여정을 직접 탐험하듯 섬세하고 아름답게 묘사했다. 특히 은심과 금순이 남해 바닷가를 거닐며 과거를 회상하는 장면에서 자연과의 감정과 추억이 어우러져 영화의 감성적 매력에 푹 빠지게 했다.

은심과 금순은 삶의 무게와 시간의 흐름을 통해 경험한 고독과 고통을 함께 하며 서로의 존재에서 위안을 찾는다. 은심의 파키슨 병과 금순의 허리 통증은 신체적 한계를 드러내지만 두 사람은 삶의 마지막 순간까지 서로 지지하며 위엄을 유지한다. 벼랑 끝에서 손을 맞잡은 두 사람. 삶과 죽음은 물론 깊은 우정의 가치를 다시 생각하게 해 준다. 그곳에서 피할 수 없는 마지막 순간을 준비하는 모습에 가슴이 먹먹해졌다. 영화는 은심과 금순이 곱게 차려입고 흩날리는 노란 유채꽃길을 걷는 것으로 마무리된다. 후반부 엔딩 크레디트에 등장하는 OST 주제곡 「모래알갱이」. 전달하고자 하는 메시지에 더 완전 몰입하게 하면서 영화가 끝난 뒤에도 잔잔한 감동으로 그 자리에 한동안 그대로 머물게 했다. 천천히 자리에서 일어나는 옛 동료들 눈가가 촉촉하다. 숙연한 표정으로 모두 말없이 한참을 걸어 나왔다.

다시 또 일흔세 번째 봄을 맞는다. 세월 앞에 장사 없다고 한다. 그동안 수많은 일들이 내 곁을 스쳐 지나갔지만 다시 찾아온 건 계절뿐. 벚꽃뿐 아니라 온갖 봄꽃들이 흐드러지게 피었다. 앞으로 또 몇 번의 아름다운 봄을 더 맞을 수 있을까. 아무도 장담할 수 없다. 지나간 일에 연연할 필요도 없고 오지 않은 미래를 미리 걱정할 필요는 더더욱 없다. 오늘 주어진 이 시간 속에 몸을 맡겨 내 곁의 찬란한 봄을 조용히 즐겨봐야겠다.

폼페이 최후의 날을 상상하며

신중재
2016. 10. 천료

무더위가 시작된 6월에 유럽 여행을 떠났다. 세 번째 가는 여행이지만 딸네들과 외손녀까지 3대가 함께하니 한층 더 마음이 부풀었다. 아직은 건강한 몸으로 긴 시간 고공비행을 할 수 있는 것에 감사했다. 여행 몇 달 전부터 아내는 여행 준비를 했다. 집에 두면 걱정거리여서 같이 가는 것인데 짐 덩어리가 되면 어떨까? 여행하면서 건강에 이상이 없을까? 체력은 받쳐 줄까? 여행 날이 가까워질수록 걱정스러웠다. 규칙적인 걷기 운동으로 체력을 관리했다.

여행 날이 다가왔다. 인천공항 리무진 버스에 올랐다. 버스는 1시간이나 연착했다. 서울에 사는 아이들과 오랜만에 만나서 탑승 절차를 밟았다. 요즈음은 탑승 절차가 참 편리했다. 인천공항을 떠나 알프스 정상의 아름다운 흰 눈이 보이는 경이로운 나라 스위스 땅을 밟았다. 케이블카로 알프스산맥 꼭대기에 올라 무더운 여름날 흰 눈 위를 걸으며 들리는 사각거림에 쾌감을 맛보았다.

다음 코스는 알프스 산속 도로 옆길에 하늘로 치솟는 길쭉길쭉한 나무 숲길을 눈에 담으며, 한나절이나 버스로 끊임없이 내려오니 아름다운 예술의 나라 이탈리아가 나타났다. 이곳도 다른 편 쪽에 알프스산맥을 품고 있는 나라였다. 알프스는 스위스에만 있는 것이 아니라 주변 여러 나라와 함께했다.

인류가 이미 수천 년 전에 이런 문화생활을 누렸다니, 도로에 박힌 반들반들하게 닳아진 돌들, 사람들과 마차가 지나다녔던 길, 길 위에 물이 흐를 때 건너다녔던 징검다리, 징검다리 사이의 마차 바퀴가 지나면서 닳아 푹 패인 번들거리는 자국들은 마차를 타고 달리는 귀족 부부의 웃음과 정겨운 사랑의 속삭임 소리가 들리고, 달그락거리면서 나는 쾌청한 말발굽 소리가 어디에선가 정겹게 들리는 것 같았다. 도로 옆에 아직도 남아 있는 동으로 만든 하수구 파이프가 녹은 슬었으나 자기들의 쓰임새를 뽐내고 있는 듯하였다. 그 당시 이렇게 고도가 높은 산꼭대기까지 물을 끌어 올려 썼음에 새삼 놀랐고, 사실일까 하는 의심이 들었다.

요즈음 도시의 길거리처럼 도로 옆에 즐비하게 돌담으로 칸을 막은 올망졸망한 상가들은 역사의 흔적 속에서 물건을 사고파는 흥정 소리가 귓전에 맴도는 것 같았고, 음식점 가마솥 속에서 곰국 끓는 소리와 구수한 냄새가 풍기는 듯했다. 흰색 앞치마를 두른 음식점 아주머니의 인심 좋은 넉살이 보이는 같았다.

찌는 듯한 날씨는 우리나라나 이곳이 마찬가지였다. 머리가 벗어질 정도로 더웠지만, 다음으로 찾은 곳은 몸이 오싹해지는 감동으로 마음속이 숙연해졌다. 유리관 속에 들어있는 나체들의 모습. 저 형상들을 어떻게 빚었을까? 참 궁금했다. 사랑하는 남녀가 알몸으로 부둥켜안고 사랑을 속삭이면서 누워있는 아름다운 최후의 모습. 엄마가 포근한 미소를 지으면서 아이에게 젖을 빨리고, 두 손으로 엄마 젖을 움켜쥐고 세상에서 가장 평화스럽게 젖을 빨고 있는 천진한 아이의 얼굴. 몸부림치고 고통스러워하면서 최후를 맞아 죽어가는 노동자들의 모습은 '폼페이 최후의 날' 화산재가 이곳 찬란했던 문화의 도시를 순식간에 뒤덮었을 처참했던 광경을 짐작하고도 남았다. 수많은 시민은 그대로 죽음을 맞아 화석으로 변해 우리에게 그 일부를 드러내고 있는 것이다.

기록에 의하면 1700년 전 화산폭발로 온 도시가 7~8m 두께의 뜨거운 화산재에 묻혀 버렸다고 한다. 1709년 4월 로마 인근 수도원에서 우물을 파다가 지하에 묻힌 도시 일부를 발견하게 되었는데, 그 후로 수백 년에 걸쳐 발굴이 이루어져 1938년 12월 헤르쿠렐늄 극장에 세워진 돌벽, 프레스코 벽화, 원형극장 등이 발견되었단다. 순간, 이 도시가 화산재에 뒤덮였었고, 복원한 당시 찬란했던 문화 유적의 일부를 볼 수 있음에 감탄할 따름이었다. 화산재 속에 조그만 빈 곳들이 존재함을 알게 되어 여기에 석고를 부어 굳히고 파보니 절박했던 순간 시민들의 모습이 적나라하게 드러난 것이란다. 모두가 뜨거운 화산재로 뒤덮이고 차차 굳어 갔는데, 이 남은 시체들이 후에 차차 썩어가서 빈 곳으로 남은 것이라 한다.

지진이나 화산폭발은 예나 지금이나 우리 인류에게 두려움을 준다. 우리나라 백두산의 지하구조를 탐지하는 일부 학자들은 북한의 지하 핵실험에 의해 더욱더 이 움직임이 강화되고 촉발되어 화산폭발로 이어질 수 있다고 주장하고 있다. 이 거대한 화산이 폭발하면 주변이 폼페이와 같이 화산재로 덮이는 것은 물론이고, 천지의 물로 일부 지역은 큰 수해를 입게 되고, 그 화산재가 한반도와 일대는 물론이고 북반구 상층을 보름 이상 혹은 몇 달을 암흑으로 만들 것이라고 한다. 물론 일부 학자들의 가설이라고는 하지만, 이는 확률적으로 발생할 가능성이 크다는 것이다. 우리나라만의 대재앙이 아니라 이로 말미암은 지구의 재앙을 막기 위해 우리가 할 수 있는 일이 무엇인지 생각해 봐야 할 것 같다.

필자가 알고 있는 한국전쟁 당시의 유족 한 분은 총탄이 소나기처럼 쏟아지는 날벼락 속에서 어머니는 여덟 살 된 아들을 가슴에 품고 감싸서 자기는 쏟아지는 총탄에 맞아 숨져 갔고 아들은 구사일생으로 살아났다. 아들이 눈을 떠보니 어머니는 피투성이가 되어 죽어갔다는 슬픈 이야기이다.

검은 화산이 폭발해 온 천지를 뒤덮는 순간에도 아이를 품고 젖을 물린 엄마의 고귀한 모성애는 2천 년이 지난 지금이나 자기 몸으로 아들을 살린 75년 전 엄마의 사랑은 우리의 가슴을 뭉클하게 한다.

첫 수필집을 내며

정선희
2017. 7. 천료

오후에 교음사에서 펴낸 나의 첫 수필집이 도착했다. 부리나케 박스를 뜯고 궁금했던 책을 열었다. '과연 어떤 모습일까?' 하고 노심초사 기다렸는데 마음에 쏙 들었다. 가족들도 책 이름과 표지가 잘 어울린다고 한마디씩 거들어서 내 마음을 더욱 흡족하게 했다.

생애 첫 책을 출간하고 보니 가장 먼저 돌아가신 부모님이 떠올랐다. 내가 처음 수필가로 등단했을 때, 어머니는 그 기쁨을 감추지 못하고 만나는 사람마다 붙들고 자랑하셨다.

등단 첫해 초여름, 고향집에 갔더니 때마침 하지감자를 수확하는 시기였다. 어머니는 내일부터 장마가 시작된다는 뉴스를 들먹이며 일꾼들을 재촉했다. 알이 굵은 감자가 데굴데굴 밭고랑을 굴러다녔다. 새참 때가 되자 어머니는 면사무소 앞에 있다는 식당에 전화를 걸어 점심을 예약하셨다.

식당에 들어서자 손님이 바글바글 들끓어서 발 디딜 틈도 없이 복잡했다. 쟁반 가득 반찬을 나르던 찬모 아주머니가 웃음으로 우리를 반겼다. 예약석에 앉아서 음식을 기다리는데 어머니가 물 한 모금을 벌컥벌컥 마시더니 주인장을 찾았다. 넉넉하게 생긴 체구로 시뻘건 립스틱을 바른 여주인이 화장실에 갔다가 나오는 중이었다. 어머니는 무엇이 그리도 급한지 나의 손을 후다닥 잡아끌고 화장실 앞으로 갔다. “야가 우리 큰딸인디 작가가 됐슈, 핵교 댕길 때 상이란 상은 다 탔지유, 작가가 뭔지 알쥬? 글 쓰는 사람 말이유” 하면서 만면에 웃음을 띠고 환하게 웃으셨다. 주인장은 바쁜 나머지 건성건성 “예예” 하고 무어라고 말미에 붙였지만, 식당 안이 하도 시끄러워서 내 귀에까지는 들리지 않았다. 어머니는 시골 사람이 뭘 알겠느냐고 구시렁거리며 펄펄 끓어오르는 낙지전골 냄비를 신경질적으로 뒤적거렸다.

나는 어머니에게 특별한 딸이었다. 시골에서 고등학교를 졸업하고 도시로 유학을 보낸 유일한 자식이었다. 내가 대학에 합격하자, 아버지는 절망적인 눈빛으로 그까짓 딸년 대학 공부는 시켜서 뭘 하느냐고 소리쳤고, 급기야는 말 한마디 없이 집을 나가 버렸다. 그리고 한 달이 지나도록 돌아오지 않으셨다. 입학금을 내야 할 날이 바짝바짝 다가오고 있었다. 어머니는 어느 날 밤, 이불장 밑에 꼭꼭 숨겨 두었던 돈 이백만 원을 꺼내 놓으셨다. 작년 가을, 벼를 매상한 돈이었다. 그리고 아주 비장한 목소리로 방바닥을 “탁” 치시며 “내가 식모살이를 해서라도 너를 가르칠 텡께 아무 걱정 말고 너는 공부만 열심히 해라잉. 나는 여자라고 소학교 문전에도 못 가봤지만 너는 배워야 한다잉” 하시면서 신문지를 찢어 코를 “팽” 하고 풀었다.

이튿날, 어머니는 쌀 한 자루를 머리에 이고 나는 이불 보퉁이를 안고 한 번도 가 본 적이 없는 도시를 향해서 출발했다. 버스 안에서 어머니의 눈빛을 보니 소녀처럼 맑았고 목소리는 붕붕 들떠 있었다.

노루 꼬리처럼 짧은 겨울 해가 똑 떨어진 후에야 우리는 작은오빠가 미리 얻어 놓은 사글셋방에 도착했다. 생전 처음 느끼는 도시의 저녁은 낯설고 을씨년스러웠다. 우리는 필요한 세간살이를 사러 시장과 슈퍼마켓을 생쥐처럼 드나들었다. 상점 주인은 촌티가 줄줄 흐르는 우리 모녀를 번갈아 훑어보면서 반말로 지껄였다. 그러거나 말거나 어머니는 총기 어린 눈빛으로 당당하게 맞섰다. 늦은 밤, 씻으려고 옷을 벗다가 어머니가 신고 계신 양말 뒤축이 뻥 뚫려 있는 것을 보았다. 우리는 얼굴을 마주 보고 주위가 떠나갈 듯 깔깔거리며 웃었다.

졸업 후에 나는 어머니에게 빛나고 영예로운 딸이 되고 싶었지만, 인생은 계획대로 흘러가지 않았다. 나는 그리 똑똑하지도 영악하지도 못한 스물 갓 넘은 처녀였다.

그해 겨울, 눈 첩첩 쌓이던 초저녁에 지금 나와 함께 사는 남편이 소식도 없이 시골 벽촌에 나타나서 집 안을 아수라장으로 만들었다. 아기 때 소아마비를 앓아서 다리가 불편한 남편을 본 큰오빠는 어디서 저런 놈팡이를 만났느냐고 경멸하듯 소리쳤다. 어머니는 식음을 전폐하고 죽기를 각오하며 방문을 걸어 잠근 채 차디찬 방에서 통곡했다. 살얼음판을 걷듯 숨쉬기도 벅찬 나날이었다. 한 닷새 *끙끙* 앓고 일어난 어머니는 퉁퉁 부은 얼굴로 "옛말에도 부모가 자식을 이기지 못한다고 하던디… 니가 좋다는디 워쩌겄냐." 하시면서 체념하듯 결혼을 승낙하셨다.

친정에서 첫아들을 낳은 후, 어머니와 함께 경남 함안의 첫 목회지로 오던 봄날이었다. 세상에 나온 지 한 달밖에 안 된 아들을 안고 오던 어머니는 장장 아홉 시간 동안 울음을 멈추지 않아서 주위 사람들을 의아하게 만들었다. 터미널에서 버스를 기다리면서 울었고 조용한 버스 안에서, 그리고 아무도 마중 나오지 않는 썰렁한 교회당 안에서 울음 밑이 질긴 아이처럼 어깨를 들썩이며 서럽게 흐느꼈다.

'머문 듯 가는 것이 세월'이라고 했던가. 두 아이를 키우고 결혼을 시킨 후에야 나는 비로소 어머니라는 존재가 조금씩 보이기 시작했다.

'자식 셋은 키워야 부모 사랑을 안다'는 속담을 너무 늦게 깨우치게 된 것이다. 그간의 일들이 주마등처럼 스치고 지나갔다. 말년에 고향에 갔을 때, 기어드는 목소리로 "엄마, 내가 참 나쁜 딸이었지?" 하고 묻자, 어머니는 희미하게 웃으시며 "인제 다 잊었구먼, 거미만 한 것이 일가붙이가 있기를 헝가 그 먼 타지에서 산다구 고상 많았지" 하시며 내 손등을 한참 동안 쓸어 주셨다.

긴 세월 동안 어머니의 가슴은 못난 딸 때문에 시커멓게 타들어 가서 숯검정이 되었을 것이다. 그래서 천양희 시인은 그의 시 「그믐달」에서 "세상의 모든 딸들 못 본 척 / 어머니 검게 탄 속으로 흘러갔다"고 고백했는지도 모른다.

어머니가 지상의 삶을 정리하고 이승을 떠나신 지 6개월이 넘어간다. '살아 계셨다면 어머니의 이야기가 담겨 있는 나의 첫 수필집을 쓰다듬으면서 얼마나 좋아하실까' 생각하니 슬픔이 끓어올라서 목이 멘다.

나는 Munsell NO. 몇 번에 머물러 있는가

이영근
2017. 8. 천료

올해도 봄부터 농작물을 파종하고 가꾸면서 텃밭에서 일하는 내 모습이 마치 오래된 농부같다는 생각이 든다. 봄에는 상추부터 쑥갓을 시작으로 옥수수, 토마토 등 십여 종류를 욕심껏 심어 정성껏 돌보면서 나는 전원생활에서 필수 관문처럼 여겨지는 소위 '풀과의 전쟁'을 시작하였다.

지난 해에는 집 주위 데크 앞에 피어났던 봉선화가 그 추운 겨울을 이겨내고 하나 둘씩 고개를 들고 나오는 것이 생명의 고귀함을 깨우쳐 주면서, 볼 때마다 흐뭇한 느낌이 들게끔 하였다. 그러나 시간이 지나며 수많은 새싹이 자라서 봉선화의 잎으로 변할수록 나는 고민에 빠져들었다. 아무리 보아도 봉선화와 같기도 하였지만, 자세히 들여다보니 잎 모양과 줄기가 다르다는 것을 알게 되었다. 나는 마치 위조지폐를 발견한 양 그 다음날부터는 가짜 봉선화를 색출하는 작업을 벌였는데, 꽤 많은 양의 불청객을 제거하는 데 성공하였다.

봉선화가 꽃망울을 맺을 무렵부터는 진짜와 가짜

가 더욱 선명하게 구분되었는데, 가짜 봉선화는 잎이 크고 진녹색에 가깝고 꽃망울이 없기 때문에 한눈에 가짜임을 알고 주저없이 뽑아버렸다. 한편 어릴 때 동네 사람들이 서로 품앗이로 모내기 하는 것을 본 적이 있는데, 모내기를 하고 나서 오래지 않아 다시 벼논에 들어가 가짜 벼, 즉 피를 뽑아내는 것을 보며 이상한 생각이 들곤 하였다. 참으로 신기한 것은 벼 씨앗만 뿌려 모종을 만들고 그것을 서너 포기씩 나누어 논에 심는데, 어찌하여 다른 종인 피가 생겨나는 것일까? 피 또한 어릴 때는 벼와 잘 구분이 되지 않아 초짜들은 애먼 벼를 뽑아들고 나오기 십상이다. 그뿐이 아니라 올해는 호박 모종을 심고 여러 날 지켜보면서 놀라운 일이 벌어졌다. 호박 모종이 자라는 바로 옆에서 호박과 아주 흡사한 잎을 가진 가짜 호박이 크고 있었던 것이었다. 누가 심지도 않았건만 호박을 닮은 가짜 호박이 사이좋게 자라고 있는 것이 아닌가. 나는 이러한 현상을 우리 인간사에 빗대어 보며, 유사한 경우를 경험한 기억을 떠올려 본다.

착한 사람들만이 모두 모였다고 한다면, 그러한 사람들 사이에서는 축복받는 일들로 가득해야만 마땅할 텐데, 꼭 그렇지만은 아니한 것을 알게 되었다. 그중에는 반드시 주위의 가까운 사람들이 이상하리만치 교묘히 상대를 현혹하고 판단을 흐리게 하여 결국에는 그들의 계략에 빠져들게 되는 경우가 있다. 그리하여 물심양면으로 큰 피해와 고통을 받는 사례를 자주 보곤 하는데, 사이비 종교와 교주들의 행태가 그렇고, 진짜처럼 속여서 만들어 파는 짝퉁이 언제나 우리 주변에 독버섯처럼 기생하고 있는 걸 보자면, 이를 선과 악을 참과 거짓과 함께 창조하신 하나님의 섭리로 쉽사리 수긍할 수는 없었다.

인류 역사와 동서고금을 통틀어 이 참과 거짓, 선과 악의 이분법적 사고와 함께 인간은 숨쉬어 왔고, 오늘도 그 시시비비를 가르고 구분하기 위하여 서초동의 법원·검찰 건물 내의 사람들은 분주하게 발걸음을 재촉하고 있다. 요즈음 한창 매스컴에서 요란스럽게 핏대를 높여 소리지르는 정치인들을 보면서 '나는 참이고 선이며, 상대방은 거짓과 악이니 나를 선택하여 달라'는 외침을 듣고있자 하니 참으로 어안이 벙벙하고 어찌 참과 거짓을 선택할 것인지가 고민이다. 이제 장맛비가 억수같이 내리고 무더위가 절정에 이르고 나면, 귀전을 때리던 매미소리도 점점 수그러들고 참과 거짓의 풀들도 함께 빛을 잃고 시들어갈 것임에, 우리 인생사도 참과 거짓이 혼재되어 하나의 세상을 만들어가면서 또 다른 참다운 유토피아를 꿈꾸는 것인지도 모른다.

자라나는 세대들에게는 진실로 올바른 교육을 하고 거짓과 악의 유혹에 빠지지 않도록 기성세대들이 무거운 책임감을 가지고 있어야 마땅하리라 본다. 예수께서 마지막 날 밤 만찬에서 열두 제자 중에 나를 배반할 자가 있다고 말씀하실 때 서로가 얼굴을 보며 나는 아니라고 하였지만, 예수께서는 참과 거짓을 명확히 구분하시고 선과 악을 예언하셨다.

우리에게는 이러한 혜안이 부족하기 때문에 거짓과 참, 선과 악이 공존하는 세상에서 어지럽고 고통스럽게 살아가고 있는 것이다. 어찌보면 영원히 사라지지 않을 상대성이며 공존의 관계인지도 모른다. 음과 양이 있고, 선과 악이 있으며 하늘과 땅이 있으니, 그 가운데 인간이 살아가면서 이 두 가지 명제 앞에서 끊임없이 고뇌하고 이상을 꿈꾸며 살아가고 있는지도 모른다. 식물은 서로 비슷하여도 잘 관찰하면 진짜와 가짜를 명확히 구분하는 것이 가능하지만 사람들은 진실된 참 사람과 거짓된 사람을 구분하기가 어찌보면 불가능할지도 모른다. 그저 한 순간 그 사람의 언행을 보고, 진실되며 좋은 사람이라고 판단을 하여도 시간이 지나면 전혀 다른 사람으로 변하여 지난 과거의 인상과 추억은 간 데 없고, 못 믿을 사람, 몹쓸 사람으로 변질되는 사례를 흔히 볼 수 있게 된다.

나는 과거 자동차부품 개발 업무 중 색상 Match를 위하여 애쓴 기억이 있는데, 특히 내장부품의 색상 중 검정 계통의 색상이 같은 검정이면서도 색감과 명도가 각기 달라, 순간적으로 얼핏 보아도 서로 구별됨을 알 수가 있다. 그리하여 여러 부품들마다의 보다 정확한 색상 Match를 위하여 소위 Munsell NO.에 부여된 각 색상을 표준으로, 원하는 색상 번호에 맞게 부품개발을 하였던 기억이 있다. 가장 검은색을 0으로 출발하여 점점 1, 2, 3으로 숫자가 올라가면서 명도가 흐려지는데, 10번은 완벽한 흰색을 의미하며 이것을 사람의 참과 거짓, 선과 악으로 구분하여 분류한다면 아주 의미있는 비유가 아닐까 생각한다.

참으로 인격적이고 완전히 진실된 사람을 순백색 10번으로 하고, 중간층에 있는 5번 회색분자는 어느 때는 의로운 척하면서 기회가 되면 거짓과 불의와 타협하며 수시로 좌우로의 경계를 넘나드는 사람으로, 그리고 극단적으로 0번과 1번은 태생이 거짓과 악에 해당하며, 언제나 자신을 위장하고 온갖 악행을 서슴지 않는 사람으로 나누어 볼 수 있는데, 우리가 성선설과 성악설을 기본으로 고려하였을 때, 꾸준한 교육을 통하여 NO.1, 2에서 중간 회색을 거쳐 사람다운 사람으로 교육·훈련하여 NO.9, 10에 이르도록 가정과 학교 및 사회가 꾸준히 노력하고 있는 것이다.

이토록 우리는 일생을 살아가는 동안 Munsell NO.1 아니면 NO.10에서 출발하여 회색 NO.5를 거쳐 온전한 사람답게 살아갈 줄 아는 NO.8 · 9를 향하여 나아가고자 하는 것이며, 참과 거짓, 선과 악이라는 이분법에서 우리는 끊임없이 방황하고 자기 정체성을 찾아가려 하고 있는지도 모른다.

이제 무덥고 지루한 장마가 지속되는 요즈음, 매스컴은 온통 Munsell NO.1, 2, 3 인간들의 요란한 사탄의 굉음으로 세상을 어지럽게 하고 있지만, 머지않아 맑게 개일 청명한 가을 날씨를 고대하면서 '과연 나는 오늘 Munsell NO. 몇 번에 머물고 있는 것일까?'라고 자문(自問)해 본다. 지난 밤은 무서운 폭풍우가 밤새 요동을 치더니, 여명이 밝아오자 언제 그랬는지 고요하고 맑은 공기가 와닿는 상쾌한 아침이다.

머리 깎는 날

우승순
2017. 9. 천료

머리를 깎으면 마음도 다듬어진다.

어린 시절엔 이발소 가는 것이 참 싫었다. 좁은 공간에 어른들과 함께 있는 것도 이상했고 얼굴을 만지는 이발소 아저씨의 차가운 손도 싫었다. 특히 포마드 냄새는 역했고 그 기름으로 번들번들 윤기 나게 빗어 넘긴 어른들의 모습이 느끼했다. 벽에 걸린 달력의 여성 사진도 어린이 정서와는 너무 안 맞았다.

예전 시골에서 일 년에 두세 번 명절 때나 이발소를 갔다. 머리를 깎고 나면 평소에 비해 너무도 생뚱맞은 모습에 한동안 밖에 나가기도 싫었다. 그렇게 세월은 흘렀고 40대쯤부터 이발소가 편하게 느껴지기 시작했다. 요즘은 습관이 되어 뒷목에 제비꼬리가 삐죽이 나오면 마음까지 해이해지는 느낌이 든다.

대중목욕탕을 안 다닌 지는 십여 년이 훌쩍 넘었지만 이발소는 매달 꼭 찾는다. 이발을 하고 나면 기분전환도 되고 의욕도 생긴다. 정작 머리 깎은 모습을 나 스스로는 못 보는데도 시원하고 정리된 느낌이 드는 것은 참 이상한 일이다. 머리를 깎는 일은 외모를 가꾸는 것 이상의 어떤 의미가 있는 것 같다.

이발소 하면 떠오르는 것이 삼색 봉이다. 빨강, 파랑, 하양은 전 세계가 공통인데 각각 동맥, 정맥, 붕대를 상징한다고 한다. 16세기경 프랑스의 한 이발사가 자신이 보유한 의료기술을 알리기 위해 막대기에 3색을 칠해 문 앞에 내건 것이 그 시작이었다고 전한다. 처음엔 병원을 상징했던 표시였다.

요즘은 삼색 봉이 아주 드물어졌다. 언제부턴가 이발소가 하나둘 사라지더니 그 자리에 미장원이 들어서기 시작했다. 그래도 아직은 동네 어귀쯤에 연세 많으신 사장님이 운영하는 이발소가 드물게 한 곳씩은 있다.

나이 지긋한 분들은 여전히 삼색 봉이 빙글빙글 돌아가는 오래된 동네 이발소를 찾는다. 얼굴에 비누거품을 두르고 예리한 면도날로 "사각사각" 수염을 깎으면 정말 시원하고 개운해진다. 미장원엔 없는 이발소만의 특별 서비스다. 몸에 밴 머리스타일은 쉽게 바꾸지 않기 때문에 이사를 가도 이발소는 늘 다니던 곳을 찾게 된다. 나도 우리 동네에 30년쯤 다닌 이발소가 있다.

그 이발소에 단골이 된 데는 조그만 사연이 있었다. 오래전 아버님께서 중풍으로 거동이 불편하여 집에 누워계실 땐데 생각보다 이발이 쉽지 않았다. 큰 기대 없이 지나가는 말로 사장님께 말씀 드렸더니 바로 이발 기구를 챙겨 집으로 찾아와 이발을 해주었고 그 뒤로도 정기적으로 방문 이발을 했다. 그때부터 나도 다른 이발소를 찾지 않게 되었다.

동네 이발소는 복덕방이다. 가벼운 일상부터 건강이나 취미, 스포츠, 시사, 정치에 이르기까지 다양한 이야기가 오간다. 몰랐던 지식을 얻기도 하고 정보의 공유 장소가 되기도 한다. 대개는 매스컴에서 보도되는 그날의 주요 뉴스가 이발소의 화젯거리가 되곤 한다.

우리 동네 이발소 사장님도 직업과 취향이 다양한 손님들을 수없이 만났을 테니 그 입담이 어느 정도일지는 미루어 짐작할 수 있을 것이다. 오래된 이발소의 사장님은 달관의 '머리 깎는 철학자'다. 이발 솜씨도 뛰어나지만 손님의 취향에 따라 구수한 입담으로 대화의 꽃을 피우는데 남다른 노하우가 있다.

세월 따라 우리 동네 이발소에도 작은 변화가 찾아왔다. 오후가 되면 늘 찾아오던 어르신 논객들이 4~5명 정도 계셨는데 어느 날부터 한 분씩 안 보이기 시작하더니 지금은 아무도 찾지 않는다. 모두 돌아가셨단다. 동네 이발소의 정겹고 익숙했던 풍경들이 하나둘 사라지는 것 같아 못내 아쉽다.

이발소는 체감경기에 아주 민감하단다. 머리 깎는 일이 정해진 것이 아니기에 경기가 안 좋아지면 한 달에 한 번 깎던 사람이 두 달에 한 번, 세 달에 두 번 이런 식으로 줄인다고 한다. 자신의 일에 자부심을 갖고 일하는 동네 이발소 사장님의 모습을 보면 불평불만 많은 억대 연봉자보다 당당해 보여 좋다.

깎을 머리카락이 있다는 것은 행복한 일이다. 길면 언제든 잘라내는 머리카락이지만 신체의 일부라서 애착과 상징성이 있다. 예전엔 어머님 배 속부터 있던 배냇머리를 잘라 붓으로 만들어 평생 간직하기도 했고 생사를 기약할 수 없는 전쟁터로 떠날 땐 머리카락을 잘라두었다가 돌아오지 못하면 그 머리카락으로 장례를 치렀다고 한다.

머리를 깎는 것도 때에 따라서는 단순히 몸에 난 털을 자르는 것 그 이상의 형이상학적 의미가 있다. 젊은 시절 군에 입대할 때나 학창 시절 부조리나 독재 권력에 저항하면서 삭발할 땐 뭉클함이 있었고, 대단한 결심을 하거나 심경에 큰 변화를 일으켜 머릴 깎을 땐 굳은 다짐이 있다. 속세의 인연을 끊고 구도의 수행자 길을 갈 땐 울컥 눈물을 삼키며 진리에 대한 목마름으로 삭발식을 할 것이다. 머리를 깎는 작은 일상 일도 의미부여를 할 땐 엄숙한 의식이 된다.

우리 동네 단골 이발소를 다닌 세월도 자그마치 강산이 세 번이나 바뀌었다. 검고 숱이 많던 머리는 어느덧 반백에 듬성듬성해지고 민머리도 많이 보인다. 젊은 시절 빈틈없고 빽빽하던 것들이 세월이 지나면서 조금씩 헐렁해지고 무뎌진다. 몸도 그렇고 마음도 그렇다. 어쩌면 그런 것들이 세월이 주는 선물일지도 모른다. 그 여백에 여유와 깨달음이 깃들기 때문이다.

짜증내면 짜증낼 일만 생기고 웃으면 자꾸 웃을 일이 생긴다고 한다. 비록 작고 오래된 우리 동네 이발소지만 감동과 웃음이 있다. 말동무가 없어 심심한 분들은 한번쯤 방문하면 꼭 다시 찾게 될 것이다.

머리 깎는 날은 웃자란 욕심도 함께 자른다.

동행

한정남
2018. 1. 천료

오곡백과가 풍성한 추석날 조카딸이 왔다. 성당 갈 때 입으라며 정장 한 벌을 내놓는다. 분홍색 재킷에 아이보리 바지다. 이 멋진 옷이 나에게 어울릴까? 하며 입어보니 화사하고 예쁜데 색이 너무 튀는 것 같아 자신이 없다고 했다. 그러면 한 벌로 입지 말고 따로 다른 옷과 입으란다. 그렇게 입었더니 두 벌이 생긴 기분이다.

오랜만에 방문한 조카딸과 아침고요수목원으로 나들이를 갔다. 화려한 꽃들이 만발한 입구를 들어서니 살랑살랑 가을바람이 풍성한 갈대를 안고 돌아간다. 가을 소국이 활짝 핀 길을 따라가니 그림 속같이 작은 교회가 있다. 오색 꽃들이 만발한 정원에 앙증맞은 하얀 교회가 멋스럽다. 구름다리를 오르니 푸른 잎 사이로 노란 얼굴을 내미는 수련꽃들이 귀여워 우리도 웃었다.

잔디 정원엔 소나무들을 아름답게 가꾸어놓았다. 내 정원도 3그루의 소나무를 36년째 기르고 있다. 예쁘게 다듬어놓은 소나무를 보면 길 가던 사람들이 발길을 멈추고 사진을 찍거나 멋있다 찬사들을 보냈다. 그런데 교통사고로 손을 다친 후 예쁘게 전지를 해주지 못해 볼 때마다 가슴이 아프다.

오늘 수목원에서 내 마음에 쏙 들게 다듬어진 소나무들을 바라보니 샘이 나고 부러워 우울해졌다. 아름다운 소나무 밑에 맥없이 앉아 있으니 시원한 바람이 내 마음을 아는 듯 피톤치드 솔향을 풍기며 날아가니 기분이 상쾌하다.

자리를 옮겨 시냇물 소리를 들으며 높이 솟은 나무 아래 앉았다. 깨끗한 공기를 마시며 이야기를 나누니 별천지에 온 기분이다. 옆 분재원에 들어가 예쁘게 가꾼 나무들도 감상하고, 마지막 출렁다리에서 장난기가 발동해 중간에 서서 흔들어 보았다. 젊은 날 같이 까르르 웃거나 무섭다고 우는 친구들이 없으니 재미가 별로다. 조카와 즐겁게 보내고, 청평역에서 배웅하고 돌아왔다.

어느새 조카딸이 집에 도착했다며 카톡을 보내 왔다.

"작은 엄마, 질곡의 시간 속에 고생 많이 하셨습니다. 옆에 공존한 시간도 있었지만 짐만 되었던 것이 미안합니다. 어려운 생활 속에서도 밀어내지 않고 품어 주셔서 감사합니다. 힘든 시간 보내시면서도 아름다움을 사셨으니 남은 생은 성령님 안에서 누리는 의로움과 평화의 기쁨 속에서 건강하세요."

카톡을 읽고 나니 가슴이 뭉클하며 눈물이 핑 돈다. 나는 평생 귀 막고 입 막고 눈 감고 사는 사람인 줄 알았다. 그런데 오랜 세월이 지나 조카에게 예쁜 옷과 다정한 글을 받고 나니 내게도 이런 날도 오는구나. 감개무량했다.

내 젊은 날은 아픔이 전부였다. 일찍 부모님을 잃고 두 동생을 데리고 시집을 왔다. 방 한 칸 없이 월세로 시작한 신혼에서 세월이 흘러 작은 집을 마련했을 때는 아이가 셋이 늘어 우리 가족은 7명이 되어있었다. 그런데 넷째인 우리에게 시동생이 시어머님을 한 달만 모셔달라며 모시고 왔다. 한 달이 12년을 모시게 되면서, 8명의 대 식구가 북적거리니 먹고사는 것도 힘이 들었다.

어머니는 셋째 시숙을 몹시 편애하셨다. 전세를 얻어주면 월세로 돌려쓰고 돈이 떨어지면 다시 전세방을 얻어달라 했다. 방을 못 구하면 밥에 양잿물이나 하이타이를 넣었다고 억지를 쓰고 밥도 안 먹고 어머니를 달달 볶았다. 시어머니는 그 아들을 위해 다른 아들네 집들을 찾아가 도와달라 했지만, 한강에 돌 던지기라며 아들들이 모두 어머니께 등을 돌렸다.

내 남편도 한번 해주었으니 더는 돈이 없어 못 해준다고 말했다. 시어머니는 전세 돈을 얻어내기 위해 만만한 나를 들들 볶았다. 다음엔 내 어린 아이들에게 상스런 욕으로 화풀이를 했다.

귀먹은 벙어리처럼 살다 내 귀에 까마귀 울음소리 같은 환청이 들렸다. 정신병원을 가거나 내가 죽고 싶어지면 은행융자를 얻어다 주거나, 곗돈을 미리 낙찰해 전세를 얻어주고 나중에 갚아 나갔다. 남편은 나보고 속없는 여자가 형과 어머니 장단에 춤을 춘다며 우린 어떻게 살거냐? 따졌다.

시어머니가 계시니 시숙이나 시댁 가족들이 골방 쥐 드나들 듯 드나들어도 위로에 말 한마디 하는 사람이 없었다. 와중에 남편이 뇌출혈로 쓰러져 경희의료원에 입원했다. 내 손은 빈손이었고 시어머니만 남았다. 내가 형제들에게 손해를 끼칠까 그랬는지? 삼 동서들은 병원 한 번 안 찾아왔다. 난 마음의 각오를 하고 오직 모든 일을 혼자 처리하며 종종걸음을 치며 다녔다.

그러다 감사하게도 일본 배를 타던 조카사위가 휴가를 왔다. 마음씨 착한 사위가 병원에 찾아와 남편을 2달 동안 6번을 돌봐주어 내가 아이들이 있는 춘천 집을 다녀올 수 있었다. 사위가 고마웠지만 가진 것 없는 빈손이라 그때는 사위에게 답례를 못 했다. 늘 무거운 바윗덩어리를 내 등에 올려놓은 것 같은 불편한 마음으로 입을 봉하고 살아야 했다.

20여 년이 흘러 조카사위가 칠순을 맞이했다. 그 역경 속에서도 잘 자란 우리 아이들과 사랑을 합쳐 황금 거북이 10돈과 고마움의 편지를 썼다. 그제야 내 등에 짐을 조금 내려놓은 것 같이 편안해졌다.

조카딸이 우리 집에 있을 땐 먹고사는 것도 힘들어 여유롭게 사랑을 나눌 수가 없었다. 그래도 사위와 결혼해서 가정을 잘 꾸려나가며 하느님께 순종하는 모습이 보기 좋다.

"영혜야 눈물 나게 따듯한 말 보내주어 고맙다. 너도 남매를 잘 키웠으니 행복한 날만 있기를 바란다."

나에게 찾아온 불청객

이종명
2018. 4. 천료

아침이면 일어나자마자 핸드폰의 카톡을 읽어 본다. 70% 이상이 건강하고 행복하게 오래 살자는 내용이다. 이 세상 사람들 모두가 건강하게 살기 위하여 운동을 한다거나 음식 조절을 하며 생활하는 것을 볼 수 있다.

'돈을 잃음은 작게 잃음이요. 명예를 잃음은 크게 잃음이요. 건강을 잃음은 모든 것을 다 잃음이라'는 서양 속담이 있다. 이 속담에서도 건강이 무엇보다 중요하다는 것을 우리들에게 알려준다.

건강(健康)은 사전에서 신체적, 정신적으로 아무 탈이 없고 튼튼한 상태를 말한다. 현대사회에서의 건강의 정의는 WHO가 제시한 것처럼 '단지 질병이 없거나 허약하지 않을 뿐만 아니라 신체적, 정신적, 사회적으로 안녕한 상태'이다. 나뿐만 아니라 많은 사람들이 건강관리를 위해 관심을 갖고 노력하고 있다. 그래서 사람들은 쾌적한 환경에서 건강한 생활습관을 가지는 것이 건강관리에 가장 중요하다고 생각한다. 나는 어릴 때는 맑고 깨끗한 환경이 조성되어 있는 농촌에서 자랐고, 성인이 되어서도 건강을 위하여 체계적으로 운동을 하고 식습관에 신경을 써 왔다. 나이를 먹으면 당뇨나 혈압 등 지병이 생긴다지만 신체적으로 정상이고 감기도 다섯 손가락 안에 꼽힐 정도로 걸리지 않았으니 지금까지 건강에는 자신을 가지고 살아왔다.

국민보험공단에서 각 연도에 따라 건강검진 대상자를 결정한다. 예를 들어서 2023년일 경우 홀수년에 출생한 사람이 검진을 받으며, 2024년에는 짝수년에 출생한 사람이 검진을 받을 수 있다. 작년에는 2023년이므로 홀수년에 출생한 사람이 검진대상으로 나도 건강검진을 받는 해이다. 아내는 빨리 검진을 받으라고 재촉하였지만 건강에 자신하는 나는 차일피일 미루다가 9월 말에 건강검진센터에서 검사를 하였다. 지금까지는 위내시경과 대장내시경은 수면내시경으로 하였는데 이번에는 무내시경으로 검사를 하였다. 며칠 후에 검진 결과를 확인하러 갔다. 지금까지 건강검진 할 때마다 이상이 없었으니까 이번에도 별일 없겠지 하고 병원을 찾았다.

소화기내과 의사가 위내시경을 확인한 결과 식도 쪽에 이상이 있어 보인다고 했다.

"탄광에 다니셨나요?" "아니요."

"그럼 담배를 많이 피우시나요?" "아니요, 담배는 피워 본 적이 없어요."

"술은 얼마를 드시나요?" "남들이 먹는 만큼 먹습니다."

의사 선생님은 의아해하면서 식도가 약간 검게 보인다고 하였다. 좀 더 큰 병원에서 확인해 보는 것이 좋겠다고 하여 대학병원에 갔다. 이곳에서 검사를 다시 하였다. 검사 결과 식도에 이상이 있다며 서울 큰 병원으로 가야한다고 하였다. 서울 S병원에 연락하니 두 달 후에나 진찰을 할 수 있다고 하여 기다렸다. 두 달 지나서 갔는데 3주 동안 다양한 검사를 매주 하였다. 검사를 받기 위해 춘천에서 S병원을 다니며 암이 아니기를 마음으로 빌어보았다. 나의 기대와는 달리 검사결과 식도암이라는 진단을 받았다. 건강을 자신했었기에 암이 생길 거라고 꿈에도 생각 못한 나는 황당하고 앞이 캄캄했다. 나의 몸에 오지 않아도 될 불청객이 찾아 온 것이다. 싫어도 찾아 온 손님을 어쩌랴. 잘 다독이고 타일러서 보내야지. 부정을 해도 어쩔 수 없는 상황임을 받아들이고 수술하고 치료 받도록 하였다. 이제는 의사의 소견에 따라 진료를 받을 수밖에 어쩔 도리가 없다.

두 달 후에 수술을 하고 항암치료도 받아야 한다고 하였다. 너무 오래 기다려야 한다기에 걱정을 하였는데, 다행히 대기자 한 사람이 포기하여 한 달 앞당겨 수술하였다. 6시간에서 8시간 걸린다는 수술이 10시간이나 걸렸다. 밖에서 기다리는 아내는 혹시 수술하다 잘못된 것이 아닌가 몹시 걱정을 하며 눈물, 콧물 흘리며 기다렸다고 한다. 수술시간이 오래 걸렸지만 수술은 잘 되었다는 의사 선생님의 말씀을 듣고 조금은 안심이 되었다. 보름 동안 입원 치료를 하고 퇴원하라고 한다. 나는 집에 가면 치료를 제대로 받을 수 없기에 더 입원했으면 좋겠다고 하였지만 안 된다고 하여 어쩔 수 없이 퇴원하였다. 한 달 뒤부터 항암을 받기 위해 집에서 병원을 오가며 치료를 하였다.

식도암은 증상이 있다는데 나는 아무런 느낌을 받지 못하였다. 아니 느끼지 못했는지 모른다. 그래도 초기에 발견되어 다행이라고 한다. 내가 입원한 병동은 소화기에 관련된 환자들이 입원하였는데 빈자리가 없다. 암환자가 많은 것에 놀라지 않을 수 없었다. 환자들 모두가 건강하게 잘 지내다가 아파서 병원에 갔더니만 암이라고 하여 왔다고 한다. 나와 같이 초기에 발견된 사람들은 치료가 가능하지만 아파서 온 사람들은 진행이 많이 되어 오랫동안 입원치료를 받는다고 하였다. 평소 건강한 사람도 암에 걸릴 수 있다고 한다. 건강에 너무 자신하지 말고 늘 자신의 몸을 주의 깊게 관찰하면서 항상 건강에 유의하여야 할 것 같다.

의사 선생님은 평소에 건강했던 사람이 빨리 회복할 수 있다고 한다. 그 말에 희망이 있고 힘이 생긴다. 음식 조절도 잘하고 운동도 소홀히 해서는 안 되겠다. 그래서 나에게 찾아온 불청객이 더 이상 문제를 일으키지 말고 조용히 떠나도록 해야겠다.

상고(商高)가 사라진 우리나라

임성규
2018. 11. 천료

우리나라 최고의 인기 스포츠는 프로야구다. 그러나 그 프로야구가 태어나게 한 것은 고교야구다. 60~70년대 국내 스포츠 중 가장 인기 있는 것은 고교야구였다. 전국고교야구대회가 있는 날이면 야구장은 만원이었고 출전한 학교가 결승에 올라가는 날이면 그 고등학교는 수업이 안 될 정도였다. 학생들이 야구장으로 빠지고 수업 중에 몰래 라디오 중계를 듣고 심지어 학교에서 아예 중계방송을 스피커로 내보낼 정도였다. 그 시절 야구를 잘하는 고등학교에는 상고가 많았다. 부산상고 대구상고 마산상고 광주상고 군산상고 선린상고 등은 단골 결승 진출 학교 중 하나였다. 그렇게 상고들이 야구 명문이 된 것은 상고들이 번성했고 명문 고등학교로도 행세할 수 있었기 때문이다.

상고는 우리나라 고등교육의 선발주자였다. 조선이 깨어나기 시작하면서 당장 필요한 교육은 순수 인문 교육보다 실업(상업) 교육이 먼저였고, 일제강점기에 한국에 진출한 일본인들이 대도시와 개항지에 거주하면서 조선의 부를 착취하고 조선의 물자를 자국으로 반출하며 살았는데 이들에게 당장 필요한 교육 또한 순수 인문 교육보다 실업(상업)교육이었다.

개항지인 부산에 부산상고(1895년)가 제일 먼저, 그리고 경성에 선린상고(1899년)가 이어 설립되었고 일제강점기 이후 대도시와 개항지에 상고가 잇따라 문을 열었다. 서울 경성에 덕수상고(1910년) 경기상고(1923년)가 추가 설립되었고 개항지인 목포에 목포상고(1920년) 강경에 강경상고(1920년) 마산에 마산상고(1923년) 그리고 대도시인 광주에 광주상고(1920년) 대구에 대구상고(1923년)가 문을 열었는데 이들 상고는 지금 그 지역의 세칭 명문 인문 고등학교보다 먼저 설립된 학교들도 많다.

그런데 그 잘나가던 상고가 사라졌다. 야구장에서만 사라진 것이 아니라 우리나라 대한민국에서 모두 사라졌다. 공룡이 멸종하듯 한순간에 없어졌다. 부산상고는 개성고등학교, 선린상고는 선린인터넷고등학교, 덕수상고는 덕수고등학교, 목포상고는 목상고등학교, 마산상고는 용마고등학교, 대구상고는 상원고등학교로 이름을 바꾸고 인문 고등학교 등으로 전향하여 모두 '상업'이란 글자를 떼어버렸다. 강경상고 경기상고는 상업고등학교로 살아는 남았으나 남녀공학으로 그 형태를 바꿔야 했고 학생 수도 전교생이 200~400명 정도의 미니학교가 되어버렸다. 그래도 흔적이라도 남기려고 교명에 상(商) 자 하나 남긴 목상고등학교 상원고등학교의 몸부림(?)이 애처롭게 느껴진다.

상고는 일제강점기 때에 식민통치 속에서도 그나마 잘 살아 보려고 발버둥 친 조선 식민지 학생들이 그곳을 찾아 공부했고 광복 이후에는 너무 똑똑했지만 너무 가난했던 아이들이 가족을 먹여 살리려고 그나마 취업이 쉬운 그 학교를 졸업했던 것이다. 상고를 졸업하고 야간 대학을 다니고 국가고시에 합격하여 법조인이나 고위 공무원이 되기도 했고 대통령도 세 분이나 나왔다. 그런데 나라가 잘 살게 되고 누구나 대학을 가는 세상이 되자 사회가 그들에게 고졸 특히 '상고 출신'이라는 꼬리표를 달아 폄하했고 급여와 승진에서 이들을 차별했다. 이를 견디지 못하고 상고들은 사회의 홀대와 멸시 속에 사라지고 희미해졌다. 나도 상고를 나왔다. 상고를 나와 좋은 직장에 취직도 했고 야간이지만 학사도 되고 석사도 되었다. 감정평가사 자격도 취득했다. 그러나 나를 아는 사람들은 대부분 아직도 나를 상고 출신이라고 안다. '상고 출신'이라는 꼬리표는 상고가 사라진 지금에도 여전히 내게 붙어 있다.

상고를 사라지게 한 우리나라 교육 현실은 어떠한가! 일 못하고 안 하는 대졸 인력이 몇백만이 되고 대학을 나오고도 9급 공무원 시험 합격을 위해 목을 매는 공시생도 많다. 산업현장에서는 노동력이 부족하여 외국 인력을 찾아 전전긍긍한다. 대학들도 난리다. 학생 부족으로 고사 위기에 있는 학교들도 있다 한다. 인구 감소로 한국인 신입생을 구하기 어려워지자 재학생의 90% 이상을 외국인 학생으로 채운 지방대학도 있다 한다. 그 학생들의 국적이 네팔 방글라데시 우즈베키스탄 등 우리나라보다 못한 후진국이 거의 다라고 한다. 진정 그 외국인 학생들은 학문만을 위하여 우리나라 대학에 입학한 것인가 의문이 들기도 한다.

상고가 사라진 것을 문제 삼거나 아쉬워하는 것은 아니다. 상고를 멸종시킨 지금의 교육 현실이 답답할 뿐이다. 답답하게 하는 것이 교육 현실뿐이라면 그나마 좋겠다. 매일매일 신문방송의 뉴스 보기가 듣기가 겁이 나는 대한민국의 현실이 더 답답하다. 그러한들 어찌하겠는가. "아무것도 할 수 없는 나의 나약함과 무력함을 뼈저리게 느끼면서 슬퍼 할 수밖에 없는 것"이 현실이고 지금인 것을.

별똥별

이종옥
2019. 1. 천료

앞마당에 멍석 깔아 놓고 누워서 칠흑 같은 밤하늘에 가득한 별을 보면서 자랐다. 별들이 우수수 얼굴에 금방 쏟아질 듯한 별세상이었다. 별똥별이 휘리릭 지나기도 했다. 별똥별 떨어지는 순간 소원 빌면 이루어진다, 는 전설을 믿고 수없이 빌었다.

내 별은 어디 있을까, 내 별도 나를 보고 있을까. 친구들과 누워서 밤하늘에서 내 별 찾기에 여념이 없었다. 내 별은 지금 무슨 꿈을 꾸고 있을까. 밤하늘의 별에 묻기도 했다. 내 별 찾으며 꿈을 꾸던 그 소녀들은 지금 어디에 있을까. 때때로 고향 하늘을 함께 바라보던 얼굴이 떠오른다. 추억에 담긴 그리움 같은 것이다.

초등학교 5학년 자연 시간이었다. "별똥별 본 사람 있으면 손들어 보세요." "저요." 자신 있게 손을 높이 들었다. 그런데 쑥스러웠다. "직접은 아니고요, 제 이모가, 별똥별을 보았다고 했어요. 냇가에 가면 돌멩이 사이에 까만 별똥이 떨어져 있는데, 그걸 씹으면 껌처럼 쫀득거린다고 했어요." 친구들이 와~

웃었다. 선생님도 웃으면서 "그랬구나!" 하였던 기억이다.

누가 말을 하면 보편적으로 의심 없이 믿는 편이다. 친구들은 웃고 떠들다가도 내가 가면 "얘들아, 종옥이 온다. 쟤는 농담을 진짜로 알아들어" 하면서 말을 그치는 경우가 많았다. 남 보기에는 그렇게 어리석었던 것 같다. 하기야 남편도 세상 떠나면서 "당신은 세상에 모든 사람을 선하다고 믿는데, '너는 도둑놈이다' 염두에 두고 인간관계를 맺으면 성공할 것이다"라는 유언을 했다.

어느 날 지인이 와서 은행 보증을 써 달라고 했다. 의심 없이 서 주었다. 그런데 상황이 어렵게 되어서 부도를 내겠다는 통보다. 재산이라고 해야 연립주택 하나인데, 그때의 심정은 어린 자식들을 데리고 길에 나앉아야 하는가, 전전긍긍하면서 하느님 원망하는 기도를 매일 했다. 선한 일을 하였는데 왜 이렇게 힘든 상황을 주셨느냐고. '멍청아! 잘못은 네가 저질러 놓고 나를 원망하느냐' 소리 없는 음성이 들리면서 친구가 떠올랐다. 다행히 친구가 집을 사 주어서 위기는 모면하였다. 그 일로 무주택자가 되어서 미분양 아파트를 받을 수 있었다.

사는 동안에 어려운 상황의 어둠이 닥쳐오기도 하였지만, 그러나 의외로 선한 길로 다시 이끌어 주신다고 믿고 살았다.

하루는 너른 강당에서 봉사자 송년 모임이 있었다. 빙 둘러앉아서 노래를 부르게 되었다. 내 차례가 되어 가는데, 저쪽에 앉았던 나이 든 봉사자 한 분이 빠른 걸음으로 내게 와서 귀에 대고 하는 말, "이 선생, 가곡 부르지 말고 가요를 부르세요"라고는 앉았던 자리로 돌아갔다. 얼마나 모자라 보였으면 찾아와서 그 말을 하고 갔을까. 사실 무슨 노래를 부를지 고심 중이었는데 그만 더 당황하였다.

초등학교 6학년 여름에 영순이가 학교 뒷산에 데리고 올라가서 가르쳐 준 '방랑시인 김삿갓' 노래를 불렀다. 40년 전에 배웠는데 기억이 났다.

어리석다는 말을 듣기는 하지만, 그렇다고 크게 실수는 하지 않았다. 그리고 어리석다고 해서 인생을 잘못 살지 않는다. 부족하지만 성실하게 열심히 사는 사람은 세상에서도 버림받지 않는다. 별똥별이 지나다가도 웃을 일이라고 하겠지만 그래도 나는 그렇게 믿는다. 지금도 가까운 사람을 믿었다가 손해 보는 일이 있기는 하지만 그것은 그 사람의 인성 문제라고 생각한다.

어느 날 사무실 책상 위에 두었던 금목걸이를 잃어버렸다. 직원하고 단둘이 앉아있었다. 나는 목걸이는 없었는데 여름에 허전한 목에 하나 정도는 걸어도 좋을 듯하여서 만들었다. 작은 알 진주 묵주가 줄이 끊어져서 버리기가 아까워 낚싯줄에 꿰어서 목걸이 만들었다. 그리고 행사상품으로 받은 금 한 돈에 한 돈을 보태서 두 돈짜리 목걸이를 60 넘어서 처음 만들었다. 금목걸이는 목에 걸어 보지도 않고 책상 위에 올려놓았다. 버려질 진주가 목걸이로 변신한 것이 새로워 보여서 사무실 밖 벽에 걸린 거울로 보러 간 1~2분 사이에 금목걸이가 감쪽같이 사라진 것이다. 참으로 난감했다.

남편은 결혼 때 해주지 못한 목걸이에 대해 여러 번 미안하단 말을 했다. 결혼 10년 기념일에 해주면 된다며 그때를 기다렸다. 그런데 남편이 병이 나서 그만 세상을 뜨는 바람에 목걸이는 생각도 못 하고 살았다. 그리고 필요를 느끼지 않았다.

잃어버린 목걸이를 찾겠다고 경찰을 불러서 직원을 조사받게 할 수는 없었다. 내 불찰로 그가 견물생심(見物生心)으로 순간 도둑이 된 것이 오히려 미안했다. 누구도 의심하지 않는 내 불찰이라고 생각하고 마음에 묻고 가기로 하였다.

긴 인생을 살면서 다양한 사람들을 만났다. 학교에서 직장에서 사회에서 마음을 나누고 서로 신뢰하고 우정도 쌓았다. 그러면서 느낀 것은 선하고 아름다운 사람이 더 많다는 것이다. 그래서 세상이 잘 돌아가는 것이 아닌가 한다.

어언 80이 되고 보니 10대 시간보다 지금이 더 소중함을 느끼기에 최선을 다한다. 어릴 때 장래 희망을 추구하듯 노년이 되어서도 새로운 일에 도전하고 싶음은 아직도 어리석고 철이 덜 들어설까. 어릴 때 원했던 글쓰기는 미미하지만 시간 날 때 한 편씩 쓰고 있다. 뜻이 있는 곳에 길이 있다고 하지 않았는가. 희망을 잃지 않고 고향 하늘의 내 별을 찾고 있던 시절에 별똥별이 순간 지났듯이 인생도 어느덧 그렇게 흘러갔다. 지나간 그 별똥별은 잡을 수 없지만 지금이라도 후회하지 않는 내 세월을 만들려고 한다. 영원을 향한 여정에 아름다운 언어로 율동하는 형상의 내 별과 같이 가고 싶은 것이다.

바다와 섬, 그리고 나

허남국
2019. 3. 천료

여름이 빨리 왔다. 뜨겁게 왔다. 한낮 기온이 35도를 웃돈다. 일상을 멈추고 섬 여행을 떠났다. 미지의 섬에서 시간이 멈춘 듯한 자연 신비스러운 풍광에 젖는다. 먹구름으로 찌푸린 하늘이 바로 비를 쏟아부을 것 같다. 해무 속에서 가물가물 나타났다 사라지는 섬들이 마치 자연의 마법을 거는 것 같았다.

농사일을 잠시 멈추고 이른 새벽 고즈넉한 고군산군도 섬 여행을 떠났다. 새만금 방조제에서 연륙교로 이어진 여러 섬은 아직 나에게 상상의 미지 섬으로 남아있다. 거칠 것 같은 바다가 조용하다. 한 번 화가 나면 어느 무엇도 말릴 수 없다는 거친 바다. 어느 곳보다 센 바람이 분다는 방축도로 가는 고군산 카페리호 선상에 올랐다.

장사도 선착장을 떠난 배는 흰 거품을 토하며 앞으로 나간다. 흐린 하늘이 바다를 누르고 있다. 바다 멀리 조망되는 수십 개의 고군산 섬이 해무 속에서 얼굴을 내밀다가 곧 사라지기를 반복한다. 렌즈를 바다에 들이대고 혹시 기적 같은 풍경을 담을 수 있을까 하는 마음으로 바다를 주시한다. 멀리서 뱃전으로 밀려오던 섬이 가까이 다가오면서 속살을 보여줄 듯 아른거리다 사라기를 거듭한다. 마치 홑치마 밑으로 아른거리는 속살처럼 보일 듯 말 듯 아쉬움을 남겨 놓고 사라진다. 한나절이 지났는데도 해무는 섬을 만지작거린다. 밤새워 보듬었으니 놔줄 만도 한데 뿌연 해무 속으로 고독한 무인도만 지나간다.

서해의 거센 파도를 최일선에서 막아주는 방축도 선착장에 하선하였다. 파도에 지친 섬이 해식애가 심했다. 바닷가 산부리 흙이 몇십 미터씩 파여 나갔다. 마치 떡시루에 떡 고여놓은 듯 바위가 켜켜이 쌓여 있었다. 수억 년의 지질 변화가 빚어낸 기암괴석 해안을 투명한 바닷물이 살랑이며 어루만지고 있다.

바다에 떠 있는 섬처럼 우리 삶 속에도 섬이 무수히 많다. 젊은 청춘 시절 험난한 세월을 잘 견디어 냈다. 인생도 나이가 들면서 고독의 섬이 되었다. 부모님을 비롯하여 사랑하는 사람을 떠나보내고 나이 들어 홀로 되었다. 그때부터 인생의 섬 같은 생활이 시작되었다. 고독과 병고를 이겨내야 하고 외롭게 살면서 동떨어진 세상 삶을 살아내야 한다.

어찌 되었든 혼자 산다는 것은 세상과 단절된 외로운 섬과 같다. 너와 나 우리 모두 섬이 되지 않기 위한 소통이 요구된다. 인생은 자신의 삶을 만들어 즐기면서 극복해야 할 때가 많다. 때로는 섬과 섬을 걸으며 고독의 섬이 되지 않으려는 노력이 필요하다. 넓은 바다를 작은 배로 건너는 인생 역경의 고통을 이겨내야 한다.

지구 표면의 70% 이상을 차지하는 바다는 어떻게 보면 우리 생활에 고맙고 반드시 있어야 할 필요 존재이다. 기후 변화 탓으로 여름이 뜨겁게 빨리 오고 있는 것도 현실이다. 그나마 바다가 없으면 열대 지역처럼 전 세계가 펄펄 끓어오를 것이다. 바다는 열을 흡수하여 지구의 온도 상승을 완화해 주는 중요한 역할을 하고 있다. 바다에 감사하며 환경을 보호해야 하는 이유이다.

해무가 피어오르는 고군산군도의 아름다운 섬 풍광에 젖는다. 해무에 갇힌 섬 풍광을 카메라에 담으며 자연의 신비를 느껴본다. 햇살이 구름 사이로 잠시만 얼굴을 내밀고 웃어준다면 섬들이 맑고 밝은 희망을 내어줄 것 같았다. 햇살 없는 바다에서 희망을 기대하며 하루를 보냈다. 바다와 섬이 그려주는 시(詩) 같은 하루를 마음속에 영원히 간직해 두고 싶었다. 잊고 싶지 않은 행복한 순간이었다.

바다는 어떠한 환경에 처해도 낮은 곳에서 넓고 깊은 마음으로 모든 것을 용서하며 받아들인다. 손톱만큼 불평불만도 없이 늘 춤추며 노래 부른다. 오수와 흙탕물이 들어와도 밤새워 자신을 정화한다. 쓰다 버린 폐기물로 뒤범벅이 되어도 섬 한구석으로 밀어내 놓고 아무 일 없었던 듯 출렁인다. 밤새워 지구를 정화하는 바다를 닮은 삶의 지혜가 필요한 때이다.

해무로 아롱진 바다 멀리 안개 속으로 숨바꼭질하는 섬 따라 꿈속을 방황하는 환상에 젖는다. 흐린 바다에서 관리도와 주변 여러 섬을 바라보며 방축도를 걸었다. 예전 애국가 화면에 나왔다는 독립문 바위를 바라보며 탁 트인 시야로 한 폭의 그림 같은 경치를 감상하였다. 만수위 때는 독립문 바위로 보인다고 하는데 썰물 때라 그런지 두 사람이 머리를 맞대고 밀담을 나누는 것 같은 형상이었다

장자도로 나오는 배에서 찍은 관리도 해변 바위 사진이 대박이었다. 송나라 큰 상인이 돈 보따리를 가슴에 안고 물건을 사기 위하여 기다리고 있는 형상이었다. 이 세상에 한 장뿐인 명품 사진을 찍었다. 이 사진 한 장이 오늘 여행의 선물이 되었다.

고군산군도를 한눈에 담을 수 있는 장자도 대장봉이 해무에 씽여 한 폭의 산수화를 그렸다. 16개 유인도와 47개 무인도로 이루어진 고군산군도의 크고 작은 섬을 감상하며 즉흥시 한 수를 써서 낭송하였다.

상상의 나래 펴고 달려오는/ 신비의 낯선 바다와 섬/ 있는 듯 없어지고 머무는 듯 흐르는/ 해무 속 섬 같은 인생/ 오늘도 파도를 탄다.

그 여름밤의 추억

김순자
2019. 3. 천료

학창 시절, 여름 방학때면 M시에서 여객선으로만 장장 8시간이 걸리는 거리에 위치한 할머니 할아버지가 계시는 시골집을 찾았다. 출렁이는 바다가 사방으로 펼쳐져 있고 아름다운 산이 병풍처럼 둘러싸인 조용하고 아늑한 Y섬이다. 각 지방에 흩어져 살던 우리 사촌 자매들은 1년에 한 번씩 이곳에 모였다.

그 시절 시골집에는 잎이 무성하고 키가 하늘에 닿을 듯이 솟은 200여 년이 훌쩍 넘은 커다란 팽나무가 마당 한 곳에 장엄하게 자리 잡고 있었다. 우리들은 시골집에 도착하면 제일 먼저 두 팔을 크게 벌리고 팽나무부터 안으며 반갑다고 인사를 하곤 했다.

할아버지는 팽나무 아래 평상 3개를 붙여 주시고 밤이면 모닥불을 피워놓고 커다란 모기장까지 쳐주셨다. 할아버지의 자상하심과 배려에 모기에도 물리지 않고 취침할 수 있는 여름밤은 마냥 즐거웠다.

자매들은 목침과 삼베 이불을 각각 하나씩 들고 모기장 속으로 들어가 잠을 자기 위한 준비를 한다. 평상에 똑바로 누워 밤하늘을 바라보다가 어느 한 자매가 "별 하나 나 하나, 별 둘 나 둘" 외치면 다 같이 합창이라도 하듯이 별을 헤아리면서 즐거워했다.

어느 날 밤이다. 별똥이 우리들이 누워있는 평상 옆에 떨어졌다. 그날 밤 타지방에 사시는 숙부님이 교통사고로 사망하셨다는 비보를 접했다. 시골에 계시는 분들과 밤을 지새우며 슬퍼했던 기억을 지금도 잊을 수 없다.

그런 밤이 있었기에 그 후 여름 방학 때마다 시골을 찾게 되면 평상에서 별똥이 떨어지는 것을 보면서 자지러지게 웃다가도 늘 숙연해지곤 했다. 하늘에서 별똥이 떨어지면 그 별의 주인공이 죽는다고 믿었던 탓이다.

우리는 하늘의 수많은 별들을 바라보다가 가장 먼저 눈에 들어오는 별을 발견하면 "저 별은 내 별이다"며 목청을 높인다. 자매들은 마치 하늘 도화지에 선을 긋듯이 '여기까지 내 별' 하면서 하늘을 향해 뻗은 손가락으로 각자의 영역을 표시하고 서로 자신의 별을 헤아렸다. 한동안 별을 벗 삼아 밤새도록 속삭이며 깔깔대던 자매들의 목소리는 어느 순간, 잦아들어가고 이내 고요한 적막만 흐른다.

사르르 눈이 감겨 꿈의 세계에 빠져든 우리는 어느새 차가운 새벽 공기와 함께 이내 정신을 차린다. 감았던 눈을 게슴츠레 뜨면서 새벽 하늘을 수놓듯이 유난히 반짝반짝 빛을 내는 '샛별'을 발견한다.

문뜩, 새벽을 깨우는 저 하늘의 샛별처럼 이 땅에도 아름답고 부지런한 사람들이 있음을 생각하게 된다. 이 새벽 공기를 함께 만끽하는 자매들에게 "내가 샛별 같은 사람이 될 수는 없겠지만 결혼해 딸을 낳으면 '샛별'로 이름을 짓겠다"고 말했다. 그들도 덩날아 너 나 할 것 없이 새벽녘에 떠오르는 별처럼 빛나는 딸을 낳고 싶다며 저마다의 소망을 이야기하다가 동이 튼다.

세월이 흘러 나는 결혼해 삼 남매를 낳았다. 첫 아이는 아들이기에 아명을 '하늘'이라고 지어 불렀다. 둘째는 딸을 낳았는데 눈이 유별나게 크고 반짝이기에 이름을 '샛별'로 지었다. 셋째 역시 딸이었다. 그의 이름은 '빛나요'라고 지었다.

삼 남매를 부를 때 한꺼번에 "하늘에 샛별이 빛나요"라고 불렀다. 아이들은 호적상 별도의 이름을 지니고 있다. 하지만 나의 입에서는 지금도 아이들의 아명인 "하늘에 샛별이 빛나요"로 이들을 부른다. 어린 시절, 그 여름밤 시골에서 사촌 자매들과 함께 별을 바라보며 다짐했던 그대로 이행한 것이다.

지금도 사촌 자매들은 내 이름 대신에 '하늘에 샛별이 빛나요 엄마'라고 부른다. 우리들 가슴에는 여전히 마냥 웃고 떠들며 밤하늘의 별을 헤아리던 그때 그 여름밤의 추억에 대한 그리움이 남아 있기 때문이다.

자매들은 어느덧 흘러가는 세월과 함께 백발이 성성한 초로가 되었다. 공교롭게도 나를 제외하고선 이들은 한결같이 아들 형제들만 낳고 딸은 안 낳았다. 우리는 가끔 만나 그날 밤 시골에서의 추억을 떠올린다. 특히, 별똥이 떨어지고 숙부님이 돌아가셨다는 비보도 함께 접했었기에 더욱 그 시절을 잊을 수가 없다.

어쩌다가 한 번씩 시골에서 보았던 그 여름밤 하늘을 수놓았던 별들이 생각난다. 그럴 때면 경기도 양주에 소재한 송암스페이스센터(송암천문대)를 찾는다. 인공적으로 만들어진 별들이라지만 추억 속 그리움을 잠시나마 달래주기 때문이다.

추억은 나이를 먹어도 여전히 우리 가슴속에 남아 아름다움을 선사하는 것만 같다. 누군가와 함께 나눌 수 있는 추억을 지닌 것만으로도 어쩌면 우리는 커다란 축복을 누리고 있는 것인지 모르겠다.

그래서 추억은 아름답다고 했던가!

바람의 시간

박태희
2019. 3. 천료

누구나 죽는다. 거역할 수 없는 자연의 섭리다. 한 번의 탄생이 그러하듯, 죽음도 모든 이에게 공평하게 찾아온다. 『죽음이 물었다, 어떻게 살 거냐고』의 저자 '한스 할터'는 많은 이들의 죽어감을 통해 살아감을 배우게 됐다고 말한다. 메멘토 모리(memento mori, 죽음을 기억하라)를 마음에 새길 때 카르페 디엠(carpe diem, 이 순간을 살아라)이 시작된다고.

형님이 파묘를 생각한 건 여러 해 전이다. 멧돼지들 때문이다. 최근 멧돼지 개체 수가 늘면서 민가까지 먹이를 찾아 내려오는 일이 잦아졌다. 돼지는 매우 뛰어난 후각을 지녔다. 고양이나 소, 개보다 후각이 더 민감하다. 땅속에서 자라는 고급 요리용 버섯을 찾을 때 돼지를 이용한다는 보고도 있다. 특히 야생 멧돼지는 코를 이용해 흙을 파헤쳐 동식물을 찾아 먹는 습성을 가지고 있다. 그러다 보니 봉분을 헤집는 일이 빈번하게 일어난다. 묘가 선산과 떨어져 있어 관리가 힘든 것도 이유가 됐다. 그러나, 무엇보다도 의붓할머니 산소 벌초까지 자식들에게 물려 줄 수 없다는 속마음이 컸다.

묘를 함부로 건드리면 집안에 좋지 않은 일이 생긴다는 속설이 있다. 그래서 윤달이나 손 없는 날을 골라 묘일을 한다. 그런데 '묫바람'은 매장의 경우에 한하고, 화장할 때는 문제가 되지 않는다. 풍수지리 '동기감응론'에 따르면 같은 기(氣)끼리는 서로 감응한다고 본다. 하지만 화장할 때는 고인과 자손의 기가 끊어지므로 별 영향이 없다는 것이다. 그렇더라도 묘일을 시작하기 전 예를 올리는 것은 망자에 대한 기본적인 의례다. 봉분 앞에 작은 돗자리가 펼쳐지고 술, 과일, 북어포 등이 진설됐다. 잠들어 있는 할머니를 깨우는 의식은 오래 걸리지 않았다. 묘소를 무탈하게 지켜 주신 토신에 대한 감사의 마음에 절을 올리고, 파묘의 시작을 고한다.

"파묘요!"

"놀라지 마십시오. 좋은 곳으로 보내 드리려고 합니다."

할아버지는 두 아들을 두었다. 아이들이 어렸을 때 아내가 죽자, 자식을 돌봐줄 사람을 구했다. 그때 우리 집에 들어온 분이 지금 묘의 주인인 할머니다. 할아버지가 단순히 보모(保姆)를 구한 것인지, 새장가를 간 것인지 나는 알지 못한다. 분명한 건, 할머니가 자신의 아이는 낳지 않았다는 것이다. 다만 어린아이들의 뒷바라지에 정성을 다했다. 그 덕분에 형제는 탈 없이 우애 있게 자랐다. 그중 동생이 나의 아버지다. 나는 할머니 얼굴을 기억하지 못한다. 어릴 적 같이 살았지만, 생각나지 않는다. 햇살 좋은 날, 무쇠 손잡이가 달린 펌프로 물을 올려 머리를 매만지던 모습이 어렴풋이 떠오르는 정도다.

돌아가신 할머니는 선산에 묻히지 못했다. 본 할머니 옆에 모실 수 없다며 집안 어른들이 반대했기 때문이다. 거기에 아버지 형제의 우유부단함이 한몫 더했다. 교만에 얼룩진 빈 껍데기의 예(禮)가 할머니의 삶을 재단한 것이다. 한 가정을 지켜낸 여인의 희생은 죽어서도 온전히 보상받지 못했다. 대신 선산 맞은편 양지바른 곳에 장사를 지냈다.

굴삭기가 분주하게 움직인다. 간밤에 내린 비로 젖은 봉분을 걷어내니 이내 마른 흙이 나온다.

-보기 드문 명당자리입니다.

후손들 들으라 하는 소리라도 흉지라는 것보다는 듣기 좋다. 묘지 개장은 땅만 파서 고인의 유골을 수습하고 화장하는 단순 행위가 아니다. 물리적 이동을 넘어, 조상에 대한 마지막 존중의 표현이다. 땅을 파고 내려가니 고인을 모셨던 광중(壙中) 자리가 나왔다. 장례지도사의 손길이 조심스럽다. 오랜 세월, 거의 다 썩은 유골을 찾기가 쉽지 않다. 한참 후, 사람의 형상이라고 생각할 수조차 없는 몇 개의 뼛조각이 한지 위에 올려졌다. 새삼스럽지도 않은데, 허탈했다. 이제껏 할머니라 여긴 존재가 흙 묻은 뼈 몇 조각이라니. 이제 일 년에 한두 번 오는 일조차 없을 테니, 할머니는 내 기억에서 빠르게 잊힐 것이다. 나는 영혼의 실체를 믿지 않는다. 그렇더라도 극락이 있다면, 한 줌 재로 바람에 날릴 할머니가 그곳에서 마음껏 자유롭길 바라본다. 묘를 사용한 대가로 동전 세 개를 토신께 바쳤다.

인생이 생각만큼 거창하지 않다는 걸 안다. 100세 시대, 행복한 노년의 조건으로 경제력과 건강, 적절한 커뮤니티 활동이라 한다. 나는 어떤가. 다른 것은 몰라도 건강은 자신했는데, 요즘 들어 부쩍 몸 이곳저곳에서 고장 신호가 켜지고 있다. 깜박깜박 자주 잊고, 걸핏하면 소화 불량으로 장에 탈이 난다. 내 의사와는 상관없이 태어난 것처럼 죽음 역시 내 의지와 상관없이 다가올 것이다. 죽음이 나의 몫이 되는 순간, 시간을 헛되이 보냈음에 후회는 하지 않았으면 한다. 남은 삶을 감사하게 살아야 한다는 걸 새삼 느낀다.

태평성대의 종말

김선환
2019. 3. 천료

현재 우리 사회가 잘 돌아가고 있는지 생각해 볼 일이다. 대부분의 뉴스들이 사실에 대한 전달을 넘어서 과장하거나 편향을 거듭하기 때문에 그대로 믿을 수 없다. 언론의 기능이 과거에 비해 많이 상실되었다고 본다. 그래서 무엇을 파악하기 위해서는 스스로 다양한 정보를 취합하고 공부해서 판단하는 수밖에 없다.

나이가 들면 세상 돌아가는 이치는 어느 정도 보이게 되고 미래도 예측할 수 있게 된다. 그것이 맞든 안 맞든 나중 일이다. 나이든 이들의 희망은 국민 모두가 합심하여 이룩해 온 나라가 잘되기를 바라는 것이다. 그러나 현실은 그 반대로 가고 있다. 세상일에 무관하고자 노력해도 산속의 자연인이 되지 않고 사회생활을 계속하는 한 신경이 쓰이고 걱정이 많아진다. 그럼에도 불구하고 오늘날 우리 대한민국이 태평성대라고 말하면 많은 사람들은 의아할 것이다. 대내외적으로 해결해야 할 문제가 산적해 있는데 무슨 말이냐고 반문할 것이다. 그러나 분명한 일은 지나간

오천 년 역사에서 개인의 삶이 온전하게 보존되면서 물질적으로 풍족하기는 지금 시대가 처음일 것이다. 이런 측면에서 보면 상대적으로 태평성대라는 표현도 일리가 있어 보인다. 문제는 지금 이 상황이 끝나가고 있다고 느끼는 점이다. 몇 가지 사회적인 지표들을 감안할 때 앞으로 현 상황을 유지하는 것은 어렵고 점점 후퇴할 것이라는 생각이 든다.

세상은 뭐라고 해도 경제력과 군사력 인구수 그리고 문화의 파급력이 국가의 대외적인 힘이 된다. 지금 우크라이나에서 벌어지고 있는 러시아와의 전쟁을 보면 힘이 없고 약한 나라는 침략을 받게 되고 그 땅에 사는 국민들은 이루 말할 수 없이 빈곤하고 처참한 전장의 나날을 보내면서 죽음의 고통에 시달리게 된다. 현시점에서 세계 최강이라는 미국을 침범할 나라는 없다. 경제력과 군사력이 가진 힘을 알고 있기 때문이다.

유럽에서 전쟁이 없을 것이라고 판단한 전장의 주변 나라들도 다급해졌다. 그동안 평화를 우선시하고 국방에 게을렀던 나라들이 주변 강국의 논리에 따라 쉽게 침략 당한다는 현실을 알게 되었기 때문이다. 단지 국가 사이의 선린관계를 믿고 국방을 거의 무방비 상태를 둔 나라들이 뒤늦게 국방력 강화를 위하여 무기 구입에 나서고 있다. 그러나 구매 비용을 지불할 수 있는 나라만이 충분한 무장이 가능하다. 경제력 없이는 국방도 없는 것이다. 다행스럽게도 우리는 북한과 대치하면서 자주국방의 목표 아래 연구개발 생산을 극대화하여 방위산업과 군수산업을 발전시켰다. 발전하는 산업의 수출경제력과 기술력이 뒷받침이 되었다. 그 결과 세계 우방 각국에 우리의 첨단무기들을 수출할 수 있는 수준에 이르렀다. 직년 수출액으로 세계 10위 안에 들었다.

문화 부분도 마찬가지이다. 권위주의 시대를 벗어나 창의력이 인정되는 시기부터 부단하게 노력해 온 결과 오늘의 한류문화를 만들어 냈다. 제반 분야에서 동시적인 발전이 이루어진 것이다. 이만하면 강국을 넘어서 세

계 속의 중심국가의 일원이 되었다고 생각해도 무리가 없을 것이다.`

그러나 이러한 상황이 언제까지 가능할 것인가에 대해서는 걱정이 앞선다. 유사 이래 계속 강한 나라는 없었다. 이러한 관점에서 우리는 겨우 고지에 올라왔는데 지속을 못하고 바로 내려갈 수도 있다는 우려감 때문이다. 오늘 시점에서 십 년 이십 년 뒤를 예측해 볼 수 있는 것은 우리 젊은이들의 생각과 행동이다. 그들의 창의적이고 합리적인 사고와 행동이 우리 사회의 중심이 되어 향후 나라를 이끌어 나갈 때 지금보다 더 국가를 발전시킬 수 있을 것이다. 그러나 앞으로 젊은이들이 그렇게 할 수 있다고 확신하기 어렵다. 안 되면 되게 한다는 도전정신이 사라져 가고 있기 때문이다. 산업계는 전문기술이 필요한 분야에 적합한 젊은 인력이 없어 기업이 문을 닫는 일이 부지기수이다. 그나마 은퇴자들을 다시 불러 모아 겨우 사업을 유지하고 있는 업체는 행운이다. 이런 이유는 인구수의 감소라기보다 힘들고 복잡한 일이라 생각하는 분야에는 아예 발도 들여놓지 않는 현상에 기인한다. 한편으로는 어렵게 공무원이 되거나 대기업에 들어가도 스트레스를 느끼고 대책 없이 그만두는 일들이 수준을 넘어서고 있다. 집에서 무위도식을 해도 하고 싶지 않은 일은 안 한다는 생각인 것 같다. 나이든 부모들만 다 큰 자식들의 부양에 허리가 휜다.

문제점을 극복하기 위해서는 국가적으로는 사회제도의 보완을 통한 합리적 개혁이 필요하고 시대의 요구에 맞는 맞춤 개별정책들이 시급하게 수립 시행되어야 한다. 이것을 떠나 사회적으로는 나이든 이들이 활동하고 있는 각계각층에서 역할을 분담하여 젊은이들에게 용기와 희망을 갖게 하고 그리고 그들의 목표 달성을 위해 실질적으로 지원해주는 일들이 필요하다. 모두가 나서서 다양한 방법으로 우리의 미래세대에게 힘을 보태주는 것이 사회 개선에 도움을 주고 태평성대의 종말을 막을 수 있다고 확신한다.

팀 킬

이재명
2019. 4. 천료

어느덧 15년이 다 되어가지만 어제 일처럼 생생하며, 아직도 그 울림은 언제 그칠지 모르는 진동으로 내 마음속을 간지럽히기도, 아프게도 하고 있다. 당시 나는 대학교를 졸업하고 바로 진학한 대학원의 석사과정 중 어느 교수님의 연구조교 활동을 하고 있었다. 교수님의 연구실로 매일 출퇴근을 하면서 학부와 대학원 수업의 출결 확인을 하고 심부름도 하면서 여느 조교와 다를 바 없는 모습을 보였는데, 다만 색다른 점이 있다면 그것은 바로 점심시간이었다.

내가 모시는 교수님께서는(지도교수님은 아니었다) 점심식사를 보통 혼자 하시는 적이 많았고(정확히는 내가 조교로 오기 전까지), 거의 매일 학교 근처의 '마포갈비'라는 고깃집에서 약 2시간 동안의 프랑스식 식사를 하셨다. 나는 '당연히 조교라면 교수님과 점심을 같이 해야지'라는 일념으로 교수님의 점심 제안에 언제나 응하였고, 최소 일주일에 3번은 점심식사를 '마포갈비'에서 했던 것 같다. 일주일에 두세 번씩 점심마다 고기를 얻어먹는 나를 친구들은 부러워하였지만, 내 입으로 들어가는 고기는 고기 맛이 느껴지지 않았다. 고참과 함께 긴장한 상태로 보초를 서는 군인에게, 보초를 설 때마다 피자를 준다고 해서 그 피자 맛이 제대로 느껴지겠는가. 아무리 고기를 천천히 구워 먹는다 하더라도 2시간의 점심시간은 매우 길었는데, 물론 그 이유는 '술' 때문이었다. 교수님께서는 술을 사랑하셔서 당시 내가 보기에는 매일 술을 드셨고, 아마 매끼 드신 것 같다. 나는 교수님과 점심식사 외의 다른 식사는 하지 않았지만(아주 가끔 회식으로 저녁식사를 제외하고), 아침이나 저녁에도 술과 함께하실 것이라는 확신이 있었다. 지금도 그렇지만 당시의 나는 종교상·체질상·기분상 술을 하지 않았다. 그렇다고 술을 입에도 대지 못하는 수준은 아니었고, 못하는 것과 즐기지 않는 것의 중간 단계라고 보는 것이 맞을 것 같은데, 조교를 시작하기 전 동기와 선후배들로부터 교수님의 술사랑에 대해 익히 들어오던 터라 이미 각오는 되어 있었고(그 각오란 어떠한 경우에도, 다시말해 회유나 강요, 심지어 협박이 있을지라도 절대 술을 마시지 않겠다는 것이었다), 이토 히로부미를 저격하기 위해 하얼빈역으로 향하는 안중근 의사의 비장한 마음으로 마포갈비의 문을 열곤 했다.

역시 교수님께서는 초반에 한두 번 술을 전혀 못하냐고 아쉬운 듯이 말씀하시고는 결코 나에게 술을 강요하지 않으셨다. 역시 연륜과 내공이 있으셔서 '난 죽으면 죽었지, 술에 유혹되지 않을 겁니다'라는 무언의 내 눈빛을 간파하신 듯했다. 이렇게 한 학기가 흘렀을까. 친구들은 술고래 교수님의 조교로 들어간 내가 전혀 흐트러진 모습 없이 훌륭하게(?) 조교생활을 잘해 나가는 것을 보고 놀라기까지 했다. 나 역시 '나의 종교적 신념을 하나님께 인정받은 마냥' 뿌듯해하였고, 웬만한 유혹에도 흔들리지 않는 스스로가 자랑스러웠다.

사실 나에게 '술'이라는 것은 전혀 유혹이 될 수 없었다. 유혹은, 그

것에 이끌리어 헤어나오지 못하는 사람에게나 해당되는 것이지 나는 아예 '술'을 싫어하였기에 술을 먹지 않는 것이 지조나 신념이라고도 할 수 없었다. 가끔 주변 사람들이 술, 담배를 전혀 하지 않는 나에게 '넌 무슨 재미로 사니'라는 눈짓을 하지만 그때마다 '난 공산당도 싫고, 술, 담배도 싫어요'라는 무언의 답을 한다. 어쨌든 이렇게 나의 '슬기로운 조교생활'은 순풍에 돛 단 듯 망망대해를 기분 좋게 미끄러지고 있었고, 어느 날 점심시간에 생긴 예기치 않은 사건을 난 꿈에서조차 짐작할 수 없었다.

그날 점심도 마찬가지로 '마포갈비'를 향해 교수님과 둘이 걸어가고 있었고, 교수님께서는 식사 자리에 좋은 분이 한 분 오신다고 말씀하셨다. 나는 '동료 교수님이신가'라는 생각을 하며 대수롭지 않게 여겼다. 가끔 동료 교수님과 점심을 하실 때가 있었고, 나의 지조와 절개는 어떤 교수님이 합석을 하든 낙락장송(落落長松)으로 혼자 고고했다. 술의 유혹에 빠지지 않으려 정신적 무장을 하고 있는 당시 나의 마음에서는, 내가 선(善)이고, 옆에서 호심탐탐 술을 권하고자 하시는 교수님들 세계가 악(惡)으로까지 여겨지고 있었다. 그런데 그날 마포갈비 문을 열고 들어오시는 그 '좋은 분'은 동료 교수님이 아니셨다. 우리 교수님께서 즐겨 찾으시는 학교 테니스장을 관리하시는 아저씨라고 하셨다. 즉, 교직원이신 것인데, 법대에서 계속 마주쳐야 하는 동료 교수님이 아니기에 나는 살짝 마음이 놓이기도 하였다.

어쨌거나 오늘 점심의 초대손님은 학교 테니스장을 관리하시는 인상 좋은 60대 어르신이었다. 불판에 고기를 다 올리기도 전에 역시나 예상했던 일차 공격이 들어왔다.

"조교님, 한 잔 괜찮지요?" 하며 나의 대답도 듣지 않고 막걸리를 사발에 따라주신다. 이 정도의 공격은 그동안 눈 감고도 막아왔던 이재명 조교다.

"저는 술을 하지 않습니다."

"아, 그래요? 한 잔 정도는 괜찮을 텐데…."

테니스 어르신은(지금부터 테니스 어르신이라 하겠다) 역시 아쉬운 눈치를 보였다. '이번 전투도 이렇게 초반에 마무리되는군'이라는 생각을 하며 나는 속으로 쾌재를 불렀다.

"조교라면, 술 한 병 정도는 해야지!"라며 우기는 동료 교수님도 상대했던 내가, 인자한 테니스 어르신 정도는 한두 마디 정중한 태도로 정리해드릴 수 있었던 것이다. 그러나 이내 나는 진정한 고수의 전략에 보기 좋게 걸려들어 평생 잊지 못할 추억을 주조(酒造)하고야 마는데….

테니스 어르신은 식사 전에 기도를 하셨는데 어느 교회 장로님이라고 하셨다. 그리고 아들이 신학대학원에 재학 중이라 앞으로 목회자가 될 거라고 하셨다. 나도 교회를 다닌다고, 청년부에 있다고 말씀드리니 어르신은 매우 반가워하셨고 이렇게 우리들의 심리적 거리는 삽시간에 매우 가까워질 수 있었다. 나도 언제나 성을 지키는 수성(守城)의 위치에 있다가, 연륜있고 든든한 동맹군이 옆에 있으니 모처럼 아군 앞에서 정신적인 무장을 하나하나 해제하는 여유까지 부릴 수 있었다.('고기맛이 느껴지는 점심시간이 되겠구나' 하면서….)

점심시간만 되면 영국 왕실의 근위병처럼 경직되어 버렸던 내 얼굴에 미소가 생기고, 교수님과 테니스 어르신에게 이런저런 말씀도 건네면서 어느 때보다 편한 점심시간이 되려나 했는데, 그때부터 어르신의 총구는 다시 나를 향하기 시작했다. 물론 당시 나는 전혀 눈치채지 못했지만.

'신학교에 다니는 우리 아들도 나랑 술을 마신다.'

'나도 교회 장로인데 술을 한다.'

'가나의 혼인잔치에서 예수님이 포도주를 직접 만드시지 않았느냐.'

'예수님과 열두 제자의 마지막 저녁식사에서 다같이 포도주를 마시지 않았느냐.'

'술은 우리 민족이 너무 술을 좋아하니까 미국 선교사가 임의적으로 금지했던 것이다.'

옆에 계신 우리 교수님은 기독교가 아니시기에 특별한 말씀은 없으신 채 고개만 끄덕이셨고, 어르신은 막걸이 몇 사발을 연속으로 들이키시더니 계속 말씀을 이어 나가셨다. 모태신앙으로 나름 활발한 신앙생활을 하여 웬만한 것은 다 판단할 수 있는 내가 보기에도 어르신의 말씀에는 전혀 틀린 내용이 없었다.

"술이 중요한 것이 아니라 마음, 믿음이 중요한 거야!"

점점 언성이 높아지는 어르신의 막걸리 사발을 나는 얼떨결에 결국 받고야 말았고, 내가 더 이상 잔을 받으려 하지 않자,

"한 잔, 두 잔이 중요한 것이 아니야! 내 마음만 그분께 있으면 돼!"

"……."

하시는 말씀마다 모두 옳았기에 나는 이성적으로도 어르신께 점점 잠식당하고 있었다.

가끔씩 '내 아들이 이제 목사님이야!'라는 후렴구는 끝내 나를 완전히 장악하기에 충분하였다. 결국 나는 막걸이 두 사발이 아니라 몇 사발을 마셨고, 맥주도 곁들인 것 같다. 초면에는 나에게 '조교님'이라 존대하셨던 테니스 어르신이 나중에는 나를 '바리새인'이라고 직접적으로 정죄하지는 않았지만, 그 내용을 보면 가식과 위선으로 포장된 신앙인을 비판하며 나를 혼내는 상황으로 마무리되었다. 나는 테니스 어르신을 이날 처음 뵈었고, 기껏 두 시간 함께 있었는데 말이다. 어쨌든 거의 수년 만에 적지 않은 낮술을 마신 나는 교수님과 학교로 복귀하지 못하고, 곧바로 혼자서 택시를 타고 집으로 돌아가야만 했다. 얼굴이 새빨개져서 누가 보더라도 '나 낮술 좀 했소이다'라는 표시를 내고 있

었기 때문이다.

이후 테니스 어르신은 가끔씩 점심식사를 같이 하시곤 했다. 첫 만남에서 이미 술을 마셔버린 나는 더 이상 술을 거절할 명분이 사라졌고, 이는 다른 교수님들과의 식사 자리에서도 마찬가지였다. 우리 교수님께서 생각하시기에도 테니스 어르신 앞에서는 술을 마시고, 다른 동료 교수님들 앞에서는 술을 거절하는 나의 태도는 이해상반일 수밖에 없었을 것이다. 결국 나의 지조와 신념은 이렇게 같은 편이라 믿었던 그분에 의해 무너져버린 것이다. 아니, 내가 그때에도 정신을 차려서 끝까지 마시지 않았더라면 되었겠지만 당시의 나는 장기간의 고군분투(孤軍奮鬪)에 아군을 만났다는 사실 하나만으로 지친 마음을 열어 보이고 말았다.

술을 마시고 안 마시고가 중요한 것이 아니었다. 그리고 실제로 그것이 뭐가 대단한 것인지는 모르겠다. 내가 깨달은 바는 나의, 우리의 적은 보통 외부에 명확히 보이기도 하지만, 실제 나를 무너뜨릴 수 있는 적은 내 주변에, 내 안에 있다는 것이다. 나는 이를 알고 있었음에도 직접 제대로 겪어본 것은 그때가 처음이었고, 이 추억은 귀중한 교훈으로 지금도 내 마음속 깊이 남아있다.

그 사건 이후 매일의 점심시간이 몇 배나 고역이 되어가기 시작했을 무렵, 다행히 나는 인턴으로 취업이 되어 연구조교를 그만두게 되었다. 들리는 소문에 의하면 그 테니스 어르신은 내가 조교를 그만두자 많이 섭섭해하셨다고 한다.

네팔 여행기

하홍팔
2019. 4. 천료

네팔은 가히 세계의 지붕이라 할 수 있다. 8천 미터가 넘는 태산령(太山嶺)이 세계의 14좌 중 8좌가 그곳에 있기 때문이다. 네팔 하면 에베레스트나 안나푸르나 등 이름만 들어도 보고픈 준령들이 즐비한 곳이다. 그저 먼 나라의 이야기로만, 그림의 떡으로만 알고 있던 이곳을 마침내 방문할 기회를 얻었다. 국토가 한국보다 약 1.5배 크고, 인구는 3천만 정도이고, 종교는 힌두교가 주를 이루고, 그 종류만도 3억 3천만 개의 신을 섬기는 나라이다. 나는 등반가는 아니지만 높은 산 한 귀퉁이라도 보고 싶은 욕심이 생겼다.

마침내 떠날 날이 왔다. 아는 지인이 그곳에 있어 여러 정보를 얻어 준비할 수 있는 데까지 준비하고 인천공항에서 네팔 수도 카트만두행 비행기에 몸을 실었다. 일반석으로 해외여행을 갈 때와는 달리 비행기가 남쪽으로 계속 날아가는 것이다. 일본으로 가는 것도 아닌데 마침내 제주도를 지나자 서쪽으로 기수를 돌리더니 계속 서진하는 것이었다. 네팔이

위도상으로 한국보다 북쪽에 있을 것이라 생각했는데 아닌 것 같았다. 나중에 안 것은 네팔이 한국보다 훨씬 남쪽에 위치해 있었다.

네팔 상공에 다다랐다는 기내 방송에 흥분이 되었다. 왜냐하면 나는 전문가는 아니지만 아름다운 풍광을 사진으로 남기는 것을 좋아했기 때문이다. 갑자기 기내의 사람들이 웅성거리기 시작했다. 사람마다 폰을 들고 사진 찍느라 야단이었다. 그제야 창밖을 보니 오! 와! 감탄사 외에는 할 말이 없었다. 비단결같이 곱고 눈같이 하얀 구름 위로 8천미터의 봉우리들이 우후죽순처럼 솟아 있었다. 사진 찍기에 여념이 없는 사이 어느덧 비행기는 착륙할 준비를 하고 있었다.

최첨단의 인천공항에서 수속을 마쳤던 터라 네팔 공항도 기대는 안 했지만 그런대로 괜찮을 것이라 생각하고 들어갔더니 장사진이다. 정보를 받은 대로 비자를 준비해서 이민국에 섰더니 이게 웬 말인가. 서류가 잘못되었으니 다시 만들어 오란다. 겨우 섰던 줄에서 빠져나와 서류 작성을 하려는데 네팔 말이 그림 같아서 망설이고 있었다. 마침 여직원이 도와주어 부랴부랴 준비하여 이민국 앞에 섰다. 여기는 체류기간에 따라 비자 비용도 다르다. 보통 한 주일이면 25불, 15일이면 50불이다. 나는 아내와 함께 100불을 내고 15일분 체류 비자를 받았다.

내가 가는 곳은 지인의 선교지로서 카트만두에서 한 시간가량 떨어진 곳으로 1700고지에 자리 잡고 있었다. 그는 그곳에서 14년간 선교사로 일하면서 교육사업에 전력투구하고 있었다. 사실 강의 부탁을 받고 간 것이다. 아내는 교육학을, 나는 신학을 일정 부분 강의하기로 한 것이다. 네팔은 산악지역이기 때문에 널따란 평야는 잘 없고 눈앞에 펼쳐진 것은 산, 산, 오직 산뿐이었다. 수도 카트만두나 제2의 관광도시인 포카라(Pokhara)를 제외하고는 도로 사정이 좋지 않았다. 도로 공사가 여기저기서 이뤄지고 있었는데 사방이 공사로 인해 차량 운행이 매우 힘들었다.

목적지에 힘겹게 도착하니 그곳 사람들이 따뜻하게 환영하였다. 그들은 매우 친절하고 미소 띤 얼굴들이어서 마음이 편했다. 마침 그곳에는 미국, 캐나다, 알래스카에서 온 선교팀이 일찍 와서 수고하고 있었다. 그곳에는 사랑원이라는 고아원도 있었다. 여러 이유로 가족을 잃은 아이들이 많았다. 어린아이도 인신매매의 대상이 된다는 말을 듣고 가슴이 아팠다. 가난을 이기지 못해 아이들을 판다는 것이었다.

아침에 눈을 뜨니 가장 신기했던 것은 바나나 나무였다. 아니, 이런 곳에 바나나가 자라다니. 네팔에 대한 나의 착각이었다. 필리핀에서 보았던 열대의 나무들을 거기서도 보았다. 고산준령의 네팔, 그것이 다가 아니었다. 그런데 도착지에서 날씨 좋은 날 내 앞에 펼쳐진 광경에 그저 감탄할 뿐이었다. 거기에는 5-6천 미터의 설산이 산맥을 이루고 있었다. 실로 장관이었다. 내 손가락은 셔터를 누르기에 여념이 없었다.

이곳에 온 김에 꼭 8천 미터의 산 정상을 그 귀퉁이라도 보고 싶었다. 마침내 그날이 왔다. 카트만두에서 프로펠러 비행기로 30분가량을 날아가니 제2의 관광도시 포카라에 도착하였다. 하룻밤을 지내고 다시 차를 타고 몇 시간을 달려 어느 산장에 도착하였다. 그곳은 약 1700고지 정도 되는 곳으로 그곳에서 안나푸르나 산(8,091미터)을 볼 수 있다는 것이다. 아. 그런데 이게 웬일인가. 구름이 그 설산을 아기 포대기처럼 꼭 감싸고 있어 좀처럼 비켜주지를 않는다. 나도 모르게 기도했다. "하나님, 여기까지 왔는데 저 장엄한 광경을 보게 해 주소서"라고 간구하였다. 설레는 마음과 안타까운 마음으로 간절히 산정상이 나타나기를 기다렸다. 그런데 잠시 후에 거짓말처럼 구름이 양쪽으로 짝 갈라지더니 그 백옥 같은 모습을 살짝 드러내는 것이었다. 숨 쉴 틈도 없이 셔터를 눌렀다.

안나푸르나의 그 감동을 간직한 채 돌아오는 길. 계속 비가 왔다. 비행기가 뜨지 못하고 결항이다. 그다음 날도 결항이다. 미국 등지에서 온 대원들은 카트만두에서 다음 행선지로 떠나야 했다. 할 수 없이 버스를 타기로 했다. 우리 일행이 버스 한 대를 대절했다. 그런데 이건 또 무슨 운명의 장난인가. 2차선 도로가 양쪽으로 차량에 막혀 도대체 움직이지를 않는다. 미국과 기타의 지역으로 떠나야 할 일행들이 발을 동동 굴렀다. 비행기로 30분이면 갈 거리를 무려 19시간이나 걸려 무사히 목적지에 도착했다.

한국으로 돌아오는 시간. 우리 비행기를 타고 오니 얼마나 마음이 포근한지. 인천공항에서 입국하는데 얼마나 빨리, 편히 들어왔는지. 공항에서 집으로 오는 길. 얼마나 도로 사정이 좋은지. 내 마음에 떠오르는 한 가지 생각. 우리나라가 너무 잘 산다는 것.

자판기 커피

이근영
2019. 8. 천료

밤길 휴게소 자판기 커피 한 잔은 낭만이 있다. 늦은 밤 한적한 휴게소 한편에 앉아 먼 산을 바라다 보노라면, 마치 경 읽다 잠깐 절 나간 철부지 중이라도 된 기분이다. 창백한 달빛 아래 또렷한 능선과 밤하늘 총총한 별들, 제법 운치가 있다.

잠깐 머무는 휴게소에선 역시 커피 한 잔이 제격이다. 요즘은 원두커피가 대세라지만 내 커피는 가루 커피, 바로 이 맛이다. 가성비도 좋다. 500원짜리 동전 하나로 거스름돈 100원까지 생기니 행복도 두 배다.

어릴 적 커피 하면 부자나라 미국이었고 부러움의 상징이었다. 연탄불에 끓인 주전자 물을 투박한 커피잔에 따르고 설탕과 분유까지 넣어 잘 저은 그때 '코피'는, 보릿고개가 있던 시절 그 자체로 문화 행사였다. 잠시 코 큰 사람이라도 된 듯한.

하긴 당시는 미제라면 뭐든 고급으로 여겼던 때라 가끔 들르는 미제장수 아줌마는 큰 인기였다. 미제장수라, 참 오랜만에 불러보는 말이다. 입담 좋고 후줄근한 차림의 아줌마가 풀어 젖히는 보따리 속엔 별의별 먹을 것들이 많았다. 소시지, 가루우유며 초콜릿이랑 그밖에 온갖 깡통들, 아이 팔뚝만 했던 치즈는 지금도 기억난다. 그중에 병 커피만은 무척 특별한 것이라는 듯 미제 아줌마는 늘 맨 나중에 꺼냈다.

집에서든 밖에서든 내 모든 시작은 이놈부터 한 잔하고서였다. 특히 회사에서 가장 많이 마셨다. 출근하면 일단 한 잔하고 종일 회의니 면담이니 사람 만날 때마다 늘 커피였으니 하루 네댓 잔은 보통. 무엇보다 골똘히 생각해야 할 때 커피 한 잔은 필수였다. 나중엔 커피 없이는 생각 자체가 안될 정도로. 젊어 동경 생활을 하느라 원두커피를 비교적 일찍이 접한 편이지만 그래도 난 지금도 가끔은 인스턴트커피를 즐긴다. 그게 내 커피니까.

아버지도 자판기 커피를 좋아했다. 둘이서 어딜 갈 때면, 가며 오며 두어 번은 길가 커피 자판기 앞에 차를 세워야 했다. 물 끓여 이것저것 잘 배합해서 넣어야 하는 커피를 한방에 뽑아내 주는 자판기를 무척 기특해했다. 게다가 알아서 거스름돈까지 토해주니 세상에 이런 기계가 다 있구나 하셨다.

커피보다도 커피 만드는 기계가 더 신통했던 거다. 내가 동전을 넣으면 자판기 곁에 서서 컵 떨어지는 소리, 잔돈 튀는 소리를 확인했다. 윙 하는 소리가 멈출 때까지 조금은 긴장한 얼굴을 하고. '인제 가자' 하면서 자리에 앉아 첫 모금 들 때의 느긋하던 표정, 마치 나도 이젠 문화인이라는 듯. 좋은 세상을 만나 미국 사람들만 마시던 커피를 마음껏 들고 있노라고.

아버지랑 인척 집을 오가며 자판기 커피를 함께 마시던 일, 퍽 괜찮은 추억이 되었다. 참, 그땐 200원이었다. 단돈 500원으로 두 잔에 잔돈까지, 행복이 세 배.

하루

장용식
2019. 9. 천료

이제 본격적으로 여름 무더위가 시작되려나 보다. 지구의 온난화로 모든 나라들이 이상기온을 나타내고 있다. 어떤 나라는 엄청난 가뭄으로 동물들까지 떼죽음을 당하고 또 어떤 나라는 각 섬들이 물에 잠기고 또 어떤 나라는 홍수로 회오리바람인 토네이도로 마을 전체가 없어지고 극심한 가뭄으로 몇 달 동안 진화할 수 없을 만큼 산불로 인하여 잿더미가 되고, 이 모든 것을 우리 사람이 만들어 버렸다. 심지어 북극이 아니라 남극에 빙하가 녹아내리기 시작했다. 과연 남극에 빙하는 얼마나 견디어 낼까? 미래를 생각하면 그저 한숨만 쉴 뿐이다. 우리 나라도 올 여름 어디까지 온도가 올라갈지 또한 장맛비는 얼마나 내릴지 부디 인명피해는 없어야 할 텐데 세월이 흐를수록 미래가 어찌 될지 걱정이 앞선다. 세월을 생각하니 나의 어린 시절과 소년 시절 중년 시절이 생각난다.

6~70년도에는 겨울이면 눈도 많이 내리고 춥기도 왜 그리 추웠는지. 지금은 강원도나 서해안 내 고향

인 전남 이러한 곳은 겨울이 되면 엄청난 눈이 지금도 내리지만 이곳 경남 김해는 한겨울이라도 눈 구경할 수가 없다. 아마도 눈 구경한 지가 약 30년 정도는 되지 않았을까? 기억도 가물가물하다.

소년 시절에는 미래의 꿈을 생각하며 열심히 살았고 중년 시절에는 한 사람의 부모로 남편으로 가장이라는 둘레 속에 어린 시절 꿈과는 달리 그저 낮이나 밤이나 앞만 보고 달려왔건만 이제는 아빠로서도 아니고 가장, 남편으로도 아니고 모든 걸 내려놓고 더 이상 욕심 없이 글 속에 파묻혀 살아가고 싶다. 물론 우리네 인생은 빈손으로 태어나 죽을 땐 빈손으로 가는 것. 여기까지 와서 무슨 욕심을 낼 것인가.

난 이번에 아주 크게 깨달은 게 있다. 나이가 80 정도 되었을까? 아무 친인척도 없고 수급자로 살아가는 사람이 있었다. 이 사람은 어느 누구에게도 차 한 잔, 술 한 잔 살 줄 모르고 그저 얻어먹기만 하는 사람이다. 그런데 잠을 자다 혼자서 죽어버렸다. 연고가 없어 동사무소에서 나와 모든 뒤처리를 했다. 집을 정리하다 보니 현금 돈뭉치가 나왔다. 그것도 자그마치 팔백만 원이 넘는 돈이. 물론 연고가 없어 나랏돈이 되어버렸다. 그 돈으로 친구들에게 술 한 잔, 차 한 잔 사줬으면 좋았을 텐데 죽으면서까지 꼭 모진 소리를 들어야 했을까? 그렇게 빈손으로 갈 거면서.

이 나이쯤 되다 보니 내일이라는 날을 생각할 필요가 없다. 오늘도 보람차게 살아가지 못하면서 무슨 내일을 계획하고 생각한단 말인가? 이 나이쯤 되었을 때는 그저 오늘 하루를 행복하게 살아가야 하지 않을까? 한 치 앞을 모르는 게 우리네 인생이 아닐까? 생각을 해 본다. 이제와 생각해보니 동갑내기 친구들 중 8명은 저 하늘에 별이 되어버렸고 나와 친구 한 명뿐이다. 누구나 이러한 생각을 한다면 참으로 서글픈 일이 아닌가? 그러기에 내일이 올지라도 내일 말고 오늘 하루를 어떻게 행복하게 살아가야만 생각하려고 한다.

이 무더운 날씨 속에 내일 모레 앞날을 생각해봐야 아무 소용없는 일. 오늘처럼 지인들과 찻집에 들러 차 한 잔 마시며 웃음을 짓고 서로의 건강을 챙기며 행복을 나누는 하루. 가만히 생각해 보면 인생을 하루하루 살아간다는 것은 그렇게도 어려운 인생살이가 아닌 것 같다. 어찌 생각해보면 참으로 재미있는 인생살이가 아닌가? 오늘도 보람차고 행복이 있는 하루를 보내면서.

한국인의 행복지수에 대한 유감

김휘규
2020. 1. 천료

행복은 인간의 궁극적인 목표이다. 사전에서 행복이란 생활에서 기쁨과 만족감을 느끼는 흐뭇한 상태로 풀이하고 있다. 그러면 어떠한 삶이 행복한 삶일까. 고대부터 현재까지 행복론은 계속되고 있지만 정답도 오답도 없다. 사람마다 행복한 삶의 조건이 다르고 민족이나 국민의 행복 기준도 문화적 차이로 다르다. 가끔 TV 프로그램에서 보는 산중에 사는 자연인의 삶은 처량해 보이기도 하지만 정작 당사자는 행복하다니 더할 말이 없다. 반면에 현대 기술문명의 이기(利器)로 일상생활이 편리한 서울에서 부족함이 없을 것 같이 호화주택에 살며 값비싼 승용차를 소유한 사람이 부정하게 욕심을 내다가 망신을 떠는 사례를 뉴스에서 종종 본다. 과정을 보면 어느 편이 더 행복한 삶인가를 견주어 볼 수 없지만 내면에는 근심 걱정, 미래에 대한 불안이 없는 사람이 행복할 가능성이 높다.

그런데 매년 유엔 지속가능발전해법 네트워크(SDSN)에서 발표하는 '세계행복보고서(World Happiness Report)'에 의하면 한국인의 행복지수는 수년 동안 경제협력개

발기구(OECD) 국가 중에서 늘 하위권에 있다. 2023년도 조사 결과 역시 OECD 38개 국가 중 한국인의 행복지수보다 낮은 나라는 튀르키예와 콜롬비아, 그리스뿐이다. 대한민국이 경제 수준에 비해 국민의 행복지수가 낮은 나라라는 뉴스를 읽고 잠시 민망해졌다. 일부 전문가는 세계행복보고서의 조사 방법이나 설문의 내용이 한국인의 정서를 반영하지 못했고 질문의 뜻을 충분히 전달하지 못해서 발생한 오류라고 주장하는 사람도 있다. 하지만 매년 조사 결과에서 한국인의 행복지수가 하위권에 머물러 있다. 그 원인은 무엇일까.

세계행복보고서는 '친사회적(pro-social) 사회'인 국가의 국민이 더 행복하다고 여긴다고 했다. '친사회적'이라는 용어의 의미를 명확하게 이해할 수 없었다. 요즘 흔히 사용하는 '친환경'이라는 단어와 유사한 조어이지만 그 개념을 어림잡기보다 명확히 알고자 사전을 검색해 보았다. 국어사전은 '친사회'를 '사회에 해를 끼치지 않고 사회질서를 유지 시킴'으로 뜻풀이하고 있다. 구글(Google)에서는 반사회적이라는 단어의 반의어로 만든 단어라며, 그 의미는 어떤 무리의 사람에게 도움이 되는 긍정적인 행동으로 설명한다. '친사회적 사회'란 친사회적 행동(prosocial behavor)이 일상화된 사회를 의미한다. 친사회적 행동에는 이웃돕기, 기부, 자원봉사처럼 다른 사람 또는 사회 전체에 이익이 되는 행위 등이 있고, 규칙을 신뢰하고 준수하는 행동도 친사회적 행동으로 간주한다.

21세기 한국은 세계 10대 무역국이고 국민소득은 선진국 수준으로 올랐다. 과거 가난과 병고가 두려웠던 노후생활도 국민건강 보험제도와 연금제도가 시행되면서 저렴한 비용으로 질병을 예방하고 건강을 유지하며 경제적으로 여유롭고 풍요로워졌다. 진국의 이름난 음식점을 찾아 갖가지 미식을 즐기는 사람이 즐비하다. 해외여행이 일상화되어 전 세계 유명 관광지마다 한국인 관광객으로 붐빈다. 여기에 한국의 드라마, 영화, 음악, 스포츠, 음식, 문화 등 우리나라의 다양한 대중문화가 전 세계적으로 유행할 정도로 문화강국으로서 자부심과 자긍심도 높다. 이처럼 선진국에 버금가는 경제 규모와 국민소득, 세계적인 한류에도 불구하고 친사회적 행동은 선진국에 비해 부족하다는 의미로 해석할 수 있다.

행복에 이르는 길은 나라와 민족, 문화와 종교, 그리고 사람마다 다르다. 한국인의 행복 조건도 당연히 다른 나라와 다르다. 한국인에게는 가난으로 인한 슬픈 역사가 민족의 원형처럼 각인되어 있다. 100여 년 전, 구한말에 가난한 백성은 잘살아보겠다는 희망을 품고 일본의 거간꾼에게 속아 하와이 사탕수수밭, 더 멀리는 멕시코와 쿠바의 애니깽(용설란의 일종) 농장에 값싼 중국인 쿨리(coolie)*처럼 팔려 가서 노예만큼이나 혹독한 차별 대우와 심한 노동에 시달렸다. 그들이 한숨과 눈물로 세월을 보냈다는 슬픈 인생을 기억하는 사람은 많지 않다. 개처럼 벌어서 정승같이 산다거나 쌀독에서 인심 난다는 속담처럼 우선 생리적 욕구부터 채워야 했다.

노후를 보장하는 국민연금제도와 건강보험제도 등 사회보장제도가 실행되면서 삶의 방식이 바뀌었다. 요즘은 다양하게 취미와 스포츠, 문화생활을 즐기며 건강하게 사는 삶에 관심이 높다. 과거에 누려보지 못했던 해외여행도 즐긴다. 미래의 경제적 불안감이 상당히 해소되었기 때문이다. 그럼에도 경제력에 걸맞게 친사회적 사회로 전환이 늦은 이유는 역사적 경험과 북한의 군사적 위협과 도발, 주택가격의 급등 등, 불안한 사회환경 때문이다. 그런데 행복지수를 정하고 그 결과로 국민의 행복 순위를 정하는 방식은 자칫 해당 국가와 국민에게 특히 한국인에게 낙인효과로 작용할 것이기에 유감이다. 반세기 전 최빈곤 국가에서 기적처럼 선진국 반열에 올랐고, 민주화를 이루었듯이 시간이 지나면 본래 착한 민족성이 다시 돋아나 자연스럽게 이웃을 보살피고 나눔을 실천하게 될 것이라 믿기 때문이다.

*육체노동에 종사하는 하층의 중국인 · 인도인 노동자.
19세기에 아프리카 · 인도 · 아시아의 식민지에서 혹사당한 노동자.

희망을 주는 사람들

조인형
2019. 9. 천료

우리들이 여러 사람들과 대화하는 과정에서 다른 사람을 칭찬하기보다는 그들의 약점을 들추어 비판하는 경우가 많다. 물론 타인의 잘못된 것을 지적하여 바로잡으려는 긍정적 측면도 있다. 하지만 미래 지향적인 발전적 측면보다도 오히려 비판을 위한 비판의 의도가 더 많다면, 그것은 바람직한 태도로 보기 어려울 것이다.

예수님은 다른 사람들을 비판하는 사람들을 향하여 "어찌하여 형제의 눈 속에 있는 티는 보고, 네 눈 속에 있는 들보는 깨닫지 못하느냐?"(마7:3)라고 말씀하셨다. 따라서 우리들이 다른 사람들을 평가할 때, 비난의 측면보다는 희망을 줄 수 있는 방향으로 평가를 하는 것이 바람직할 것이다.

부모가 자녀들과 생활할 때, 자녀들의 허물이 노출될 때마다 지적하여 훈계하려고 한다면, 오히려 잔소리로 들릴 가능성이 크다. 적절한 시기에 적당한 훈계가 필요한 동시에, 될수록 장점을 찾아 희망을 갖도록 격려해 주는 것이 바람직할 것이다.

선생님들이 학교에서 학생들을 교육할 때도 학생들의 허물이 노출될 때, 권위주의적 태도로 학생들을 대하지 말고 온유와 겸손의 마음으로 학생들의 잘못을 고치도록 훈계하는 동시에, 평소 학생들의 장점을 깊이 통찰하여 칭찬과 희망을 주는 말을 많이 해 줄수록 학생들에게 큰 힘이 될 것이다. 학생은 가정과 나라의 보배이며 희망이다. 선생님들의 말 한마디가 학생들의 장래에 미치는 영향이 지대함을 명심해야 할 것이다.

성직자들은 나라의 정신적 지주이다. 성직자들이 성도들에게 주는 메시지의 영향력은 실로 지대하다. 어둡고 부정적인 말보다도 될 수록 용기를 주고 희망적인 말을 많이 하는 동시에 시대정신에 투철한 사명감을 심어주는 것이 바람직할 것이다. 국민을 대표하는 국회의원들은 사심 없이 국가와 민족을 위해서 헌신해야 한다. 그럼에도 불구하고 국회의원들이 진영논리와 당리당략에 사로잡혀 비이성적 사고로 정쟁에 몰입한다면, 미래에 희망을 기대하기 어려울 것이다. 특히 나라와 국민을 이끌어 가는 최고 지도자는 열린 사고를 가지고 국민화합과 소통을 통하여 국민들에게 항상 용기와 희망을 주려고 노력해야 할 것이다.

대한민국은 6·25전쟁으로 잿더미가 된 나라이지만, 한강의 기적을 이루어 세계 10대 경제대국으로 성장했다. 후진국이었던 이 나라가 산업화와 민주화의 성공으로 세계의 많은 나라의 청년들이 한글을 배워 오고 싶어하는 희망의 나라로 발전했다. 아프리카는 14억 인구의 60%가 25세 이하이고, 천연자원이 풍부한 미래의 땅이다. 한국은 이곳의 48개국 지도자들을 초청하여 동반성장과 상호협력을 강조하는 정상회의를 개최하였다(2024. 6. 4~5, 25개국 국가원수 참석). 이처럼 대한민국이 후진국들에게 꿈과 희망을 주면서 많은 국가들과 우호관계를 증진하는 것은 실로 바람직한 일이다. 그렇지만 가장 가까운 동족인 남·북한은 적대관계를 벗어나지 못하고 있다. 북한은 남한이나 주변국들에게 꿈과 희망을 주기보다는 잦은 미사일 발사와 핵무기 위협으로 공포 분위기를 조성하고 있다. 한국에 3만 4천여 명의 북한 탈북자들이 와 있다. 이들의 탈북 원인은 다양하겠지만, 대체로 북한에 희망이 없기 때문에 탈북하게 되었다는 것이 그들의 지배적 견해로 보인다. 북한은 세습정권의 과욕보다 진정 사심을 버리고 상식과 순리가 통하는 민의(民意)를 존중하는 정상국가로 변할 때, 희망의 빛이 솟아날 것이다.

교만과 독선, 탐욕에 따른 비이성적 행동은 분쟁과 적대감을 불러일으킨다. 탐심을 부리면 부릴수록 불화는 깊어간다. 무사헌신(無私獻身)의 정신은 화목과 희망을 창조한다. 마음을 비우고 십자가를 지는 곳마다 희망의 꽃이 필 것이다.

너와 나의 다음 계절

장은영
2019. 12. 천료

대학생이던 어느 봄날에 너를 만났지. 그날로부터 삼십을 더한 나이가 된 내가 지금에서부터 삼십을 뺀 그때의 너를 생각해. 잘 지냈니. 지난 인연을 돌이킨다는 건 쓸쓸하기 마련인데, 확실히 너와 나의 마지막이 아름답진 않았잖아. 뒤늦은 편지가 새삼스럽긴 하네. 조금이라도 남아있을 이물감을 덜어내고 싶었을까. 용서 또는 화해의 의미라면 날 위한 절차인 거야. 우연한 계기로 요 며칠 네 생각을 했어. 그리고 이런 생각도 했다. 지금까지 잘 살아왔지만 내밀함을 돌아볼 때가 된 것 같다고. 미완으로 그친 모든 인연에 대해 너그러운 마침표를 찍고 싶었던 모양이야. 오래된 이야기로부터 멀어진 지금, 무의식 어딘가에 침잠해 있는 기억의 잉여를 위하여, 냉소와 쓸쓸함 사이를 서성이다 오그라든 굴절된 나머지를 위하여. 그것들과 하나씩 악수해보면 한결 가뿐해져있지 않을까. 이렇게나 오랜 시간 끝에? 아니, 더 늦기 전에! 많은 인연과 가까워지고 멀어지면서 생긴 경계심을 거두고 미래의 나를 맞이하고 싶었나 봐. 다가오는 것들을 위한 필연일지도 모른다는 생각으로. 그것이 너로부터의 시작일 뿐.

비 오는 주말이었어. 소소한 이야기로 시간을 보내고 거리로 나왔을 때 빗줄기는 굵어져 있었어. 넌 우산이 없다고 했지. 작은 우산을 같이 쓰고 걸었어. 키가 큰 너는 우산을 처음 써 본 사람마냥 바람이 부는 대로 휘청거렸어. 비는 우산 속을 헤집고 들어와 빗살무늬를 찍어댔지. 쓰나마나, 비에 젖은 내가 급기야 "우산 좀 똑바로 드세요!"라고 소리쳤어. 그러고는 힐끗 올려다보았는데, 빙글 웃고 있는 거야. 나중에 들은 바로는 맹랑한 말투에 무장해제 되었다나. 그래서였을까. 그날부터 대학 시절의 절반을 같은 추억으로 만들어갔던 건.

떠올려 보면 너는 졸업을 앞두고 고민에 빠져있던 게 분명해. 결단을 내리기까지 내가 몰라도 너무 모르고 있었다는 게 문제였을 뿐. 실상 헤어지자는 통보나 다름없었어. "진짜 간다고?" 반박불가의 결정이었지. 회사는 서울에서 먼 곳이었어. 이해하고 싶었지만 나를 안중에 두지 않은 선택이라니, 그제야 마음의 거리를 알게 된 거야. 도리 없이 주어진 일에 몰두했고 냉정을 찾아갔어. 친구의 말을 듣기 전까진 말이야. 스키장에 놀러 갔던 친구가 누군가와 함께 있는 너를 봤다고 했어. 잘못 본 거 아냐? 인사까지 나눴다고 했지. '그렇군.' 웃었지만, 씁쓸했다. 잘사는 모습을 보여주겠다는 결심이 무색하게도 너는 새롭게 연애를 시작했고 빠르게 결혼하더라. 나 역시 너라는 세계를 뒤로 하고 가열하게 나아갔어. 잊고 살았어.

결혼 후 인생의 중요성이 바뀌어 갔어. 아내, 엄마, 며느리, 기타 등등 다른 이름으로 불린다는 건 막중한 일이었지. 역할의 무게가 꼬리를 물고 늘어지는데, 틈새에 날 위한 시간을 끼워 넣는 일이 쉽진 않았어. 가족 안에서 보람 찾으면 된다고 여기면서도 조금씩 자존감을 잃었던 걸까. 어느 날 사진을 보다가 웃어도 우는 상이 되어있는 나를 보고 깜짝 놀랐어. 아이가 성년에 이르고서야 돌아볼 수 있었으니 오랫동안 겁을 먹고 살았던가 봐. 공백 뒤 맞이한 자유는 막연하더라. 해야 할 일과 하고 싶은 일 사이에서 주저하고 있을 때 무의식의 저편으로부터 서서히 올라오는 무언가가 있었어. 삼십 년 전 배웠던 외국어를 다시 하고 싶어진 거야. 너의 권유로 시작했고 멀어지면서 잊혔던, 이제는 네가 있으나 없으나 스스로 하고 싶어진. 때늦은 도전을 하면서 예전엔 생각 못 했던 꿈도 품게 되었지. 좋아, 해 보자. 작게라도 이루어가겠다 다짐하면서, 버릴 인연은 없나 보네 생각하다가 본전이라도 찾으려는 종지만 한 심보에 실소한다. 문득 궁금해진다. 뭐하고 살지? 검색해 본다. 맙소사. 임원이 되었다고? 놀라운 동시에 어쩐지 뿌듯하다. 옛정인가, 저 정도 강단 있는 사내와 사귀었다는 자의식일까. 하나 무슨 소용이란 말인가, 이내 시무룩해지는 것이다. 그것은 질투도 자존심도 아닌, 허무에 가까운 마음이었다.

지금까지 이어왔다면 어땠을까. 웃고 까불고 독려했던 나날을 이어갔다면. 그때 네가 멀리 가지 않았다면, 주말에 널 보러 갔더라면 다음 계절엔 무엇이 기다리고 있었을까. 우산 하나로 시작된 너와 나의 다음 계절은 서로를 불허한 시간과 공간, 시절인연이라 일컫는 가차 없는 끝이었다. 그 끝에서 다른 이정표를 따라 멀어졌다. 이런 생각을 하는 중에 스멀스멀 피어나는 흐릿한 패배감은 무어란 말인가. 너의 이름을 부연하는 직함을 보면서 열심히 살았구나, 애 많았겠다, 생각하다가 나는 무얼 하고 살았는지 자문해 본 까닭이다. 보이는 세상만으로 비교하며 무너지기인가. 대답해 보라. 어떤 결과가 아름답지 않다 말할 수 있는지를. 더 나은 길을 찾으려 했고 길이 보이면 한껏 달리지 않았던가. 크고 작은 결실을 맺었고 시련도 견디어냈다. 모든 여정이 배움이고 필연이었다. 너는 너대로 나는 나대로 잘 살아온 것이다.

끊긴 인연마다 반목과 미련만 남을 리 없다. 무던해진 마음 자락에 다행스러움도 자리한다. 그림자가 있어 빛의 찬란함을 발견하듯 헤어짐이 있었기에 새로운 삶을 맞이했다. 너와의 인연은 삼십 년을 보내고서야 의미를 되짚는가 보다. 이제야 다음 계절에서 무얼 맞이했는지 답할 수 있을 것 같다. '자기다움'이었으리라. 그럼에도 여태 약이 오른다면 정말이지 사치다, 사치를 부리고 있는 것이다. 그러고는 피식 웃고 말았다.

AI와 함께

사혜나
2020. 4. 천료

지금 나의 노트북에는 가상제목을 달고 쓰다 만 단편적인 글들이 밀물과 썰물처럼 모였다 흩어졌다 하면서 찰랑거린다. 문장들이 시간의 부피만 부풀린 채로 나뭇가지에 연처럼 걸려 있다. 이미지라도 그려진다면, 깊은 굴속으로 숨어든 생쥐 같은 단어들을 찾아낼 수 있다면 생각의 실타래가 풀릴 수도 있을 것 같다. 기억이 나면서 도무지 아무것도 생각날 기미가 보이지 않을 때 3천억 개의 단어를 가지고 있는 AI에게 도움을 청해 보고 싶다는 엉뚱한 생각이 들었다.

문득 얼마 전에 서울국제금융오피스 '2024 SFH Connect 금융Booklunch'에서 들었던 챗GPT에 관한 강연이 떠올랐다. 이 프로그램은 전문가들이 현 시대의 시장 변화를 들려주는 세미나로, 여의도 직장인의 점심시간을 이용하여 간단한 브레드와 함께 6회차로 진행되고 있다. 그 가운데 3회차의 출연강사인 김대식 KAIST 교수는 '새로운 비즈니스 기회, 생성형 인공지능 시대의 인류'라는 주제로 챗GPT와 생성형 AI의 활용에 대해 강연했다.

그에 의하면 아직까지 완벽하지는 않지만 뇌경색으로 발음이 어눌해진 사람의 목소리를 건강했을 때의 말소리로 고쳐서 다른 사람과 소통하게 해 줄 수도 있다고 한다. 또 영화 속 대사를 여러 장르 스타일의 멜로디로 변환시켜 노래로 들려주는 AI가 존재하는 사례도 있다고 했다. 아마도 짧지 않은 시간 내에 완벽해진 AI를 볼 수 있는 시기가 얼마 남지 않았을지도 모른다는 추측을 해 보게 된다. 곧 우리에게 최상의 편리함과 즐거움을 누리게 해 줄 수도 있을 것 같기도 하다.

우리 집에 있는 '지니'도 마찬가지인 것 같다. 외출하는 시간에 "지니야! 오늘 날씨 알려 줘." 하면 지니는 "네, 오늘 날씨는…" 하면서 기온과 기후, 미세먼지의 함량까지도 알려준다. 지니는 외출에서 돌아와 빈 집이 적적하게 느껴질 때면 텔레비전도 켜 주고, 채널도 바꿔주며, 시간도 말해 주고, 가끔 내가 물어보는 단어의 뜻을 말해 주기도 한다. 지니는 현재 우리 가족의 간단기능 가정용 개인비서인 것이다. 나는 지니를 보며 미래에는 사람에게 가장 필요하고 편안한 친구로 AI가 될 수도 있지 않을까 하고 생각해 본 적도 있다.

그런데 구글은 올해 초 AI에 대하여 위기의식을 느꼈다고 한다. 구글은 선택 창에 소비자들이 띄우는 흔적으로 선호도 조사를 해서 선호도를 경매에 붙이고 플랫폼에 광고를 내어 수익을 올렸는데, AI는 개인들에게 선호도에 대한 통계를 직접 제공해서 소비자들을 열광시켰기 때문이었다고 한다.

AI는 미리 학습이 가능하고 창발적 현상이 있다고 한다. 이런 현상을 생각해 보면 AI에게 자율성이 주어지지 말라는 법은 없을 것 같다. 인류가 진화해서 지금의 사회가 출현했듯이 AI 또한 그럴 경우를 배제할 수는 없을 것 같다. 만일 그러하다면 지금까지 상상적 위기에만 머문 문제들은 피해 갈 수 없겠다고 생각했다. 나는 오늘 나의 풀리지 않는 숙제에 관련한 어떤 면에서는 두려울 수도 있을 미래의 그림이

한 편의 영화처럼 펼쳐지는 듯했다.

챗GPT는 단어와 단어 사이의 확률로 문장을 생성시킬 수 있다고 한다. 콤비네이션에 그림을 집어넣으면 그림에 어울리는 글을 생성해 낼 수 있다고도 한다. 아직까지는 생성형의 글쓰기에서 문맥 앞뒤 길이의 콘텍스트의 길이가 길면 길수록 계산의 어려움을 가진다는 한계를 가지고 있고, 문장도 순서대로 짓지 못하는 한계성은 지니고 있기는 하다. 그런 AI를 오로지 편리함에 기인하여 나의 비서로 고용한다면, 그래서 방대한 양의 단어 중 내 취향의 단어를 골라내게 하고, 내가 쓰고 싶은 이미지에 맞는 문장들을 내놓게 할 수 있다면 어떨까 하는 생각이 든다. 그렇게 해서 독자들의 입맛에 맞는 재미있고 흥미진진한 작품이 탄생한다면 그 글의 진짜 작가는 누가 될 것인가 하는 의문이 들기도 했다.

그의 강연을 듣고 나는 톨스토이의 「사람은 무엇으로 사는가」에서 미래전향적으로 진화한 미래과학소설 한 편에 스릴러를 적절히 배합한 책 한 권을 읽은 것 같다는 생각을 했다. 과거의 시간이 인간들 사이의 갈등과 전쟁이었다면, 현대는 지금부터 전개될지도 모르는 인간과 기계 사이의 보이지 않는 전쟁이 대두될 것 같은 느낌이었다. 그러나 한편으로는 망망대해에서 항로를 잃어버린 배 한 척이 멀리서 등대를 발견하고 새로운 방향을 설정할 수 있게도 할 수도 있을 것 같았다.

아직까지는 다행스럽게 AI가 자율성을 가지고 있지 않지만, 자율성까지 탑재하는 순간이 온다면 AI와 인류의 전투가 시작될 수도 있겠구나 하는 생각도 들었다. AI는 날로 변형의 여러 틀을 만들면서 번창해 나갈 것이다. 그런 사회의 변혁을 개인의 역량으로 맞설 수 있을까. 그것의 해답으로 인류알고리즘을 만들어 기계를 영원히 지배하는 것이라고 말하기도 하고, 인간과 공존하는 인공지능을 말하는 이도 있다. 우리는 이 시점에서 어떤 준비를 해야 현명한 인류가 될 수 있을까를 고민해 보아야 할 것 같다.

맨발로 한 바퀴를 돌아

나종경
2020. 5. 천료

신발을 벗었다. 갇혀 지내던 발이 자유를 찾았다. 맨발 걷기를 시작했다. 처음 걸음걸이는 익숙하지 않아 어색했다. 땅바닥 상태에 따라 발걸음도 자연스럽지 못했다. 최고급 신발에 길들인 두 발이 쉽게 적응하지 못했다. 착화감 좋은 세상 편한 신발, 방수에 기능성을 고루 갖춘 현대과학이 망라된 신발, 장시간 이동하거나 험한 산길 등산에도 최첨단의 기능이 집약된 신발은 발을 위한 최고의 보호구였다. 땀도 배출해 주고 공기 순환까지 해줬다. 인체공학적으로 만든 여러 겹의 콘솔은 발목과 무릎과 허리로 이어지는 충격을 완화해줬다. 그럴수록 발은 본연의 기능을 잃어갔다. 할 일이 줄어 퇴화 중이었다.

사람의 몸에는 206개의 뼈가 있다고 한다. 그중 두 발에 52개가 있으니 4분의 1이 발에 모여 있다. 허벅지부터 발끝까지 한쪽 다리를 구성하고 있는 뼈가 모두 30개인데, 그중 26개가 발에 있으니 발의 구조와 기능이 얼마나 복잡하고 중요한지를 가늠케 한다. 두 발로 섰을 때 체중을 지탱할 수 있는 가장 효율적인 구조가 발의 아치 구조이다. 발은 단지 무게만 지탱하는 것이 아니라 걸어갈 때 충격을 흡수하고, 스프링처럼 에너지를 저장했다가 앞으로 걸어 나갈 수 있도록 해준다. 이 아치가 있어 장거리를 걸을 수 있고 달릴 수도 있다.

좋은 신발은 편하지만 발의 역할을 앗아갔다. 맨발은 신발로 가뒀던 발을 해방했다. 발이 가진 원래의 기능을 회복시켜준다. 땅바닥의 미세한 지면에 발바닥이 닿으면 발의 아치는 스프링처럼 적응한다. 26개의 뼈는 4층 구조의 풋 코어 근육과 연결돼 발과 종아리의 근육을 움직이게 한다. 심장에서 우리 몸으로 내보내진 혈액량의 70%가 정맥인데, 발끝까지 내려간 피가 어떻게 다시 심장으로 돌아갈 수 있을까. 심장의 힘으로는 부족하다. 발과 종아리에 있는 근육이 수축과 이완을 반복하면서 쥐어짜 줘야 혈액이 심장으로 올라가게 된다. 그래서 발을 제2의 심장이라고 말한다. 맨발 걷기는 발의 구조나 역할이 퇴화하지 않도록 기능을 되살려 준다.

맨발 걷기의 효과는 셀 수 없이 많다. 이 순간에도 우리 몸에는 전기적 에너지 활동의 찌꺼기인, 양(+)전하를 띤 활성산소가 배출되지 못하고 온몸을 돌면서 각종 질병의 원인이 되고 있다. 이런 양전하는 스트레스와 피로가 누적되는 원인이 된다. 맨발로 땅에 닿는 것을 접지(grounding) 또는 어싱(earthing)이라고 한다. 접지하면 우리 몸은 땅의 음(−)전하를 띤 자유전자를 받아들이게 된다. 음전하는 우리 몸으로 올라와 생리적 작용을 최적화한다. 대표적으로 양전하의 활성산소를 중화시킨다. 이로 인해 고혈압, 고혈당, 신장염, 치매 등 만성질환을 예방하고 치유한다. 혈액을 묽고 맑게 해 각종 심혈관질환, 뇌질환을 예방하는 치유 효과도 있다. 접지는 활력 충전과 항노화 물질인 아데노신 3인산(ATP)의 생성을 촉진한다. 스트레스 호르몬인 코르티솔 분비를 진정시켜 천연의 신경안정제 작용도 한다. 세포 속 짝 잃은 전자에게 짝을 찾아줘 염증과 통증을 치유한다. 접지는 결과적으로 면역력을 높여 각종 자가면역질환을 예방하거나 치유한다.

맨발 걷기를 시작한 지 365일째가 됐다. 1년을 한 바퀴 돌아 원점에 왔다. 많은 일이 있었다. 고통과 도전의 시간이 흘렀다. 눈발 내리던 추위에 한라산을 맨발로 오르고, 지리산과 무등산의 산길을 걸었다. 영산강을 따라, 남해안 바닷길을 따라, 섬으로 해수욕장으로 갔다. 산길, 들길, 바닷길, 물길을 걸었다. 한겨울 눈밭과 살얼음판을 걸을 때는 위기였다. 날카로운 얼음 조각에 발가락 사이가 찔리고 동상 직전까지 가기도 했다. 맨발 걷기는 생활이 됐다. 지난 1년은 하루도 빠짐없이 배낭을 메고 맨발로 1만 보 이상을 걸었다. 배낭에는 신발 넣을 비닐, 수건, 발 씻을 물, 상처 밴드, 소독약, 연고, 여벌 양말이 들어 있다. 맨발 걷기는 풀 한 포기에서 작은 벌레까지 자연과 생명 사랑을 이어줬다. 몸은 가벼워졌고 잠이 잘 온다. 신진대사가 원활해져 정신까지 맑아졌다.

휴가로 집에 내려와 있던 아들 녀석이 수건으로 발을 닦으면 어떡하냐고 깜짝 놀라며 말한다. 요즘 아빠는 발이 더 소중한데 왜? 발이 손과 뭐가 다른데? 맨발 걷기를 한 바퀴 돌아온 나에게 발은, 똑같이 신체의 일부인 손과 다를 바가 없다. 오히려 그동안의 차별이 미안할 따름이다. 오늘 만난 친구는 손흥민 선수가 모델로 나오는 글로벌 스포츠 브랜드 아OO스 매장의 사장이었다. 20년 동안이나 운영해오던 매장을 최근에 접었다고 했다. 신발이 잘 팔리지 않는다고 했다. 미안했지만 잘된 일이다. 맨발 인구가 그만큼 늘었다는 것이고 주민들이 건강해지고 있다는 증거 아니겠는가.

이 한 사람

임혜순
2020. 6. 천료

파아란 오월의 하늘 모처럼 미세먼지 하나 없는 깨끗한 하늘이다. 참 평화스럽다! 미국의 색채연구소 팬톤은 '블루가 안도감과 평온함을 주는데 기여한다.'고 했다. 이런 날은 어디 푸르름을 찾아 드라이브라도 했으면 하는데, 딩동, 막내아들이 들어선다. "아범, 이 시간에 웬일?" "아버지 엄니, 오늘 점심을 같이 하십시다." 그렇지 않아도 마음이 들떠 있었는데, 고맙기도 하였다.

승차를 하고 나니 시외를 벗어나 포항고속도로로 진입을 했다. 그런데 웬일? 포항이 가까워지자 날씨가 변화무쌍하여 후드득 굵은 빗방울이 차창을 두드리는가 하더니 햇볕이 쨍하기도 했다. 그러다간 갑자기 돌풍이 불어 닥쳐 하늘이 캄캄해지기도 했다.

"아범, 오늘은 바닷가까지 가서 점심을 먹기는 날씨가 별로다."

그러나 우리가 도착한 바닷가 식당은 유명한 해물음식점이고 또 바다를 바라보는 전망도 썩 좋은 곳이었다.

저 멀리 엄청 큰 범선이 두어 척 정박해있는 모습이 눈에 들어온다.

그리고 까마득히 바라보이는 오른쪽 해변에는 포항제철의 우뚝 솟은 굴뚝들이 하늘을 향해 뾰족뾰족 세계 최대의 철강 생산업체 중 하나이며 한국의 산업화와 경제 발전에 이바지한 거대한 기업체가 눈에 들어온다.

식사를 기다리는 중 줄곧 바다를 바라보니 바다 색깔이 영 우중충한 흙탕물이고 간간히 몰려오는 파도의 선율은 하얗게 해안에 닿자마자 부서지기를 계속했다. 이곳이 포항 북부해수욕장이었던 곳이니 해안은 얕은 바다가 길게 저 멀리까지 펼쳐져 있었고 안온한 영일만을 전망할 수 있어서 좋았다.

종업원에게 물었다. 바다 색깔이 늘 이런 흙탕물이에요? 아니란다. 날이 맑으면 푸르다고 한다. 해물요리상이 들어온다. 무슨 예술품처럼 요리조리 색상을 맞추어 꾸민 모양은 다 먹을 수 있는 것은 아니고 액세서리로 눈요기 맛 요기 눈과 입을 즐겁게 해주는 차림이다. 식사를 시작하면서도 눈은 연신 바다를 바라보았다.

육안으로 보기엔 너무나 먼 거리에 검은 말뚝인지? 사람인지? 파도에 묻히면서 솟아오르다 덮쳐지기를 반복하면서 그 자리를 지키고 있는 어떤 물체가 보였다. '아마 무슨 말뚝인가' 하면서 무심히 바라보았다.

때 이른 오월이라 해수욕객은 없었다. 식사를 하다 보니 해안도로에 갑자기 119구조대 차가 달려와서 멈추었다. 일이 분 차로 해양경찰대도, 또 연달아 요란한 소리를 내며 달려왔고 이어 크고 작은 구조 차들이 다섯 대나 줄을 이어 멈춰 섰다.

'아차! 저 말뚝이 사람인가 봐' 하면서 우리는 유심히 바라보았다.

구조 차에서 쏟아져 나온 엄청 많은 대원들은 바다를 향해 방송을 하고 호루라기를 불고 물에 뛰어 들어가는 모양이 보였다. 말뚝이라고 생각했던 그 검은 물체는 서핑슈트도 착용하지 않은 채 보드를 옆에 끼고 나오는 거무죽죽한 어떤 청년이었다. 바라보는 우리는 어이가 없었다.

말뚝 하나가 물에 잠겼다 뜨는 모습을 발견한 어떤 시민이 신고를 한 모양이다. 구조대들은 나오는 청년의 등을 두드리며 무어라고 소리치며 어이가 없는 모양이다.

옥신각신 마무리가 잘 되었는지? 한 십여 분간 머물렀던 차량들이 구조대원들을 싣고 조용히 물러가고 웅성거리던 객들만 남아 주거니 받거니 한다. 이 얼마나 소모적이며 국력 낭비인가?

철없는 이 한 사람의 행동 때문에 우리들은 허탈감을 느끼지 않을 수 없었다. 아직도 뉴스에선 채 상병이 이렇고 저렇고 하는 쟁론이 끝이 날 줄도 모르는데….

며칠 전에는 도로에서 역주행을 한 사람. 그는 베테랑급 기사인 것 같은데 순식간에 아홉 명이나 되는 인명을 무참히 살상했다. 교통표지판을 잘 보지 않고 역주행을 하였다나! 참 변명 같지 않는 변명, 이 한 사람 때문에 얼마나 충격적이고 가슴 아픈 일이 벌어졌는가? 연일 크고 작은 안전사고들이 일어나는데….

나 하나 때문에 여러 사람에게 피해를 주는 일은 없어야 하지 않겠나?

조심! 조심! 또 조심을 외쳐 보고 싶다.

독서의 여정

이다경
2020. 9. 천료

독서를 통해 삶을 배워나가는 요즈음이다. 하고 싶은 경험을 만족스럽게 하면서 지내게 된다면 더할 나위 없이 좋겠지만, 그러기에는 현실에서는 한계가 있을 수 있다.

오늘도 수업을 마치고 돌아와 잠시 짬을 내어 본다. 책꽂이에 있는 다양한 책들이 이제는 어느새 과거의 간접경험이 되어버리고 말았다.

그래도 한 권의 책을 꺼내어 독서 여행을 시작한다. 나는 책 읽는 그 시간이 참 행복하다. 음악을 전공하면서 지냈던 나의 삶에 어느새 글, 특히 수필이 크게 자리 잡아 버린 것 같았다.

책 한 장 한 장에 나의 생각을 실어보기도 하고, 또 나의 삶을 반영해 보기도 한다. 와닿는 문장은 머릿속에 오랜 시간 간직하고 싶은 마음에 표시도 잘해 둔다. 어느 순간 내가 학도(學徒)가 되어 버린 느낌이 들었다.

며칠 전 우연히 SNS를 살펴보다가 독서를 많이 하게 되면, 자신만의 언어를 만들어 낼 수 있다는 글을 보았다. 맞는 말 같다. 내가 하고 싶은 말, 필요한 말을 해야 할 때 조금 더 조리 있게 할 수 있도록 힘을 실어주는 것이 바로 독서의 힘이 아닐까 싶다.

우리 가족은 서점에 가는 것을 좋아한다. 나는 대형서점에 가면 가장 먼저 베스트셀러 코너로 이동한다. 특히 수필 분야로 가면 너무 좋은 글들이 많아 눈을 뗄 수가 없다. 그래서 가끔은 충동적으로 사기도 하고, 다 사기가 어려울 때에는 그 문장을 눈에 담아오기도 한다.

오늘도 서점에서 유독 눈에 들어오는 책이 한 권 있었다. 아이러니하게도 내가 선호하는 책들은 주제와 내용이 다 비슷하다. 그렇지만 그러한 책들을 읽어주는 것이 자신의 생활과 삶을 정리해 나가고 바른 방향으로 이끌어 가는 데 중요한 역할을 하고 지침대가 되어준다고 생각한다.

독서도 하다 보면 기술이 생긴다. 책을 읽는 능력, 내용을 소화하는 힘, 그리고 무엇보다 그것을 나의 생활에 적응시킬 때 일어나는 소소한 변화가 독서의 참 의미일 수 있겠다.

나는 매 순간, 독서 하며 눈과 마음에 담았던 내용을 머릿속에 떠올린다. 가끔은 그 생각들이 미처 다 떠오르지 않아 아쉬울 때도 있지만, 마음의 양식인 것만큼은 확실하다.

독서의 능력은 끝이 없고 한계점도 없다. 그래서 우리는 끊임없이 독서를 하고, 그 안에서 행복을 찾고 지혜를 얻는 것인지도 모른다.

독서를 많이 한 사람들의 특징 또한 비슷하다.

우선 그러한 사람들은 자신의 주관이 뚜렷하다. 그렇다고 고집만 부리는 것이 아니라, 융통성 있는 자신의 생각이 확고하다는 의미이다.

또한 자신감이 넘치고, 매사에 적극적이며 긍정적이다. 어쩌면 내가 가장 바라는 이상향일 수 있는데, 마음이 풍요로워지고 지식과 지혜가 쌓이기 때문에 이러한 표출은 당연한 것이라고 해도 과언이 아니다.

마지막으로, 독서를 많이 한 사람들은 늘 희망을 말하는 경향이 있다. 내가 좋아하는 책이 바로 이러한 분야인데, 독서는 미래 지향적이다. 내가 열심히 독서를 하려고 하는 이유 중에 하나이기도 하다.

독서를 하기로 마음먹고 시도했다면, 하지만 초반에 쉽게 이루어지지 않는다면, 우선 습관을 들이는 것이 중요하다. 사실 난 고등학교 때 제일 관심 없었던 과목이 국어였다. 그러한 내가 이렇게 변할 수 있었던 것은 다양한 독서 습관을 통한 경험들에서 비롯된다고 볼 수 있겠다.

거실에 놓여있는 책장을 보면서, 간간이 늘어가는 나의 도서들을 마주할 때에 기분이 묘하게 좋다. 마치 내가 그 책들의 작가가 된 것처럼 뿌듯하기도 하고, 그 도서들 내용대로 다 살아낼 수 있을 것 같은 약간은 무모한 용기와 도전정신도 생겨나곤 한다.

하지만 이 또한 발전적인, 좋은 현상이라고 생각한다. 무엇인가 마음속에 변화가 꿈틀거리고 있는 것이니 말이다.

오늘은 한 번 책 속의 주인공이 되어보면 어떨까? 아니면, 독자가 아닌 작가의 입장에서 그 글들을 소화해 나가는 것도 좋을 것 같다. 독서를 하면서 한 단계 한 단계 삶을 업그레이드시켜 보자.

내일 어떤 일이 일어나고 또 새로운 하루가 시작될지 기대되는 지금이다. 왜? 난 오늘도 독서를 통해 나의 머릿속을 정리하고 희망을 꿈꾸고 있으니 말이다.

노년의 길목에서

박찬승
2020. 11. 천료

어찌어찌하다 나도 모르게 슬며시 다가온 노년기. 지난날에 좋고 행복했던 순간보다는 아쉽고 잘못했던 일들만 머리에 떠오르니, 살아온 세월에 회한(悔恨)이 느껴진다. 걸음걸이는 미풍(微風)에 흔들리는 나뭇가지처럼 자꾸만 좌우로 흔들리고, 눈은 침침해지고, 아픈 곳은 늘어난다. 아직은 70대 중반이고 매일 산행(山行)을 하는데도 몸의 컨디션은 예전만 못하다.

어저께 TV에서 본 파워워킹을 하는 90세 노인의 모습이 떠오른다. 그 할머니는 평소 스트레칭을 생활화하고, 요가와 걷기운동을 많이 하고 있었다. 그래서 파워워킹이 가능한 것인가? 그렇다면 우리 몸은 적당한 운동으로 나이를 어느 정도 극복할 수 있다는 이야기다.

요즈음을 100세 시대라고 일컫는다. 그러나 대부분의 사람들은 그러하지 못하다. 지난해에도 어저께도 후배 몇 사람이 세상을 떠났다. 친한 친구도 침샘에 종양이 생겼다고 대학병원에 예약날짜를 잡았다. 또래의 주위 사람들을 보면 대부분 고혈압에 당뇨, 고지혈증 등 고질적인 문제에 더하여 관절이나 허리에 통증을 견디면서 생활하고 있다. 곱게 물들어 가던 단풍이 철 잃고 불어오는 삭풍에 말라버리는 격이다. '사람에게서 나이는 나이 자체가 문제가 아니라 마음의 문제다'라는 마크 트웨인의 언급이나 '우린 늙어가는 것이 아니라 조금씩 익어가는 겁니다'라는 우리 국민의 애창곡이 무색(無色)해진다.

오늘은 아내의 칠순일. 용인에 가족 모임이 있어 대전역으로 향했다. 조금 일찍 도착하니, 대합실에서 앉아 기다리는 시간이 길어졌다. 자연스레 오가는 사람들에 시선이 갔다. 다리 사이에 머리를 끼우고, 자는지 아픈지 알 수 없는 모습의 젊은이가 있는가 하면, 머리는 하얗지만 에너지가 넘치는 노인도 많았다. 모두가 나름의 사연을 안고 어딘가로 향하는 사람들이다. 걷는 모습이 사람들의 옷차림만큼이나 다양하다. 역시 건강은 관리하기 나름인가 보다.

용인을 다녀온 며칠 후, 나의 흔들리는 걸음걸이는 결국 사단(事端)을 내고야 말았다. 친구와 산행을 하기 위해 버스를 타려고 집을 나선 날. 정류장은 저 멀리 있는데 버스는 이미 정류장에 도착했다. 뛰어야 탈 수 있다. 버스만 바라보면서 뛰었다. 아뿔싸! 한쪽 발을 그만 헛딛고야 말았다. 나는 버스 옆에 고꾸라졌다. 얼굴 오른쪽을 강하게 아스팔트에 부딪혔다. 순간 정신이 아찔했다. 운전기사가 내리려 했다. 나는 넘어진 채로 출발하라고 손짓을 했다.

버스가 출발한 후에 모자와 안경을 주워 들고 일어섰다. 바지의 왼쪽 무릎 부분이 찢어져 너덜너덜했다. 무릎에서도, 양손바닥에서도 피가 흘렀다.

고개를 들어 하늘을 보니, 옥빛 하늘에 하얀 구름을 띄운 모습은 그대로인데, 내 모습은 너무나 서글펐다.

집에 와서 거울을 보니, 얼굴은 피가 흐르고 부어서 볼썽사나웠다. 상처를 소독하고 옷을 갈아입은 후, 상한 자존심을 세월 탓으로 돌리며 연거푸 술잔을 비웠다. 그럼에도 마음을 달래기엔 상처가 너무 컸다.

평소 걸음도 시원치 않다고 생각했었는데 왜 뛰었던가. 후회가 막심(莫甚)했다. 어쩌면 나의 휘청거리는 이 모습은 노년의 한복판으로 가는 징표이고, 자연의 순리가 주는 교훈인가 싶다.

의학이 발달하고 식생활이 풍족한 요즈음인데 다양한 질병으로 많은 사람이 고통을 받는 이유는 뭘까? 아마도 쾌적하지 못한 생활환경에 살면서 운동을 등한시하고, 영양의 불균형과 각종 스트레스에 시달렸기 때문일 것이다. 운동부족은 아마도 이런 현상을 가속 시켰는지도 모른다.

무리하지 않는 적당한 운동은 내 몸에 활력을 주는 필수요소다. 운동뿐만 아니라 식생활도 중요하다. 고른 영양을 생각하지 않고 먹기 좋고, 맛좋은 음식만을 선호하다보면 자연적으로 몸은 특정 영양의 결핍현상이 발생하고 면역기능이 약화된다.

가는 세월에 내 몸을 맡기고 흐르는 물에 띄운 종이배처럼 흘러가게 되면, 고스란히 세월의 흔적은 세포 곳곳에 그대로 스며들 것이다. 그러면 세포는 늙고 늘어져 힘을 못 쓰게 된다. 물이 흘러가는 역방향으로 노를 젓듯이 적당한 운동을 매일 할 때, 그런대로 몸은 건강을 유지할 수 있을 것이다. '적당한 운동'과 '고른 영양섭취', '스트레스 해소 능력'은 건강을 지키는 비결임에 틀림없다.

혹자(或者)는 늙으면 자유롭고, 한가롭고, 여유롭게 멋진 삶을 구가할 수 있을 것이라는 생각을 할 수 있다. 바쁘게 살았던 삶에서 이제는 손을 놓고 그간 하지 못했던 나름의 봉사활동도 하면서 사회에 기여할 수 있을 것이라는 생각을 할 수도 있다. 하지만 서서히 기능을 잃어가는 이파리처럼 몸은 이런 생각을 따라 주지 않는다.

검게 변색되어 가는 목련꽃이 아닌 곱게 물들어가는 단풍을 그리며, 오늘도 하루를 보낸다. 늙는 것이 아니라 세월에 익어가는 아름다운 모습을 꿈꾼다. 이제는 철모르고 불어오는 삭풍을 이겨낼 수도 없으니, 가림막을 찾아 쉬엄쉬엄 가는 편이 좋을 것 같다.

노을이 물들어 간다는 것은

신영애
2020. 12. 천료

살아가는 동안 가장 아름다운 시간은 언제일까. 오랜만에 모임에서 집 가까운 아차산 둘레길 걷기 공지가 떴다. 친한 친구에게서 명절 연휴 스트레스 풀러 가자고 전화가 왔다. 친구는 부부가 함께 참석했는데, 그 모습이 편안해 보여서 보기 좋았다. 참석 인원은 총 26명으로 오랜만에 많이 참석한 편이다. 초보자 수준이라고 하지만 그래도 산행이므로 안전한 주의가 필요하다는 설명을 듣고 출발했다.

아무리 낮은 산이라고 하지만 자칫 길을 잃어버리거나 걷는 중간에 발생할 수 있는 크고 작은 사고에 대비해서 우리는 서로 조심하고 신경을 쓰면서 걸었다. 아차산 정상까지 올랐다가 내려오는데 대략 3시간 30분 소요 예정. 둘레길이라고 해서 완만한 경사길이려니 생각했는지, 가볍게 운동화를 신고 온 일행도 있었다. 아차산은 마른 마사토 흙이 많고, 바위산이어서 오르락내리락하는 경사로도 많다. 아무래도 산을 오르는 것이어서 온몸의 근육을 모두 사용해야 하는 당연한 상황에서, 운동화를 신고 온 사람들은 잔잔한 마사토 흙에 미끄러지는 일이 일어나기도 했다. 선두에서 너무 빠른 속도로 앞서가기 시작하면서 자연히 몇몇 사람들은 뒤처지기 시작했지만, 중간중간에 서로의 위치나 안전을 확인해 주고, 서로 손을 내밀어 잡아주고 밀어주면서 나아갔다. 어려움에 부딪힐수록 인간은 더 단단하게 뭉친다는 말이 맞는 듯하다.

온몸은 땀으로 흠뻑 젖었고, 정상에서의 기쁨과 하산한 후의 성취감으로 서로 격려하고 정겨운 인사를 나누었다. 산은 오르는 것보다 내려오기가 훨씬 쉽다고 한다. 그것은 아마 오르는 시간에 비하여 내려오는 시간이 짧아서 그런 것 같다. 그러나 실제 산행을 해 보면 아무 일 없이 다치지 않고 내려오기가 훨씬 어렵고 힘듦을 알 수 있다. 문득 우리의 인생도 마찬가지 같다는 생각이 들었다. 인간사 새옹지마라고, 힘들고 어려운 일이 있는 만큼 기쁘고 감격에 벅차올랐던 순간도 있는 것이다. 사회생활을 하면서 진급하거나 연봉이 오르기까지 많은 노력이 필요하다. 때로 울기도 하고 포기하고 싶은 마음이 들 때도 많다. 심지어는 '바쁘다 바빠.'를 입에 달고 살면서, 하루하루가 전쟁 속에서 사는 것 같다고 한다. 그러다가 어느 순간이 되면 뒤따라오는 사람들을 위해 정상의 자리를 내어주고 하산하면서 그들의 안녕과 행복을 빌어준다. 무탈하게 내려왔음을 감사하며.

몇 해 전에 은행 부지점장이라고 좋아했던 친구의 남편은 최근 명예퇴직을 했다고 한다. 열심히 일한 만큼 지금은 건강을 위해서 휴식을 취하면서 오늘처럼 산에도 다니고, 낚시하러 다닌다고 한다. 골프도 직장에 속해 있을 때나 다니지, 비용이 만만치 않아서 못 한다고 한다. 열심히 땀 흘리면서 살아오는 동안 소원했던 친구들을 만나려고 보니 아직 현직에 있는 친구들은 자신이 예전에 허겁지겁 앞만 보고 달렸던 모습으로 여전히 땀을 흘리고 있더라고 했다. 그러면서 조금만 기다리면 곧 내려가서 나머지 인생을 멋지게 즐기자고 약속했단다. 산에서 내려오면서 보니 산을 오를 때 놓치고 지나쳤던 주위의 나뭇잎이 빨갛게 물들어가고 있었다. 초록으로 넘실대던 봄에도, 알록달록 변해가던 한여름의 뜨거움에도 몰랐던 고운 빛깔. 어느 시인은 그 나뭇잎으로 옷 한 벌 지어 입고 싶어질 정도로 참 곱다고 했다. 크기도 제각각인데 서로 자기 모습을 뽐내느라 가장 아름다운 시절을 보내고 있었다.

내려와서 뒤풀이하기 위해 손두붓집을 찾았다. 다들 땀을 흠뻑 흘리고 힘든 둘레길 산행을 한 뒤여서인지 손두부찌개와 두부전은 하루의 피로를 풀기에 충분했다. 산행 중의 힘겨움은 모두 잊은 듯, 하산 후 회포를 푸는 자리에서는 함께 산행했던 동행인들과 서로 애썼다고 위로하고 격려해 주는 모습에서 행복함이 묻어났다. 어느 책에서 읽었던 글이 생각난다. 사람은 무엇이 생겼을 때 그것을 자신에게 쓸 때보다 남을 위해 쓸 때 행복감이 더 오래간다는 것이다. 이는 남을 위해 무엇인가를 쓰면서 타인과 연결된 느낌을 받기 때문이라고 한다. 함께 산행한 일행들의 행복함에도 울퉁불퉁한 산을 오르고 내려오면서, 서로 손을 잡아주고 안전을 살펴주면서 누군가를 위해 작은 손길을 내밀어 준 서로의 땀방울을 보았기 때문이리라. 친구 남편은 지금까지 주위를 둘러볼 겨를도 없이 그냥 전쟁 속에서 치열하게 살아왔는데, 퇴직하고 보니 소중한 주위의 하나하나가 눈에 띄더라고 하면서, 결국 우리는 함께 어울려 살아간다는 것을 잊어버린 듯하다며 아쉬워했다. 앞으로는 이런 모임에 자주 참여해야겠다고 한다.

삶은 덜어내고 비워내는 서정시 같다는데, 갑자기 남편의 명예퇴직과 함께 찾아온 생활을 내 친구는 어떻게 맞이했을까 생각이 들어 친구를 바라보았다. 친구 부부가 앉아 있는 두붓집 창밖으로 노을이 붉게 물들어 비추고 있다. 정말 아름다운 저녁노을이라고 감탄을 자아냈다. 어느 시절이든 그렇게 아름답게 지나간 계절이, 시절이 있을 텐데. 한껏 깊어진 붉은 노을을 보며 어쩌면 지금, 이 순간이 내 인생의 가장 곱고 아름다운 시절이 아닐까, 생각해 본다.

어미짓

장연희
2021. 1. 천료

독일에 사는 딸이 둘째를 낳는다며 또 엄마를 찾는다. 기다리던 여자아이라고 사위도 좋아한다고 하고 당연히 엄마가 와 주리라 기대한다. 어릴 때부터 공부도 수월하게 하더니 좋다는 고등학교와 대학도 잘 가던 아이였고, 어려운 자격증도 쉽게 따기에 기대가 컸던 아이였다. 게다가 취직도 잘하는가 싶더니 훌쩍 독일 청년에게 시집가 버려서 닭 쫓던 개가 울 쳐다보듯 어, 어 하는 중에 낳는 둘째다.

5년 전 첫 아이 낳았을 때 혼자 독일 가던 날, 시골 할머니처럼 벌벌 떨었으나 이번에는 좀 느긋하게 도착한 프랑크푸르트 공항에 긴 머리를 아무렇게나 질끈 동여매고 만삭의 배를 내밀고 나온 딸이 반갑고도 짠하다. 그런데 딸네 집에 가는 길도 익숙하고 가구며 소파도 익숙한데 딸이 하는 일은 내 눈에 영 설다. 지하에 세탁실이 있는 독일 전통 가옥에 배한 짐, 빨래 한 짐을 들고 올라와 빨래걸이에 제 남편 옷, 아들 옷, 조막만 한 양말이며 온 식구의 속옷까지 탁탁 털어서 너는 모습이 착 와닿지 않는다.

특목고 가서도 음대 가겠다고 고집을 부리는 통에 집에다 방음실을 만들지 않나, 거기다 그랜드 피아노까지 들이고, 봉투 레슨비 넣어 애 싣고 돌아다니던 걸 생각하면 저 모습은 또 뭔가 싶다. 외손주 콘스탄틴이 골목골목 자전거를 타면서 '태극기가 바람에 펄럭입니다. 하늘 높이 아름답게 펄럭입니다.' 하고 목청을 높이는 모습도 특이하다.

지난번 콘스탄틴은 예정일보다 일찍 나오는 바람에 출산 후에 독일에 도착했던 터라 서둘러 좀 일찍 왔더니 이번 아이는 예정일이 지나도 소식이 없다. 산모가 몸을 쓰면 아이가 빨리 나오려나 싶어 틈틈이 딸과 마을을 걸었다.

"참 세상일 마음대로 안 되는구나. 하루라도 더 바라지 해 주고 가려고 계산해서 왔는데 얼라는 왜 안 나오노?"

그러자 딸은 더 빨리 걷고 나도 성큼성큼 걷게 된다.

"전번에 너는 병원에 있고 펠릭스가 날 태우고 집에 왔을 때 싱크대에 놓인 김밥을 보고 엄마가 얼마나 마음이 아팠는지 아니?"

김밥 먹는 산모라니.

"아니야 엄마! 아는 언니가 미역국을 끓여서 병원으로 가져 왔다니까요."

하여튼 그때 주방에 있던 김밥이며 컵라면이 두고두고 가슴이 아파서 이번에는 시간도 더 넉넉히, 미역도 더 많이, 국산 들기름 참기름에 북어며 홍합이며 깐 더덕까지 뭉쳐서 온 걸음인데 출산이 늦어지는 것이다.

깐깐한 독일 의사는 예정일에서 열흘이 지나야 유도 분만이 된다니 속절없이 하루하루 시간만 흐른다. 그러나 아무리 융통성 없는 독일 사회라도 사람 사는 동네는 다 같은지 사위가 '장모님이 한국에 빨리 가셔야 하는 데 아이가 늦으면 산모 바라지 날짜가 줄어들지 않겠느냐, 나도 휴가 쓰는 직장인인데 하루라도 빨리 아기가 나와야 한다' 등등으로 하소연하자 분만을 좀 앞당겨주었다. 그리고는 본격적인 바라지가 시작되었다.

나야 밤잠도 줄어드는 나이라 밤에 일어나는 것이 어렵지 않은데 딸은 밤새 얼라에게 젖을 물리느라 두 시간을 내처 못 자는 것 같다. 아이를 안고 있는 실루엣이 천상 어미다. 신생아가 젖꼭지를 제대로 무는 일이 쉽지 않으니 연신 입으로 아이를 얼러 가며 어떻게든 한 모금이라도 더 먹이려고 이리 고쳐 앉고 저리 고쳐 앉는 딸 모습에 돌아가신 친정엄마가 보인다. 흘러내리는 머리카락이 성가신지 아이를 바닥에 놓더니 아직도 회복이 안 된 몸으로 더듬더듬 고무줄을 찾아 머리를 틀어 올리고는 다시 아이를 안는다. 그새 내가 깜빡 졸았는지 일어나 보니 아이 옆에 웅크리고 잠이 든 딸이 한없이 애잔하다. 그래도 어느새 아기가 울면 딸은 어미 짓을 하기 시작하고 나는 부엌으로 나가는 날이 계속되었다. 아기의 밤낮이 바뀌어 힘이 드는 중에도 제 남편의 식사며 큰아이 유치원 건사며 간간이 처리해야 하는 집안일로 산모의 24시간은 숨 막히게 흘러간다. 거기다 내가 독일 주방기기며 마트가 익숙하지 않아 나의 잔시중도 들어야 하니 이래저래 고달프다.

"엄마는 너 키울 때 하늘의 별이라도 딸 줄 알았지 이렇게 살 줄은 생각 못 했다." 딱히 불만은 아니지만 좀 의외라는 마음으로 말했더니, "엄마 이렇게가 뭐예요?" 하고 되묻는다. 갑자기 말문이 막힌다.

전교에서 딱 한 사람에게만 주어지는 앞 등수를 받아 왔을 때 얼마나 기뻐했던가. 까만 정장에 흰 블라우스를 받쳐 입고 출근하는 딸의 뒤태에 얼마나 흡족하고 대견한 눈길을 보냈던가. 그러니 무어라 말할 수 없는 기대가 자동으로 하늘에 걸렸던 딸이다. 얘가 음악을 한다고 나설 때는 예술의 전당을 생각했고 어려운 시험에 합격했을 때는 CEO를 생각했는데 정작 당사자는 오직 아기 똥색과 젖 먹이는 시간만 생각하니 나도 할 말이 영 없는 것은 아니다. 뭐가 돼도 될 줄 알았다는 말을 하고 싶었는데 어쩐지 딱 들어맞지 않는 이 기분은 뭐라고 해야 하나?

이런 마음을 읽었는지 "엄마, 제가요 음악은 하고 싶어서 했고, 자격증 시험은 예능 하느라 돈 많이 쓴 부모님께 미안해서 열심히 했을 뿐이어요." 이런다.

"그럼 너는 뭐가 되고 싶었니?"

이게 30년이 넘도록 키운 딸에게 할 말인가 싶어도 하여튼 그렇게 물었는데 돌아오는 답이 "엄마, 나는 아무것도 안 되고 싶었어요"였다. 갑자기 이 아이가 어렸을 때 자기는 현모양처가 꿈이라던 말이 생각난다. 그때는 무심코 들었는데 이제야 얘가 지금 아무것도 안 되는 자기 꿈을 이루는 중인가 보다.

아기는 세상에 나온 지 한 열흘이 지나자 이제는 엄마 젖이 가까이만 가도 정확하게 제 입을 갖다 대며 지 어미의 가슴을 파고든다. 꿀꺽꿀꺽 미처 다 넘기지 못한 모유가 옆으로 삐죽삐죽 흘러나오도록 아이는 만족하게 먹고 엄마는 흡족하게 내려다보니 부족함이라고는 없어 보였다. 장관이었다. 평생 일한다고 밖으로 돌았던 제 엄마의 빈자리를 딸은 저렇게 제 자식에게 채워주려는 것이 아니었는지.

그 후로 마지막 날까지 우리 둘은 오직 아기에게만 집중하고 간간이 콘스탄틴과 재미있는 시간을 보내며 바라지를 마무리 지었다. 사위도 우리 둘에게서 한발 물러서 있는 가운데 서로를 이해하지 못했던 모녀가 뒤늦게 공감한 어미짓의 대물림이 충만했기에 모든 것이 평화로웠다. 이윽고 한국으로 오는 날, 펠릭스는 두 개의 베이비시트를 장착하고 장모의 트렁크며 각시의 건강을 챙기고 우리는 이제 거대한 인생 항로에 들어서는 용사들인 양 약간 들뜨면서도 힘찬 마음으로 공항을 향했다.

출국장에서 뒤를 돌아보니 아직 부기도 덜 빠진 딸이 아기를 안고 남편과 아들을 양 날개처럼 세우고 손을 흔들고 있었다. 장수 같았다.

섬진강 매화꽃

김인건
2021. 3. 천료

날씨가 봄비로 쌀쌀하다. 새벽 일찍 남부터미널에서 하동으로 가는 고속버스에 올랐다. 지난 주 8일부터 섬진강 매화축제가 열리고 있다. 매화꽃은 겨울이 지나고 봄이 시작된다는 걸 알려주는 꽃이다. 마을 근처에서는 쉽게 보이지 않아서 신비감을 더해준다. 매화의 꽃말은 고결한 마음, 결백, 기품, 인내라고 한다. 겨우내 추위를 이겨내고 봄을 가져다주는 매화꽃은 단아한 기품으로 어느 남성도 범접할 수 없는 고결한 여인을 연상시켜준다. 차 창가에 비치는 봄의 향기에 마음은 벌써 남쪽 나라이다.

경부고속도로로 진입한 버스는 대전을 지나자 호남지방으로 방향을 튼다. 공주, 익산을 거쳐 전주 남원을 지나 10시경에 구례화엄 IC에 이르더니. 동쪽으로 방향을 돌린다, 첫 정류장 구례에 도착한다. 구례 산수유도 한창이라는데 그냥 지나치게 되다니 아쉽다. 섬진강이 오른편에서 나란히 달린다. 그동안 마음에만 담아둔 섬진강아 반갑다. 얼마 후 화개장터 정류소이다. 정류소는 마을 입구 좁은 공터이다.

'화개장터'라고 쓰인 돌로 된 안내판만이 눈에 띈다. 아마 장터 안으로 들어가면 조영남의 노래 가사처럼 경상도와 전라도를 가로지르는 화개 장터의 포용과 사람 냄새를 맡을 수 있을 텐데.

하동 터미널에 도착하니 부산에서 출발해서 먼저 와서 기다리던 친구가 반긴다. 초등학교 동창생이다. 매화축제 관광을 계획하다, 내가 같이 가자고 꼬드겼다. 흔쾌히 와 주어서 고마울 뿐이다. 하동, 듣기만 하여도 가슴 설레는 이름이다, 부산에서 태어나서 자란 나는 서부 경남의 중심 진주를 중심으로 지리산 둘레 마을들에 대한 알 수 없는 향수가 많았다. 지리산을 둘러싼 여러 전설과 대학교 1학년 때 하동 쌍계사를 거쳐 올라간 천왕봉의 추억이 이 도시들에 대해 알 수 없는 그리움을 갖게 해준 것 같다.

매화 축제장 가는 시내버스가 연착이다. 이곳에서는 차량 출발, 도착 시간은 형식적으로 있을 뿐, 몇십 분 차이가 나는 것은 다반사로 승객은 알아서 대처해야 한다고 한다. 더구나 매화 축제 시기에는 더 말할 수가 없다. 택시는 호출하니 5분 만에 도착이다. 하동 시내 입구에 있는 섬진교(섬진강 위로 경상도 하동과 전라도 광양을 이어주는 다리 중 하나) 로터리에서 차가 꽉 막혔다. 언제 빠질지 알 수 없단다. 매화를 만나기 위해서는 이 정도의 고생은 감수해야 하지 않을까. 되돌아서 끼니부터 때우기로 했다. 재첩 특화마을에서 재첩국을 마파람에 게 눈 감추듯이 들이켰다. 식당 아줌마가 우리들 식사 속도를 보고 기겁을 한다. 섬진강 재첩국의 진미를 놓친 우리도 섭섭했다. 터미널로 돌아가 12시 반 시내버스를 탔다. 섬진교 근처에서 밀리기는 마찬가지, 외길이라 다른 곳으로 돌아갈 수도 없다. 평소에는 20여 분 거리를 거의 두 시간 만에 도착했다.

축제는 전라도 광양 쪽 섬진강변을 따라 줄을 지어있는 매화꽃의 환영인사를 받으며 시작된다. 산야를 둘러보니 마을과 들판은 흐드러지게 핀 매화꽃으로 덮여있고 꽃 속에 파묻힌 초가집들이 고즈넉하게 앉아 있다. 강물을 배경으로 늘어서 있는 매화꽃들은 기품 있는 여인네들의 행진 같다. 매화꽃 아래에서 한 컷 찰칵한 후 카톡으로 예은이에게 보낸다. 고개를 돌리면 섬진강 건너편 하동 쪽 강가는 모래사장이 펼쳐지고 갈대밭이 매화를 그리며 사분대고 있다.

축제장 안으로 들어간다. 광양시 다압면 홍쌍리 청매실 농원이 축제장 주소이다. 산꼭대기에는 누각이 보이고 누각을 향해 나선형으로 매화꽃 길이 이어진다, 길가에는 매실차 등의 향토 특산물 매장이 북적이고 그 사이로 누비는 인파는 축제를 뜨겁게 즐기고 있다. 포토존이 설치된 홍매화 한 쌍의 자태는 클레오파트라이다. 포토존 아래에서 친구와 손잡고 한 컷이다. 도원결의는 아니지만 비슷한 기분이다. 여기저기 매화꽃 무리는 흐린 날씨에도 눈이 부시다. 중턱에서 매화로 빚은 막걸리로 목을 축인 우리는 멀리 섬진강을 바라보며 감회에 젖는다. 하늘은 무엇이 불만인지 찌푸린 날씨다. 당신의 매화를 축제에 뺏기신 기분일까? 회색빛 천지에 하얗게 피어나는 매화 꽃송이들은 더욱 빛나고 홍매화 눈부신 자태에 우리는 눈 감을 수밖에. 섬진강의 매화에 취한다. 매화와 이별할 시간이다. 섬진강 매화를 그리며 자작시(自作詩) 한 수.

섬진강 매화 김인건

전략(前略)
강변에 늘어선 매화 아씨들 안녕,
너를 안아주고 네 순백의 이마에 입 맞추고
너의 단아한 모습 비친 강물 바라본다
중략(中略)
너를 이별하고 천리 길을 되돌아 가야하나/ 매화야 서러워 말아라
계절이 돌아오면 내 다시 너를 보러 올 거야
나이 들지 말고 풋풋한 지금 모습으로/ 섬진강가에서 기다려 주려무나

제자리에 있고 싶으면

이한재
2021. 3. 천료

보폭을 맞추며 사는 것이 편하다. 코로나19를 계기로 추석·설 명절에 기차표 예매를 100% 비대면으로 전환한 후 노령층이 지방에 가려고 KTX나 SRT의 승차권 예매하면서 불편이 크다고 한다. 컴퓨터나 스마트폰 또는 키오스크 사용에 익숙하지 않아서다. 노령층뿐만 아니라 장년층에서도 요즘 같은 정보화시대에서 통신기기 등에 익숙하지 않아서 불편을 겪거나 아예 편리한 정보기기 자체를 기피하는 경우도 많다고 한다. 물론 스마트폰이나 카카오톡 등의 편리한 정보기기를 접하는 것이 귀찮거나 몰라서 불편을 겪는 연로한 분이 있을 수도 있겠지만 한편으로는 그러한 삶이 오히려 더 좋아서 정보화 기기를 멀리하는 경우도 있을 것이다.

최근 몇 년 사이에 인공지능(AI)이 급격하게 진화를 거듭하고 있으며 국내뿐만 아니라 세계인들이 AI에 관심이 뜨겁다. 2022년 11월 등장한 미국 챗GPT(*1)는 불과 2년여 만에 전 세계적으로 폭발적인 인기를 얻고 있다. 그러나 최근 시카고대 경제학자들에 의하면 AI 기술 활용에 있어 세대 간 격차가 뚜렷이 존재한다고 한다. 이는 비단 챗GPT뿐만 아니라 스마트폰이나 소셜 미디어 등 새로운 디지털 기술이 등장할 때마다 비슷한 패턴이 반복되고 있다고 한다. 필자는 챗GPT가 등장할 무렵부터 챗GPT에서 일상생활에 필요한 정보를 수시로 얻으며 그 경험담을 2023년 3월 2일 수필 'AI에 묻다'에 담아서 발표하고 올해 출간한 수필집 『수평선과 갈매기』에 게재하기도 했다.

챗GPT 사이트에서 그동안 일반 정보를 무료로 얻었으나 무료 버전이므로 성능 등의 제한이 있어서 3개월 전에는 유료 버전으로 이용하고 있는데 AI가 알려준 내용을 제대로 이해하는 데 어려움이 있다. 그래서 AI에게 더 효과적으로 AI를 이용할 수 방법을 질문했더니 뜻밖에도 지금까지 전혀 알지 못한 Python(파이썬)이라는 프로그래밍 언어를 컴퓨터에 설치해야 편리하게 이용할 수 있다고 했다. 그래서 언젠가는 설치하여 배워야겠다고 생각하고 있었는데 놀랍게도 그 파이썬이 지금 각 대학교에서 수년 전부터 인문 교양필수 과목이라는 사실이다. AI를 이용하면서도 전혀 몰랐던 내용을 이번 추석 명절에 대학교 다니는 손주들에게서 알았다. 대학의 교양교육에 교양영어, 글쓰기 등이 필수로 포함돼 있는데 이제는 파이썬과 같은 소프트웨어(SW) 기초과목도 필수에 포함되었다고 한다. 정보화시대에서 대학 인문 과정 필수과목 이름도 제대로 알지 못하여 자괴감마저 들었다.

파이썬은 1991년 네덜란드 귀도 반 로섬이 발표한 고급 프로그래밍 언어로, 챗GPT를 보다 효과적으로 사용하기 위해서는 필수라고 한다. 원래 파이썬이라는 이름은 그리스 신화에 나오는 뱀을 뜻하지만, 귀도가 파이썬이라는 이름을 붙인 것은 신화 때문이 아니고, 자신이 좋아하는 코미디 프로그램 「Monty Python's Flying Circus(몬티 파이썬의 날아다니는 서커스)」에서 따온 것이라고 한다. 챗GPT는 더욱 진화하기 위하여 계속 업데이트하고 있는데 지난 9월 12일 챗GPT 개발사 오픈AI가 수학 등에서 추론하는 능력을 갖춘 챗GPT를 개발했다고 발표했다.

지난 몇 년간 챗GPT를 사용하면서 느낀 것은 수필 「AI에 묻다」에서 기술한 바와 같이 언젠가는 AI가 인간처럼 어느 일정 영역까지 접근할 수도 있을 것 같지만 현재는 아닌 것 같다. 특히 문학의 영역에서 생각하면 AI가 인간이 묻지 않아도, 데이터를 입력하지 않아도 스스로 문학 창작을 하는 것은 현재는 불가능할 것 같고 아직은 인간이 AI 능력을 너무 과대평가하여 겁먹을 단계도 아닌 것 같다. AI에게 뭔가를 선제적으로 데이터를 입력하여 주고 뭘 하라고 하면 사람보다 잘할 수 있겠지만 창의적으로 어떻게 구성하고 뭘 먼저 해야 하는지는 아직은 못하는 것 같다.

창작이 아닌 법률, 의학, 과학 또는 수학 같은 그동안 쌓인 데이터를 기초하여 빠른 시간내에 처리할 수 있는 능력은 탁월하다. 예를 들면 성경의 원본과 번역본 등의 종류와 차이점 등을 질문하면 아주 복잡한 내용을 교회의 입장이 아닌 객관적인 내용을 알려준다. 성경은 원래 히브리어, 아랍어 그리고 그리스어(헬라어)로 기록되었는데 구약성경은 주로 히브리어로 기록되었으며 신약성경은 주로 헬라어로 기록되었다. 그리고 번역본은 다양한 세계 각국의 언어로 번역되었다. 따라서 각 번역본은 원본의 의미를 최대한 전달하려고 번역 과정에서 의역이나 일부 내용을 배제하는 경우가 있다. 이러한 내용을 AI에 질문하면 객관적인 입장에서 상세하게 설명한다.

동화작가 영국 루이스 캐럴의 소설 『거울 나라의 앨리스』에서 붉은 여왕의 손을 잡고 달리던 앨리스가 '계속 뛰어도 제자리인 것이 이상하다'라며 묻자, 여왕은 '제 자리에 있고 싶으면 계속 뛰어야 한다'라고 말했던 것처럼 연로한 사람뿐만 아니라 요즘의 갑남을녀도 앞으로 나아가기 위해서가 아니라 현재의 자리에 머물기 위해서는 무엇인가를 활동하고 배우면서 생활해야 소외되거나 불편하지 않고 육신도 강건하게 유지될 것 같다.

*1: 챗GPT(Chat Generative Pre-trained Transformer-채팅 생성 사전 훈련된 변환기) : 미국 OPEN AI사가 발표한 인공지능 챗봇(*2)

*2: 챗봇(chatterbot-chatter robot-chatbot): 기업용 메신저에 채팅하듯 질문을 입력하면 인공지능(AI-Artificial Intelligence)이 빅데이터 분석을 바탕으로 일상 언어로 사람과 대화를 하며 해답을 주는 대화형 메신저.

장조카의 삶에 대한 단상

이병원
2021. 4. 천료

골방에 있어도 세상 돌아가는 것을 환히 아는 사람이 있다는 말을 들은 적이 있다.

나의 시댁 장조카가 바로 그런 사람이었다.

시댁에 첫인사를 가서 장조카를 만났을 때, 그는 14살이었다. 결혼 전부터 남편은 조카에게 장애가 있다는 이야기를 했었다. 그냥 그렇게 무심히 흘려 들었었는데, 직접 만나고 보니 그의 장애는 생각보다 심각했다. 엎드린 듯한 자세로 가느다란 두 다리를 손으로 잡고 엉덩이를 움직여 조금씩 이동하고 있었다. 잘생긴 얼굴에 편안한 미소를 지으며 나를 반기는 그의 모습은 반갑고도 안쓰러웠다. 뛰어가는 모습이 찍힌 벽에 걸린 사진 속 5살 난 조카의 모습은 안타까움을 더했다.

그 후 시댁에 가면 조카와 이야기를 많이 나누었다. 책도 소개해 주고 영화 이야기도 같이 나누었는데, 지금 생각하면 영화 「대부」 이야기를 재미있어 했던 기억이 난다.

시어머니는 집안 첫 손자의 기막혔던 긴 투병기를

자주 이야기하셨다. 몇 달씩 집을 떠나 용하다는 의원을 찾아다닌 그 정성에도 목숨만 건졌을 뿐 심한 장애가 남았다. 나중에야 조카의 병이 뇌막염임을 알게 되었다고 한다.

어린 시절 조카를 가장 힘들게 한 것은 친구들의 놀림이었다고 했다. 잘 놀다가도 수틀리면 "××새끼"라고 내뱉고 가 버렸다고 했다. 어느 날인가는 조카가 친동생과 놀다 다툼이 생겼는데, 그 동생마저 홧김에 형의 장애를 들먹이며 대들자 더욱 큰 싸움으로 번졌다고 한다. 이를 안 삼촌이 와서 자초지종을 묻곤, 조카에게는 손바닥 두 대, 동생에게는 종아리 5대를 때렸다고 한다. 그때 조카는 자기도 5대를 맞고 싶었다고 했다. 다르게 취급되는 게 싫었기 때문이었다고 했다. 삼촌은 동생보고 형을 업고 동네를 한 바퀴 돌아오라고 했다. 그때 한 몸이 된 형과 아우는 뛰는 동안 같이 울었고 그것으로 서로의 화가 풀렸다고 했다.

집안 식구뿐 아니라, 동네 사람들도 장조카에게 관심을 가지고 따뜻하게 대했다. 여러 사람에게 사랑과 관심을 많이 받고 자랐다.

장조카의 엄마인, 큰동서는 아들 친구들을 언제나 환영했고 끼니때가 되면 사람 수대로 큰 상차림을 해내셨다. 배고픈 시절이어서 누구든 이 집에 들어오면 사람들 사이에 끼어 먹을 수 있는 인심 좋은 곳이 되었다. 아들의 활동 범위를 넓혀 주기 위한 큰동서의 헌신은 눈물겨웠다. 남을 따뜻하게 해주면, 아들의 복을 하나씩 쌓아간다고 생각하는 것 같았다.

조카 주위에는 친구들이 많았고 덩치 좋은 친구 하나가 어디든 업고 다녔다. 아버지가 갖다 주는 초대권을 이용하여 영화관에도 가고 운동경기장에도 갔다. 조카는 외로울 틈이 없이 친구들과 어울렸다.

나이가 들어가면서 조카는 '내 힘으로 통제할 수 있는 것에 집중해야겠다'는 생각을 하게 되었다. '나에게 남아있는 능력인 머리와 두 팔로 내 삶이 나아지게 하는 방법을 찾아보자'고 생각했다.

독서를 많이 했을 뿐 아니라, 한 권 한 권 정독을 하며 생각을 깊게 했다. 개인교사에게 전기기술을 배워 손재주 또한 늘려갔다. 스트레스도 긍정적으로 풀어 마음이 우울하지 않게 노력했다. 아울러, 힘이 없는 자기가 남과 직접 다퉈봐야 손해일 뿐이라고 생각했다. 어려운 상황이 생기면 도리어 유머러스한 말로 힘을 얻고, '허허….' 웃으며 자신을 다독였다.

이런 일화도 있었다고 한다.

당시 '삐삐'가 통신수단이었던 시절의 어느 날, 아버지가 그것을 방에 두고 나가셨다. 이 신기한 물건을 요리조리 돌려 보고 만져 보는 도중 그만 나사가 쏙 빠져 버리고 말았다. 가슴이 철렁하여 여러 시도 끝에 나사를 밥풀로 엉성하게 붙여놓고 아버지의 호통 소리를 기다렸다. 그러나 며칠이 지나도 아무 일이 일어나지 않았다. 그때 '아~ 기다려보는 것도 괜찮다'는 깨달음이 왔다고 한다. 이렇게 작은 하나하나의 경험에서 생각을 쌓아가며 안정감 있는 태도와 먼 곳을 보는 안목을 키워나갔던 것 같다.

이러한 그에게도 청춘이 찾아왔다. 디자이너의 꿈을 갖고 타지에서 올라온 아가씨를 사귀게 되었다. 그 아가씨는 조카의 진중한 성품과 폭넓은 삶의 태도에 평생을 같이 하고자 했다. 물론 친정의 반대가 컸고 친정어머니는 드러눕기까지 했다. 그러나 신부가 되고자 하는 결심이 단단했고, 둘이 경제적인 문제까지 계획하여 결혼식을 진행하였다. 친정집에서는 아무도 참석하지 않았고, 신부로서는 눈물의 결혼식이 되었다.

할머니와 할아버지는 '사당에 꽃이 피었다'고 기뻐하셨으나, 주위에서는 이 결혼이 잘 굴러갈 것인가에 대한 의문도 가졌었다. 그들은 힘을 합해 조그만 슈퍼를 운영하였다.

이듬해 첫아들을 낳았을 때 조카의 기쁨은 이루 말할 수 없을 정도였다. 연이어 딸까지 얻었을 때가 생의 클라이맥스였다고 말한다. 이들이 장성하여 아들은 굴지의 국내 대기업 연구소 부장(박사)으로, 딸은 교사로 근무하고 있다. 어느덧 68세의 나이가 된 조카는 4명의 손자까지 두었다. 얼마 전엔 자식들이 조카를 휠체어에 모시고, 온 가족이 해외여행을 다녀왔다.

지금도 슈퍼에 가면 환한 얼굴의 조카가 있고, 그의 조언을 듣고자 하는 사람이 보일 때도 있다.

이제 팔순이 넘어, 삶이 힘들거나 덧없이 느껴질 때, 나는 큰집 장조카를 생각한다. 성치 않은 몸으로 삶을 긍정하며, 자신에게 남은 많지 않은 능력으로 너무나 많은 것을 이루었고, 이제는 손주들의 재롱을 보며, 가족들, 특히 사촌 형제들에게 귀감이 되는 삶을 살고 있으니….

어릴 적 읽은 『큰 바위 얼굴』에 나오는 어니스트와 조카의 얼굴이 겹쳐지는 까닭이다.

삶의 맛

전명주
2021. 4. 천료

변덕이 이루 말할 수가 없다. 눈은 녹고 꽃은 피지도 않을 때부터 갑자기 반팔을 입히고 찬 커피를 찾게 하는 유사 여름까지. 벚꽃잎 날려주며 아부하다 훅 차가워져 감기를 앓게 하는 이상한 계절. 그래도 봄은 봄이다. 한 것도 없이 선물로 받은 새해를 어떻게 잘 요리할까 생각하기엔 봄만한 때가 없고, 잊지 않고 찾아오는 맛난 초록의 향연도 감사하다. 계절의 변덕이 오늘은 또 추적추적 비를 내리고 하루 종일이라도 잘 수 있을 것 같지만 힘겹게 몸을 일으켜 나가서는 냉이와 달래를 산다. 가지런히 포장되어 있는 통통한 두릅도 산다. 냉이는 된장에 쓱쓱 무치고 조금은 찌개에 넣으려 따로 덜어놓는다. 달래는 맛난 양념에 재워 달래장을 만들어 두고, 두릅은 툭툭 흙을 털고 깨끗이 씻은 후 슬쩍 데쳐서는 초고추장과 함께 식탁에 올린다. 입안은 금세 생기와 향기로 봄을 가득 품는다.

봄나물을 씹으며 여름을 그려 본다. 찌는 더위를 피해 에어컨 바람 쏘여가며 시원한 물냉면을 들이키는 재미. 시큼한 식초와 알싸한 겨자를 두른 차가운 국물은 식당을 나서는 순간 무참히 공격당할 폭염에 예방주사가 된다. 몇 발짝 걷지도 못하고 땀에 절여질 때면, 수박과 참외로도 성이 안 찰 때면 아예 얼음을 통째로 씹는 수밖엔 없다. 요즘은 빙수를 어찌나 곱게 갈아주는지 그 차갑고 달콤한 것이 입에 닿는 순간 사르르 녹아버린다. 차가운 얼음에 흐뭇해하며 시끄러운 매미 소리를 견디다 보면 어느새 매미는 귀뚜라미에게 역할을 내어준다.

바람은 차가워지고 감과 밤은 익어간다. 책 읽기가 더 좋아지고 조금은 스산한 마음이 들 때면 내 옆으로 조금 더 기울어진 가지마저 다정하게 느껴지는 것이 가을이다. 이즈음엔 계절이 익힌 것도 아닌데 빵과 차에선 신기하게도 가을의 냄새가 난다. 바싹 구운 고등어를 갓 지은 밥에 올려 먹거나 싱싱한 굴을 날로, 전으로 신나게 먹어대면 들판의 곡식과 함께 내 몸도 풍성해지고 만다.

손에 입김 불어가며 눈을 가지고 노는 아이들을 내다보며 김이 모락모락 나는 군고구마를 먹는 겨울밤은 마냥 춥지만은 않다. 추위와 눈으로 나다니기도 힘든 날이면 뜨끈한 홍합탕을 끓여 먹을 것이다. 사실 이 시기엔 김치 하나로 끓여 먹고 볶아 먹고 부쳐 먹어도 충분하다. 끝도 없이 귤을 까먹으며 수다를 떨다 보면 새삼스레 그리운 이들이 떠오르기도 하고 또다시 새 계절을 기다리게도 된다. 올겨울엔 물가가 너무 올라 만나기 힘들어진 붕어빵 장수를 좀 쉽게 만날 수 있으면 좋겠다.

좋은 시절이 된 지 한참이라 수박이며 귤, 군밤이나 군고구마도 사시사철 먹을 수 있고, 제철 아닌 생선도 수입으로 냉동으로 얼마든지 먹을 수 있다. 그 계절이 아니면 먹을 수 없는 음식이 이제는 거의 없다. 어쩌면 제철 음식이라는 말이 무색할 지경이다. 그럼에도 불구하고 자연은 역시 '제때'에 나는 것을 우리에게 줄 때 가장 싱싱하고 맛있으며 건강에도 도움이 되는 것 같다. 아리고 어리고 여린 것들을 맛볼 때, 시원하고 싱그럽고 신선한 것들을 한 입 베어물 때, 풍성하고 풍부하고 성풍하게 먹을 때, 따뜻하고 뜨끈하고 따스한 것들을 만날 때 우리는 계절의 풍미를 가장 잘 느끼고 가장 맛있는 시간을 살아낼 수 있지 않을까.

식구들이 모두 나간 점심엔 제철음식 따윈 상관없이 엊저녁에 먹은 국을 꺼내 데워 먹는다. 인생의 맛이 어떤 것인지는 잘 모르겠지만 하루쯤 냉장고에 있던 미역국은 아직 맛있다. 어른들이 미역국은 오래 끓여야 맛있다던데 그 말이 맞는가 보다.

염소는 빠르다

이우재
2021. 8. 천료

염소가 오른 언덕에 근사한 전원주택이 들어섰다. 경사가 완만한 언덕 위를 날쌔게 오르는 아기 염소가 달리는 게 보이는 듯했다. 가끔씩 찾아가는 강화도에는 처분하지 못하고 빈 집으로 둔 아주 오래된 집이 있다. 두 어르신이 돌아가고 난 뒤 훗날 이곳에 와서 살아야겠다는 생각에 처분을 않고 그냥 둔 집이었다. 처음 생각엔 짬만 나면 찾아가서 지낼 거라 생각했는데 예상을 뒤엎고 일 년에 한 번 정도 다녀오는 수준으로 집은 거의 방치가 되어 있었다. 우리는 둑을 걷다가 또 새로 생긴 전원주택을 보면서 아! 저기가 염소가 빠르게 달아나던 곳이었다는 이야기를 하며 그날 생각에 웃음이 터졌다.

봄이면 쑥과 민들레, 앞다투어 자리를 차지하려는 온갖 초록 식물들로 집 앞이 잔치마당이다. 가을이면 길 앞에 코스모스가 연예인 광팬들처럼 아우성을 치고 온몸을 흔들면서 우리를 환영한다. 바로 앞 저수지에는 청둥오리가 물 위에 그림을 그리고 가끔씩 싱크로나이즈를 하는 물고기도 등장한다. 자식들이 너무 가끔 나타나 아쉬워하는 어른들이 늘 목을 빼고 기다리는 곳이다. 그러나 생활전선에서 빠져나올 수 없는 우리들이 한 달에 두 번 찾아가는 것도 정말 쉽지만은 않은 일이었다.

어린이날이 되면 으레 어버이날을 생각해 강화도로 들어갔다. 유난히 차량 행렬이 많아서 피하고 싶은 날이기도 하지만 아이와 어른을 한꺼번에 챙길 수 있는 적절한 날이기도 했다. 그곳에는 작은 텃밭과 닭 열 마리, 토끼 두 마리, 진돗개 한 마리, 염소 한 마리가 공존하는 곳이었다. 서울에선 갖기 힘든 자연과 동물들과 함께 할 수 있는 곳이라 아이들에게는 더없이 좋은 놀이터이기도 했다. 아이들은 특히 새로 들어온 아기 흑염소를 무척 귀여워했다. 까만 털이 유난히 반들거리며 매끄럽고 조막만 한 얼굴에 뾰족한 작은 입으로 풀을 먹는 모습에 감탄을 금치 못했다.

개나 고양이를 키우는 건 그렇다 해도 염소를 키우는 모습은 아이들도 처음이라 염소가 어떻게, 왜 집에 오게 되었는지 아이들은 무척 궁금해 했다. 아이들은 할머니에게 물었다. “염소는 왜 키워요? 왜 한 마리예요? 친구가 왜 없어요?” 소나기처럼 질문을 쏟아냈다. 할머니는 “염소는 친구가 필요 없어. 한 마리면 충분 해”라고 말했다. 아이들은 “그러면 염소가 쓸쓸해서 슬퍼요. 친구를 만들어주세요”라고 말했다. 할머니의 깊은 속내를 아이들은 알 수가 없을 터였다.

염소는 할머니가 몸보신을 위해서 특별히 공수해 온 귀한 약재였다. 잘 키워서 흑염소를 해 드시겠다는 생각에 사 오신 것이었다. 아이들은 흑염소를 먹는다는 건 감히 상상도 할 수 없는 일이었다. 아이들은 우리 앞에서 “염소야 혼자라 쓸쓸하지? 토끼하고 친구 해라. 꼭 똑같이 생겨야만 친구가 되는 건 아니야.” 이러면서 주변의 풀을 뜯어다가 토끼와 나누어 먹이면서 염소와 대화를 나누었다.

다음 날 아침 염소가 사라졌다. 염소가 어떤 경로를 통해 우리를 탈출했는지는 아무도 몰랐다. 그러나 목 끈은 풀려 있었고 염소는 온데간데없었다. 아이들의 놀라 외치는 소리에 할머니가 밖으로 나오시더니 아이들에게 얼른 염소를 찾으라고 야단을 하셨다. 우리들도 염소를 찾기에 동원되었고 모두들 사방으로 흩어져 염소를 찾았다. 그러나 염소는 어디에도 보이지 않았다. 머리 위를 날고 있는 까마귀는 알고 있다는 듯 뱅글뱅글 돌면서 방향을 알려주는 것 같았다. 우리는 눈에 띌 정도로 귀엽고 예쁜 녀석이라 누가 잡아갔을지도 모른다고 생각도 했다. 할머니의 애가 타는 소리에 우리 모두 더 멀리 염소를 찾으러 나갔다.

한 팀은 집 뒷산 쪽으로, 또 한 팀은 윗마을 쪽으로 나머지는 아랫마을 쪽으로 향했다. 봄이 무르익은 때라 산속은 숲이 우거져 있어 찾는데 애를 먹고 있었다. 아니다. 아이들을 제외한 어른들은 애초에 염소를 찾아야 한다는 마음이 없었다. 살겠다고 달아난 염소를 굳이 잡아와서 할머니의 몸보신 약으로 쓰고 싶지 않다는 마음이 있었기 때문이었다. 아랫마을 쪽으로 향한 팀이 저수지를 지나 둑으로 올라서서 아래쪽을 살폈다. 그런데 아래쪽 마을에서 이어지는 산언덕 쪽에 햇빛을 받아 유난히 까맣고 반짝거리는 염소가 산 위를 향해 오르고 있었다. 언덕은 모두 풀밭이어서 염소에게는 먹이를 충분히 먹을 수 있는 훌륭한 장소였다. 하지만 염소는 잡히면 죽는다는 것을 알고 있는 것처럼 그냥 달아나고 있었다. 염소는 정말 빨랐다. 염소는 새처럼 날아가고 있는 것처럼 보였다.

할머니는 모두에게 소리쳐 사람을 모으고 언덕으로 찾으러 가야 한다고 말했지만 어른들은 발을 떼지 않고 있었다. 너무 멀리 달아나서 우리가 쫓아가도 못 잡을 거라고 할머니를 말렸다. 그리고 서로 눈짓을 하면서 웃고 있는 얼굴들은 모두 염소의 탈출을 은근히 기뻐하고 있었다. 아무것도 모르는 아이들은 놓친 염소가 안타까웠고, 약재를 놓친 할머니는 속이 상했다.

저수지 둑을 걸으며 그때 달아난 염소를 생각하면서 우리는 그때 아쉬워하는 어머니에게 흑염소를 사 드리지 못했던 걸 떠올리면서 조금은 죄송했다. 그렇지만 지금도 탈출한 염소에게 박수를 보낸다.

거북이의 캉캉춤을 보셨나요

곽영주
2021. 9. 천료

거북이가 캉캉춤을 춘다.

그들의 일반적인 모습을 봐 왔던 터라 그날 밤 그들의 캉캉춤은 상상 밖의 도저히 있을 수 없는 충격적인 일이었다. 비록 음악 속의 춤이었을지라도!

그저 늘 소심하도록 강직하게 옆도 뒤도 없이 앞만 보고 전진하는 거북이다. 전진이라는 말이 과연 앞으로 힘차게 나아가는 행위일까 싶게 그들의 걸음은 느려 터지고 성질 급한 이들에겐 가슴을 치며 숨넘어 가게 하는 대상이다. 그런 그들이 오케스트라의 연주로 캉캉춤을 추어대다니 놀랄 일이 아닌가!

얼마 전, 음악회를 갔었다. 무겁지 않은 크로스오버로 구성된 음악회였는데, 생상스의 「동물의 사육제(카니발)」도 레퍼토리에 있었다.

동물의 사육제 하면 떠오르는 대표적인 곡이 백조(스완)이다. 피아노가 한 치의 파문도 허락하지 않는 멜로디로 호수에 잔잔히 물결을 일게 하고, 그 호수 위로는 하얀 백조의 우아하고 섬세한 몸놀림이 기막힌 첼로의 선율로 연주된다. 언제 들어도 그 품위와 고상함에 비견되는 음악으로는 백조만한 게 없을 듯하다. 대중적으로도 누구나 익히 들어 온 곡이며 자주 전파를 타고 흘러나오는 곡이기도 해서 언뜻 소품곡이라 생각하는 이들이 많을 듯하다.

유럽의 기독교 문화에서 부활절 즈음에 벌이는 축제 한마당에는 동물의 사육제가 자주 연주되는 음악이다. 갖가지 동물들을 음악으로 표현한, 재치와 위트가 넘치는 곡으로도 유명하다. 백조가 포함된 14곡 중 네 번째 등장 동물이 거북이다. 그 느려 터진 거북이의 랜드마크를 생상스는 오펜바흐의 「천국과 지옥」에서 벌이는 캉캉 곡으로 거북이를 무대에 세웠다.

'어찌하여 세상에서 가장 느려터진 거북이에게, 어찌하여 세상에서 가장 빠른 캉캉곡을 선사했을까!' 거북이들도 난감한 지경이었을 것이다.

토끼도 느림보 거북이를 비웃었고 그 비웃음에 대해 어느 누구도 이의가 없을 듯하다. 그런데 생상스만이 느림보 거북이의 잠재된 능력을 보았나 보다. 느릿느릿 너무 느려서 '터지다'의 동사까지 덧대 붙여진 '느려터진 거북이'지만, 성실하게 앞만 보고 기어가서 깡총깡총 뛰어가는 토끼의 멘탈을 앗아갔고, 더불어 동화 속에서 영원한 패배자로 남게 한 진정한 위너이다. 위너에게 생상스가 전해 준 부상은, 세상에서 가장 빠른 곡에 느림보 거북이로 갇혀있는 퍼스낼리티를 끄집어내어 입혀 주었는데, 생상스 자신도 긴가민가 의심스러웠는지 동물의 사육제는 자신이 살아있는 생전에 연주를 금지했다고 한다.

여러 명의 화려한 의상을 입은 무희들이 쭉쭉 뻗은 다리를 머리 꼭대기까지 쫙쫙 펴 올리며 추는 캉캉춤은 기교와 화려함과 빠름의 극치다. 우월한 긴 다리 기린도 아니고, 레오파드의 화려한 치타도 아니며, 멋진 드레스를 걸친 공작새도 아닌 거북이가 바야흐로 캉캉춤의 주인공으로 낙점됐다.

거북이를 표현한 캉캉곡이 오펜바흐의 춤곡인지 젊었을 때는 알아듣지 못했다. 찾아서 듣진 않았어도 방송에서 가끔씩 들려주던 유명한 곡이었는데도 불구하고 너무 느리게 편곡을 해놨기 때문에 알지 못했다. 아니 알려는 관심조차 없었던 것 같다. 그런데 나이 들어 이제야 들리는 이유는 무엇일까, 정서의 풍요로움일까 아니면 모든 일에 관심이 많아진 때문일까?

거북이가 탱고춤을 추던 캉캉춤을 추던 거북이가 느림보라는 사실을 숨기고 세상에서 제일 빠른 춤곡을 추는 반전과 반란을 즐기고 인정하면 될 뿐이다.

예전 어릴 때, 딱 부러지는 정의를 줄줄 외운 적이 있다.

'원숭이 엉덩이는 빨개, 빨가면 사과, 사과는 맛있어, 맛있으면 바나나, 바나나는 길어, 길으면 기차, 기차는 빨라, 빠르면 비행기, 비행기는 높아, 높으면 백두산!'

이 정의에 의하면 맛있는 것은 오직 바나나뿐이고 높은 산은 백두산뿐이다. 진정, 의심 없이 그런 줄 알았다.

'원숭이 엉덩이는 파래, 파란 건 바다, 바다는 넓어, 넓은 건 마음' 거북이에 캉캉춤의 반전처럼 끼워 넣어 본다. 원숭이 엉덩이는 파랗다니 무엇을 따질 것인가, 즐기며 인정하면 된다.

또 하나의 반전은, 거북이는 느리지 않다는 새로운 사실을, 며칠 전 후배에게 들었다.

"언니, 부산 갔다오는데 거북이가 차도를 후다닥 달려가는데 절대 느리지 않아요, 빨라도 너무 빨라!"

반전이 아닌가 보다. 거북이는 캉캉춤이 체질에 딱 맞았다는 사실이다.

명품 가이드

김동희
2021. 12. 천료

음악이 흐른다. 센스있는 가이드가 이브 몽땅이 불렀던 「고엽」을 틀어 준다. 기타의 고즈넉한 선율이 리무진 가득 흐른다. 광대한 대륙을 달리면서도 지루하지 않고 좋은 친구가 되는 것이 음악. 물론 간간이 들려주는 적절한 해설도 일품이다.

가을은 오색으로 얼굴 붉히며 나뭇잎에 묻어서 오고 있다. 잎새들이 우리에게 내려놓으라 한다. 잘 익은 잎을 떨구듯 멀리 떠나라 한다. 가을 햇살은 금싸라기다. 포토맥강 물 위로 금싸라기가 부서지는 날, 미 동부와 캐나다를 가게 되었다. 여행은 돈을 들여가며 시간과 발품을 파는 학습의 장이다.

가이드가 멋쟁이다. 서울 사람으로 대륙에 와서 갖은 고생하며 꿈에 도전하는 삶이 아름다운 젊은이다. 그곳 풍광에 맞는 음악과 영화, 다양한 장르의 CD를 큰 가방에 가득 가지고 다닌다. 분위기와 고객에게 맞는 음악과 영상으로 압도한다. 나이아가라를 갈 때는 관련 영화까지 틀어 준다. 장황한 설명 없이 여행에 청량제를 주는 명품 가이드다.

미국 제3대 대통령이었던 Thomas Jefferson 동상은 감시관이다. 백악관 대통령 집무실을 응시하며 대통령이 국사를 잘 보고 있는지를 눈여겨보기 위해서란다. 언덕 위에 있는 링컨 동상도 의사당을 응시하며 의원들을 지켜보기 위함이라고. 재미로만 들을 수 없는 국정 철학이 담긴 이야기가 아닐까? 다민족 국가인데도 국민이 좋아하고 존경하는 대통령을 가진 나라가 우리에겐 부럽기만 하다.

물의 천둥소리라는 뜻을 지닌 나이아가라에선 야경 관광까지 하게 되었다. 무지개색으로 조명을 받은 폭포와 떨어지는 물의 굉음은 정말 경이롭다. 창밖에 서 있는 외등이 한기를 잔뜩 머금은 채 웅크리고 밤을 지키고 있다. 하늘에서 내려다본 나이아가라 시가지는 끝이 안 보일 정도로 크고 넓었다. 이런 관광 자원이 있는 나라는 천혜를 입은 것 아닐까?

미국의 50개 주의 별명이 매력적이다. '미국의 혼'이 곧 메사추세츠 주가 되고, 뉴욕은 '엠파이어 스테이트'라고 해서 미국 최대의 도시가 되었다. 또 햄프샤 주는 '자유가 아니면 죽음'이라는 별명을 가지고 있단다.

동부의 한가운데에 있는 보스턴을 돌아본다. 기대가 크다. 백인 우월주의가 가장 강한 곳이라고 한다. 다음은 명문 Harvard 대학을 방문했는데 델타스(진실)를 상징으로 하는 세계의 명문대학 아닌가. 이 학교에 대표적인 건물이 와이드너 도서관이다. 설립자인 존 하버드의 좌상 동상이 있는데 그 동상의 왼쪽 구두코를 만지면 후손 중에 누구든 이 하버드에 오게 된다는 속설이 있다. 내 기도도 얹어본다. 구두코가 닳고 닳아서 구릿빛이 되어 반짝반짝 빛난다.

입학하기도 어렵지만 졸업하기가 제일 어려운 곳이 하버드대(大)이고 그다음이 예일 대학이라고 한다. 이 대학들은 모두 에세이를 잘 써야 한다고 한다. 실력을 가늠하는 저력은 곧 독서량과 비례가 되기 때문일까? 여기에도 우리나라 유학생이 약 200여 명(2004년 10월) 있다니 자랑스럽다. 우리나라 여학생을 만났다. 손녀처럼 사랑스러워 안아 주었다. 밝은 미래를 보는 듯 뿌듯하다.

캐나다는 5대호의 물과 산림 자원이 풍부하여 나무만 베어 팔아도 국민이 200년을 먹고살 수 있다고 한다. 세인트로렌스강에 있는 천 섬에 도착했다. 보는 곳마다 보고이다.

분재는 뿌리를 잘라주지 않으면 죽고 사람은 생각을 바꾸지 않으면 빨리 늙는다고 한다. 여행을 통해 얻는 견문은 생각을 바꿀 수 있는 계기가 되겠지. 여행이 내게 준 선물은 감사와 근면이 아닌가. 불지 않으면 바람이 아니고 늙지 않으면 사람이 아니듯, 가지 않으면 세월이 아니지 않는가. 삶의 깊이와 희로애락에 조금은 의연하게 되어야겠다.

캐나다의 Montreal은 기쁨이다. 우리나라 양정모 선수가 올림픽의 레슬링에서 금메달을 목에 걸었던 곳이다. 프랑스풍의 도시로 사실상 캐나다의 최대 도시이다. 끝없는 벌판을 달려도 사람 하나 구경할 수 없는 땅. 얼마를 달렸을까? 긴 열차 행렬이 눈에 들어왔다. 기관차 4대가 화물칸을 200개 이상씩을 달고 가고 있다. 숫자를 세다가 너무 길어 잊어버렸다.

많이 세는 사람에게 선물도 안겨주는 센스있는 가이드는 명품이다. 지금껏 여행에서 처음 만난 명품 가이드, Mr 조가 노래 한 곡도 선물한다. 육성으로 「고향의 봄」을 부르자 모두가 떼창 한다. 가이드도 여행객도 고국 생각에 눈시울이 붉어진다. 투명한 하늘도 밝게 열려있다. 잊지 못할 멋진 여로의 가을들녘이 익어간다.

푸른 낙엽

최정옥
2022. 3. 천료

낙엽 밟는 소리가 쓸쓸하다. 깊어 가는 가을인데 보도 위에는 푸른 은행잎이 떨어져 널려 있다. 은행나무는 샛노랗게 물들어야 하는데 아직 단풍이 되지 못해 푸른 채 남아있다. 무슨 한이 맺혔을까. 올해는 단풍 소식이 늦다. 이상 기후 탓인가.

계절이 수상하니 나뭇잎은 푸른 채로 계절감각을 잃고 방황한다. 단풍이 생성된다는 것은 한해살이를 마치고 겨울나기를 준비한다는 의미다. 알록달록 단풍이 들면 낙엽으로 내년을 준비해야 한다.

계절을 잃은 나무가 푸른 채로 낙엽이 지다니. 단풍이 되기 전, 겨울 채비를 끝내기도 전에 낙엽이 되면 어떤 일이 생길까? 따뜻한 가을 날씨인 줄 알고 남은 시간을 광합성을 하다가 갑작스런 추위로 단풍이 들기 전에 떨어져 힘든 겨우살이를 하게 된다.

푸른 잎은 광합성을 통하여 양분을 축적하고 다음해에 싹으로 돋아날 준비를 한다. 갑자기 기온이 떨어지면 동해(凍害)를 받을 가능성이 높아지기 때문에 보온이 필요하다. 연약해진 뿌리에 대한 응급조치도 생각해야 한다.

이십년 지기 친구를 만났다. 그녀는 지금 병마와 싸우고 있다. 췌장에 종양이 있어 수술 받고 항암치료 중이었는데 다시 재발하여 재수술을 받았다. 그래서 항암 치료는 더 강한 약으로 바꾸었단다. 나이가 많아지면 암이 발병해도 진행이 안 된다고 하는데 그도 아닌가 보다.

친구에게 소화가 잘 되는 음식을 대접하려고 죽집에서 만났다. 그것이라도 먹이고 싶어서다. 늘 소화 안 돼서 애쓰는 그녀가 안타깝다. 마주 앉아 얼굴을 보니 너무 수척해져서 예전 모습은 찾을 수 없었다. 주문 받으러 온 분이 친구의 몰골을 보고 움찔 놀란다. 무슨 위로의 말이라도 해 주고 싶은데 언뜻 떠오르는 낱말이 없다. 그녀가 한마디 한다.

"이번 항암주사는 맞고 나면 계속 잠이 오고 머리카락도 빠져."

"아마도 기운이 없어서 그럴 거야. 잠 오면 푸욱 자. 몸이 하자는 대로 하는 거지 뭐."

이렇게 위로의 말을 해주었다. 그녀가 마음으로나마 안정하기를 바라지만 무슨 말을 한들 위로가 될까. 아무리 생각해도 떠오르지 않고 가슴에 돌을 얹은 것처럼 중압감이 들어 답답하다.

그녀는 한 단계 높은 항암치료를 거부할 수는 있으나 아직은 중단하고 싶지 않단다. 최첨단 현대 의술을 믿어 보고 싶단다. 썩은 동아줄이라도 잡고 싶은 심정이겠지. 인간의 심리는 병 앞에 한없이 나약해지기 때문에 극한 상황에 처하면 내 주장은 차치하고 의사의 말을 듣고 따르게 된다.

악성종양이 발병하여 항암제를 쓰면 재발이 되고 그래서 더 강한 약으로 바꾸게 되는데 그렇게 하면 항암은 될지라도 멀쩡했던 장기가 독한 약에 견디지 못한다. 장기가 손상되면 몸 전체가 무너진다. 그렇지만 사람들은 항암에만 기대를 하고 의사의 지시에 동의하여 독한 약으로 다스린다. 결국 장기가 훼손되어 마지막을 맞게 된다. 이런 예는 주위에서 흔히 보아 왔다.

'사전 연명의료의향서'라는 것이 있다. 미리 생각을 정리하여 문서로 남겨 주변 사람들, 즉 가족이나 의료진에게 내가 무슨 생각을 했는지 알려주는 문서다. 연명을 의료 중단하더라도 통증 완화를 위한 의료행위 영양공급, 물, 산소의 단순공급은 어떤 경우에도 중단하지 않는다. 그러니까 다른 장기가 파손될 만큼의 치료는 하지 않는다. 위험한 치료는 미리 거부하는 문서다.

몇 년 전 알고 지낸 지인의 전화를 받았다. 고관절이 손상되었는데 팔십 중반의 늦은 나이라서 수술도 할 수 없고 거의 누워서 생활하고 있단다. 지금은 고령화 시대여서 구십은 넘어야 고령 축에 드는데 벌써 그리되었다니 안쓰럽다. 독거노인이라 수발들어주는 분도 없는데 나라에서 보내주는 간병보호사가 출퇴근하여 그런대로 생활할 수 있다고 하니 다행이다.

보험공단에 신청하면 검사관이 직접 와서 상태를 보고 등급을 매겨서 정한다. 1급에서 6급까지 있는데 그녀는 3급을 받아서 하루 세 시간씩 집안일을 해주고 병원에 동행하며 수발들어주어서 불편 없이 지낸다. 살아 있는 목숨은 어찌하든지 살아가게 마련이다.

올가을은 늦게까지 더위가 기승을 부리고 비도 자주 내렸다. 늦은 더위와 비 때문에 낙엽이 곱게 물들지 못했던 걸까? 가로수 잎이 아직 청청한 것을 보고 있노라면 계절을 혹시 잊어버렸나 하는 의구심이 든다. 철들지 않은 어른 같아 더욱 황량하다. 고유의 색으로 곱게 물들지 못한 파란 낙엽은 단풍의 생을 다 채우지 못한 것 같아서 처연하다.

생을 미처 다 채우지 못한 파란 낙엽이 카펫처럼 깔린 길이다. 그 낙엽 쌓인 길을 걸으니 어느 때보다 쓸쓸하다. 파란 낙엽으로도 계절은 끝나가고 있다.

암이라는 악성 종양치료를 받는 친구나, 일상생활이 자유롭지 못한 지인이나 모두 한 많은 생이다. 자기 소임을 다하지 못한 푸른 낙엽과 같다. 봄여름 잘 자라 가을이면 형형색색으로 물들어야 한다. 맘껏 아름다움을 자랑하는 단풍이 되지 못하고 푸르름 자체로 낙엽이 되어 보도에 쌓이는 잎사귀는 한 맺힌 낙엽이다. 그 처연함이 보는 사람의 가슴을 저민다.

한 장의 사진을 보면서

박찬숙
2022. 4. 천료

얼마 전 고향 친구에게서 사진을 하나 보내왔다. 고창 청보리밭 사진이었다. 푸른 보리밭을 생각하고 갔는데 가서 보니 반청 반황이더란다. 벌써 보리가 누렇게 익어가는 모습이었다.

사진을 보니 마음이 요동쳐 카메라 가방을 메고 고향길에 올랐다. 원래 고창 청보리밭으로 출사 가려다가 이끼 계곡으로 방향을 바꾸었다. 이른 새벽 열차 타고 가면서 보는 차창 밖의 풍경은 평온하고 몽환적이다. 때마침 새벽안개가 도시 속에서 떠오르는 태양과 어울려 환상적인 빛을 연출한다. 어렸을 때 저 몽환적인 안개 속으로 아버지가 쟁기 지고 소를 몰고 갔던 풍경이 눈에 선하다. 이제 그런 전원 풍경은 꿈속에서나 볼 수밖에 없게 되었다. 대부분의 농촌은 도시화 되어 아파트가 들어섰기 때문이다.

열차가 두 시간 정도 지나니 널따란 평야지가 보인다. 만경평야의 한쪽 자락을 열차가 지나간다. 스마트폰를 꺼내 셔터를 눌렀다. 보리가 누렇게 익어

가고 일부 논에는 모내기 준비하느라 논에 물을 대고 분주한 모습이다.

전주에서 내려 동료(홍민기 작가)를 만나 굽이굽이 돌고 돌아 완주 만덕산 아래에 있는 계곡을 찾았다. 계곡엔 최근에 비가 많이 와서 수량이 풍부하다. 이끼와 하얀 물줄기가 연출하는 풍경은 한 폭의 수묵화가 되기에 충분하다. 계곡 입구에 들어서니 모기, 날파리 등이 먼저 반긴다. 손으로 그들을 쫓아내기 바쁘다. 혹시나 해서 긴팔을 입고 온 것이 다행이라는 생각이 든다. 도착 첫 장소부터 정신없이 카메라 셔터를 누르고 있다 보니 시간이 지체된다고 저 위 더 좋은 데가 있으니 대충하고 빨리 올라가잔다.

홍 작가는 최근 비가 많이 와 수량은 풍부하나 이끼가 물줄기에 씻겨가 기대하던 이끼가 아니라고 안타까워한다. 그래도 처음 찍어보는 이끼 계곡이라 초보 진사인 나는 셔터를 누르는 것만으로도 행복하다.

너무 들떠서일까? 계곡을 따라 올라가다 바위에 낀 이끼에 쭉 미끄러져 어이쿠 소리와 함께 몸이 그대로 앞으로 고꾸라진다. 그 와중에 오른손에 든 카메라는 물밖에 두고 왼쪽으로 넘어졌다. 왼쪽 무릎이 계곡에 있는 바위에 부딪혀 쓰라리고 아프다. 신발은 물에 잠겨 물이 흥건하다. 잠시 한적한 곳에 자리 잡고 신발 속의 양말을 벗어 쥐어짜니 물이 한 사발은 나온 것 같다. 다리 쪽 바지를 들춰 보니 왼쪽 무릎이 세 군데, 오른쪽 무릎이 한 군데 타박상이다. 이제사 쓰라리고, 아픈 게 더 크게 다가온다. 그런데 카메라는 멀쩡하다. 불행 중 다행이라고 할까? 문득 명품 백을 들고 길을 가다가 비를 맞을 때 가방을 머리에 이고 가면 그 가방은 짜가요, 가슴에 안고 가는 것은 진품이라는 말이 생각나 피식 웃음이 나온다. 몸은 다쳤어도 카메라가 멀쩡해 다행이라고 생각하다니….

점심때가 되어 인근에 있는 화심순두부 집에 갔다. 60년 전통이라는 원조순두부 집이다. 점심에 먹는 화심순두부의 얼근한 맛에 가슴이 훈훈하다. 글자 그대로 화심(和心)이다.

두 번째 출사지는 위봉폭포다. 도로에서 그리 멀지 않은 곳에 있다. 깎아지른 듯한 곳에 폭포 아래쪽으로 데크로 길이 잘 나 있어 많은 사람들이 즐겨 찾는다. 폭포의 물줄기가 시원하다. 폭포도 구경하고 이끼도 찍고 일석이조다. 위에서, 옆에서, 아래쪽에서 사진 찍기에 바쁘다. 한참을 찍다가 더 좋은 곳을 찾아 폭포 아래 계곡으로 내려가려고 보니 경사가 가파르고 바위에 물기가 많다. 발걸음을 옮기려니 다리가 후들거린다. 나이 들면 제일 먼저 다리부터 허약해진다더니 그 말이 맞는 것 같다.

홍 작가는 계곡 아래로 내려갔으나 나는 아까 넘어진 것도 생각나 더 이상 폭포 바로 밑에서 내려가지 않고 폭포 아래에서 풍경을 즐겼다. 사진 찍는 중의 망중한이다. 세상의 온갖 시름을 저 폭포가 전부 앗아가는 것 같다. 거기엔 세상의 시름도 까칠한 정치도 암울한 경제도 없는 것 같다. 이만한 자유와 여유를 갖는 것에 행복감을 느낀다. "참 아름다워라"의 찬송가의 노래가 절로 나온다. 아, 좋다. 여기에 황진이같이 아리따운 여인네가 있으면 벽계수가 부럽지 않을 것 같은 생각도 든다. 고려 말 송도의 박연폭포 앞에서 황진이가 벽계수를 상대로 지었던 시구가 생각나 조용히 읊조려 본다.

> "청산리 벽계수야 수이 감을 자랑마라/ 일도 창해 하면 다시 오기 어려우니/ 명월이 만공산하니 쉬어간들 어떠리"

집에 도착해 가지고 간 가방을 정리하다 보니 수필창작론이라는 책이 없다. 열차 안에서 책을 읽다가 놓고 온 것이다. 허탈하다. 여행을 갈 때마다 무엇인가 빠뜨리고 왔는데 이번엔 책이다. 책을 놓고 오고 추억을 가져왔다고 위로해 본다. 카메라에 들어있는 사진을 정리하는 것은 또 하나의 즐거움이다. 저장된 사진을 컴퓨터로 옮겨 한 장씩 들여다본다. 항상 아쉬움이 있다. 왜 좀 더 잘 찍지 못할까? 탄식도 해보지만 그래도 다음엔 더 잘 찍어야지 하는 다짐 속에 힘든 것도 묻힌다. 제일 잘 찍은 한 장을 들여다본다.

이 사진 한 장 속에 새벽 열차, 평화로운 농촌 풍경, 읽어 버린 수필책, 쓰라린 무릎 상처, 화심순두부, 송도삼절을 생각해 보는 폭포 아래서의 망중한이 들어 있다.

그래 바로 이 맛이야! 이만한 행복이 어디 또 있으랴.

유릉도원(有陵桃源)

강일권
2022. 4. 천료

황령산에는 울창한 편백나무 숲이 넓게 펼쳐져 있는 곳이 있다.

정상 얼마 못 미친 그곳에 들어서면 주위가 갑자기 어슴푸레하여 별세계에 온 느낌이 든다. 그윽한 어둠이 깃든 그곳은 바깥세상과는 다른 선선한 공기로 가득 차 있고, 고즈넉한 분위기를 풍긴다.

빛이 차단된 그 숲속에 밝은 햇살이 쏟아지는 곳이 딱 한 곳 있으니, 바로 몇 기 무덤이 모여있는 곳이다.

신선놀음하는 사람들이 그곳에 출몰한다.

신선놀음이라면 응당 바둑을 연상하겠지만, 무거운 비자나무 바둑판을 짊어지고 산에 올라가는 것은 신선에게는 버거운 일이고, 가벼운 화투 한 모가 제격이다.

그들은 비록 신선의 복장에는 견줄 수 없는 허름한 등산복을 하고 있지만, 들고 있는 패는 신선의 손가락에 집힌 바둑알이나 별다르지 않을 것이다.

그들이 내려치는 화투짝과 신선이 두드리는 바둑

알의 소리, 따닥!과 따악! 별다르지 않고, 고! 하는 소리와 단수 하는 소리를 지를 때 가슴에 와닿는 짜릿함도 비슷하리라. 사실, 바둑에서 속으로 지르는 단수보다 고! 하고 크게 소리 내지르는 것이 매끄럽지는 않지만, 쾌감은 더 크지 않을까도 생각한다.

지금은 그 옛날 무릉도원에서 놀던 신선들이 다 사라지고, 신선이 없는 세상으로 바뀌었다. 굳이 신선의 계보를 잇는 사람으로 치자면, '나는 자연인'에 나오는 주인공 정도가 아닐까 했으나, 그들은 약초 캐랴, 남새밭 가꾸랴, 연예인과 같이 밥 지어 먹으랴, 무지하게 바빠서 신선이 되기는 글렀다.

신선이 사라진 지금, 누군가 신선을 다시 정의했다. 만약 잠깐이라도 일상에 얽매임이 없다면 이는 잠깐이나마 신선이 된 것이고, 반나절 동안 그러하다면 반나절 동안 신선이 된 것이다.

그러하니, 무덤가에 앉아서 만사 잊고, 하루를 즐기고 있는 그들은 분명 하룻낮의 신선인 것이다. 나는 주저하지 않고 그들을 황령산 신선으로 부르기로 했다.

산에 간다고 하면 으레 정상까지 올라가는 것으로 생각한다. 그래야 땀 흘린 맛이 남기 때문이다. 날씨 좋은 날, 황령산 봉수대에 서서 남쪽 저 멀리 대마도를 굽어보며 느끼는 그 기분이 바로 뒷산에 오르는 맛이다.

그러나 황령산 신선들은 집을 나올 때는 산에 간다고 해 놓고, 도중에 퍼질러 앉아 그만 신선이 돼 버리고 만다. '산에 갔다 온 맛'보다는 '잠시 신선으로 노는 맛'이 훨씬 산에 간 보람이 크지 않겠는가. 그러니 그들은 정상까지 가지 않고도 산의 맛을 누구보다 더 많이 안고 돌아갈 것이다.

나는 그들이 산을 오르거나 내려가는 것을 보지 못했다. 햇빛이 무덤 주위에 쏟아질 때쯤 바람을 타고 홀연히 나타났는지, 어둠이 몰려

올 때 자리를 박차고 날아 마을로 사라졌는지 알 수 없다. 내가 봤을 때는 언제나 무덤 옆에서 놀고 있었다.

우리나라 남자들이 한때 고스톱에 파묻혀 산 적이 있었다. 지금은 시들해졌지만, 셋이 모이기만 하면 판을 벌이기 일쑤였다. 점심 먹으러 식당에 가서, 기다리는 20~30분 짬에도 패를 돌렸다. 때로는 식사 후에 다시 방석을 펴 끝없이 퍼질러 놀기도 했다. 그런 국내 유행병을 외국에까지 외연을 넓힌 인사들이 있을 정도였다.

친구 누군가 파리 여행 중 밤에 에펠탑을 보러 갔는데, 어디서 '고!' 하는 너무나 귀에 익은 소리가 아스라이 들려 한참 찾아보았더니, 어두컴컴한 곳에 셋이 둘러앉아 고스톱을 치고 있는 것을 발견했다고 한다. 머리를 끄떡여야 할지, 절레절레 흔들어야 할지 그 순간은 아무 생각이 나지 않더라고 했다.

황령산 편백 숲에는 우리의 국민 오락인 고스톱을 즐기면서, 그 문화를 굳건히 지켜내고 있는 신선들이 있는 것이다. 한번은 좀 이른 시간에 산에 갔더니, 무덤 옆에 신선들의 모습은 보이지 않았다. 평소는 멀리서 쳐다만 보고, 내 갈 길을 갔지만, 이날은 호기심이 발동했다. 도대체 신선이 노는 데가 어떻게 생겨 먹었는지 자세히 살펴볼 요량이었다.

신선들의 장래가 될 나지막한 무덤 7기가 모여있는 곳은 밝고, 찬란했다. 편백 나무숲이 사방의 하늘을 온통 가리고 있는데 거기만 하늘이 뻥 뚫려 햇빛이 쏟아져 들어왔다.

무덤은 넓게 펑퍼짐하게 자리 잡았고, 무덤 서쪽으로 매화나무 한 그루가 온전치 못한 상태로 서 있었고, 야생 백합 몇 송이와 송엽국이 피어있었다. 신선들의 놀이방은 무덤 동쪽 평평한 땅에 자리 잡았다. 앞쪽에 두 개, 뒤쪽에 하나가 있고, 각각 2평 정도인데, 작은 통나무와 키 큰 말뚝으로 구분 지어 놓았다.

텐트와 매트가 가지런히 정리되어 있었다. 텐트는 여름에는 햇빛을 가리고, 겨울에는 찬 바람을 막고, 매트는 흙바닥의 한기를 차단하리라. 겨울에는 편벽 숲을 파고들어 무덤을 어루만지는 포근한 햇볕을 쬐며, 여름에는 편백 그늘 아래 신선놀음은 계절을 비켜 갈 것이었다.

어디에 갔다 내놓아도 전혀 손색이 없는 최고의 놀이방이 그곳에 있었다. 멀리서 볼 때면 너무도 한가롭고, 평화스러워 보였던 것은 그들이 이런 명당자리에 터를 잡았기 때문이었다.

어느 날, 정상에서 내려오는 길에 신선 놀이방에 다가가서 어깨 뒤에서 넌지시 굽어봤다. 신선놀음에서 한판 밀려난 신선 둘이 고개를 들어 나를 쳐다봤다.

제가 일요일마다 산에 오르며 멀리서 보는데, 이 장면이 너무 평화롭고, 즐거워 보여 한번 와 봤습니다. 무릉도원이 따로 없습니다, 신선님들. 나를 알아본 신선이 신선이라는 말에 반색하며, 얼굴을 들어 웃으며 말했다.

어서 오시오, 저번에 한 번 왔던 분이네요.

그래, 신선이라 했소? 참 듣기가 좋소. 우리에게 꼭 맞는 말이요.

우리가 갈 곳이 천국인지 지옥인지 잘 모르지만, 천국에 가도 이곳보다는 못할 거요. 100원 꼴았다고 이 할망구가 가끔 화를 내기도 하지만 말이요.

나무와 풀 냄새, 산뜻한 공기, 무덤에서 풍겨 나오는 귀신들의 시샘까지 느껴가며 우린 세상사 다 잊어버린다오.

여기서 놀다 보면 세월 가는 줄 몰라요. 우린 매일 오는데, 금방 하루해가 다 가요. 이 이상 즐거운 곳이 어디 있겠어요?

여기가 바로 유릉도원(有陵桃源)이요. 저 무덤들 보시오.

저기 누운 사람들이 그러고 있잖아요. 야, 너희들, 참 좋을 때다. 실컷 놀다 와.

그러면 우리가 그러지요.

멀지 않아 우리 갈 터이니 좀 기다리고 있어요. 그 참 하나 물어봅시다. 거기 화투 있어요?

그 옆에 잠자코 있던 다른 신선이 한마디 거들었다.

사실 우린 하루하루가 너무 즐겁소. 남들 보면 미안할 정도지요. 그래서 때로는 옆자리를 무료 임대도 합니다.

그리고 산에 간다고 반드시 정상까지 올라갈 필요는 없어요. 때로는 정상에 도달하지 않아도 되지요. 우리처럼 중간에서 재미있게 즐기다 내려가면 되는 거 아니요?

죽음의 가장자리에 앉아 인생을 즐기는 신선들.

그들이 있어 황령산 유릉도원(有陵桃源)은 언제나 햇살로 따뜻하리라.

민들레 홀씨만큼의 순수한 열정

박봉희
2022. 4. 천료

바람이 세차게 불어 나뭇잎도 날아가는 판국인데 어디서 날아왔는지 민들레 홀씨 하나 공원 나무 의자를 부여잡고 '파르르' 사력을 다해 붙들며 떨고 있다.

아주 가녀린 잎 가닥 가닥에서 영양분인 수액을 공급받아서인지, 안간힘으로 붙어서 날아가 버릴 듯 날아가지 않고 자리 잡으려 돌고 있다. 겨우 일 센티미터 정도의 길이로 삼십여 분을 버티며, 마치 비닐이 벗겨진 우산대가 돌아가는 모양으로 바람이 부는 방향대로 흔들리며 나부낀다. 난생처음 여리디 여린 생명체의 위대함에 뭉클한 마음을 감출 수 없다. 오롯이 대자연의 섭리와 조화에 순응하며 어떠한 악조건하에서도 이겨 견디어 내어야겠다는 종자 본연의 처연함이 느껴진다. 널리 퍼져 날아가 예쁜 꽃을 피워야겠다는 가녀린 홀씨의 몸부림을 계속 지켜보고 있으니 울컥해진다. 무슨 말로 이 신비스러운 순간을 다 표현할 수 있을까?

자세히 보지 않았다면 그냥 스치고 지나갈 뻔했을

순간, 머리카락 굵기보다 한 다섯 배 정도의 가느다란 여린 실낱같은 형체가 딱딱한 나무 의자 끝부분을 부여잡고 살아남고자 온 몸짓으로 불태우는 것 같아 애처롭기만 하다. 좋은 땅에 떨어져 자리 잡는다는 것이 그만 센바람의 힘으로 엉뚱한 나무 의자에 안착되어, 낭패한 순간에 봉착하였다. 그 여린 꽃대궁 끝부분은 의자 끝자락에 뿌리를 내리려 함인지 비벼 넣으려고 빙글빙글 돌리며 살아남고자 온 몸짓으로 떨고 있다. 조바심에 애처로운 마음이 들어 손끝으로 잡아서, 화단으로 옮겨주고 싶지만 그만 짓뭉개져 버릴 것 같아 안타까운 마음만 더하여 간다.

바람에 날려갈 듯 흔들리면서도 용케도 붙들고 나부끼며 붙어 있으려 안간힘 쓰는 모습에 덩달아 애를 태우며 바람이 멈추기를 바라본다. 길바닥 보도블록 사이에 흔하게 핀 노오란 민들레 꽃을 무심히 밟아간 무례한 행동에 양심의 가책이 느껴져 아릿하다.

그저 말없이 돌아가는 자연계의 숙연함이라니. 땅바닥에 납작 엎디어 그토록 강렬한 색채로 오가는 이의 시선을 끌었던 민들레 홀씨의 처연한 목부림 만큼의 내 하루의 혼신은….

세상 이치의 단 일 퍼센트도 알지 못하면서 아는 척 세상을 바라보며 살아가니 부끄러움만 밀려온다. 약속시간에 밀려 홀씨의 마지막 순간을 다 지켜보지도 못한 채 떠나와야만 했으나, 새 생명체의 번식을 기원한 그날 참으로 뿌듯하였다.

무엇으로 사는가 나는! 민들레 홀씨만큼의 순수한 열정이라면, 나 또한 널리 주변을 따뜻하게 데워가야 할 의무와 용기에 박차를 가해야 함을.

담배와 명품 백

정호백
2022. 5. 천료

"담배 일발 장전~!!"

논산훈련소에서 훈련 중, 10분간 휴식시간에 나오는 조교의 명령이다. 그 시간이 되면 훈련병 모두 윗주머니에서 담배를 꺼내 입에 물고 불을 붙인다. 다들 담배 연기를 깊이 빨아들이며 꿀맛의 시간을 즐겼다. 대신 담배 안 피우는 나는 눈깔사탕을 입에 물며 단맛을 즐겼다. 그 당시, 비흡연자에겐 담배 대신 사탕을 줬다. 우리 중대원 중 두세 명 빼곤 거의 담배를 피웠다.

첫 주를 그렇게 보내다가 다음 주부터는 뻴쭘하여 옆 사람의 담배를 한 대 얻어 피워 봤다. 한 모금 빨았을 때 머리가 약간 띵했지만, 기분이 묘하며 피로가 풀리는 듯했다. 무엇보다도 휴식시간에 함께 같은 행동을 하며, 전우애라고 할 동료의식을 느꼈다. 그렇게 시작하여 훈련 중 쉬는 시간마다 담배에 맛 들이게 되었다. 훈련 마지막 주쯤엔 휴식시간 말고도 식후 한 개비, 그렇게 피우면서 하루 열 개비 정도를 피웠다. 담배가 이틀에 한 갑씩 지급돼 그 정도만 피워야 했고, 그 이상은 피울 수 없었다.

내가 처음 접한 담배는 필터 없는 '화랑'이었다. "화랑 담배 연기 속에 쓰러진 전우야~"라는 군가 가사에 나오는 주인공 담배다. 담뱃갑에는 평화의 상징 월계수 잎과 대한민국 국군 마크가 있어, 화랑 담배는 전역한 사람에겐 아직도 군 시절 추억이 각인된다. 공교롭게도 내가 처음 접한 필터 없는 화랑 담배 이후, 화랑 담배는 내 군 복무 중 진화를 거듭했다. 일병으로 진급할 즈음, 화랑 담배에 필터가 달려 나왔다. 담배가 필터로 순화된 만큼 내 흡연 매력도 진화했다. 군인의 건강을 위해서 담배에 필터가 달려 나올 일이라면, 차라리 금연 교육을 하는 게 낫지 않았을까?

병장 진급 무렵, 화랑 담배는 갑자기 역사의 무대에서 사라지고, 시중의 브랜드와 같은 '거북선' 담배가 보급되었다. 또, 제대 무렵엔 담뱃값이 봉급에 포함되면서 '선(SUN)' 담배를 PX에서 사서 피웠다. 그때 'SUN' 담배는 사회에서도 중상급 정도로 괜찮은 수준의 담배였다. 군대 생활 말년에 고급 담배를 폼나게 피며 흡연의 매력을 즐겼다. 군대 담배의 진화는 역설적으로 나를 흡연가로 만든 흑역사가 되었다. 군대 생활 내내 필터 없는 담배만 나왔더라면, 난 복무 중 담배를 끊었을지도 모른다.

군대 생활이 끝나고도 담배는 늘 내 호주머니에 있었다. 본격 사회생활이 시작되면서 담배는 커피와 궁합을 이루며 대인관계에 중요한 수단이 되었다. 술이 약한 나로서는 인간관계 형성에 담배를 주로 활용했다. 다들 보통 하루 한 갑 정도 피웠지만, 그나마 난 습관대로 하루 반 갑을 고수했다.

그렇게 오십 대 초반까지 나는 흡연가였다. 그때 즈음, 사회적으로 비흡연자의 권리를 감안하면서 '금연'이 본격 대두되었다. 직장이나 공공장소 아무 곳에서나 담배를 못 피웠고, 급기야 흡연 장소가 지정됐다. 아무 곳에서나 날아오는 담배 연기를 마셔야 하는 비흡연자의 건강을 고려한 것이다. 나는 물론 우리 아들딸도 방 안에서 할아버지 담배 연기를 마시며 자랐는데 말이다.

그 전에는 실내 어디서나 담배를 피웠다. 직장에서 근무하면서 책상에 앉아서 담배를 피웠고, 실내 자판기 앞에서 옹기종기 모여 커피 마시며 담배 피우는 게 다반사였다. 흡연 중 상사를 만나면 예의상 담배를 가리고 고개를 돌리면 그만이었다. 책상엔 으레 재떨이가 있었고, 청소할 땐 상사 책상에 재떨이를 털고 걸레로 닦았다.

그러던 풍습이었는데 갑자기 지정 장소에서만 피워야 했다. 비가 오나 눈이 오나 혹한에도 '흡연 장소'에 나가야 했다. 지정 장소에서 직원들이 흡연할 때, 연장자인 내가 합류하면 모두 담배를 비벼 끄고 도망치듯 자리를 피했다. 전엔 편한 장소 어느 곳이나 자기들끼리 모여서 피우면 되었다. 하지만, 흡연 지정 장소가 생기면서 이런 난감한 일들이 생기는 것이다. 그래서 직원들을 피해 몰래 비상계단에서 피우다 들켜 범법자가 된 듯 당황한 적도 있다.

그때 즈음, 아들·딸이 내 흡연에 관해 이야기하면서 담배를 끊지 않으면 자기들도 담배를 피우겠다고 거의 으름장 수준으로 압박했다.

"아, 이젠 더 담배 피울 장소도 명분도 없구나."

일단 그 자리에서 금연을 약속했다. 내 의지가 오락가락하던 차에 담배의 유혹은 어디를 가나 있었다. 제일 유혹은 업무 중 휴식시간에 동료들과 커피를 마실 때다. 담배 피우는 사람들은 자판기 커피를 빼서 지정 장소로 모였다. 금연했다는 나는 담배가 주머니에 없었다. 그래서 자의 반 타의 반 남의 담배를 한 개비씩 얻어 피웠고, 회식 중 잠시 나가서도 얻어 피웠다.

평생 금연한 선배가 그렇게 남의 담배를 얻어 피우려면, 제대로 끊으라고 충고했다. 담배 끊으면 담뱃값으로 '벤츠' 한 대는 생길 것이라고 했다. 비흡연자인 그는 정년퇴직까지도 벤츠는커녕 소형차를 몰고 다녔지만, 난 그의 충고에 귀 기울여 실질적인 금연을 결심했다. 그리고 그 결심에 +α가 될 일이 뭐가 있을까 하고 며칠을 생각했다.

"담배사는 돈을 적립하면 벤츠는 아니더라도 뭔가는 남지 않겠나?"

선배의 말대로 금연 결과물로 생긴 담뱃값을 적립하기로 했다. 적립은 담배 한 갑 2,500원일 때 시작했다. 다음 해 담뱃값이 4,500원으로 올랐다. 그렇게 퇴직 때까지 5년을 모았더니 통장에 3백만 원이 모였다. 그 돈을 아주 의미 있게 써야 했다. 며칠을 고민한 끝에 결정했다. 아내가 외출할 때 헐렁한 가방을 메고 나가는 모습이 생각이 났다. 이때까지 아내가 아이들 키우고 가정을 잘 꾸려왔기에, 나도 직장생활을 무난히 마무리했을 것이란 생각에 이르렀다. 그래서 아들·딸과 상의하여 아내에게 내 퇴직 기념으로 명품 가방을 선물하기로 했다.

내 퇴직 축하 모임 때, 아내에게 명품 가방 선물 서프라이즈를 열었다. 아내는 놀라며 감동했고, 참석한 모두 축하했다. 그날 내 퇴임 축하연은 그 서프라이즈에 묻혔다. 그래도 그 서프라이즈가 훨씬 감동적이고 가슴에 남았다.

이후, 그 가방의 정체와 사연을 이야기하면 다들 놀라고 감탄했다. 하지만 반응은 엇갈렸다. 아내들은 감동하고 부러워했지만, 남편들은 별걸 다 해서 남편 입장 곤란하게 됐다고 웃었다. 선물은 아내의 몫이지만, 금연을 가방으로 연결한 발상은 내 몫이다. 생애 감탄할 일이 흔하지 않지만, 이 일은 우리 부부에게 소중한 추억이 되었다. 금연하고, 건강도 얻고, 아내에게 감동 준 그 순간을 함께 나눈 것, 뿌듯한 일이다.

가도(家道) 이야기

허원봉
2022. 5. 천료

얘야, 이리 오너라. 아버지께서 부르셨습니다. 벼루에 먹을 갈아라. 붓과 종이를 가져다 드렸습니다. 아버지께서는 한 글자 한 글자 정성껏 글씨를 쓰셨습니다. 임술년 칠월 칠석, 당신의 72세 생신을 맞아 자식들이 평생 지켜야 할 가르침을 형제들 숫자만큼 써 주셨어요. 나는 그 글씨를 소중히 가져다 액자를 맞추어 형님들께 나눠 드렸습니다. 선친께서 써 주신 글의 제목은 가도(家道)였습니다.

먹을 갈면서 여쭈어보았습니다. 가훈이 아니고 가도라고 하신 것은 무슨 뜻인가요? 가훈은 너무 무겁다. 그저 너희들이 평생 마음에 새기고 걸어갈 길은 일러주는 것뿐이야.

가도의 내용은 간결합니다. 건강(建康), 인내(認耐), 화목(和睦). 그저 세 낱말뿐입니다. 집에 돌아온 나는 새삼스레 낱말의 뜻을 국어사전에서 찾아보았습니다. 건강 - 몸이나 정신에 아무 탈이 없이 튼튼함. 화목 - 서로 뜻이 맞고 정다움. 인내 - 괴로움이나 어려움 따위를 참고 견딤. 참으로 평범한 내용이었습니다. 어렸을 때, 선친께서는 이따금씩 올망졸망 자라는 우리 남매들을 모아 앉혀 놓고, 살아가면서 꼭 지켜야 할 덕목들을 일러 주셨어요. 열심히 공부해라, 매사에 성실해라, 누구에게나 공손히 대하고 아랫사람에게도 먼저 인사해라, 쌀 한 톨은 농부의 땀 한 방울이니 밥풀 하나라도 흘리지 말아라 등 수없이 많은 말씀이었지만, 그 내용을 압축해서 가도로 써 주신 것이니, 평생 마음에 새겨야 할 금과옥조인 것은 틀림없습니다.

선친께서는 79세 되던 해 겨울에, 심혈관 계통의 병으로 갑자기 돌아가셨습니다. 나를 마흔에 낳으셨는데, 그때 내 나이는 겨우 서른아홉이었어요. 그 이듬해 어머니께서도 노환으로 돌아가셔서 우리는 졸지에 고아가 되었습니다. 임종도 못 했으니, 이 가도는 선친의 유언이나 다름없습니다. 그동안 이사 다닐 때마다 벽에 걸어 두었지만 마음에 깊이 와닿지는 않았습니다. 그런데 세월이 흘러 고희를 훌쩍 넘기니, 그때 또박또박 써 주셨던 가도의 내용이 점점 절실하게 내 마음을 울립니다.

얘야, 그저 늘 건강해야 한다. 찻길 건널 때도 조심해서 잘 살펴야 한다. 규칙적인 생활을 하고, 음식은 조금 부족하다 싶을 때 수저를 놓아라. 부모님의 걱정 덕분인지 나는 차 조심이 아주 몸에 배었습니다. 오십이 가까운 아들 딸들이 다녀갈 때도, 초, 중, 고등학교 다니는 손자 손녀들에게도 선친께서는 내 입을 통해 차 조심하라고 늘 말씀하십니다. 요즘은 먹는 음식의 양을 좀 줄였더니, 몸과 마음이 훨씬 가벼워졌어요.

선친께서는 또한 서로 화목하게 지내라고 말씀하십니다. 칠 남매 중 형님 두 분께서는 벌써 돌아가셨어요. 홀로 지내다 재작년 돌아가신 작은 형님을, 부족하지만 부모님처럼 정성껏 모셨습니다. 아직 남아있는 오 남매들과도 서로 뜻이 맞아 정답게 지내려고 애씁니다. 선친의 유언이니 꼭 지켜야겠지요. 형편이 어려운 형제들과도, 선친께서 주신 화목해야 한다는 가르침을 늘 기억하면서 힘닿는 대로 도우며 지냅니다.

선친의 성격은 신중하고 사려 깊은 분이었지만, 한편으로는 불같이 강한 면도 지니셨어요. 아마도 그와 같은 성격으로 살아보시니, 인내가 꼭 필요하다는 생각이 드셨을까요. 어느 날 친구분들과 나들이를 다녀오신 아버지께서 나를 부르셨습니다. 가방에서 향나무로 자루와 집을 만든 작은 칼을 꺼내 주셨어요. 이 칼처럼 단단하고 굳은 의지로 세상을 살아가거라. 칼을 주시면서 이르신 말씀입니다. 이 또한 괴로움이나 어려움 따위를 참고 견디라는 뜻이겠지요.

선친께서는 호를 송암(誦庵)이라고 쓰셨습니다. 욀 송, 암자 암, 조용한 암자에 홀로 앉아 외고 또 외면서 학문을 연마한다는 뜻이라고 설명해 주셨습니다. 힘들더라도 참으며 열심히 학문에 힘쓰라는 가르침입니다.

나는 지금까지도 아내와 대수롭지 않은 일로 티격태격 다툰답니다. 그럴 때 아버지께서 남겨주신 가도를 떠올리며 참는 때가 종종 있습니다. 이미 오래 전에 돌아가신 아버지께서 지금도 내 귀에 대고 속삭이십니다. 얘야 좀 참아라. 그까짓 것 이기면 무얼하니.

아직도 내 귀에는 아버지의 음성이 들립니다. 나는 지금도 그 말씀을 지키려고 애씁니다. 오늘도 저랑 가족들 건강 잘 챙겼어요. 모두랑 화목하게 지내려고 노력했구요. 그런데 참는 건 좀 어렵네요. 나이를 먹어도 자꾸 고집이 느는 듯싶어요. 좀 더 잘 참도록 이끌어 주셔요, 아버지. 아버지랑 소곤소곤 대화를 나누면 가슴 가득 행복이 밀려옵니다. 그래, 참 잘했구나. 아버지께서 무척 기뻐하십니다. 어머니도 만족스러운 듯 아버지 옆에 앉아 따듯한 미소를 지으십니다.

지금까지도 이렇게 부모님의 사랑을 가득 받고 지내니 나는 얼마나 행복한지요. 선친의 가르침을 잘 따라서 부모님께 더욱 칭찬받을 수 있기를 바랄 뿐입니다.

오른발, 왼발

최남미
2022. 8. 천료
(평론)

아파트 공동출입문 앞 계단에는 샌들 한 짝이 며칠째 놓여있다. 발바닥 부분은 마 성분의 베이지색 천으로 되어있고, 발등과 발목을 감싸는 부분은 옅은 갈색의 부드러운 재질의 끈으로 되어있으며, 크기는 한 뼘 정도 된다. 크기를 미루어 보면 신발의 주인은 이제 막 걸음마를 시작한 아기가 틀림없어 보인다.

친척을 방문했다가 흘리고 간 걸까? 아니면 샌들 한 짝을 잃어버린 이후로 지하주차장만 이용하는 바람에 주인을 기다리고 있는 샌들을 발견하지 못한 걸까? 그도 아니라면 한 짝만 남은 샌들을 발견한 순간 성급한 마음에 잃어버린 한 짝을 찾아보지도 않고 버렸기에 이제는 쓸모없어진 걸까? 주인을 기다리며 오도카니 자리를 지키고 있는 샌들을 볼 때마다 이런저런 경우를 떠올리며 상상해 본다.

누군가 장식용으로 가져간다면 모를까. 두 짝이 다 있어야만 완전체가 되어 제 역할을 할 수 있는 물건이다 보니, 주인이 나타나지 않는다면 앙증맞고 예쁜 아기 신발은 결국 버려지고 말 것이다. 아기의 샌들을 마주할 때마다 한 짝만 남는 바람에 소용이 없어져서 버려야만 했던 물건들이 생각났다. 한 짝에 구멍이 나는 바람에 멀쩡한 짝마저 버릴 수밖에 없었던 양말, 한 짝이 파도에 휩쓸려 들어가서 새 신발이지만 버릴 수밖에 없었던 슬리퍼, 주머니에 넣어두었던 장갑 한 짝을 어디서 잃어버렸는지 알지 못해서 나머지 한 짝마저 버려야만 했던 일 등….

이처럼 함께 있어야만 존재감을 발휘할 수 있는 게 어디 물건뿐이겠는가. 우리 몸도 마찬가지라는 걸 깨달은 일이 있었다. 몇 해 전, 친척 어르신이 깁스를 할 정도로 팔을 많이 다쳤다는 소식을 들었다. 병문안 겸 들렀더니 다쳤던 상황부터 시작해서 다친 팔로 생활하면서 겪는 불편한 점까지 이야기보따리를 풀어놓았다. 오래된 일이라서 다치게 된 원인은 기억나지 않지만, 불편한 몸이 되고 나서야 깨달은 점이 있다면서 들려준 이야기는 지금도 생생하다.

"나는 오른팔이 제일 중한 줄 알았어. 오른손잡이니까 오른팔을 다치지 않았으니 불편한 게 없을 줄 알았는데 그게 아니더라. 왼팔이 도와줘야 오른팔이 제 역할을 하더란 말이야. 오른팔 혼자서는 힘을 못써. 다치고 나서야 왼팔도 중하다는 걸 알게 되었어."

어르신의 말을 들으면서 인상 깊게 읽었던 그림책 한 권이 생각났다. 토미 드파올라의 그림책 『오른발, 왼발』인데, 할아버지와 손자가 오른발 왼발이 되어 균형을 맞추어감으로써 서로에게 힘이 되어주는 내용이다. 자신의 이름을 물려줄 정도로 손자에게 애정을 쏟으며 매순간 함께 했던 할아버지가 뇌졸중으로 갑자기 쓰러져 입원하였다. 한동안 병원 치료를 받았으나 차도가 없자 결국 집으로 돌아오는데, 걷지도 못하고 말도 하지 못한 채 침대에 누워서만 지낸다. 손자 보비는 할아버지의 그런 모습이 낯설고 무서웠지만, 할아버지 침대 앞에서 예전에 할아버지와 즐겨 했던 블록 쌓기를 하였다. 보비가 마지막 코끼리 블록을 올려놓자 말을 하지도 못하던 할아버지가 건강했을 때 보였던 반응과 같이 재채기를 했다. 이 모습을 본 보비는 할아버지 방을 더 자주 찾고, 할아버지가 자신에게 해주었던 것처럼 이야기를 들려주고, 산책도 시켜드린다. 이렇게 보비가 포기하지 않고 마음을 다해서 할아버지와 함께한 덕분에 할아버지는 어눌하게나마 의사전달을 할 수 있게 되고, 보비 어깨를 짚고 '오른발 왼발' 호흡을 맞춰가면서 걸음을 뗄 수 있을 정도로 건강을 회복하였다.

오른팔과 왼팔, 오른발 왼발이 함께 하면서 서로 균형을 잘 맞춰야만 각자의 역할을 더 잘할 수 있고, 주체뿐만 아니라 객체에게도 도움이 되는 것처럼 우리의 삶도 마찬가지인 것 같다. 토미 드파올라의 그림책 『오른발, 왼발』에서 할아버지가 손자의 손을 잡고 '오른발 왼발' 하면서 걸음마를 시켜준 것처럼 손자도 몸이 불편한 할아버지가 걸을 수 있도록 자신의 어깨를 내어주었다.

이처럼 우리는 함께 할 때 비로소 온전한 삶을 영위할 수 있다. 상대방의 힘을 짐작하고 그 힘에 맞추기 위해 나의 힘을 적절히 조절하고 호흡을 맞출 때, 더욱 빛나는 삶을 살 수 있는 것이다. 신나게 시소를 타려면 상대방의 힘에 맞추기 위해 자신의 힘을 조절하여 균형을 맞춰야만 하는 것과 같은 이치라고나 할까. 자신의 힘만 강조하면서 상대방에게 무조건 맞추라고 강요한다면 인생의 시소 타기는 결국 실패하고 말 것이다.

가고 나니 오더라

김명희
2022. 8. 천료

연일 내리는 세우(細雨)에 세상은 촉촉하게 젖었다. 눈이 녹아 비가 되어 내리는 우수(雨水). 겨울의 냉기는 한풀 꺾였다. 성미 급한 나무는 벌써 꿈틀거리고 기지개를 켠다. '아이야 좀 더 기다리렴. 꽃샘추위의 심술도 만만치 않단다.' 아리송한 봄기운에 물색없이 봉오리를 무는 목련이 바르르 떤다. 보채지 않아도 올 것은 온다.

그녀가 떠나간다. 이삿짐은 종이상자 두어 개가 전부다. 또각또각 발소리가 텅 빈 복도를 울린다. 어쩌면 그녀는 한동안 북적대던 사람들과 소음을 그리워할지도 모르겠다. 떠나오고 나서야 지나간 것과 흘려보낸 것들이 크게 다가오는 법이니까. 잔비는 그치지 않고 내린다. 손을 흔들어줄까. 가볍게 안아줄까. '잘 가'란 두 음절의 짧은 인사가 나올까. 떠나는 이의 뒷모습을 보는 것은 아무리 마음을 다잡아도 쉬운 일이 아니다. 이미 돌아서 있는 마음을 들킬까 조바심이 난다. 결국 나는 가볍게 안아주고 '잘 가'란 인사와 함께 보이지 않을 때까지 양손을 열심히 흔들며 배웅한다.

그녀를 처음 만나던 날은 아직도 생생한 기억으로 남아 있다. 화장기 없는 맨얼굴이 참 고왔다. 차분한 분위기도 마음에 들었다. 아이가 셋이라고 했다. 연이은 육아휴직을 보내고 낯선 환경 속으로 돌아온 복직은 얼마나 큰 부담일지 짐작만으로도 무겁게 다가왔다. 더군다나 지방에 가족을 두고 홀로 올라와 지냈으니 얼마나 외롭고 힘들었을까. 금요일 퇴근은 세 시간을 달려 가족에게 돌아갔다가 월요일에 다시 새벽길을 달려 출근하는 강행군을 이어가면서도 그녀는 의연했다. 긴 공백은 전혀 문제가 되지 않았고 업무처리에 소홀함도 없었다. 그녀와 나는 열 살 이상의 나이 차가 있다. 하지만 그녀와 나는 동료였고 동지였다. 서로 부족한 부분을 채워주고 응원하며 의지해온.

인사이동을 앞두고 그녀의 고민이 깊어지는가 싶더니 갑자기 사직서를 냈다. 가장 큰 이유는 엄마의 부재에 따른 아이들의 정서적 불안이다. 가끔 복도를 서성이며 통화하다가 눈물을 훔치는 그녀를 보기도 했다. 직장에서는 가족 생각, 집에서는 일 생각. 어디서도 마음을 놓지 못하는 그녀가 참 안쓰러웠다. 곱던 얼굴은 점점 까칠해지고 어두워져 갔다. 끝내 퇴직을 결정하게 될 때까지 얼마나 많은 생각을 거듭했을까. 그녀의 일에 대한 열정과 미련을 알고 있기에 더 마음이 아팠다. 하지만 숙고 끝에 내린 그녀의 결정을 흔들고 싶지는 않았다. 기로에 서서 머뭇거리고 있는 동안 더 좋은 기회가 슬그머니 지나갈지도 모르기 때문이다. 그저 그녀의 선택이 더 큰 행복을 향해 곧게 뻗은 고속도로이기를 기원할 뿐.

오늘 또 다른 의자의 주인이 떠나간다. 바퀴가 달린 커다란 가방 두 개도 따라 나와 나란히 서서 주인을 호위한다. 미처 털어내지 못한 먼지는 이곳에서 지낸 시간이 앉은 것이다. 주인의 책상 옆에서 꿈쩍도 하지 않고 자리를 지킨 세월이 어느덧 2년이다. 자리를 옮겨가는 중이지만 들뜬 표정은 아니다. 옮겨가도 다를 바 없는 위치에서 주인을 지키게 될 것임을 잘 알고 있기 때문이다. 말끔한 양복에 잡티가 사라져 말끔해진 얼굴로 손을 내미는 그를 새삼스럽게 바라본다. '잘 있어요, 잘 가세요.'란 인사는 얼마나 진부한가. '그동안 감사했습니다'라는 인사 또한 마찬가지다.

그의 근무지는 오늘까지 여기다. 초고속 승진이다. 2년 만에 많은 경쟁자를 물리치고 최고 관리자가 되어 떠나는 그에게서 광채가 난다. 며칠 전부터 얼굴에 군데군데 붙이고 다니던 살색 테이프를 떼어내니 피부는 한결 맑아졌고 희끗희끗한 머리칼도 검게 물들이고 나니 십 년은 젊어졌다. 그렇다. 새로운 시작은 새 세상을 맞이하듯 새로운 마음으로 열어야 한다. 그는 이제 완벽한 준비 자세로 휘슬이 울리기를 기다리고 있다.

첫 만남을 떠올리는 일은 쓰잘데기없는 짓이다. 뒤엉켜있는 기억의 뭉치에서 처음을 찾아내는 것은 거의 불가능에 가깝다. 나는 엉킴 그 자체를 혐오하여 시도조차 하지 않는다. 하지만 희한하게도 끝의 기억은 선명하다. 중앙현관에서 그를 배웅한 기억도 또렷한 기억으로 남게 될 것이다. 어쩌면 10년의 세월을 깎아낸 그의 놀라운 회춘 과정도 보너스처럼 얹어 기억할지 모르겠다. 한 오라기 기억을 떠올릴 때마다 피식 웃음 짓게 될 그의 기억. 그는 작은 일 처리 하나에도 엄지를 치켜세우고 박수를 보내는 덕장(德將)이었다. 시간이 날 때마다 다양한 지식과 기술을 전수하려 드는 그의 열정이 나를 성장시켰다. 하지만 학습 능력이 떨어져 부끄럽기도 하고 상사와 함께하는 학습은 그야말로 부담 그 자체였다. 온전히 내 것이 된 지식은 10%에도 미치지 못하나 업무능력은 향상되어 보다 쉽고 편리하게 업무를 수행할 수 있게 되었다. 그는 나의 훌륭한 상사이자 때로는 든든한 동생이었다. 이제 그는 떠난다. 나는 비로소 안도한다. 끝까지 좋은 관계를 유지해왔다는 사실에 크게 만족하며.

빈자리는 새 주인이 들어왔다. 엄밀히 말하자면 새로 온 사람일 뿐 주인은 아니다. 때가 오면 배턴처럼 건네는 자리다. 가고 오는 과정은 공백 없이 하나로 연결된다. 아직 남아 있는 온기조차 새 주인은 느끼지 못한다. 낯섦에 질려 공연히 분주하게 움직일 뿐. 하지만 야물지 못하고 얼뜨며 어색한 미소는 곧 사라질 것이다.

새 사람이 오고 정든 사람이 가는 것. 그것은 작은 변화에 지나지 않는다. 하지만 사소한 일상에 담긴 깊고 깊은 인연의 비밀이 숨어있다. 처음 보는 듯이 새롭게 여기고 마지막을 보는 듯이 절실하게 여기는 마음이 필요한 이유다. 새삼스러운 눈으로 보아서 그럴까. 떠나갈 시간이 다가올수록 여태 보지 못했던 새로운 모습이 나타난다. 떠나는 이와 남은 이가 주고받을 수 있는 가장 큰 선물은 바로 그것이다. 일상에 숨겨져 보지 못했던 서로의 따뜻한 온기. 완벽한 사회생활은 안달복달이 만들어 주지 않는다는 사실을 되새긴다. 긴장이라는 고삐를 쥐고 나아갈 때도 내 안의 밝은 에너지로 나를 밝히고 주변을 따뜻하게 만들 수 있어야 한다는 것도. 시작보다 끝이 아름다워야 한다는 것도.

지나간 것은 지나간 대로

유순이
2022. 9. 천료

"어제는 역사이고 내일은 미스터리며, 오늘은 선물이다.그래서 우리는 현재를 '선물'이라고 부른다" -빌키언-

어느날 문득 이 말이 마치 우리의 인생 여정처럼 함축된 의미로 내게 다가왔다.

자연의 사계처럼 세월따라 우리의 몸과 마음도 변해간다.

한창 청춘일 때, 바닷가에서 본 해 질 녘 노을은 탄성과 함께 낭만 그 자체였다.

나이 들어 캘리포니아 하프문베이(Half Moon Bay)에서 바라본 불타던 노을은 내 가슴에 지금까지 각인돼 있다.한 폭의 수채화처럼 붉은 해가 포물선을 그리며 점점 아래로 떨어지더니 이내 바닷속으로 풍덩 빠져버렸다. 순간 가슴이 철렁했다. 숭고하고 아름다운 광경 앞에 넋을 놓았었다.

어느 시인이 붉게 타는 노을을 보며 눈이 부시도록 아름다운 그 이면에 빛의 고통을 느꼈듯이 그 고통이 이제서야 나에게로 전해지다니… .

모든 것은 찰라요, 순간이다.

우리의 삶은 시시각각 다가오는 수많은 순간의 연속이다. 지나간 세월을 돌이켜보면 수많은 실패와 좌절, 슬픔, 성공과 기쁨 이 모두가 우리의 삶을 풍요롭게 만드는 중요한 인생의 편린들이다.

문제는 괴롭고 힘든 시간에 사로잡혀 있을 때는 멀리 보지 못하고 전혀 깨닫지 못한다는 데 있다. 결국 나무만 보고 숲은 보지 못한다는 점이다.

지나간 것들에 얽매이지 않고 오늘을 소중하게 여겨 이 순간을 온전하게 살아가야 함을 터득하기까지 제법 오랜 시간이 걸렸다. 내가 의외로 소심하고 마음이 나약하다는 걸 그때서야 깨달았다. 사실, 마음을 정리하고 비운다는 게 나에게는 그리 녹록지 않은 일이었다.

전에 어머니가 늘 내게 말씀하셨던 기억이 난다. "지나간 일에 너무 연연해하지 말거라. 다 지나고 나면 별일 아닌 것이 되고 그 뜻이 다 있을 테니…"라고 하셨다. 힘들었던 그 시절에 어머니의 이 말씀은 큰 위로가 되었다.

살다 보면 인생의 고비마다 대나무 마디처럼 흔적을 남긴다. 지나간 일들을 통해 성장하고, 더 나은 내일을 향해 나아가는 법을 나이가 들어감에 따라 절실히 느끼고 깨닫게 된다.

근래에 친구와 가까운 지인들에게 물어보았다. 다시 되돌릴 시간이 주어진다면, 그 시절 과거로 돌아가고 싶으냐고….

그런데 대다수의 대답은 의외였다. 그들은 미련과 아쉬움이 전혀 없다고는 할 수 없으나 힘든 그 시절로 다시는 돌아가고 싶지 않다는 것이다. 그만큼 삶이 남긴 상흔이 만만치 않았으리라.

상처가 아물면 굳은살이 나오듯 굳은살도 내 몸의 소중한 한 부분이다. 세월이 한참 흐르고 나면 떠올리기 싫은 그 시절도 그리울 때가 있다. 힘든 세월을 보냈기에 오늘에 이르렀다는 것을 자각하기 때문이 아닐까.

지난 일들은 이미 지나갔지만, 그 속에서 배운 것들은 내일의 나를 만드는 중요한 밑거름이 된다. 어제의 실수와 아픔은 나를 성장시키는 교훈이 되었고 내일의 불확실함은 나에게 용기를 주는 도전이 되었다.

노을이 지면 어둠이 찾아오지만, 우리는 그 어둠 속에서도 희망을 품고 내일을 향해 나아가야 한다. 오롯이 살아내야 할 인생이기 때문이다.

"지나간 것은 지나간 대로"라는 말은 단순한 위로가 아니다.

지나간 일들의 기쁨과 슬픔 그리고 크고 작은 사건들은 우리 삶에 의미를 부여한다.

세상의 모든 일도 그렇다.

제2차 세계대전 이후 오랜 적대감과 전쟁에도 불구하고 프랑스와 독일은 과거의 상처를 치유하고 화해의 길을 걸었다. 이는 유럽연합의 창설로 이어졌고 지속적인 평화와 협력의 상징이 되었다.

우리 삶에서도 마찬가지다.

중요한 것은 과거를 회피하지 않고 그것을 통해 성장하고 더 나은 미래를 만들어 가는 것이다.

지나온 것은 지나온 대로 내 삶의 자양분으로 받아들여야 한다. 제각각 어떻게 받아들이고 살아갈지는 전적으로 우리 자신의 몫이다.

다만, 우리 손에 쥘 수 있는 유일한 것은 바로 오늘이다.

진정한 힘은 오늘, 지금 이 순간에 있다는 것이다.

맨부커 인터내셔널상(償) 시대적 흐름

윤기관
2022. 12. 천료

고향도 아이도 매일 보면 변함을 알아채기 쉽지 않다. 산에 오를 때도 마찬가지이다. 자주 가는 산도 뭔가 딱 집히지는 않지만 달라졌음을 느낀다. 이러한 변화는 계절 탓만이 아니다. 두런두런 고개를 갸우뚱거리다 보니 정상이다.

이러한 느낌은 문학에서도 엿보인다. 특히 (맨)부커인터내셔널 부문에서 변화가 느껴진다. 소설작가 황석영의 『해질 무렵』(At Dust)과 『철도원 삼대』(Master 2-10)가 부커인터내셔널상 후보작으로 선정되었다. 입질에 그치고 말았다. 소설작가 한강은 2016년에 영국 부커인터내셔널상을 거머쥐었다. 황석영이 입질만 한 그 상을 그녀는 낚아챘다.

'시'와 '산문'은 문학의 두 장르이다. 산문 중 소설은 꾸며낸 이야기이고 객관적이다. 주어가 '나'인 시는 한쪽 분량으로 독자들에게 낭랑한 여운을 남긴다. 소설은 자세한 전개 방식으로 책 한 권 분량이다. 마치 연극이나 영화 시나리오 같다. 시는 그러한 소설 분량을 단 한 쪽에 담아낸다.

소설은 현실 세계와 먼 이야기를 톱니바퀴처럼 구성한다. 자칫하면 줄거리가 없이 장황하기 십상이다. '그래서 어떻단 말인가.' 알맹이를 찾기 어렵다. 어휘력 발휘하다 메아리가 울려 퍼지기 쉽지 않다.

노벨상이나 (맨)부커상(인터내셔널)은 오랫동안 이러한 매너리즘에 갇혀 있다. 어떻게 하면 독자들이 긴 문장을 읽다가 책갈피로 접어두지 않게 할 수 있을까를 고민한다.

문체가 독특하고, 군더더기가 없어야 한다. 내용은 소외된 자, 전쟁, 난민, 인권, 환경문제 등 국제사회에서 기대하는 분야를 다루어야 한다. 문학은 글로써 사회를 정화시키는 도구이다. 그래서 나도 문학인의 길을 걷게 되었다.

황석영의 소설 『해질 무렵』은 인생의 황혼길 위에 비친 그림자를 그린다. 그림자 속에 드리워진 삶의 여정을 뒤돌아본다. 결말이 침울하다. 그의 소설 『철도원 삼대』는 철도원 3대를 통하여 노동자와 민중의 삶을 다룬다. 본인 말대로 부커상도 받고 노벨상도 기대할 만했다.

문학상은 수상 작가와 수상 작품을 선정하여 시상한다. 하지만 실제로는 작가가 국제사회가 풀어야 할 과제들을 문학을 통하여 얼마나 고민하고 해결을 제시하고 있는가를 기대한다. 그런 면에서 볼 때, 황석영의 소설은 장대만큼 높은 그들의 기대를 넘지 못한 듯하다.

여류 소설가 한강의 『채식주의자』가 맨부커 인터내셔널상을 수상한 것은 이러한 그들의 변화에 근접한 듯하다. 『채식주의자』는 「채식주의자」, 「몽고반점」, 「나무 불꽃」이라는 세 갈래로 전개한다. 각 갈래는 별도가 아니라 하나의 줄기로 연결된다.

「채식주의자」는 육식을 거부한 아내를 둔 남편 이야기이다. 「몽고반점」은 인간의 성적 욕망을 예술로 승화시킨 형부의 이야기이다. 「나무 불꽃」은 사회적 책임과 가족의 의무, 그리고 현실에서 부딪치는 벽 사이에서 접점을 지켜가는 언니의 이야기이다. 남편, 형부, 언니로 연결되는 '하나'의 이야기이다.

좋은 소설은 등장인물과 사건들을 조밀하게 엮어내는 '구성력'을 요구한다. 말하자면 '문학성'을 중시한다. '문체력'은 형용사, 부사, 때로는 주어도 생략하는 담백한 문장력으로 작가만의 독특한 개성을 요구한다. 시간이 흐를수록 소설이 확장할 수 있는 최대의 영역으로 파고드는 '확장성'을 기대한다.

마지막으로 현실 세계에서 일어나기 어려운 억지나 허구를 벗어나기를 기대한다. 인간 현실뿐만 아니라 삶의 문제를 진솔하게 성찰하는 '호소력' 있는 작품을 기대한다. 이렇듯 최근 소설은 구성력, 문체력, 호소력, 확장력 등을 기대한다.

나는 이러한 부커 인터내셔널상(償)이 기대하는 '시대적 흐름'을 그대로 담아내고 싶다. 나는 세계가 겪고 있는 아픔인 '갈등'들을 지적하고 이를 고민하고자 한다. 갈등이 사라진 자리에 평화가 안착하리라.

수필은 '시'처럼 주어가 '나'이다. 분량은 '시'보다 4배 정도로 짧은 편이다. 나는 제3 자를 주인공을 내세운 소설을 '나'의 이야기로 삼아 장편으로 구성한다. 이른바 '장편 수필'이다. 윤기관의 '장편 수필' 『경계인』은 3부로 구성된다.

제1부(1952년생 남자)는 '세대 간의 갈등'이다. 아버지와 한 세대 그리고 자녀들과 한 세대 차이가 나는 '1952년생 남자'가 겪는 세대 간의 갈등을 다룬다.

제2부(무궁화나무에 핀 목란)는 '민족 간의 갈등'이다. 세계 유일의 분단국가인 한반도에서 일어나는 갈등을 그린다. 북한 주민이 어렵게 대한민국의 주민등록증을 받았으나 서걱서걱 겉돈다. 무궁화나무에 꽃이 피었는데 왠지 낯설다. 아직 무궁화꽃(대한민국 사람)으로 핀 게 아니다. 목란꽃(북한 사람)을 그대로 피우거나 무궁화와 혼합되어 뭇사람의 시선을 받는다.

마지막으로 제3부는 '종교 간의 갈등'이다. 대부분의 세계전쟁 발원은 종교에서 비롯한다. 방글라데시 땅, 맨 아래 인도양에 접한 콕스바자르에 미얀마 난민이 거주한다. 미얀마에 사는 불교도와 이슬람교도 간에 벌어진 충돌 결과이다.

그들은 이슬람교의 로힝야족을 상대로 인간 청소 작전을 자행하였다. 로힝야족들이 죽음을 피해 개울 강을 건너 방글라데시 콕스바자르의 쿠투팔롱에 무단으로 거주한다. 한때 방글라데시는 받아들이지 못하겠다고 강력히 반대했다. 간신히 사회의 중재로 유엔난민기구의 보호를 받아 거주한다. 지금도 그들은 처참하게 생활한다.

이러한 세 '갈등'은 각각 독자적인 주제이면서 동시에 서로 밀접하게 연결된다. 구성, 문체, 확장을 통하여 독자들에게 국제적인 갈등을 호소하여 해소하고 싶다.

2025년 한국어로 발간하고 2026년에 영어로 번역하여 국제무대에 보이고 싶다. 노벨상이나 부커상은 하나님이 허락하셔야 가능하다. '진인사'(내가 글을 잘 써)를 하나님이 허락하시면 반드시 '득천명'하리라. 그 날을 향하여 8월 중 콕스바자르에 다녀온다. 로힝야족 안녕을 확인하러….

묻어나다

강경아
2022. 12. 천료

봄날이라고 하기엔 무더운 토요일. 아직 4월인데 벌써 여름이 시작되는 것인지…. 얇은 옷으로 바꿔놔야겠다. 화창한 날씨에 금세 마를 것 같다. 작년에 세탁해 놓은 옷이라 가벼운 손세탁만으로 충분할 것이다. 하나 둘 꺼내다 보니 벌써 욕조에 가득 찼다.

옷걸이에 걸면서 보니 얼핏얼핏 물감의 흔적이 남아 있다. 셔츠와 바지 등 모든 옷에 조금씩 묻어있다. 취미로 그림을 시작해 화실에 다닌 기간이 올해로 6년이다. 옷에 묻은 물감의 색이 그 당시 내가 어떤 그린 그림을 그렸는지 상기시킨다.

퇴근 후 여유로운 시간, 외국 작가들의 작품을 검색해 본다. 우연히 나와 감정선이 맞는 그림을 만날 때 무언의 탄성이 나온다. 1 더하기 2의 답을 고민하는 외국 어린이. 초록색 칠판 앞에서 흰 분필을 들고 한쪽 눈썹을 치켜올렸다. 표정을 보니 답을 모르는 것 같다. 비록 모작이지만 내 경험을 그림에 투영시키곤 한다. 내면의 나와 마주하는 나만의 방법이다. 어린 시절 아주 쉬운 덧셈, 뺄셈이 얼마나 어려웠던가. 구구단을 외우며 걸었던 등하굣길. 수업 시간에 한 명씩 호명되어 발표할 때 긴장감이 돌던 교실. 혹여 실수라도 하면 그 순간부터 머리가 하얗게 되고 어떤 생각도 할 수 없게 된다.

초록색에 군청색을 조금 섞어 칠판 색을 만들고 그림에 칠한다. 초록색은 편안함, 자연, 조화 등의 이미지가 있다. 그런데 학교 칠판을 생각하면 어린 시절의 불안했던 기억이 떠오른다. 그때는 왜 부끄럽기만 했을까. 어린 마음에 친구들 앞에서 숨기고 싶었던 나의 날것의 모습들을 그대로 마주한 시간이 싫었던 것 같다. 어른이 된 지금 성장을 위해 마주하고 견뎌내야 하는 시간이 있음을 안다. 당당히 모른다고 인정해야 배울 수 있다. 가끔 직원들에게 부지런히 배우라고 조언한다. 그러면 막내 직원이 뭘 모른다고 말해야 할지 모르겠단다. 어느 만큼 내가 알고 있어야 하는지 모르겠고, 내가 모른다고 말해도 되는 상황인지 모르겠다는 것이다. 담당자로서 당연히 알고 있어야 한다고 말할까 봐 두려워 아무 말도 못 한 경험이 있단다. 후배와의 대화를 통해 과거의 나도 저런 마음이었겠구나 생각했다. 그때 나도 힘들었는데. 새삼 기억 저편의 나를 현재의 내가 위로한다. 직장은 할 일은 많은데 가르쳐 줄 사람도 바쁜 곳이다. 스스로 알아서 일을 해내야 한다. 유독 여름옷에는 불편했던 초록색이 많이 묻어있다.

유튜브를 통해 짧은 드라마를 봤다. 주인공의 쓸쓸함에 취해 한 컷 저장했다. 사진 속 여주인공은 연인과 헤어져 혼자 기차에 몸을 실었다. 차창 밖으로 보이는 푸른 하늘과 언덕에 줄지어 있는 플라타너스 나뭇잎들이 부지런히 바람에 흔들린다. 주인공에게 있어 밖의 풍경은 마치 손님 없는 어두운 영화관에 홀로 돌아가는 영상과 같다. 빈 의자가 침묵으로 위로해 준다. 쓸쓸함을 그리고 싶었다. 특히 외로움을 색으로 표현할 수 있을까 고민하며 잠 못 들던 지나간 여름밤이 스쳐간다. 빨래를 널고 있는데 마치 화실에 있는 듯 물감 냄새도 나고 음악 소리도 들리는 것 같다. 옷마다 몇몇 그림이 환영처럼 스쳐간다.

현재 내 모습은 누구에게 가장 많은 영향을 받았을까. 제일 먼저 생각나는 사람은 어머니다. 어머니는 조용하고 과묵한 편이다. 어려운 삶을 살아내서인지 잘 참는다. 그래서 간결하게 할 말만 한다. 다음은 학창 시절 나를 가장 귀여워해 주셨던 수학 선생님이다. 선생님은 작은 몸집에 씩씩하고 명료하며 솔직한 화법을 쓰셨다. 나에게 많은 사랑을 주셨던 분들과 내가 좋아했던 분들이 나에게 묻어있는가 보다. 나의 생각과 말투 또는 옷차림에 스며있다. 내가 선호하는 헤어스타일과 향수에도 "너에게 가장 잘 어울려"라고 말해준 사람이 생각난다.

선생님이 화실 수강생 모두에게 앞치마를 선물했다. 그래서인지 빨래한 옷마다 옆부분에만 물감이 묻어있다. 직장 생활에서 여러 부서의 일을 경험해 보는 것은 자신만의 앞치마를 만드는 것이 아닐까. 새로운 일을 해내야 할 때는 닥쳐올 부담을 감수해야 한다. 살아온 날들이 앞으로 살아갈 날들의 등불이 되기도 하는 것처럼. 힘들었던 경험들이 한 땀 한 땀 꿰매어 만들어진 앞치마가 되어 마음에 얼룩이 스며들지 않도록 막아줄 것이다.

장롱을 열어 겨울옷을 보니 소매 끝에 물감이 묻어있다. 일부러 찾아보지 않으면 안 보이는 곳이다. 어떻게 옷에 묻은 물감을 지울 수 있을까. 아! 누군가 내 옷만 봐도 내가 무엇을 하는지 짐작할 수 있겠구나. 어쩌면 내가 자주 가는 곳이 나의 모습을 만들어 주는 곳일지도 몰라. 지금 나는 꽤 괜찮은 곳에서 좋은 사람들을 만나고 있다는 생각에 만족스러운 미소가 입가에 번진다.

볕이 좋은 베란다에 널린 빨래들이 빛난다. 활짝 열어둔 창문으로 시원한 바람도 묻어있다. 아직 여름이 오기 전이다. 작은 바람에 흔들리는 빨래를 바라보며 생각한다. 나는 또 어떤색 물감을 묻혀올까. 나의 시간이 흘러가는 곳. 누군가를 만나 그들의 좋은 점을 본받고 배울 것이다. 내가 살아가는 작은 울타리 사람들과 어울리고 섞일 것이다. 이왕이면 무지갯빛이 묻어있으면 좋겠다.

순댓국 한 그릇

서완석
2022. 12. 천료

요즘에는 동네마다 좋은 도서관들이 많지만, 정년퇴임을 한 나로서는 책을 읽다 기분 내키면 소주도 한 잔 마시고 라면도 끓여 먹을 공간이 필요했다. 그래서 집 가까운 하월곡동에 연구실이라는 명목으로 아주 허름한 방 하나를 얻었다. 이곳에 한 번 들른 제자 변호사는 너무 열악한 환경에 안타까워했다. 선생님 생각하는 제자의 마음은 갸륵하나 내게는 이만큼 행복한 곳도 없다. 집에서는 잠을 제대로 못 자는데 여기서는 의자에 앉아 있기만 해도 잠이 솔솔 오고 내가 세상에서 가장 좋아하는 7천 원짜리 순댓국집이 지척에 있다.

그런데 얼마 전 그 순댓국집 앞에 서 있던 어떤 늙수그레한 아저씨가 마침 나들이 다녀오는 것으로 보이는 아주머니에게 "밥도 안 차려 주고 어딜 댕겨와?"라고 하였다. 아주머니는 "내가 밥으로 보여"라고 벽력같은 소리를 질렀다. 그는 무르춤하다 슬그머니 자리를 떴다. 마침 순댓국을 먹으려던 내 처지 또한 딱 그러해서 허락만 한다면 뜨끈한 순댓국 한 그릇에 소주 한잔 사 드리고 싶었다.

나는 대학생 때 친구와 함께 남대문 시장에서 떼어 온 티셔츠를 가리봉동과 구로동 시장에서 파는 장사를 한 적이 있다. 나중에 대기업 임원을 지낸 친구는 넉살이 좋아 손뼉을 치며 "골라, 골라"라고 소리를 지르기도 하고 지나가는 사람들에게 무람없이 말을 걸어 발걸음을 멈추게 하는 기막힌 장사 수완을 가지고 있었다. 그러나 천생 서생은 입을 떼지 못한 채 기어드는 목소리로 입만 달싹일 뿐이었다. 게다가 서슬 퍼런 군사정권이 '정화'라는 노란 완장을 찬 사람들을 시켜 노점상을 단속하던 때라 노란색만 보이면 기겁하여 도망쳐야 했다. 어찌어찌하여 소주 한 병을 병나발 불고서야 조금씩 입을 떼기 시작했지만 정작 배고픔은 참을 수 없었다. 그러나 벌이가 시원찮으니 하루 세 끼를 다 먹을 수는 없어서 튼실한 건더기와 다채로운 고명이 어우러져 속이 든든한 순댓국 한 끼로 끼니를 때웠다. 문제는 이 순댓국이 참말로 맛있다는 것이었다. 밤새 고아 뽀얀 국물에 새우젓, 들깨, 다진 양념, 부추 등을 넣고 묵은 김치를 곁들이면 천상의 맛인지라 장사는 뒷전이고 내 머릿속은 오직 순댓국만 가득했다.

내가 처음으로 교수 생활을 시작한 대학이 있는 익산에도 유독 맛있는 순댓국 맛집들이 있어 행복했다. 오죽하면 동료 교수들에게 죽을 때까지 하루 한 끼는 순댓국만 먹고 살 자신이 있다고 했을까. 이후 성남에 있는 대학교로 옮긴 후에도 나의 순댓국 맛집 사냥은 계속되었다. 그런데 언젠가 친한 선배 교수가 점심으로 먹을 음식을 추천해달라는 말에 순댓국을 추천했다가 "서 교수는 아주 촌티 나는 입맛을 가지고 있구먼"이라는 말을 듣고 입이 댓 발이나 나온 적이 있다. 순댓국이 얼마나 많은 시간과 정성이 들어가는 음식인지 알고나 하는 말이었을까? 그날은 일식집에서 초밥을 먹었지만, 저녁만은 일부러 순댓국으로 했다. 며칠 전 차량에서 내릴 때 주변 사람의 시선이 집중되는

데서 오는 심리적 만족감을 뜻하는 '하차감'이라는 신조어가 유행한다는 기사를 보았다. 이 용어는 "반포역 내릴 때 우쭐해"와 같이 집값이 비싼 강남 지역 지하철역에서 하차할 때 주변의 부러운 시선을 느끼는 것으로도 사용된다고 한다. 또한 이 기사에 실린 "2024 부동산 계급표"에는 최상위 등급에 강남구, 서초구가 있고 내가 사는 성북구는 하위권에 있었다. 물신주의 세태를 비꼬는 기사라지만 "요즘도 강북에 사는 교수가 있어?"라던 어떤 교수분이 떠올라 기분이 참 씁쓸했다. 강북에는 역사와 전통을 자랑하는 순댓국 맛집이 정말 많은데 말이다.

작년에는 번동에 순댓국 맛집이 있다는 정보를 입수해 오전 11시 반쯤에 갔다가 사람들이 긴 줄을 서 있어서 허탕 치고 돌아왔다. 오후 3시쯤에도 마찬가지였다. 세 번째 도전 만에 겨우 한 그릇을 먹을 수 있었는데 마늘 쌈장에 순대 한 점을 찍어 먹는 맛은 환상적이었다. 그런데 순댓국 1인분 포장에 마늘 쌈장도 꼭 넣어달라는 내 말에 주인장은 쌀쌀맞게 "마늘 쌈장은 안 돼요."라고 했다. 쌈장 만드는 비법 때문이겠지 하는 생각을 하면서도 한편으로는 괘씸한 생각이 들어 "내가 다시 이 집에 오나 봐라." 하고서 다시 가고 말았다. 내 입이 촌티가 나면 어쩌랴, 애초에 백화점보다 재래시장에 갈 때 가장 행복한 사람이니 촌티 나는 얼굴로 귀티 나는 사람들이 먹는 음식을 먹으면 동티가 날 것이다. 나는 며칠 전에도 정읍에서 한잔한 다음 날 아침에 습관처럼 친구랑 같이 가던 샘골 시장의 '화순옥'을 찾아 순댓국을 먹었다.

최근 TV를 시청하던 중에 요즘 최고의 인기를 누리고 있는 아주 잘생기고 귀티나 보이는 가수 임영웅이 순댓국을 가장 좋아한다는 말을 들었다. 그 순간 주먹이 불끈 쥐어지며 그를 욕하는 사람에게는 대거리라도 할 수 있다는 결기가 났다. 제사를 지내는 중에 우리 두 딸에게 농담조로 "아빠가 죽거든 내 제사상에 오로지 순댓국 한 그릇만 올려다오"라고 말한 적이 있다. 아이들이 아직도 내 말을 기억하고 있을지, 참말로 순댓국 한 그릇을 사다가 제사상에 올려줄지, 내가 귀신이 되어 제삿밥을 먹으러 올는지는 모른다. 우리 두 딸은 내게 많은 것을 사 주었지만, 아직 밥을 사 준 일은 없다. 그러므로 귀신이 되어서도 악착같이 밥 한 끼는 얻어먹을 작정이다.

통화는 계속되어야 한다

최은희
2022. 12. 천료

며칠째 폭염이 한계점에 이르고 있다. 점점 더 뜨거워져 가는 태양열은 모든 것을 녹여버릴 듯 달려든다. '여보세요.' 수화기 너머로 숨소리만 들린다. 잠깐의 침묵, 급하게 헛기침하며 목소리를 가다듬는다. 하지만 평소와 조금 다른 느낌의 목소리는 숨길 수 없다. 감기라도 걸린 거냐고 여쭈었다. 감기는 무슨 감기냐며 혼자 있어 목이 가라앉아서 그런 것이라고 변명한다. 어떤 상태인지 머릿속에 어머니 모습이 영상으로 만들어지고 있다. 어디 안 좋은지 아픈 곳은 없는지 묻는 것은 쓸데없는 일이다. 견딜 수 없이 아파서 병원에 다녀와도 늘 대답은 한 가지다. 아무 일 없이 잘 지낸다고.

종일 대화 상대가 없다 보니 어머니는 전화벨이 울리면 무척 반긴다. 아버지와 함께 노인정에 출근하면 좋으련만 대부분은 혼자 집을 지킨다. 아버지의 안부를 시작으로 노인정과 온 동네 소식을 전한 후에야 이야기는 끝이 난다. 더구나 자식의 친구가 있는 집의 소식은 세세하게 추가해서 알려준다. 가끔은 궁금한 점이 해소되기도 하지만 대부분은 지난날의 중복된 이야기들이다. 암암리에 전화하면 안 되는 금지된 시간도 있다. 매일 같은 시간 드라마를 즐기는 순간이다. 생각 없이 전화를 걸고 나면 아차 하며 받지 않기를 바란 적도 있다. 하지만 어머니에게는 전화도 드라마도 놓칠 수 없는 일이다. 그간의 스토리 전개와 더불어 드라마가 끝날 때까지 해설을 들어야 해서 참 난감하다. 평소 마을 사람들과 대화에 어머니는 과묵한 편이다. 큰 소리로 떠드는 사람들 사이에 끼어들기를 즐겨하지 않는다. 그런데 자식과의 통화에는 미주알고주알 전부 읊어준다. 머릿속에 잘 적어서 나열해 놓은 것처럼 쉬지 않고 말씀하신다. 종종 어머니의 대화 상대가 되는 일은 깊은 생각을 하게 하고 보이지 않는 힘을 얻기도 한다. 이미 다 외울 정도지만 이어지는 대화는 처음 듣는 사람처럼 반응한다. 미래의 나 역시 자식에게 어머니처럼 하지 않을까 상상하면서.

옆집 언니나 근처에 사는 동창들 덕에 어머니의 사정은 비밀이 없다. 레이더를 켜고 보면 곳곳의 정보들이 들어온다. 전날 어머니는 감기로 병원에 다녀오셨다. 게다가 노인정에서 버스를 대여해서 가는 식도락의 행사가 있었지만 어머니 홀로 불참하셨다. 동네에는 공동소유로 모아 놓은 여유자금이 무척 많다고 한다. 어디에 사용할지 고민하다 노인정 옆의 땅을 사서 체육관을 짓는 중이다. 경제력이 좋아지니 노인정 사정이 예전과 많이 달라졌다. 젊은이들이 레저 활동을 하듯 맛있는 음식을 먹으러 가거나 짧은 관광을 간다. 아주 사소한 것부터 큼직한 행사까지 수시로 열린다. 종종 정부에서 주관하고 무료로 후원해 주는 일도 잦아졌다. 가끔은 정부의 세금을 너무 허투루 사용하는 거 아니냐는 역정이 나올 정도다.

복지는 좋아졌지만 시골 어른들의 건강은 남의 이야기다. 이 집 저 집 홀로인 집이 많고 어느 집이나 병원을 내 집처럼 드나들고 있다. 어느 날 병원에 갔다가 상급 병원으로 옮기든가 자식들이 근처로 모셔가면 이젠 집으로 영원히 돌아오지 못할 것이라고 수군거린다. 친구의 부모님도 가까운 근처의 어른들도 연이어 기억 속에서 멀리 사라져가고 있다. 의술이 아무리 발달했어도 나이 듦에는 역부족으로 어찌할 수가 없다.

어머니의 텃밭에서 인내와 사랑을 배웠다. 구순을 앞둔 어머니는 무엇이 미안해서 아픈 티를 안 내는 것인지. 그 긴 세월 자식을 위해 살아내느라 온몸이 허한 것을 아는데. 앞길만 가리며 지나온 자식이지만 말이 없어도 이제는 그 속을 얼마큼은 알아볼 수 있다.

다음날 다시 전화를 걸었다. 목소리가 완전히 잠겨서 헛기침 따위로는 차마 감출 수가 없다. 거친 숨소리에 쉰 소리마저 제대로 나오지 않는다. 오뉴월에는 개도 감기에 걸리지 않는다는데 이리되었다며 풀이 죽은 모양새다. 예배보는 시간에 싫어하는 에어컨 바람을 직통으로 맞아서 추웠다고 한다. 나중에 자리를 피했지만 그 잠깐의 순간에 감기가 옴팡지게 몸속을 파고들어 온 것이라며 잔소리할 겨를 없이 먼저 실토한다. 병원에는 다녀왔고 약은 다 먹었으나 낫지 않았다. 걱정하던 차에 보건소장이 퇴근길에 약을 가져다주었다는 사실과 함께. 멀리 있는 자식은 마음뿐 쓸데없어 죄송하기만 하다.

내 몸이 욱신거릴 때 손가락 하나 까딱하기 싫을 순간이면 어머니가 떠오른다. 오십에 벌써 이런 마음인데 구순이면 오죽할까 싶어서. 사실 어머니의 몸이 얼마나 고단한지 잘 모른다. 그저 그렇겠지 추정할 뿐. 그 고통은 나이가 들어 어머니의 자리에 앉아 겪어보면 비로소 제대로 알게 되리라. 떨어진 낙엽처럼 혈색을 잃어가는 나이. 살짝만 밟혀도 바스러질 것 같지만 아직 굳게 버티고 있어 감사하다. 언제까지라고 장담하지 못하는 삶의 길에서 내일도 그 뒤에도 오래도록 여전히 어머니와 통화하고 싶다. 비록 아픈 고통이 몸을 지배하려 해도 좀 더 강한 사랑이 치유해 줄 수 있기를 바라며.

불통의 시대

강정수
2023. 1. 천료

소통이 안 되면 불통이다. 예전에는 가족 간에 오순도순 주고받는 대화가 없었다. 웃어른들이나 시부모님의 지시에 따라야 했고, 잘못하면 불호령을 들어야 하는 일방통행 같은 삶을 살아야 했다.

조선 시대에는 시집가는 딸에게 오죽했으면, 벙어리 3년, 귀머거리 3년, 장님 3년으로 살라고 가르쳤을까. 참으로 답답한 시대였다. 여권이 상실되고 '암닭이 울면 집안이 망한다'라는 망언이나 떠들어 대던 때에 살았던 분들은 특히 여성들은 얼마나 억울하고 분통이 터졌을까. 그래서 '코리아 화병'이란 병명이 생겼는지도 모르겠다. 자기주장 한번 어필하지 못해보고 시키는 대로 살아야만 했던, 노예 아닌 노예 생활이나 다름없이 살았던 여성들이다. 안방마님들도 깊숙한 안채에서 법도와 예법에 묶여 송두리째 자신을 드러내지 못하고 살아야 미덕이던 시절, 평민들이야 오죽했으랴.

내가 자랄 때까지도 남아선호사상이 짙어 아들만 교육시키고, 딸들은 집안 살림이나 가르쳐 얼른 시집 보내는 경향이 많았다. 그저 조신하게 현모양처나 되어야 한다고 세뇌 당하고, 죽어도 그 집 귀신이 되어야 한다 가르쳤다. 내가 결혼할 당시에도 이혼이란 꿈도 못 꾸어보고, 참고 살아야 하는 줄 알던 때였다. 이혼하면 큰일 나는 줄 알고 집안 망신에, 평생 꼬리표가 붙어 여자에게만 손가락질하며, 잘못을 뒤집어씌웠다. 물론 경제적으로 여건이 어렵고, 혼자 살아가기 녹록지 않은 환경이라 참고 사는 경우도 있었을 것이다.

지금은 '암탉이 울면 알을 낳는다.'고 바꾸어 놨다. 그만큼 여성의 교육률도 높고, '딸 아들 구별 말고 둘만 낳자'던 구호 아래 여성들이 대학 졸업 후 사회 진출이 많아지고, 똑똑한 사람들이 많아지니 남자들이 설 곳이 점점 줄어들고 있다 한다. 교사도 공무원도 여성의 수가 비례하거나 많거나 하단다. 이 아까운 인력을 그동안 방치하고 집안에 가둬서 살림만 하게 했으니, 국가적인 손실이라 해도 과언이 아니라 여겨진다. 요즘엔 결혼도 안 하고 아기도 안 낳아 인구가 줄어드니, 발등에 불이 떨어져서 여러 정책들을 내놓고 있다. 그러나 임시방편일뿐 미래를 내다보는 안목이 없다고 생각된다.

근대에 들어 언제부터인가 '가족회의'란 말이 등장하게 되었다. 윗사람 지시대로 사는 것이 아니고 회의를 통해 서로의 생각을 나눠보고 토론도 해 보고 집안일을 결정하는 것이다. 얼마나 현대적이고 민주적인 발상인가. 요즘에야 여성의 목소리가 높아지고 그만큼 능력자가 많다 보니 이혼율도 높아 유럽 국가를 능가한다. 전쟁 시기도 아닌데 혼전 출생아들이 고아가 되기도 한다. 조부모가 키우기도 하고, 생활고에 시달리면서 세상 파도에 휩쓸리게 된다. 한 부모 가정 속에서 외롭게 자라야 하는 애들도 있다.

경쟁사회에서 어떻게 헤쳐나가야 미래가 보일까. '묻지마' 범죄가 성행하고 문을 겹겹이 잠가도 불안한 사회 속에서 CCTV라는 신 기계에 인권은 침해당하고 있다. 걱정이 앞서는 사회가 되어가고 있다. 이웃 간에도, 부모 자식 사이에도 소통이 잘 안 되는 불통시대에 답답함이 밀려온다.

세상 밖에서는 21세기에 전쟁이 일어나 사람이 죽어 나가고 있다. 전염병은 휩쓸고 지나가고, 지구는 몸살을 앓고 있다. 점점 피폐해져 가는 인간성 상실의 시대에, 노출되어 있는 현실의 미래가 걱정된다. 그 와중에 불의를 보고 뛰어들거나, 연말에 떠도는 기부 천사의 미담이나, 위험에 처한 사람들을 도와주는 광경을 가끔 보게 된다. 그나마 가뭄에 비 만난 듯이 반갑고 기쁘다. 그래서 이 세상은 살만한 거라고 자위하면서 말이다.

많이 배우고 잘난 사람일수록 겸손해지고, 서로 소통하면서 함께 가야 옳은 세상일진대, 정치인이든 지식인이든 나 잘났다고 큰소리만 치고 있다. 익은 벼가 고개를 쳐들면 그 속에 알곡이 있기나 할까. 끝내는 배곯아 다 같이 죽고 말 것이라는 아찔한 생각이 든다. 인심은 각박해지고, 정서는 말라가고, 소통은 안 되고 있다.

IT 천국이 되면 무엇하고, 문명이 발달하여 화성에 가면 무엇하랴. 그 위에 올바른 인성을 가진 인간이 사라지고 있는데 말이다. 이 시대는 무엇을 가르치고, 무엇을 배우며 앞으로 나아가고 있는가. 어찌 살아야 잘사는 세상이 될까. 손주들의 세상이 걱정된다.

나이 먹으니 소통은커녕 불통이 많다. 디지털 시대에 손에 쥐고 있는 폰 조차 내 맘대로 다룰 줄 모르는 불통의 시대에 허덕이고 있다. 조금 익숙하다 싶으면 금방 혁신적인 기술력으로 더 나은 것을 출시하니 초등학생인 손자에게 가르쳐 달라고 부탁해야 하는 할머니가 되어 있다. 체면이 말이 아니다. 식당에도 AI가 그릇을 나르고, 계산도 키오스크로 해야 하는 시대다. 기계가 아닌 인간 냄새가 그립다. 물론 편리한 점도 많지만 말이다.

애들도 제 방에 박혀 폰 들고 각자 논다. 목은 차차 거북목이 되어 간다. 주중엔 학교로 학원으로 바쁘다 보니, 가족 간에 얼굴 대하기도 어렵다. 밥 먹으러 나오라고 부르는 것도 집안에서 톡으로 문자 보낸다. 인간미가 사라지고 있는 것 같아 안타깝다. 개인주의가 팽배해지니 요즘 아이들은 내 것, 네 것이 분명하다.

양푼에 밥 비벼 같이 먹던 옛날이 그립다. 비위생적이라고 지탄받든 말든 그때가 더 좋았다. 그 속엔 정이 있었다. 그것이 바로 이웃 간의 사랑이었다. 요즘엔 먹는 것도 생활도 다 따로국밥이다. 혼밥에, 혼 술에, 혼자 사는 이가 많다.

지금은 교육도 고등학교까지 의무교육이고, 무상교육에, 무상급식에 옛날에 비하면 유토피아다. 그래도 사교육비는 가계 부담을 안겨준다. 빈부격차로 '개천에서 용 난다'는 말은 씨알도 안 먹히는 소리다. 금수저로 태어나야 용 되는 시대다. 어디 금수저로 태어나기가 쉬운 일인가. 그러니 얼마나 살아가기 힘들고 삭막해지고 있는지 모른다. 밥상머리에 둘러앉아 재잘재잘 밥 먹으며 자녀들과 소통하며 살아가는 가정을 꿈꾼다. 독거노인들의 외로움을 아는가. 자칫 소홀해져 가는 인간의 정이 그리워진다. 점차 로봇이 되어 가는 듯 안타깝다. 아파트, 같은 라인에 누가 누가 살고 있을까.

가정이나 사회가 불통 아닌, 소통이 잘되어 건강한 삶을 살기를 추구하며 이 글을 써 본다.

이놈이나 저놈이나 똑같다

황재윤
2023. 8. 천료

아버지. 또 선거가 다가옵니다. 선거철이 되면 아버지의 말씀이 떠오릅니다. 자주 "이놈이나 저놈이나 똑같다"라고 하셨지요. 늘 온화하고 상스러운 말을 않으신 아버지께서, 왜 그런 냉소의 말씀을 하셨는지 깊이 모르지만, 옛일을 추억하여 아버지의 마음을 헤아려 볼까 합니다.

어린 시절을 보낸 마을은 무허가집이 모인 동네였습니다. 수채가 흐르는 골목을 두고 신작로 쪽은 각자 주인의 땅에 집이 번듯했으나, 남쪽 철둑길을 따라 이어진 수십 가구는 기찻길 옆 오막살이였습니다. 아버지께서 읍내로 살림을 내어 어머니와 어린 누님 셋을 데리고 어느 집 셋방살이를 하다가, 주인집 아이들이 어린 자식들에게 위세 부리는 서러움에 그리로 옮겼다고 들었습니다. 내가 태어나고서 삼칠일쯤이었다지요.

해방과 전쟁 이후, 나라의 기강이 어지러운 시절이었습니다. 그 동네는 50년대 중후 반께부터 어려운 사람들이 철로 변 빈터에 마음대로 집을 짓고 살았던 모양입니다. 당시 이만 원인가를 주고 산 것은, 어린 자식들이 누구의 눈치도 볼 필요 없는 '아버지의 집'이었기에 그리하셨을 것입니다. 세상이 어리숙한 시절이라 그 집이 무허가라는 것을 아셨는지는 모르겠습니다. 해방 후 서울에서 큰 방직회사의 책임자로, 영등포 어느 적산가옥에서 사셨다던 아버지였습니다. 전쟁이 아버지의 황금기를 모두 앗아가자, 다시 고향에 자리하신 것은 평생의 회한이었겠지요.

그런 시절이어도 나라의 땅에 함부로 지은 집이니 문제가 생길 수밖에 없었던 모양입니다. 기억에 있는 초등학교 시절부터-아마 더 이전부터 그랬는지 모르겠지만 연례행사로 자진 철거해라, 강제 철거하겠다는 압박이 있었습니다. 무허가, 철거 같은 붉은 글자가 적힌 양철판이 대문에 박혔던 기억도 납니다. 그럴 때마다 부모님의 수심 어린 얼굴을 보는 우리 형제들도 알 수 없는 불안과 무거운 공기에 짓눌려 장난질도 조심하고 공부를 열심히 하는 체, 착한 아이인 체하며 불안한 시간을 보내곤 했습니다.

반복되는 이 상황에 동네 어른들이 나라에 하소연했지만, 쉽사리 면죄와 해결이 되지 않았음은 당연했습니다. 아무리 절박했어도 법을 어긴 일이니까요. 그나마 억지로 쫓아내지 않는 온정에 으름장으로만 그쳤고, 다음 해에 또 스산한 소문이 동네를 휘감을 때까지는 안도하며 지내는 세월이 되풀이되었습니다.

이런 시간이 이어지자, 동네 어른들이 생각한 방법이 정치인에게 하소연하는 것이었나 봅니다. 어른들이 하는 일이라 그 시초와 내용을 깊게 알 수는 없었습니다. 그러나 어느 겨울날, 호롱불이 가물거리며 검은 그을음을 토해내던 우리 집 사랑방에서 동네 어른들이 나눈 말씀을 지금도 또렷하게 기억합니다. 저는 초저녁부터 쏟아지는 잠을 못 이겨 구석에 자리를 깔고 누워있었습니다.

"서울 가서 OOO이는 만났습니까?" 어느 분이 동네의 좌장 격인 우리 옆집 어른께 물었습니다. "집을 찾아는 갔는데 없다고 해서 깜깜할 때까지 밖에서 기다리다가 만나기는 했지…." 연통이 어려웠던 시절이라 무작정 의원댁으로 찾아간 모양입니다. 여기까지 들으면서 나는 까무룩 잠에 빠지고 말았습니다.

그때 들은 것과 지나가는 이야기를 모아보면, 집마다 얼마간의 돈을 거두어 의원을 찾아갔고 국회의원이 바뀔 때마다 그렇게 한 것 같습니다. 그러나 형편보다 적잖은 지출과 노력에도 불구하고 오랜 시간 동네 사람들은 궁지에서 벗어나지 못했습니다. 긴 시간이 흐른 뒤, 땅을 점유한 수십 년간의 대가를 한꺼번에 지불하고, 해마다 사용료를 내는 조건으로 간신히 '아버지의 집'이 되었으나, 땅까지 온전하게 아버지의 것이 되기까지는 또 한참의 시간이 필요했습니다. 그때 모든 것이 말끔하게 정리된 '아버지의 땅문서'를 들고 기뻐하시던 모습이 지금도 선합니다. 길고도 至難한 세월이었습니다.

비록 불법의 그늘에 있었으나, 기왕에 살고 있으니 그런 형편을 살펴 주겠다는 그들의 빈말과 어긋난 약속에 배신감이 있었을 겁니다. 그들의 잇속 챙기기와 목마른 바람을 풀어주지 못한 원망과 한으로 '이놈 저놈이나 다 똑같다!'라는 말씀으로 쓰린 마음을 다스렸을 겁니다.

한참 전에 조카와 이런저런 이야기를 하다가 세대 간에는 하지 않아야 하는 정치 이야기까지 나가고야 말았습니다. 조카는 변명이 궁해지자 지지하는 사람에 대한 回折의 말은 차마 하지 못하고, 마지막으로 한 말이 "이놈 저놈이나 똑같아요!"였습니다. 그 말에 쓴웃음이 났습니다. 이 말은 상대와 얼굴 붉혀 다시 만나지 않을 사이가 되는 것을 막아주고, 서로의 체면을 조금이나마 분칠하는 아버지의 명언일까 합니다. 정답이 없는 정치판 이야기의 마지막을 장식하니까요.

아버지! 또 오랜 시간이 흘렀습니다. 지금 정치가 아버지의 실망을 조금이라도 없애주었는지 물으신다면 단연코 그렇지 않다고 말씀드리겠습니다. 깡패도 협객으로 불린 시절엔 풍류와 의리가 있었으나 지금은 아니듯, 정치는 더 추악하고 어지러워졌습니다.

곧 선거 날입니다. 아버지의 말씀은 늘 옳으셨습니다. 이번에도 어김없이 '이놈, 저놈'이 넘쳐납니다. 하지만 또 희망을 걸어보려고 합니다. 크게 바라는 것도 아닙니다. '이놈, 저놈' 대신에, '이 사람이나 저 사람이나 똑같다'라고 할 수만 있어도 좋겠습니다. 외람되게 아버지의 말씀이 틀렸다는 불효가 되더라도 말입니다.

일상의 고민

김영희
2023. 12. 천료

외출을 하려고 나서는 아파트 출입구 앞에서 조그마한 종이가방을 든 20대 초반 쯤 되어 보이는 총각과 마주쳤다. 그는 손에 든 스마트폰을 열심히 보아가며 주위를 두리번거렸다. '혹시 집을 찾고 있나?' 하는 생각에 발걸음을 멈추었다. 그는 나를 스쳐 가더니 출입구 앞에 도착한 차에서 내린 젊은 여자를 보자 쭈뼛쭈뼛 다가가서 어색한 인사를 나누었다. 잠시 가방 속을 확인하고 서로 전화기 화면을 보여주더니 종이가방을 건네고 돌아서 각자 제 갈 길을 갔다. '아하! 이게 바로 그 유행하는 직거래 현장이구나.' 하는 깨달음 뒤에 젊은이들이 알뜰히 나누고 바꿔 쓰는 모습이 참 기특하다는 생각이 들었다.

요즘 주변에서 간소한 삶에 대한 권유를 많이 듣는다. 가능한 불필요한 물건들을 없애고 소박하고 쾌적하게 살라는 말이니 고개가 끄덕여진다. 그러나 이사를 하거나 계절이 바뀔 때면 아파트 재활용품 집하장에 가구며 온갖 멀쩡한 물건들이 무더기로 버려진 것을 보면 마음이 편치 않다. 이걸 다 내다버리고 그냥 살 것 같지 않기 때문이다. 동네 리사이클 센터에도 물건이 넘쳐나고 재활용품 집하장에도 버려지는 멀쩡한 생활용품들이 너무도 많다. 지구온난화를 걱정하고 환경을 염려하는 말은 무성하지만 자원을 아끼려는 실천은 먼 일이다. 버리는 것도 필요하지만 잘 보관하고 나누자고 한다. 맞는 말이다. 자주 쓰는 물건이 아니더라도 필요하면 또 사야 하니 말이다.

나는 필요한 물건이 생기면 일단 우리 동네 재활용 집하장을 며칠 둘러본다. 텃밭 농사에 필요한 바구니며 양동이, 의자, 탁자, 작은 서랍장… 등 돈 주고 산 것 하나 없이 필요한 것은 다 장만했다. 얼마 전엔 이사 가는 집에서 내다 놓은 좁고 키 큰 책꽂이도 새것 같은 아주 튼튼한 것으로 구했다. 아름다운 가게에서 단돈 몇 천원에 산 예쁜 도자기 쟁반과 큰 유리컵도 요긴하게 잘 쓰고 있다. 아파트 분리수거장 한쪽에 깨끗이 씻어서 올려 둔 화분이며 항아리 같은 물건을 볼 때면 그것을 떠나보내는 주인의 애틋한 마음이 느껴져서 자꾸 돌아본다. 어느 지인은 35년 된 낡은 소파를 버리지 못하는 소회를 지금도 필요하고 함께 낡고 늙은 시간을 지켜주고 싶어서라고 한다.

결혼 후 40여 년 동안 주말부부 시절을 시작으로 일곱 번을 이사했다. 그동안 집을 옮길 때마다 가구를 바꾸고 짐을 재정비하는 와중에도 여태 버리지 못한 물건이 몇 가지 있다. 그중에는 결혼식 때 선물 받은 벽시계도 있다. 검은색 테두리에 흰 바탕이라 시곗바늘이 잘 보이는 사각 벽시계는 여동생 둘이서 결혼하는 언니를 위해 마련한 것이고, 갈색 나무 재질로 타원형 숫자판 아래에 '스위트 홈(Sweet Home)'이라는 글자가 큼직하게 조각된 벽시계는 남편의 친구들이 사준 것이다. 두 시계판 위에 쓰인 '축 결혼'이라는 페인트 글자가 흐려져서 이제는 거의 보이지도 않지만 늘 거실과 안방에서 가장 잘 보이는 자리에 걸어놓고 결혼생활의 산 증인인 양 올려다보며 시계를 선물 받던 그날을 떠올린다.

또 하나는 두 아이가 어렸을 적에 친구와 동대문 시장에서 초록 언덕과 작은 집과 나무와 무지개 도안이 염색된 천과 솜을 사와 어설픈 솜씨로 그림 선을 따라 누벼서 만든 전지 반 장 크기의 헝겊 벽걸이다. 늘 두 아이가 고운 일곱 빛깔 무지개 아래 푸른 초원 위의 예쁜 집을 보면서 그렇게 밝게 자라주기를 소원했다. 스무 살이 넘도록 아이들의 침대 머리맡을 지킨 이 벽걸이도 색이 바래지고 낡아서 지금 사는 집으로 이사 올 때 버리려고 했다. 이젠 다 커서 무심한 줄 알았던 아이는 이구동성으로 "엄마, 그걸 왜 버려?" 하는 바람에 하는 수 없이 깨끗이 빨아서 다시 걸었던 것이 여태 아이가 떠난 방에 남아 시끌벅적 자라던 그 시절을 생각나게 한다.

그러고 보니 어머니 떠나시고 아버지가 손수 터진 옷 꿰매고 단추 달고 하느라 쓰시던 온갖 색실과 바늘이 담긴 낡은 아로나민골드 양철통 반짇고리도 나에게 와서 대물림을 하고 있고, 딸아이가 첫 영성체 때 입었던 까만 치마에 흰 블라우스가 달린 원피스도, 초등학교 때 바쁜 엄마 대신 친구 엄마 따라 대전엑스포에 가서 만화그리기 체험프로그램에서 최우수로 뽑혀 심술통 이정문 만화가가 상장으로 그려 준 그림 액자도 장롱 깊이 들어 있다. 미련일까? 집착일까? 그것과 함께한 시간이 곧 나여서일까? 그림 습작 하나도, 교단에 있던 시절 아이들에게서 받은 알록달록 편지 뭉치들도, 밑줄 그어진 다 읽은 책도 버리지 못하고 있는 내가 참 미련퉁이 같다. 보잘 것 없고 자질구레한 물건들 앞에서 생각이 많아진다.

요즘 젊은 엄마들은 옛날 여인네들의 우물가나 빨래터와 같은 '맘카페'에서 육아용품을 서로 나누고 필요한 정보를 주고받는다고 한다. 이런 편리한 네트워크를 통해서라도 생활 속에서 작은 것 하나라도 필요한 사람에게 가도록 하는 재활용 시스템이 잘 이루어지면 좋겠다. 시시때때 버려야 할까? 말아야 할까? 늘 어려운 문제에 대한 답을 고민한다.

내 손이 좋아요

김민정
2024. 1. 천료

깜빡 잊고 고무장갑을 끼지 않았다. 아차 하고 손을 내려다본다. 컵 한두 개 씻는 터라 무심코 그냥 설거지한 모양이다. 나는 내 손이 참 좋다. 이유야 얼마든지 댈 수 있다. 손의 크기, 손바닥과 손가락의 비율, 약간 긴 듯한 손톱 모양까지도 맘에 꼭 든다. 사실은 생김이 어떻더라도 상관없었을 것이다. 어차피 내 손을 사랑했을 테니까. 그런데 곱기만 하던 두 손이 언제부턴가 조금씩 달라지기 시작했다. 매끈하던 손마디가 굵어지고 손등의 피부는 얇아지더니 어느덧 잔잔한 주름이 보인다. 기미를 닮은 어둑한 얼룩이 오른쪽 엄지손가락 부근에 생긴 뒤로, 점점 손등으로 번지며 개수가 늘어간다. 가만히 보고 있으면 어쩐지 쓸쓸한 마음이 들어 외면하고 싶어도 도무지 시선에서 비켜 낼 도리가 없다. 그러니 꼼짝없이 세월 따라 변하는 모든 과정을 낱낱이 지켜보는 수밖에.

언젠가 한 예능 프로그램에서 어느 여자 연예인이 손을 관리하는 법에 대해 말한 적이 있다. 고운 손을 유지하기 위한 방법으로 최대한 쓰지 않고 햇빛에 노출하지 않는단다. 그녀야 대중에게 보이는 직업을 갖고 있으니 '그런가 보다' 싶기도 하지만 내심 그 말에 적잖이 놀랐다. 그리고 뒤이어 질문 하나가 떠올랐다. '나는 내 손을 어떻게 쓰고 싶을까?'

오랫동안 그림을 그리면서 그간 참 많은 재료를 다루었다. 연필이나 목탄 등은 그나마 사용이 간편하지만, 물감이라도 쓸라치면 언제나 손이 더러워졌다. 피부에 묻은 건 지워지기라도 하지 손톱 밑에 든 것은 몇 날 며칠이 지나도 잘 빠지지 않았다. 심지어 곱게 그림만 그린 것도 아니다. 커다란 캔버스도 짜고 합판이나 목재 등의 재료를 다루며 별별 하고 싶은 작업은 다 했으니 돌아보면 손에 참 많은 수고를 끼쳤다. 다양한 취미 생활도 해 왔는데 그중 특히 좋아하는 것은 요리와 텃밭 가꾸기이다. 여러 가지 식재료로 음식을 만드는 일이 참 재미있다. 어디선가 맛있는 걸 먹으면 따라 만들어도 보고 한 상 차려 친구들을 초대하는 일도 즐겁다. 요리를 좀 더 제대로 배워보고 싶어 강좌를 몇 개 듣다 보니 어느새 한식, 양식 조리사 자격증까지 취득하였다. 하지만 요리는 손을 꽤 혹사하는 일이기도 하다. 재료를 썰고 볶고 튀기는 과정에서 칼에 베이거나 불과 기름에 델 때도 있고 조리하며 자주 씻다 보니 피부가 쉽게 건조해진다. 중간중간 설거지까지 겸하면 내내 물기 마를 틈이 없다. 이런 취미 덕분에 지금껏 손톱을 예쁘게 꾸며 본 적도 없고 핸드크림조차 자주 바르지 않았다. 크림을 바르고 나면 신기하게도 곧 손 쓸 일이 생기는데 그러면 미끈거림을 씻어내느라 곱절로 수고를 해야 하니 여간 성가신 게 아니다.

아, 나는 태양을 얼마나 사랑하는지! 쏟아지는 햇빛 아래 하는 일은 모두 다 좋다. 텃밭 농사는 막 겨울을 지난 이른 봄에 땅을 뒤엎으며 밭을 가는 것에서 시작된다. 고랑을 만들고 비닐을 씌우면서 올해 키울 작물을 달뜬 마음으로 계획한다. 5월이 되면 씨앗과 모종을 심고 이후로는 틈나는 대로 순을 다듬거나 풀을 뽑는다. 필요한 때에 맞춰 줄을 매주고 물을 주며 정성스레 식물을 돌보는 것, 수확하여 이웃과 나누는 일까지 모든 과정이 행복하다. 특히 음식 만들 때 사용할 바질, 딜, 루콜라 같은 각종 허브며 오이, 가지, 아스파라거스 등의 채소를 직접 키우고, 텃밭에서 갓 따온 싱싱한 상추를 뜯어 바로 먹는 일은 말할 수 없이 큰 즐거움을 준다. 그러고 보면 '무언가를 한다'는 건 대부분 손이 하는 것이어서 거친 장비를 만지거나, 무거운 것을 들거나, 오염되었다가 씻기는 일을 수없이 반복했으니 생각할수록 두 손에 참 고맙고도 미안하다. 언젠가 문득 내 손의 나이 듦을 발견했던 날, 이제 고생은 그만 시키고 좀 곱게 써야 하는 게 아닐지 고민했었다. 그러기 위해 하고 싶은 일을 덜 하며 산다면 어떨까? 오래 생각할 필요도 없이 바로 답을 내었다. 내 손은 내가 살아온 삶의 궤적이고 나의 역사라고. 주름과 거칠어짐은 나이테처럼, 지난 삶의 여정을 고스란히 반영하는 것이라고. 아무런 이야기도 담지 않은 고운 손은 내가 원하는 것이 아니라고 말이다.

나는 여전히 하고 싶은 일이 많다. 살아가는 동안 계속해서 찾고 시도하며 그 순간을 즐길 것이다. 이 모든 것을 나의 손과 함께하겠지. 그러니 이제부터라도 더욱 소중하게 다뤄야겠다고 다짐한다. 그래 봐야 설거지할 때 잊지 않고 고무장갑을 끼거나 잠자기 전, 한번은 녹진한 핸드크림을 발라주는 정도겠지만. 가을이 되자 손의 건조함이 심해지고 있다. 반면 손의 수고로 인해 나의 가을은 다채로운 풍경으로 채워져 간다. 앞으로의 시간도 고마운 두 손 위에 새겨질 것이다. 촉촉한 보습을 해주기 위해 좀 더 노력해야겠다. 내 삶의 기록이 이왕이면 예쁜 주름으로 남을 수 있도록.

생명 있는 것들을 사랑해야지

김영애
2024. 3. 천료

「우리가 글을 몰랐지 인생을 몰랐나」 이 책에는 글과 그림을 배우며 행복해하는 할머니들의 이야기가 담겨져 있다. 여러 가지 사연 중에서 '김유례' 할머니의 서툴지만 정성스런 그림을 보며 나의 옛 추억이 떠올랐다.

할머니가 어릴 때, 기르던 소가 예쁜 송아지를 낳았다. 아버지는 어미 소에게 미역국까지 끓여주고 기뻐했으나 어찌된 영문인지 어미 소는 새끼에게 젖을 주지 않았다. 걱정이 된 아버지는 목욕까지 한 후 젖을 먹여달라고 엎드려 빌었으나 허사였다. 결국 송아지는 죽고 말았다. 할머니는 돌아가신 엄마 생각에 울었고 아버지는 날마다 술을 마시고 괴로워했다. 풀을 먹고 있는 어미 소의 젖은 빵빵하게 부풀어 있고, 그 곁에는 배가 홀쭉해진 송아지가 위태롭게 서있는 안타까운 그림. 외양간 앞에서 물 떠놓고 절하는 아버지. 마당 한 귀퉁이에서 바라보는 어린 소녀의 놀란 표정까지도 자세히 그려놓았다. 소녀와 아버지는 물론이고 주변의 강아지, 새, 닭, 병아리까지 눈을 커다랗게 뜨고, 종종거리며 한마음으로 송아지가 살아나길 빌고 있는 듯했다. 할머니의 그림에는 생명에 대한 사랑이 있었다.

초등학교 저학년이었던 내게도 지금껏 잊히지 않는 기억이 있다. 우리 소가 새끼를 낳았다. 송아지는 할아버지의 정성으로 털이 보드랍고 윤이 나게 자랐다. 내가 풀잎이라도 던져주면 까만 눈망울을 디룩거리며 다가오곤 했다. 어느 날 할아버지는 외양간에서 어미 소와 송아지를 끌고 나왔다. 엄마 소와 아기 소는 풀밭에라도 가듯 평소와 다름없이 할아버지를 따라갔다. 우시장에서 어린 송아지는 엄마 곁을 떠나지 않으려고 엉덩이를 뒤로 빼고 뒷다리에 안간힘을 주어 버텼다. 그랬지만 어미 소는 그예 새끼를 빼앗기고 할아버지에게 고삐를 잡힌 채 돌아왔단다. 이 말을 할 때의 할아버지는 씁쓸해 보였으나 잠시 후 두루마기를 벗으며 전대에서 송아지 판 돈을 꺼내 할머니에게 건네줄 때의 할아버지는 웃었다. 이제와 돌이켜보니 할아버지의 그 웃음은 '돈 앞에 장사 없다'고, 새삼 돈의 위력을 실감나게 하는 서글픈 미소였다. 그날 밤 어미 소는 밤새 울었다. '움머어~' 우는 소리가 어찌나 구슬프던지 이별을 잘 모르는 어린애였지만 나도 눈물이 나왔다. 할아버지는 밤늦게까지 곰방대를 물고 창호지 바른 문에 붙은 작은 창으로 외양간을 바라봤다. 별도 달도 환히 떠 있었지만 처연한 밤이었다.

그로부터 몇 년 후, 이별의 슬픔을 깊숙이 느끼게 된 일이 일어났다. 아랫집 아주머니가 아기를 출산했으나 얼마 살지 못하고 이름도 없이 하늘나라로 떠나갔다. 아주머니는 '아이고~아이고~' 하며 끊어질 듯 이어지는 쉰 목소리로 며칠간이나 울었다. 그 이후로는 우리 마당에서 보이는 장독대에도 한동안 모습을 보이지 않았다. 나하고 동갑내기였던 작은 아들과 군대에 간 큰아들이 있었지만, 아주머니의 슬픔은 오래갔다. 늦둥이 아이를 잃고 비탄에 젖어 오열하던 친구 어머니의 모습은 내게 커다란 충격이었다. 나중에는 '아이고~' 하는 아주머니의 통곡 소리와 '움머어~' 새끼 찾는 어미 소의 울음소리가 겹쳐 들리기까지 했다. 얼마 후 아랫집 큰아들은 월남전쟁에 자원하여 떠났다. 맹호, 백마, 청룡부대 등 파월 장병들의 상당수가 타국의 밀림에서 살아 돌아오지 못하거나 상이용사가 되던 가슴 아픈 시절이었다. 슬픔이 채 가시지 않은 가족들이 말렸지만, 다 큰 자식의 고집을 꺾지는 못했을 것이다. 그 오빠가 월남에서 돌아와 제대를 하고 나서야 아주머니도 희미하게나마 웃음을 되찾게 되었다. 어린 나도 그제야 안심이 되어 한동안 발길을 끊었던 지름길인, 아랫집 마당을 통과하여 학교를 다닐 수 있었다.

그때쯤 우리 가족은 할머니, 할아버지와 분가하여 읍내로 이사를 했다. 내 추억 속에 아름답게 자리한, 할아버지 따라 논에 가던 길은 상쾌한 바람이 불었다. 모내기 철이면 물 흐르는 수로로 떨어질까 조심하며 걷던 길, 가을걷이가 끝나면 논바닥 구멍을 파내 우렁이를 잡아 돌아오던 길과도 헤어졌다. 시골 생활이 끝나면서 나는 중학 입시를 준비하는 고학년이 되었고, 메뚜기 잡아 아궁이에 구워 먹던 어린 시절도 막을 내렸다.

그때를 생각하면 고삐 풀린 망아지처럼 뛰어놀던 추억에 행복했다. 아주 가끔은 어미 떨어져 팔려간 우리 송아지가 생각났고, 아랫집 아주머니의 가엾은 모습이 떠올랐다. 두 가지 사건을 겪으면서, 나는 인생의 쓴맛을 조금쯤은 생각하게 되는 사춘기의 초입에 접어들게 되었다. 지나간 세월 속의 장면들이 추억이라는 이름으로 나를 성장시켰다고나 할까?

오래전 어느 날처럼 별도 달도 떠 있는 오늘 밤, 그림일기 책을 다시 펼치며 많은 생각을 해 본다. 죽은 송아지를 묻고 오며 돌아가신 엄마를 그리워하는 할머니, 아기 잃은 슬픔에 몸부림치던 아랫집 아주머니, 송아지 잃고 외양간에 묶여 움머어 울던 우리 소. 이별의 슬픔은 사람이나 짐승이나 모두에게 같은 크기의 아픔이다. 오늘밤의 별과 달은 어린 날의 처연함과는 또 다른 가르침을 내게 준다. 생명 있는 것들을 사랑해야지.

풍도에서 꽃 사진 찍다

이범응
2024. 4. 천료

나는 사진을 많이 찍는다. 어떤 날은 수십 장을 찍기도 한다. 그렇다고 촬영 방법에 대해 배웠다거나 전문적인 기술이 있는 것은 아니다. 여행할 때의 신기한 모습이나 손주들이 자라는 모습 등을 스마트폰으로 찍어 두었다가 글을 쓰는 동안 중간중간에 싣는다. 글에 사진을 곁들이면 현장감이 살아나며, 상황을 이해하는 데 도움이 되니 좋다. 그런데 수많은 사진 중에서 글에 실리는 것은 아주 적다. 나중에 혹시 필요하지 않을까? 그러면서 컴퓨터에 저장해 두지만 실제로 쓰이는 일은 별로 없다.

지난 3월 초 예쁜 들꽃이 많이 핀다기에 풍도에 갔다. 아직 날이 꽤 추운데 정말 꽃이 피었을까? 의구심을 지니고 갔는데 정말로 많은 꽃이 피어있었다. 복수초, 대극, 노루귀 등 이름도 생소한 예쁜 꽃들이 한창이다. 3월 풍도의 모습은 환상적이었다. 얼마나 아름다운지 천국의 정원에 온 듯한 느낌이었다. 예쁜 꽃을 하나라도 놓치지 않으려고 많은 사진을 찍고 숙소로 돌아왔다. 여러 지역에서 온 사람들이 숙소에 모여 식사하며 이야기를 나누었다. 원주에서 왔다는 분은 지난해에 이어 두 번째 왔다고 한다. 큰 카메라를 들고 온 걸 보니 사진에 대해 잘 아시는 분 같았다. 그가 나에게 찍은 사진을 보여 달라고 했다. 그는 사진을 살펴보고는 이 많은 사진을 어떻게 찍었느냐고 물었다. 나에게 사진 찍는 특별한 방법이 있을 리 없다. 수평선을 맞춘다거나 햇빛을 등 뒤에 두는 등 초보적인 상식을 지키려고는 하지만 별로 신경 쓰지 않는다. 미덥지 않으면 같은 장면을 여러 번 찍기도 한다. 여러 장 찍으면 그중에 좋은 사진도 있을 거라는 생각도 한다. 그러니 비슷한 사진이 여러 장일 때가 많다. 그가 좋은 사진에 대해 말하였다.

"사물이 지닌 특성이나 상황이 잘 나타나면 좋습니다."

그건 사물의 본래 모습을 담아내는 일이라고 했다. 그러면서 그가 찍은 사진을 보여주었다. 기다란 꽃대에 난 솜털, 보라색이 감도는 흰 꽃잎, 그리고 그 안에 서로 껴안고 있는 암술과 수술이 잘 나타난 노루귀 사진이었다. 정말 노루귀의 특성이 제대로 보였다. 그런 사진을 찍고 싶은 마음이 크게 일었다.

다음 날 아침, 노루귀를 찾으러 천국의 정원으로 다시 올라갔다. 많은 사람이 크고 작은 카메라를 들고 올라가고 있었다. 초등학생들이 소풍 가서 보물찾기하듯 노루귀를 찾았다. 이곳저곳을 살펴봐도 보이지 않는다. 몸을 낮추어 찬찬히 살펴야 한다는데 그런 자세에 이르지 못했는가 보다. 그때, 한 사람이 저쪽에서 무릎을 꿇고 앉았다. 어제 그 앞을 지나쳤지만 보지 못했던 노루귀가 거기 있었다. 그는 두 손으로 카메라를 받쳐 들었다. 경건한 자세로 기도하는 모습이었다. 그가 사진을 찍고 나면 나도 찍을 요량으로 뒤쪽에서 기다리며 바라보았다. 그런데 그는 얼른 셔터를 누르지 않았다. 기능을 알 수 없는 카메라 부품들을 이리 돌리고 저리 맞추었다. 카메라 위치와 방향을 조심스럽게 바꾸기도 하였다. 한동안 그리하였다. 나로서는 이미 여러 장 찍고 일어났을 시간이다. 기다리는 것이 지루하여 그가 사진 찍는 모습을 찍기로 하였다. 허락 없이 사진 찍는 것이 마음에 걸렸지만, 나중에 양해를 구하기로 하고 스마트폰을 들었다. 준비를 마친 그가 셔터를 눌렀다. 나도 셔터를 눌렀다. 그가 셔터를 누르고 돌아보는 순간이었다. 그가 셔터 소리를 듣고 나를 바라보았다. 나는 나쁜 짓을 하다가 들킨 아이처럼 머리를 숙여 미안하다고 말하며, 진지한 모습이 보기 좋아 사진을 찍었노라고 하였다. 그가 사진을 보여 달라고 하였다. 사진 속에서 그는 큰일을 해낸 후의 뿌듯하고 만족한 표정이었다. 그가 나에게 전문가냐고 물었다. 스마트폰 카메라로 대충 찍는 나에게 어울리지 않는 말이다.

"사진에 스토리가 담겨 있어서요."

그 사진은 그때 그가 돌아보았기에 우연히 찍힌 것이다. 그는 스토리가 담겨 있으면 좋은 사진이라고 하였다. 스토리 없는 사진은 형체만 남은 고치처럼 공허하다고 하였다. 온전한 특성을 나타내기 위해서는 오랫동안 기다리며 준비해야 한다. 그는 그런 사진을 찍으려고 멀리 나갔다가 하루 종일 한 장도 찍지 못한 때도 있었다고 한다. 사진은 오랜 기다림 끝에 순간적으로 포착하는 예술이다. 기다려야 한다는 게 사진뿐이겠는가? 삶은 온통 기다림의 연속이며, 보람은 기다림 속에서 피어나는 꽃이다. 그는 내가 찍은 사진을 갖고 싶다고 하였다. 그 사진 속에 의미 있는 스토리가 담겨 있기에.

산에서 천천히 내려오며 외진 곳에 눈길 주며 찬찬히 살펴보았다. 이제까지 보이지 않던 노루귀가 여기저기서 하늘거리며 손짓하고 있었다. 바위틈 사이, 낙엽 아래, 그리고 썩어 넘어진 고목 아래에서도 노루귀가 피어나고 있었다. 그 앞에 조용히 앉았다. 그제야 가느단 꽃대에 난 솜털이 제대로 보였다. 추운 겨울 견뎌내고 제일 먼저 꽃을 피워낸 노루귀가 감추어놓은 스토리가 보였다. 쓰다듬고 싶을 만큼 귀엽다. 모든 꽃은 저마다 특성이 있다. 큰 꽃은 큰 꽃대로, 작은 꽃은 작은 꽃대로 저마다 특성이 있다. 그러기에 구분할 수 있고, 이름도 다르다.

풍도에서 돌아오는 배 위다. 갯벌에서 졸고 있던 갈매기들이 잔칫집에 가듯 서둘러 날아온다. 사람들이 뱃전에서 새우깡을 던져준다. 갈매기들이 곤두박질하며 잽싸게 새우깡을 낚아챈다. 갈매기는 자신들이 갈매기인 것을 잊은 듯하였다. '먹이 찾는 방법을 잊으면 살기 어려울 텐데.' 리처드 바크의 갈매기의 꿈에 나오는 조나단은 어디에 있을까? 이리저리 눈길을 돌리며 찾아본다. 어딘가에 자신의 특성대로 살아가는 갈매기는 있으리라. 멀어져 가는 풍도를 돌아본다. 내년에도 예쁜 꽃들이 한데 어울려 피어날 것이다.

주말농장 애사(哀史)

이기술
2024. 5. 천료

역대급 수확을 확신하며 설레는 마음으로 들어선 비닐하우스. 눈을 의심케 하는 뜻밖의 처참한 모습에 순간적으로 현기증이 일었다.

20여 년 전, 내가 살던 고장이 개발되면서 소유한 토지가 수용되어 대토로 강화에 땅을 구입하게 되었다. 주말농장이라고 부르기에는 제법 넓은 농토를 직장을 다니면서도 직접 가꾸어 왔다.

그러나 전통적인 농사방법은 서서히 퇴출되고, 날이 갈수록 신묘한 농사기술이 속속 등장하고 있다. 참외 한 그루를 심어 백 개의 열매를 수확하는 기록에 도전하겠다고 하는 유튜버를 보곤 허풍이 너무 세다고 혀를 찼다. 그런데 놀랍게도 칠십 개가 넘게 열린 한 그루의 참외나무를 영상으로 보여 주어 벌어진 입을 다물지 못하게 하였다. 그러니 백 개의 수확에 도전한다는 용기도 생기나 보다.

농사 유튜브에 몰입한 나는 틈만 나면 각종 영상을 골라보면서 새로운 정보를 노트에 빼곡히 적는다. 그리곤 따라서 해 본다. 그렇게 작성한 노트가 다섯 권이 넘어가니 가히 이젠 농사전문가 반열에 들었다고 어쭙잖은 자부심을 갖기도 한다. 그래서 우리 탁구클럽의 초보 주말농장 운영자들의 멘토 역할을 하고 있다. 그들이 보는 나는 농사에 관한한 척척박사라고 칭송을 하기도 한다.

계양역 인근에 주로 야채를 키우는 또 다른 주말농장인 비닐하우스가 있다. 일찍부터 서둘러 풍성한 수확을 얻기 위해 포트폴리오를 작성하였다. 스케줄에 따라 각종 거름과 비료, 유기물들을 재배지에 차례로 투입하였다. 미네랄의 보고인 바닷물이 좋다고 해서 소금물도 희석하여 뿌렸다. 올해는 남보다 일찍 심어 오랫동안 채취하려고, 모종트레이에 각종 씨앗을 파종하고 이중터널을 설치하였다. 틈나는 대로 물을 주며 가꾸니 토마토, 참외, 수박, 오이, 땅콩, 옥수수, 호박 등 간이육묘장이 화려하였다. 이제까지는 모든 걸 구입하여 심었는데, 직접 육묘하니 뿌듯한 마음이 들었다.

드디어 이식할 날이 가까워지니 갑자기 바빠졌다. 비닐하우스의 농작물은 노지보다 열흘 이상 일찍 심게 된다. 육묘를 하였지만 신품종 모종들은 구입하여 심었다. 그렇다고 해서 나는 전문농업경영인은 아니다. 단 한 번도 농작물을 판매한 적이 없기 때문이다. 그저 생활에서 필요한 농작물을 저농약을 써서 자급자족하고, 잉여 농산물은 아들 · 딸과 이웃에게 나누어 주는 데서 기쁨을 느끼는 주말농장인에서 벗어나지 않는다. 농작물을 심고 가꾸는 과정에서 그들과 자식들처럼 따뜻한 교감을 나누고, 나날이 성장하는 모습을 보며 흐뭇해한다. 그래서 매번 가슴이 부풀어 다남동 비닐하우스와 강화농장에 들르는 것이다.

나는 여기에서 얻는 즐거움을 결코 여타 그 어떤 레저활동과도 바꿀 수가 없다. 각종 벌레에 공격당하고 뙤약볕을 견뎌야 하는 고된 작업이지만 생명체를 길러내는 행복감은 그 모든 어려움을 상쇄하고도 남는다.

또한 나에게 빼놓을 수 없는 행복 가꾸기는 화훼재배이다. 토지가 넉넉한 강화농장은 농장이라기보다는 화훼농원에 가깝다. 이른 봄부터

가을까지 형형색색의 꽃나무들이 절경을 이루어, 지나다니는 마을 사람들이 갈 길을 멈추고 담장 밖에서 들여다보거나 아예 들어와서 감상을 할 정도이다. 때로는 씨앗이나 모종을 얻어가기도 한다. 결코 가깝지 않은 두 장소를 번갈아 관리해야 하는 나는 무척 바빠서 은퇴 후의 외로움에 빠질 시간이 없다.

아내와 함께 강화를 오가는 시간이 가장 소중하다. 젊었을 때는 농사 의견이 맞지 않아 티격태격하는 일이 잦았지만, 이젠 서로의 생각을 이해하니 싸울 일도 거의 없다. 다만 내가 너무 많은 먹거리를 생산하다 보니 그것을 조리해야 하는 아내가 고달파 하는 게 미안하다. 그렇지만 오래전에 큰병을 얻어 고생을 해 온 아내가 지금의 건강을 유지할 수 있는 것은 건강한 먹거리 때문이라고 애써 안위를 한다. 생산을 맡은 나는 낮에 바쁘고 아내는 귀가하여 저녁 늦도록 바쁘다.

금년엔 유달리 비닐하우스의 농작물들이 기대한 것 이상으로 건강하게 잘 자랐다. 그동안 갈고 닦은 농사기술이 빛을 발하는 듯싶어 가슴이 부풀었다. 일찍부터 서둘러 심은 고추, 토마토, 재래종 오이, 양배추, 잎들깨, 대파, 상추, 가지가 폭풍 성장을 해서 들를 때마다 미소가 멈추지 않았다. 몇 가지는 벌써 많은 먹거리를 제공하였다.

그러나 방심은 금물이다. 돋보기안경을 끼고 자세히 살펴보니 진딧물, 깍지벌레, 배추흰나비 애벌레 등이 보인다. 소홀히 지나치면 농사를 한순간에 망칠 수 있다. 아내의 권유에 따라 천연농약을 뿌렸다. 그러나 지난주에 가 보니 벌레들이 여전하다. 안 되겠다 싶어서 농약을 옅게 타서 골고루 뿌렸다. 아무 생각 없이 들어선 비닐하우스에는 상상치도 못한 참상이 벌어져 순간 정신이 아뜩하였다.

'킬링필드.'

자식처럼 애지중지하던 농작물들의 시체(?)들이 마치 원폭에 당하여 산화된 모습으로 서 있어서 말할 수 없이 처참하였다. 순간, 농약을 과도하게 살포하였다는 판단이 들었다. 좀처럼 농약을 쓰지 않다가 귀한 생명들을 괴롭히는 벌레들이 미워서 적정량을 오버했다고 생각했다.

기실은 침침한 눈으로 농약병에 쓰인 작은 글씨를 정확하게 파악하지 못한 것이 화근이 되었다. 돋보기안경을 가져가지 않은 실수가 돌이킬 수 없는 참사가 되었다. 내가 눈이 어두워 판독하지 못한 글자는 큰 글씨인 '농약' 옆에 쓰인 작은 글씨 '제초제'였다.

애지중지 키우던 생명체들에게 독가스를 뿌려댔으니 멀쩡할 리가 있겠는가! 발이 없어서 도망도 못 가고 온전히 그 고통을 견디다가 스러져 간 가엾은 영혼들의 처절한 외침이 들리는 듯하여 몹시 괴로웠다. 나는 한동안 어찌할 바를 모르다가 작물에 묻은 제초제를 조금이라도 씻어내려고 온 힘을 다하여 물을 뿌리고 또 뿌렸다.

'얘들아, 너무너무 미안하다. 너희를 위한답시고 벌레들을 혼내려다가 너희들을 죽음에 이르게 하다니.'

가슴에서는 뜨거운 눈물이 흘러내렸다. 단순하게 생각하면 죽은 작물들은 뽑아버리고 다시 모종을 구입해서 심어도 그리 늦지는 않았다. 그러나 그게 아니었다. 거의 평생을 교육자로서 아이들을 맡아 가르치면서 개개인의 특성과 소질은 무시한 채, 내 방식대로만 아이들을 재단하여 끌고 갔던 과거의 어리석음이 가슴을 아프게 찔러왔기 때문이기도 하였다.

'하느님, 저의 사려 깊지 못한 행동을 용서하소서. 무심코 저지른 작은 실수가 저들의 생사여탈권을 결정지었습니다. 불쌍한 저 생명들이 다시 소생할 수 있도록 힘을 주소서'

아직은 저들을 포기하지 않겠다. 잎은 낙엽이 되어 바싹 말랐지만 뿌리나 줄기까지는 죽지 않았을 것을 바라며 다시금 소생하는 기적을 빌어 본다. 다만 몇 그루라도….

이 나이 되도록 앞뒤를 가리지 못하는 나에게 큰 가르침을 주시는 하느님의 섭리를 깨닫는다.

고향

김대운
2024. 4. 천료

5월 15일 꾀꼬리가 또 찾아왔다. 매년 이맘때면 집 앞 공원 숲으로 꾀꼬리 한 쌍이 날아와서 이 나무에서 저 나무로 서로 앞서거니 뒤서거니 하며 마치 우리 부부에게 금슬을 자랑이라도 하려는 듯 봄 숲을 누비고 다닌다. 자기들이 이 숲에서 제일 아름다운 새라며 화려한 자태를 마음껏 뽐낸다. 꾀꼬리는 몸통과 날개는 노란색이고 머리와 꼬리 부분을 검은색이며 부리는 붉은색이다. 노란색이 어찌나 밝고 화려한지 초록색 나뭇잎과 대비되어 더욱 선명하게 눈에 띈다.

그런가 하면 꾀꼬리의 울음소리 또한 아름답기 그지없다. 꾀꼬리 울음소리는 다양하다. "휘 휴이유 휘이유 휘이유", "삐유 삐유우 삐유삐유 삐유우", "삐삐리 피휘이유" 사람의 소리로는 흉내 낼 수 없고 글자로도 표현하기 힘든 아름다운 소리를 낸다. 새들은 아침 일찍 동이 트는 무렵부터 소란스럽게 울어댄다. 아침에 잠에서 깨면 집 안까지 온통 새들의 울음소리가 울려온다. 여러 종류의 새들 중에서도 꾀꼬리 울음소리는 가장 맑고 청량하며 상쾌한 아침을 시작하게 해 준다.

신기하게도 꾀꼬리는 매년 꼭 한 쌍이 찾아온다. 5월이면 이곳 숲으로 와서 둥지를 지어 알을 낳고, 새끼가 다 자라면 이 숲을 떠난다. 꾀꼬리는 우리나라에서 봄, 여름을 보내고 새끼를 번식하여 가을이면 따뜻한 지방으로 간다. 중국 남부와 베트남 등 인도지나 반도에서 겨울을 보내고 봄이 되면 또다시 고향을 찾아오듯이 전에 왔던 곳으로 돌아온다. 몸길이 고작 26cm인 작은 새가 2천km 넘는 머나먼 거리를 산 넘고 바다를 건너 목숨을 걸고 힘겨운 날갯짓으로 날아오는 것이다. 그리고 남쪽으로 돌아가기 위하여 또다시 험난한 여행을 해야 한다. 일 년이면 두 번씩 삶의 터전을 옮기며 긴 이동을 한다.

꾀꼬리가 우리나라에 와서 번식을 하는 가장 중요한 이유는 먹이 때문이다. 5월이면 산은 초록 잎이 무성하고 벌레들이 알에서 나와 애벌레로 자라고 또 성충이 되는 시기이다. 여름으로 접어들면 버찌, 보리수 등 새들이 좋아하는 열매들이 익기 시작한다. 먹이가 충분한 봄, 여름은 새끼들을 키우기 위한 최적의 조건이 된다. 또한 우리나라는 북위 30° 에서 북위 40° 사이에 있기 때문에 여름이라고 해도 적도 근처에 있는 나라만큼 덥지 않아서 새들이 살기에는 적당한 날씨가 된다. 꾀꼬리는 수만 년, 수십만 년 동안 그들의 생존을 위해 최선의 삶의 방식을 체득하여 대대로 전해지고 유전자로 저장되어 계절의 변화에 따라 가장 안전하고 살기 좋은 지역으로 이동하며 살아가게 되었다.

계절에 따라 지역을 이동하며 사는 새들은 철새라고 부르고, 한곳에서 터를 잡고 사는 새들은 텃새라고 부른다. 봄, 여름이면 우리나라를 찾아오는 대표적인 여름 철새는 꾀꼬리와 파랑새이다. 꾀꼬리와 파랑새는 색깔이 대조적이면서도 매우 아름다운 새이다. 짙은 코발트빛 파랑새도 이 공원 숲에 찾아 왔다. 이들이 중국 남부 지방에서 우리나라까지 이동하는데 무려 수천km를 날아와야 하고 넓은 바다를 건너야 한다. 가장 멀리 나는 새로 알려진 도요새는 11,500km를 시속 70km의 속도로 쉬지 않고 일주일 동안 날아 이동을 한다고 한다. 꾀꼬리는 며칠 동안 날아서 우리나라에 오는지는 잘 알 수 없지만 서해바다를 건너야 하는 위험한 모험을 해야 할 것이다. 바다 위에서 폭풍우를 만날 수도 있고 난기류을 만나 방향을 잃거나 때로는 도중에 바다에 떨어져 목숨을 잃을 수도 있다.

꾀꼬리가 봄에 우리나라로 이동을 시작할 때는 계절풍인 남동풍이 부는 시기를 이용한다. 시속 50km 속도로 부는 대기권의 계절풍을 이용하면 힘을 절약하며 바람을 따라 날아올 수 있다. 새들은 타고날 때부터 체내 시계와 방향 정보가 유전적으로 프로그램 되어 있어서 언제 이동을 시작하고 어느 방향으로 날아야 할지 본능적으로 알게 된다. 그리고 한번 이동을 완수하면 체내 지도를 갖게 되어 가 본 적이 있는 곳과 현재 위치를 알게 된다. 그래서 우리 집 앞 숲으로 찾아오는 꾀꼬리 한 쌍은 마치 여기를 고향으로 여기며 매년 봄이면 잊지 않고 찾아오게 되는 것 같다.

7월이 되자 꾀꼬리 새끼가 태어난 모양인데 안타깝게도 새끼는 한 마리밖에 보이지 않는다. 보기 귀한 꾀꼬리의 개체 수가 늘어나려면 새끼가 세 마리 이상 낳아야 할 텐데 매우 아쉬운 마음이 든다. 아마도 이들에게도 인구 정책이 아니라 조구(鳥口) 정책이 필요한 걸까? 두 달여 동안 둥지 주변에서 왔다 갔다 하던 꾀꼬리 어미들이 새끼가 태어나자 세 마리가 함께 숲을 멀리 날아다닌다. 지금부터는 부지런히 벌레를 잡아먹고 열매를 먹으며 살을 찌워서 몸에 지방을 축적시켜야 한다. 가을에 부는 북서 계절풍을 타고 다시 남쪽나라로 먼 길을 떠나려면 엄청난 에너지가 필요하다. 그래서 몸에 지방을 최대한 저장하여야 하며, 그 지방을 태워서 목적지까지 날아가면 지방과 근육까지도 빠져서 몸무게는 거의 절반으로 줄어드는 고된 여정을 하게 된다.

새들도 사람도 고향은 참으로 소중한 곳이다. 그래서 죽을 때까지 잊지 못하는 곳이며 언젠가는 다시 돌아가고 싶은 곳이다. 꾀꼬리의 체내에 지도가 새겨져 있듯이 사람의 마음속 지도에도 고향이 자리 잡고 있다. 고향은 삶이 처음 시작된 곳이며, 한 생명체로 온전하게 독립하여 살아갈 수 있도록 성장하며 삶의 방식을 익히고 체득하여 육체와 정신이 준비되는 곳이다. 고향은 자아의 근원이 형성되는 곳이다.

나는 오랜 시간 잿빛 도시와 소란한 인파에 섞여 마음의 고향을 잃어버리고 살아왔다, 꾀꼬리가 고향 숲으로 찾아와 새끼를 낳고 기르듯이 고향을 찾아가 잃어버린 내 자아의 근원을 찾아보아야겠다. 비록 꾀꼬리처럼 새끼들을 낳고 기르는 위대한 일은 아닐지라도 메말라버린 사랑 한 조각이라도 찾아보아야겠다. 그곳에 가면 어린 시절 나를 키웠던 외할머니의 사랑을 다시 느껴볼 수 있을 것만 같다. 남쪽 바다가 있는 고향은 멀지만 꾀꼬리에 비하면 380km 정도야 그야말로 '조족지혈'이 아닐까.

편집후기

수필문학추천작가회 사화집 제32호 『그때는 알았을까』 출간을 진심으로 축하합니다.

우리는 '수필문학추천작가회'를 인연으로 서로의 존재와 가치를 소중히 이어가고 있습니다. 매월 수필문학지를 통해 신입회원을 맞이하였으며, 세월에 순응하며 새로운 인연을 기쁘게 환영하고 아픔을 다독이며 여기까지 함께 걸어왔습니다.

우리가 글을 쓰는 이유는 분명합니다. 자신은 물론 이웃의 삶을 들여다보고 세상을 올바르게 통찰하며, 인생의 소중한 가치를 공유하고 공감하기 위해서입니다. 글을 쓴다는 것은 삶의 방향을 제시하는 이정표와도 같아서 결코 가볍게 여길 수 없습니다. 수필가로서의 거룩함에 찬사를 보내며 앞으로도 쉬지 않고 건강하고 맛있는 글을 지어야 하는 소명에 최선을 다해야 할 것입니다.

지난 초여름, 첫 원고를 시작으로 한 편 두 편 소중한 원고를 차곡차곡 모으는 기쁨은 무더운 여름을 이겨내는 커다란 힘이었습니다. 웃고 울며 탄성을 자아내는 동인들의 필력에 실로 존경을 표합니다. 또 한 사화집에 대한 애정과 추천작가회에 보내는 관심에 무한한 행복을 느낍니다.

이번 제32호 사화집 발간에 4명의 편집위원(이영승, 양호인, 신영애, 김민정)이 구성되어 편집 과정에 참여했습니다. 그리고 9월 26일(목요일) 수필문학사에 모여 편집 방향과 제목을 선정하고, 동인 여러분의 주옥같은 작품에 누가 되지 않도록 최선을 다해 교정했습니다. 혹여 부족한 부분이 있더라도 넓은 마음으로 양해를 부탁드리며, 서른두 번째 사화집이 삶의 기쁨이 되기를 바랍니다.

앞으로도 수필문학추천작가회의 역사와 전통을 면면히 이어갈 수 있도록 계속 관심과 애정을 부탁드립니다. 끝으로 제32호 사화집 발간을 엮어주신 월간 『수필문학』 강병욱 대표님께 진심으로 감사의 마음을 전합니다. 모두 수고 많으셨습니다.

편집위원 : 이영승, 양호인, 신영애, 김민정

수필문학추천작가회 연간사화집
2024 / 32호

그때는 알았을까

2023년 11월 1일 초판 인쇄
2023년 11월 5일 초판 발행

지은이 / 수필문학추천작가회

발행인 / 강병욱
발행처 / 도서출판 교음사
편집 / 수필문학사 편집부

03147 서울 종로구 삼일대로 457 수운회관 1308호
Tel (02) 737-7081, 739-7879(Fax)
E-mail : gyoeum@daum.net
등록 / 제2007-000052호

값 18,000원

ISBN 978-89-7814-063-8 03810